U0139216

清史研究論藪

王家儉 著

文史哲學集成
文史哲出版社印行

國立中央圖書館出版品預行編目資料

清史研究論藪 / 王家儉著. -- 初版. -- 臺北市
：文史哲，民83
　　面；　　公分. -- （文史哲學集成 ;320）
ISBN 957-547-880-0(平裝)

1. 中國 - 歷史 - 清(1644-1912) - 論文,講
詞等

627.007　　　　　　　　　　　　83006480

文史哲學成集　�

清史研究論藪

著　　作：王　　家　　儉
出版者：文　史　哲　出　版　社
登記證字號：行政院新聞局局版臺業字五三三七號
發行人：彭　　正　　雄
發行所：文　史　哲　出　版　社
印刷者：文　史　哲　出　版　社
臺北市羅斯福路一段七十二巷四號
郵撥〇五一二八八一二　彭正雄帳戶
電話：（〇二）三五一一〇二八
定價新臺幣六〇〇元
中華民國八十三年七月初版

獻給我的

父母親大人暨三兄家勤在天之靈

自　序

　　世事多變，隨著時間的推移，空間的流轉，學術思想也常因時空的影響，而有不同的演變。如明代的學術思想便可分爲明初的程朱之學，中葉的王學及晚明的實學三個階段，而各有不同的特色。清代學術思想也可以分爲清初的經世之學，乾嘉時的考證之學及晚清的公羊之學等三個時期。尤其值得注意的是，西方學術亦於明清之際傳入中國，前者伴隨天主教來華，造成中西文化的衝突與交流；後者則自鴉片戰爭之役，形成一股銳不可當的西潮，不斷地衝擊著中國，二者均曾帶給中國以極大的影響，而決不容吾人加以忽視。

　　本書之所以將晚明的實學及天主教對中國的衝擊二文開端，其寓意亦即由著眼，他如由經世到參據之轉變，漢宋之爭，中體西用之爭，公羊學對晚清政治之影響，乃至晚清經世之學的再現，西方史地之學的輸入，以及海國圖志對於近代初期日本的影響，也大體上沿襲著清代學術思想發展的線索，而自成一個簡略的系統。

　　在本書所附錄的幾篇文章裏面，或者牽涉清史的研究，或者與軍事、政治及經濟有關，雖云敝帚自珍，但也希望拋磚引玉，能爲對清史有興趣的年輕朋友，在研究或敎學方面提供一個歷史思考的線索。

　　承蒙台北文史哲出版社彭正雄先生惠將本書出版，特在這裡，表示深湛的謝忱。

　　民國八十二年十月十八日**王家儉**於國立師範大學歷史研究室

清史研究論藪
目　錄

(三)附　錄

晚明的實學思潮

一、前　言

晚明時期可以說是明代史上一個變化最烈的階段：帝王的昏庸、朋黨的傾軋、宦官的專橫、政治的黑暗。復加以社會的動盪不安、邊患的日益嚴重，幾乎處處都顯示出大明帝國已經面臨到全面崩潰的邊緣。

就在同一時期之內，明代的學術思想也跟著產生一項引人注目的發展。向來以國計民生為終極關懷的知識份子，眼看著王學末流的日趨空虛，甚者流為狂禪。深感惟有扭轉此一偏頗的傾向，重建一種新的學風，方能挽救當前國家所面臨的困境。於是他們逐不約而同地從事於各種倡導實學的活動：或者著書立說，或者奔走呼號，或者留意於科學工藝，因之風氣日開，逐漸蔚為一股新的思潮，也即是實學思潮。

不過，在晚明學人的著述之中，對於實學卻沒有一個明確的定義。而所涉及的範圍也相當地遼闊，上自天文地理，下至國計民生，幾乎包羅萬象。可是在他們的言論裡，我們仍可歸納幾點共同的特色，那就是：反玄學、重實用，黜性理、崇功利。實際上即是針對明末時期玄學思想的一大反動。

關於明末的實學思想，在過去雖然曾有若干的討論①，但無論在取材、範圍及觀點而言，都仍有值得再加商榷的餘地。故本

文特就此一問題重作探討，俾便瞭解其發生的時代意義，及各派意見的紛歧，彼此之間共同的特色，以及其對於日後清初學術思想的影響。

二、十六至十七世紀之間明代國勢的轉變

思想是時代的反映，晚明實學思潮的出現，自與其特定的歷史條件息息相關，如響斯應。綜合起來，吾人可從以下幾個層面，對於十六至十七世紀的明代國勢，作一概括的觀察。

政治的敗壞：明代的政治到神宗萬曆年間（1574-1620）已是問題重重，百病叢生。一是皇權的不振：親政二十年間郊廟朝講召對面議諸事俱廢，因之朝政大壞，綱紀爲之廢馳。二是官僚的腐化：互結黨援，時起爭端，而常置國家大事於不顧。三是政治黑暗：稅吏監使，到處擾民，流毒四方，幾使天下騷然。四是仕途壅塞，朝廷缺官不補。官場競爭激烈，士習敗壞，造成「以遠臣爲近臣府庫，又合遠近之臣爲內閣府庫」的惡劣現象②。明史曾言：「明之亡，實亡於神宗」③。洵爲至論。

財政的拮据：明代的財政，經張居正的大刀闊斧整頓，已大體將嘉靖與隆慶兩朝以來的虛耗現象加以改善。至萬曆十年左右，甚至還使國家的財政達到小康的局面④。可是由於神宗貪財好貨，奢侈浪費，以及修河、壽宮、織造、平亂、禦侮等，動以數百萬計，是以財政日漸枯竭。部臣挹注無方，祗有靠加稅以資彌補。僅在萬曆之末便曾加賦三次，計萬曆四十六年（1618）驟增遼餉三百萬兩；次年（1619），又以兵、工二部之請，復加二百萬兩；至四十八年（1620），又令每畝補加二厘，合爲五百二十萬兩。總計三年之間，每畝除正賦外，共增「加派九厘」。惟

有貴州及畿輔八府因情形特殊而例外。人民的負擔如此沉重，可是儘管「內帑充積」，神宗卻「靳不肯發」。統治階級之罔恤民命，於茲可見一斑⑤。及至崇禎初年，情形更為嚴重，「國計入不敷出，歲額缺至二百三十餘萬。」⑥國家的財政至此，幾達無法支持的局面。

經濟的窒梏：以農業而論，南方的農業生產至明代已經相當的進步，尤以江浙二省最為富庶，財賦所出幾佔全國的十分之七⑦。然而由於土地的兼併日烈，形成少數大地主與多數佃農的對立，復加以賦役的繁重，小民生活遂日陷困境。在北方，明代之初的農民生活雖較好轉，但因明承元制，實行賜田與莊園，其後卻依然艱苦如故⑧。以工商業而論，明代中葉之後發展已為可觀。至十六、七世紀之間，更是達到傳統經濟發展的高潮，不論紡織、冶鐵、製茶、繅絲、陶瓷、造紙、造船等方面都逐漸脫離傳統家庭手工業，而呈現出經濟專業化的趨勢。由於工商業的日益繁盛，也使大都市如北京、南京，以及蘇州、松江、揚州等地成為政治或經濟的中心。同時，中外的貿易亦隨之活躍，經營範圍遠達中南半島及南洋、日本、琉球、朝鮮各地⑨。惟因政府實行禁海政策，僅許封貢貿易而不准人民私自出海，兼以晚明時期商稅日重，官僚腐敗，乃使工商業的發展受到嚴重打擊，而因之日趨遲滯。

社會動盪不安：明初的人口約有五千六十餘萬口，土地八百五十萬七千餘頃。由於政府對於農業的重視，小民的生活尚堪無虞。可是等到神宗萬曆年間，由於政治的日益腐敗，奸富滑胥的詭奇，挪移與欺隱，人口雖然增至六千餘萬，但耕地面積卻反而減少，官民之田僅有七百零一萬三千餘頃⑩。復以官吏的苛刻暴

虐，士紳地主以及資本家的剝削，自然災害的頻仍，以致農民無法生活，流離失所，社會也隨之動盪與不安。關於此種現象，萬曆時的刑部侍郎呂坤，便曾上章朝廷沉痛地指出：當時的小民已達「凍骨無兼衣，饑腸不再食」的悽慘程度。並且警告當局：四民已有伺機而發之心，社會動亂可能隨時而起，不可不早作留意⑪。惜乎！執政者視之為危言聳聽，而未加重視，卒至三十年後，流寇大起，土崩瓦解，終致挽救不及。

國防的薄弱：萬曆中葉以後，北方的大患蒙古雖已勢衰，然而東北的滿洲卻起而代之，成為明代東北國防的一大威脅。可是明代的兵力卻反日益腐壞大不如前，以保衛京城的三大營而論，居然「馬半羸敝，人半老弱。」而專門抵禦外侮的九邊之兵，也多「勇於挾上，怯於臨戎。」至於備作征調及守禦的外衛之兵，亦「伍缺於役占，家累於需求。」⑫迨至三大征之後，國力更加耗損，明人遂感防守無方，處處失利，遼東疆土，一再失陷。對於關心國事的知識份子而言，自然是一個嚴重的挑戰。

學術的流弊：晚明時期，正統的程朱之學已因八股文制義而支離破碎，學者只知四書大全與五經大全，對於經書原文反而棄之不顧。文學之士，則只知摹擬漢唐，以古為尚。雖僅得其形似，卻反失其神髓。至於王學末流，也發生很大的流弊。學者束書不觀，游談無根，寖假而流為狂禪。且以此時江南庶民文化日漸抬頭，三教合一之論，高唱入雲。而西洋天主教亦於此時傳入中國，中西文化衝突繼之而起。於是晚明的實學思潮也便在此一錯綜複雜的環境之下孕育而生。

三、晚明實學思潮的流派及其代表人物

　　晚明的實學雖以學者的背景不同持論各異，但他們的目標卻是殊途而同歸。爲便於討論起見，茲特依其不同的主張，而分爲以下幾個流派，並舉其代表人物，以便明瞭其中心思想之所在。

　　1.**東林派：**東林爲明末著名的政團，其精神特重政治世道。故此派人士亦多以政治倫理與社會倫理爲其終極的關懷，並以冷風熱血洗滌乾坤爲其崇高的志節⑬。在晚明的知識份子之中，實爲一支最富理想與救世精神的生力軍。東林一派人數衆多，論其思想亦甚紛歧。他們大體以儒家積極參政的觀念爲基礎，而以振衰起敝，拯救生民爲己任，藉期對於當時腐敗的官僚體制有所整頓。此處僅以其領袖人物顧憲成（涇陽，1550－1612）與高攀龍（景逸，1562－1626）二人爲代表，略論其實學之見解。

　　顧、高二氏都曾出任過政府的重要官職，且因黨爭而時進時退，故而對於當時的政治弊害亦具有較爲深刻的瞭解。鑒於神宗的荒殆，官僚的腐化，以及政治的不修，民生的苦痛，他們深感君職的衰弱，綱紀的不振，實爲政治敗壞的關鍵。君職旣然日虧，而他們又匡輔無力，便祇有加強臣職以爲彌補。企圖建立政治倫理，提升士大夫的道德觀念，成爲澄清吏治改善民生的憑藉。所以他們乃於東林講學，裁量人物，訾議國政，冀以淸議的力量，對於官僚及士大夫的行徑有所針砭。此一不得已的苦衷，黃宗羲曾於他的明儒學案一書之內，慨乎言之，如謂：

　　　　先生（按指顧憲成）論學，與世爲體，嘗言：「官輦轂，
　　　　念頭不在君父上；官封疆，念頭不在百姓上；至於三三兩
　　　　兩，相與講求性命，切磨德義，念頭不在世道上，即有他
　　　　善，君子不齒也。」故會中亦多裁量人物，訾議國政，亦
　　　　冀執政者聞而藥之也。天下君子以淸議歸東林，廟堂亦有

畏忌。⑭

東林人士既以清流高自期許，所以他們對於立身處世的大節也備加重視。顧憲成以爲學者應有自立之精神，然後始可以不朽。嘗言：「能自立且有與天壤俱無窮者存，區區修短，曾何足論。」⑮高攀龍也以爲做人應當堂堂正正，頂天立地。所謂：「我既喚做個人，須是兩手頂天，兩腳拄地。巍巍皜皜，還他本來面目。」⑯基於此種人格的高蹈，他們對於君子與小人的劃分也特別嚴厲，幾乎有如黑白之無法混淆。顧憲成認爲君子與小人在朝，恆與天下的政治休戚相關。君子在朝則天下必治；小人在朝則天下必亂。蓋以君子正，則其所言皆正言，所行皆正行，所與皆正類，凡此皆治象也，衆欲從而亂之，不可得而亂也。相反地，小人邪也，邪則所言皆邪言，所行皆邪行，所與皆邪類，凡此皆亂象也，雖欲從而治之，不可得而治也⑰。觀此可知其所以嚴君子小人之辨，乃是基於人心的正邪；而人心的正邪，則爲政治治亂的關鍵。故知顧氏的政治理念仍以儒家傳統的「德治」爲極則。

高攀龍亦有類似之見，可是卻與顧氏略有不同。他認爲分別君子與小人頗有事實上的困難。因爲小人常不自知其爲小人，而專認君子爲小人。而君子又必有其所短，小人必有其所長。君子難親，小人易比，故世人於君子唯見其短，於小人唯見其長。結果，反而好惡乖戾，用舍倒置⑱。依照攀龍之見，政治關乎學術，學術繫乎人心，欲正人心，仍應從講明正學著手。故言：

> 天下不患無政事，但患無學術。何者？政事者存乎其人，人者存乎其心。學術正則心術正，心術正則生於其心，發於政事者豈有不正乎？故學術者天下之大事。末世不但不勸學，且欲禁學，若之何而天下治也。⑲

顧憲成以為改良政治，必嚴君子小人之防。而高攀龍則主張倡導正學以規範人心，其為注重德治，實無二致。然而什麼才是「正學」呢？在顧、高二氏看來，即是明代所提倡的程朱正統之學。顧憲成嘗以程朱是儒家從孟子以來自古相傳的「一滴真血」[20]。高攀龍則直指程朱之學為正學，皆說明他們都對儒學具有相同的共識。程朱之學講心性亦講義理，有內聖的一面，亦有外王的一面。既重道德修養，亦重治國平天下。故在顧、高二氏看來，程朱之學的振衰，實關係於人心的振靡，國家的安危，而非空談玄理者之所能相提並論。

東林人士之倡導正統的程朱之學，以求作為改良政治學術的張本，吾人可於萬曆十七年（1589）高攀龍所上的「崇正學、闢邪說」一疏裡，看得非常清楚。在這篇長達二千餘言的奏疏內，高氏不僅對於四川僉事張世則的「大學初議」詆毀程朱，力加駁斥，並對當時的王學、佛學、道學一律嚴予非議，指其「隱衷真志」，名在倣程朱以為文飾，實則與程朱為仇。同時，對於程朱之學如何而有益於世道人心？如何而有裨於帝王治道？則不厭反復舉例而加以證明。最後他並獻言於神宗，請其明詔中外，「非四書五經不讀，而不得浸淫於佛老之說；非濂洛關閩之學不講，而不得淆亂以新奇之談。」且謂似此以往，「學無分門，士不異習」，而後人心方能貞一，教化始可大同。「如是而人才不出，政治不隆者，從古以來未（之）有也。」[21]

顧、高二人既以程朱之學為正學，而具有實用的價值。對於王學之空疏與流弊，自然也常提出批評。在高攀龍看來，王學最大的弊病即在於輕聞見之知而泯除善惡之限；使人廢書而不學，荒誕而狂放。在其答顧憲成書內明白指出此點，謂王門之學：

> 始也掃聞見以明心耳，究而任心而廢學，於是乎詩書禮樂
> 輕，而士鮮實悟；始也掃善惡以定念耳，究且任空而廢
> 行，於是乎名節忠義輕，而士鮮實修。㉒

知識份子既不能悟，又不能修；既不重實學，又不重德行，試問
如何能夠擔負治國理民的重任。對於當時王門後人所提出的「三
教合一」之說，高氏也深惡痛絕，斥之為僅知調停附和，而不知
三教特殊之旨㉓。

　　顧憲成與陽明學派的關係較深，但他於王學末流之弊亦不惜
辭而闢之，以期有所匡正。尤其是陽明的「無善無惡」之說，使
他最為不滿。認為其徒之所以「猖狂放肆，縱意妄行。」皆由此
四字有以致之㉔。不過，無論是顧憲成或是高攀龍，他們雖對王
學有所批駁，但在思想上卻難脫離心學的影響㉕。彼等崇尚名
節，力挽狂瀾，雖云無補於明代的滅亡，然而結明代三百年養士
之局，開清初學術之風，在歷史上依然有其正面的價值㉖。

　　2.程朱派：東林派著重於政治世道，而此派則強調學問工
夫，故雖同以程朱相標榜，而其旨趣卻略有不同。朱陸異同原為
宋明理學史上一個爭論不休的大問題。朱子主道問學，陸子主尊
德性。其實朱子並非不重德性，而陸子亦非反對問學，二者僅不
過在治學方法方面略有偏重。可是由於王學具有反知識主義的性
格，認為博學對人成聖工夫並不相干，因而乃使程朱學者大起反
感㉗。早在陽明同時，號稱為「朱學後勁」的羅欽順（整庵1466
－1547）及陳健（清瀾，1497－1567）即曾對於陽明之說力加反
駁。陳氏斥陽明「直視六經為虛器贅物。」並指其為禪，謂「佛
教入中國常有夷狄之禍，今日士大夫尚禪尚陸，使禪佛駸駸復
返，可為世道之憂。」羅欽順也認為王學是陽儒陰釋，「儒其名而

禪其實」㉘。及至陽明卒後，王學之風日熾，甚者束書不觀，游談無根，更使程朱學者目爲狂禪，並對王氏良知之說不以爲然，如在京師創辦首善書院而有「關西夫子」之稱的馮從吾（少墟，1556－1627）便曾力言：「講良知即不能講物理；講物理即不能不講從政教人之學。蓋以物理本吾心之良知也，而不講格物之學，則良知不致矣。」㉙又以爲玄虛之學可以不講，而躬行之學卻不可忽略。嘗言：「講元虛之學，講學也。講躬行之學，亦講學也。元虛之學不講可也，躬行之學不講可乎？」㉚另一講求實學的儒者呂坤（新吾，1536－1618）也認爲講學不能僅靠良知，而必須依靠工夫。因爲聖學極細膩極精詳，非謂一悟即了更沒工夫。且「道可頓悟，而學則無頓詣。」是以對學者而言，自強不息之功及死而後已之志，二者實不可無㉛。其他學者類似之論尚多，不遑於此枚舉。馮從吾爲黃宗羲於明儒學案中，列入「甘泉學派」，對於王學亦不明顯的反對，而富有調和的色彩。呂坤於明儒學案之中被列入「諸儒」之一，自言其學非道（理學）非仙（道家）非釋（佛家），可謂自成一家㉜。不過，從他們對於程朱與陸王二派的態度而論，則爲明顯的傾向於前者，並企圖以程朱之實而補陸王之虛。

　　3.**王學改良派**：王學自明代中葉以降，風行於天下。其弟子分佈於大江南北，形成爲浙中、江右、南中、楚中、北方、粵閩以及泰州等七派，勢力可謂盛榮一時。然而由於門派紛立，彼此間的觀點也常互異。諸如良知、格物，以及四句教等的解釋，皆曾引起長期的爭論。及至晚明時期，王門中人亦與其他派的學者相同，深感其學空疏之弊的嚴重，而欲以實學的倡導以作彌補。江右王門的聶豹（雙江，1487－1563）率先指出只講良知而不重

工夫之弊，主張回返程朱主敬持靜的舊路㉝。另一學者鄒守益（東廓，1491－1562）也有轉回程朱的傾向，教人注重日用人倫應物諸端，認爲此乃聖賢之學㉞。而此派的名儒羅洪先（念庵，1504－1564）則主張「反躬實踐」，「還浮返樸」，以無欲爲本，講經世之學，嘗言：「儒者之學，以經世爲用，而其實以無欲爲本。夫唯用之於經世也，於是事俗酬酢之故，人物利害之原，家國古今之宜，陰陽消長之理，無一或遺，然後萬物得其所。夫唯本於無欲也，於是死生禍福敗譽得喪榮辱定寂憂愉順逐之來，無一或動，然後用之經世者智精而力專。」㉟由江右王門學者的論調觀之，可知其與王門的泰州學派明顯的立異。其後，力倡「止修」之學的李材（見羅，1520－1606）也以爲儒者之學應以經世爲宗，以立命爲致，以本末始終爲入道之樞，經世之紐㊱。而王門殿軍劉宗周（蕺山，1578－1645）則尤爲王學著名的修正者。蕺山與高攀龍並稱晚明的大儒，他雖出身於王門，但學風卻與東林接近，而於王學經常提出批評。嘗言：「良知之說以救宋人之訓詁，亦因病立方耳。及其弊也，往往看良知太見成，用良知太活變。高者元虛，卑者誣妄，其病更甚於訓詁。」㊲又言：「予嘗從陽明子之學，至拔本塞源論，乃以博古今事變爲亂天下之本性，有然乎？充其說必束書不觀而後可。夫人心不敢爲惡，猶恃此聖賢經傳爲尺寸之堤。若又束之高閣，則狂瀾何所不至！」㊳凡此均可見蕺山之論，確能一針見血，直指其弊，因此，其學亦與陽明稍異。不重本體而重工夫；不重悟而重修。並特揭「愼獨」以爲宗旨，謂愼獨即工夫，即本體、即靜存、即存察、即主敬、即窮理，亦即孔門之克己、易傳之洗心，而其爲學之目的則在建立一個精微而嚴密、從嚴毅清苦而發爲光風霽月的實踐哲

學。故自雙江、念庵、見羅以來所修正的王學理論，至此始得完成㉟。戢山對朱子最爲佩服，譽之爲「千古一人」，而自愧弗如。嘗言：「千秋絕學朱夫子，至矣，後人鮮有能發明之者，何論不佞。」㊵故其學雖以誠意愼獨爲主，而與朱子之即物窮理有所不同，然其所受朱子的影響卻至爲明顯㊶。論者每謂其思想不出宋明理學範圍，並無新的發現㊷。可是如從救時濟世的觀點而論，卻仍有其歷史的特殊意義，而且此一思想復爲其弟子黃宗羲所繼承，其影響亦可謂匪細。

　　4.**考據派：** 晚明考據學的出現，固然深受外在的歷史環境影響，但亦有其學術發展的內在理路，而其精神則在於由玄虛而趨向實際，由枯坐冥想而趨於博雜炫奇。追溯此一學風的發展，實由楊愼（1541－1617）開其端。其後王世貞（1526－1590）、胡應麟（1551－1602）、焦竑（1541－1620）、陳第（1541－1617）、梅鷟（約1513－?）、方以智（1611－1671）等相繼而起，蔚成一種新的趨尚㊸。這些學者大都具有一種反王學的態度，而於其空疏甚爲不滿。楊愼（升庵）不喜白沙與陽明二派學者之不重實學，謂其「不學六經，不知格物窮理，不啻爲無檣而欲市珠，無筌而欲得魚。」㊹陳第（一齋）也以陽明簡易二字如不善用，易生流弊。由以下的一段對話中，可知此一見解：「問主敬之學拘乎？曰匪敬弗聚，惡乎拘？良知之學簡乎？曰致知難矣，惡乎簡！問其弊，曰善用之無弊也。或問宋人之弊愚，今人之弊詐乎？曰與其詐也寧愚。舍經傳而標道德、廢名檢而劾虛元，忽事務而事尸居，君子不與也。」㊺又嘗憤然云：「書不必讀自新會（白沙）始也；物不必博自餘姚（陽明）始也。晉之淸談，壞紀綱也。故君子悲永嘉而罪王何；宋之新法，失民志也，故君子悲靖

康而罪王學。」㊻是幾乎直指王學為清談誤國，其說法實與後之顧亭林如出一轍。焦竑（弱侯）系出於泰州王門，也以多聞多見為聖學，博學約禮為至理。他說：「多聞，擇其善者而從之；多見，擇其善者而識之。是孔子所自言，豈非聖學？孔子之博學於文，正以為約禮之地。蓋禮至約，非博無以通之。故曰博學而詳說之，將以反說約也。」㊼方以智（密之）崛起於崇禎間，以考據精核見稱於時，對於晚明學者的懸揣空談，也加以嚴厲的指責，謂其自立門庭，糟粕文字，洸洋自恣，逃之空虛，實為學術之大弊㊽。對於那些「陽講孔孟之學，而陰宗二氏之旨的禪學家，他尤其大聲喝斥，說他們是「服儒者之服，而賊夫儒者」的偽君子㊾。

　　正因為如此，故他們治學大多力求實際而不尚空談，博覽群藉而對古經深入探討。陳第作毛詩考四卷，將毛詩中的古音古韻列出四百四十字，逐一加以考據。列舉本證，旁證二條，本證為詩自相證；旁證則采之他書。如二者俱無，即宛轉以審其音，參錯以諧其韻，務期探明古韻之來原，而便於歌詠。其用力之篤至如是，以後顧炎武（1613－1682）之作詩本音；江永（1681－1762）之作古韻標準，以經證經，廓清謬論，實以陳氏開關見路而居首功㊿。毛詩古音考之外，陳第尚有屈宋古音義三卷，取屈宋所著離騷等三十一篇，而將其中古韻之與當時殊者二百三十四字，各推其本音，以與毛詩古音相互發明[51]，對於古音學的研究，同樣具有很高的價值。梅鷟則著有尚書考異五卷，將孔安國之序及晉王肅所增之廿五篇，逐條考證，詳其所出，務使條分縷析，了無疑義，使論者不能復置一辭。至清初閻若璩（1636－1704）著古文尚書疏證，古文尚書之為偽作，更為水落石出。

「然枬始之功，**實駕爲之先也**」㉝。方以智的通雅一書，五十二卷，亦具有相當的學術價值。他最大的發明則在以音求義，且能注重方言諺語。而其創造拼音文字之議，對於後世也有很大的啓迪作用㉝。

　5.**經世派：**經國濟世，致君澤民，原爲儒家人生的基本理念。尤其是當國家遭逢危急存亡之秋，更使具有憂患意識的知識份子淬勵奮發，以天下國家爲己任。他們除了關懷社會民生投身於大時代的洪流以外，更特別留意於歷史經驗與典籍敎訓，以便作爲其解決現實問題的借鑑。萬曆年間，馮琦（琢庵，1558－1603）曾輯經濟類編一百卷，論其動機，即以當時「大夫多崇釋氏敎，士子作文多竊其緒言，鄙棄經注。」㉞因而他乃於公餘之暇，撽給秦漢以下之鴻儒著作，名臣奏對，旁及諸子百家之宏議眇論有關經濟者，輯成此書，自帝王以至雜言，共分二十二類、三百餘目、近二百萬言。凡關君道、臣道、國體、治道、聖學、敎化、風俗、賞罰、變法、銓衡、理財、勸農、救荒、貨殖、武備等，皆包羅於其書之內。用意之深，可以概見。同時，另一學者馮應京（慕周，1555－1606）亦偕友數人，窮三年之功而輯成皇明經世實用文編一書。計分組訓、六官、薦舉、辟臣、取士、久任、重農、講武、禮樂、六藝、諸儒、正學等二十八卷，強調儒學經世實用的特質，以及治統與道統的一致。又揭櫫明代太祖高皇帝（1328－1398，1368－1398在位）的祖訓，表彰理學大師朱熹（1130－1200）的正學，力言「以天下之才，興天下之治者，經世也。」又指出「言爲虛，行爲實」，「孔無樂乎空言，孟無取乎徒善，要而歸於崇實而已。」「乃若晚近取士必以文詞，任官必以資格，蒞政必以簿書，講學必以空寂，是四者皆涉於虛，

故欲求治虛，惟有崇實」⑤。其後，崇禎初年又有皇明經世文編
一書的刊出，該書為徐孚遠（闇公，1599－1665）、陳子龍（卧
子，1608－1647）及宋徵璧（尚木）等知識份子所合編。採輯有
明一代自洪武以至崇禎二百七十年間的名臣奏議、政書、文集等
千有餘種，凡關國計民生實際有用者皆分門別類，網羅於內，計
有國防、封貢、河鹽、漕糧、海防、戰守、兵刑、驛站、馬政、
火器、用間、營田、固本、宗藩、重農、鑄錢、一條鞭、學校、
選才等，合為五○八卷，堪稱洋洋大觀，應有盡有。由於彼等都
是復社的領袖人物，且為東林精神的繼承者，雖以時文號召而與
東林之講求性理稍有不同。但在關懷世道人心、經國濟民等方
面，二者卻無大異。關於此點，明人方岳曾於該書的序言中說得
非常明白，方岳除稱道徐、陳、宋三氏皆多韜世之才，而懷救時
之術之外，並謂其書之輯，「固非徒侈一代之鴻章，亦將以為明
時之獻納也。」⑥而該書的編者陳子龍也特為指出：晚明之時，
士無實學之患，責斥俗儒僅知是古而非今，文士只知擷華而舍
實，殊可感嘆。蓋以「抱殘守缺則訓詁之文充棟不厭；尋聲設色
則帷繪之作，永日以思。」至於時之所尚，世之所急，是非得失
之際，卻反而未之用心。是以天下之人，才智日絀，寧非實學不
講之誤⑤。徐孚遠是該書的主扁，對於編輯該書的旨趣，也有說
明，深慨「天下學士莫不探討緗素，琢磨文章。而於本朝故實罕
所用，是以剡藻則有餘，而應世則不足」。凡此皆可知其編輯此
書的目的是在講求實學，有裨世用⑧。此種經世思想雖於明末的
政局並無多大的補益，可是對於清初的學術以及其後的反清運動
卻有相當的影響⑨。

　　6.**科學派**：在晚明的學術中，科學派的出現，殊堪引人注

目。他們實事求是，不作空論，無論在思想與方法上都可獨樹一
幟，兼以此時西方的科學知識大量輸入，更爲往史所未見。諸如
李時珍（1518－1593）之本草綱目，徐宏祖（1586－1641）之地
理遊記，方以智（1611－1671）之物理小識，皆於科學方面具有
相當的貢獻。此外，宋應星（1587－？）的天工開物一書，不僅
對於農業、工業、機械、礦冶、造車、造船、兵器等方面均有深
刻的觀察與研究，且於晚明的政治，經濟與社會問題，也有獨到
的分析與批評⑥，而李之藻與徐光啓二人則尤爲提倡新科學的翹
楚。李之藻（1565－1630）爲萬曆二十六年（1598）的進士，曾
任南京太僕寺少卿，工部都水司，因與義大利耶穌會士利瑪竇
（Ricci Mattio, 1552－1610）相交，對於科學發生濃厚的興趣，
先後與利氏合譯同文指算、圓容通義、乾坤初義等書，並著有渾
蓋通素圖說、黃河濬塞議，其對科學的研究精神，於此可以想
見。他在渾蓋通素圖說中特別強調天文學之有益於實用，認爲天
文學可以規天地之大意，而有資於曆象之至理，誠爲儒者所應講
之實學⑥。於同文指算中，亦深慨當代儒者不知講求實學，以致
國計民生皆蒙其害。嘗言：「其在於今，士占一經，握從衡之算；
才高七步，不嫻律度之宗。無論河渠歷象，顯忒其才；尋思吏治
民生，陰受其敝。吁，可慨矣。」⑥因爲具有此種認識，所以他
匪但親身參與當時的修曆工作，並且還特爲介紹澳門的葡萄牙人
爲中國製砲（紅衣炮），因而在東北戰場上使明人獲得二次錦寧
之捷，一度扭轉了明滿的戰局。徐光啓（1562－1633）與李之藻
相同，亦由耶穌會士獲得不少的科學知識。嘗與利瑪竇合譯泰西
水利成爲介紹西方水利的先驅。又曾與利氏合譯歐幾里德的幾何
學原本（按僅成上半部六卷），首將西方的幾何學引入中國。崇

禎初年，他與李之藻同入曆局，修成崇禎曆書一三〇卷（1633），顯示他對天文曆具有很高的造詣。又嘗以十餘年的精力搜羅有關農本、田制、農事、水利、農器、樹藝、蠶桑、以及牧養、荒政等的資料，輯爲農政全者六十卷，體大思精，與賈思勰的齊民要術與王禎的農書合爲中國農學方面的三大著述。光啓之重視農學，乃以他認爲農業是國家的根本，也是生民命脈之所寄。惟有足衣足食，方爲萬世的大利。又以爲上下不知務農是造成社會動亂不安的最大原因，故而主張禁民遊惰，教人生穀。上以貴粟、下以務本㊆。至於他之所以留心算學與天文，測量水利，也是因爲與農業具有密切的關係。研究算學可以「廣其術而以之治水治田」；研究天文可以「觀象授時」；研究測量可以「通變適用」；研究水利可以「定地形高下以灌漑田地。」㊔此外，他對於當時經世之務，諸如練兵、製器、屯田、墾荒、晒鹽、植桑、輿地、邊防也無不鑽研。足見其注意面的廣泛。光啓爲一虔誠的天主敎徒，因其與利瑪竇時相過從，故對之瞭解頗深。一則謂利氏之學大者修身事天，小者格物窮理，乃至天文曆數「皆精實典要，洞無可疑。其分解擘析，亦能使人無疑。」㊕再則謂利氏「言道言理，概皆通本蹠實，絕去一切幻妄之說。」㊖通本蹠實，不作幻妄之說，便是科學的精神，也即是光啓對於利瑪竇衷心佩服的所在。

　　7.**實用派：**此派學者與科學派有所不同，所重者雖亦爲有關國防、武備、器物、圖譜乃至歷史、法律等的實學，但多偏於中國傳統的實用知識技術，而受西方科學的影響較少。其中可以王圻與茅元儀爲代表。王圻（1515－1611）字元翰，上海人，明嘉靖四四年（1565）進士，官至陝西參議，性喜實學，曾先後編有

續文獻通考二五四卷，三才圖會一〇六卷，兩浙鹺志二四卷，以及武學經傳名解與洗冤集覽各若干卷，皆為有裨於實用之作。在他所輯的三才圖會之中，包括有天文、地理、人物、時令、宮室、器用、身體、衣服、人事、儀制、珍寶、文史、鳥獸、草木等十四個部門，雖以務廣貪多，不免有冗濫之譏，但採摭浩博，圖文並茂，亦皆有關經世之學。誠如時人之所言：「非特博雅折衷之林，亦經濟必資之業也。」⑥茅元儀（1594－1630）之武備志一書，則於薩爾滸戰役（1619）之後所輯成（1620）。他們鑒於東事敗績，國事岌岌可危，深慨明自開國以來，計已二百五十載，惜士大夫無所寄其精神，僅雜出於理學聲歌工文博物之場，而介胄之流，亦多舍其所當業，轉習士大夫之所學。復加以文武對立，判若水火，文帥之權日重，常為武人所不服。是以朝野上下，莫或知兵，一旦干戈猝起，士大夫乃相顧不知所措⑧。因此，他乃發憤著述，搜羅自黃帝以來有關兵法、戰略、練陣、軍資等軍事思想與技術之作，輯成此書，合為二四〇卷。對於明代軍事史，明清戰爭史殊有參考的價值。

　　8.**補儒易佛派：**此派乃因耶穌會士來華佈道而起，尤與利瑪竇之思想有關。利氏聲言天主教有益於世道人心，乃含有實義。並謂西方因奉天主之教，故千六百年間，安定和平，」三十餘國，錯壞而居，不易一姓，不交一兵，不一責讓。實非東方佛國之所能及」。⑥同時並對佛教，道教以及儒釋道的「三函教」提出批評，謂道以無為教，佛以空為務，皆與天主之實義大相刺謬。不過，他對於中國正統而又為政府所提倡的儒學，卻採取一種接受或接近古代儒教，而排斥漢唐以後儒家的妥協態度。他曾向中國的士大夫解釋說，天主即儒經中的上帝，中國先儒亦曾信仰靈魂

不滅之說，後儒之言太極、言帝、言天，皆不能代表原始的純粹儒教。故中國雖然先進，仍需有天主教義加以彌補。其後，此種論調漸爲中國的天主教徒所接受，並進而爲之發揮。於是乃形成爲耶穌會在華佈道的理論⑦，其中尤以徐光啓之說影響最深。他與利瑪竇一樣，認爲佛教不如天主之有益於世道人心。嘗言：「佛入中國千八百年矣，人心世道，今不如古，成就得何許人？……若崇信天主，必使數年之間，人盡爲賢人君子，世道視唐虞三代且遠勝之；而國家更千萬年永安無危，長治無亂。」⑦同時他又提出一種補儒易佛的主張，冀以天主教取代佛教，而對儒教有所彌補。謂「彼國敎人，皆務修身以事主；中國聖賢之教，亦皆修身以事天，故理實相符。」如必欲使人盡爲善，則諸陪臣所傳事天之義，「眞可以補益王化，左右儒術」。而救佛法之所不足⑦。此論一出，旋即爲中國的耶徒所接受，李之藻、楊廷籌（？－1627）、王徵（1571－1644）、瞿式耜（1590－1650）等都大表贊同。甚至連非教徒的鄒元標（1551－1624）、謝肇淛等也深以爲然。可是卻也引起學術界的軒然大波，一時袾宏、晏文輝、王啓元、蔣德璟、鄒澄璟等都先後起而反駁，造成中國史上繼中印儒佛爭論之後的一場中西儒耶論戰，亦爲十九世紀中國官紳反教運動的先河。⑦

9.**孔教派**：儒家宗教化乃是晚明實學思想中的一個特殊產品。倡導者爲廣西馬平學者王啓元。他是萬曆年間的進士，曾於北京爲官二十年，對於當時的內外局勢及學術動態瞭若指掌。他對於風靡一時的王學，固然深表不滿。可是對於那些反王學者的驚講學，談心性、標宗旨、立門戶的作風也深不謂然。至於佛老二氏的三教混同之說，以及天主教徒的所謂實義，他也不表苟

同。鑒於當時思想的混亂、時局的危殆，他卻提出一個儒學神道
化的構想，希望將儒學由人生哲學轉化成一個有機的默示的宗
教。在這個宗教的組織裡，最高的神靈則為上帝，而孔子卻為教
主，並以天子作為替天行道的人間代表。又主張將儒家的六經作
為聖經，恢復古代道統與治統合一的傳統。不過，他的真正目的
還是在於以原始儒學的實用精神，來挽救當時的世道人心。他曾
感歎後儒僅知與方外爭談性命，而失去儒家立乎其大的宗旨云：
「後世儒者，但知談心談性，不復知有君相大業與儲君儲相之大
用，故師道卑微，區區與方外爭勝。而宇宙之大觀，用行之懷
抱，反忽而不察，晦而不明矣。」⑭又以為談心講學僅為儒學的
一端，而其大者即治平之理，經濟之功，以及君相之業，皆不應
不講，嘗言：「必如人之講學專以性命為言，則是一身一家之計
也。縱至精至詳亦不過為一教讀先生而已。安所關于成敗之數，
而以為發明孔子齊治均平之道哉！」⑮據此可知王啓元所說的治
平、經濟、事功與君相大業，都是他建立孔教的理想，也都是可
以拯救當時世道人心實際有用的學問。此一思想，吾人從王啓元
下面的一段話亦可看出，他說：「今考之四書，而孔子之品如此；
考之六經，而孔子所欲之事如彼。乃講學者專講性命而不及天下
國家；使孔子僅為教讀先生，豈不為二氏所撫掌而笑？又安能免
賦詩退虜之譏耶！」⑯總而言之，晚明時，內政不修，虜患方
殷，不論陸王或程朱之學，都顯然無法應付危局。再加以西方天
主教的輸入，使儒學又受到一強而有力的挑戰。故王啓元的孔教
救國論，實俱鮮明的時代意義，而為民初的孔教開創一個先例
⑰。

10.**佛學派：**在晚明實學之風的激盪之下，當時的佛學思想也

受到了波動。明代的佛學本禪宗為主流，然而至其末流，則亦積弊叢生。信徒只知參話頭，背公案，陳陳相因，自欺欺人，對於原始的經典反而束之高閣，不屑一顧。因之，至晚明時期逐產生一種反動的風氣，要求去虛務實。當時著名的佛教大師蓮池（1535－1615）、眞可（1544－1604）、憨山（1546－1623）、智旭（1599－1655）等都大力提倡淨土，以補禪宗的不足。他們常從極平實的地方立足，做極嚴肅的踐履工夫，並回頭來研究學理，一反禪宗束書不觀的陋習，重新回到隋唐時佛學道路。因此形成明代佛學以禪淨一致為主軸的各宗互融特色。此種反禪之風，自蓮池（名株宏、雲棲大師）即已提倡淨土，認為靜土乃是禪、敎、律三學的指歸。同時又主張唸佛，而敎人切實研究經典，多讀論疏⑦。憨山（名德淸）與眞可（名達興、紫柏大師）繼之，而智旭（蕅益）的態度則尤為積極，他因不屑於以儒、禪、律、敎等名目自居，故自號為「八不道人」，嘗說：「學問有三大錯，好多不好精，逐末不求本，求解不求證。」又說：「學不難努力自修，難親近知識；不難高談名理，難實踐躬行。」⑦基於此一佛風的需要，故佛教的經典逐大量的印行，先後有南藏版、北藏版、武林版、萬曆版的大藏經出現。而注經之風亦因之大盛，憨山注楞伽、楞嚴；智旭注楞嚴起信、唯識，甚至又將全藏讀通著成「閱藏知律」。這種禪淨並修的風氣，對於日後清代士大夫所偏好的居士佛影響頗為深遠。⑧

四、晚明實學的特色與影響

一種思想之所以蔚為一個時代的思潮，有它一定的條件。如此方能形成一時的風尚，重估舊思想的價值，表現共通的特質，

反應時代的需要。準此以觀晚明的實學，稱之爲一個時代的思潮，則殆無疑義。綜觀其最大的特色則是重實用、反玄學。而在這個實學運動中，程朱之學實居於一個重要的地位，並起著一定程度的指導作。不論東林、程朱、王學改良，乃至考據，各派都主張以程朱的篤行實踐，以補陸王的空疏虛渺，藉以糾正晚明學術發展的偏頗傾向。程朱之學雖自明初以來即被政府所尊崇，奉之爲學術上的正統，可是由於學者的陳陳相因，在思想上並未能推陳出新，有所突破。再加以科舉制義的束縛，其結果更形支離破碎。因之自中葉以降，學術思想大變，王學盛行。「嘉（嘉靖，1523－1566）隆（隆慶，1567－1572）而後，篤信程朱不遷異說者，幾復無人矣。」③】不虞迨及晚明，竟有重佔上風之勢，形成明代學術由程朱而轉變爲陸王，再由陸王而返回程朱的循環現象。

　　晚明實學雖然同時並起，流派紛立，可是論其目的卻每彼此互異。東林派旨在尊崇程朱，端正人心，改造政治；程朱派旨在強調學問工夫，維護儒學實用傳統；王學改良派旨在復返程朱，以補王學空虛；考據派旨在綜覽群籍，通經致用；經世派指在重視當世之務，裨益於國家社會；科學派與實用派旨在講求實用科學，改良國計民生；補儒易佛派旨在倡導天主實義，冀補儒學的不足；孔教派旨在使儒教宗敎化，而恢復其原始的用世精神；佛學派旨在研究佛敎經典，以禪淨一致而救枯坐參禪之弊。或關政治人心；或關學術思想；或重工藝器械；或重國計民生；或涉軍事國防；或涉宗教社會。可見此一反玄學思想運動所涵蓋的層面是何等的廣泛。

　　與程朱之學復興相對的，則是陽明之學的沒落。王學之所以

遭受嚴厲批判，由盛而衰，自與其末流的種種缺失有關，尤以泰州學派為然。如顏鈞（山農）、如羅汝元（即何心隱，1517－1579）、如李贄（卓吾，1527－1602）都使王學日趨極端而向主觀主義方面發展，狂妄恣肆，行為放浪，罔顧社會道德，高唱酒色財氣無礙賢路，因此而為人目之狂禪。黃宗羲出身於王門，對於此弊具有極深的瞭解，亦曾對於泰州之禪化深致感慨。如言：

> 陽明先生之學，有泰州龍溪、而風行天下，亦因泰州龍溪而漸失其傳。泰州龍溪時時不滿其師說，益啓瞿曇之秘而歸之師，蓋躋陽明而為禪矣。然陽明之後，力量無過於龍溪者，又得江右為之救正，故不致十分決裂。泰州之後，其人多能赤手以搏龍蛇，傳至顏山農、何心隱一派，遂復非名教之所能羈絡矣。⊗

其次，時代的變遷，學術不能與實際的需要配合，也是王學衰微的一大因素。學術與世變本即密切攸關，晚明時期的政治、經濟、社會、國防危機四伏，而王學卻依然高談玄理不務實際，以明心見性之空談，以代修己治人之實學，自然無法負起振衰起敝解救生民的時代使命，其結果終會遭到一般學者的厭倦與憎惡。故在晚明時期即有人責其不論實務，清談誤國，及至明末清初，此種類似的批評更為強烈。顧炎武（1613－1682）甚至將陽明的良知之說比之於何王（何宴190－249、王弼226－249）之清談；安石（王安石，1021－1086）之新法，謂其：「以一人而易天下」⊗，其痛心疾首可以想見。明代的傾覆，原因至為複雜，將其滅亡的重責歸之於陽明一人，或者是王學一派，顯屬不公之論。然而以當時王學影響之大，流弊之深，多少也要負擔一部份責任。

　　至於天主教在此一時期的活動與影響，亦不容吾人忽視。天主教雖於唐（景教）元（天主教）二代兩度傳入中國，惟均無可觀的成就。明季再度輸入，一面以西方的科學介紹作爲佈道的媒介；一面宣稱天主教具有實義，而可以補儒易佛，於是不論科學與宗教都對中國產生相當大的影響。科學方面如天文、地理、數學、曆法、物理、水利、砲術等都因其有裨於國計民生而爲當時的士大夫所歡迎，使西方的科技文明第一次爲中國的學者所吸收。宗教方面，晚明時期在知識份子之間雖因利瑪竇、徐光啓的「補儒易佛」之論而引起熱烈的爭議⑭，可謂爲有史以來第一次的中西文化論戰，但耶穌會士在教義方面對於中國文化的妥協，也使天主教傳播日益進展。舉例言之，明神宗萬曆三十八年（1610）利瑪竇在北京去世時，信徒尙僅二千五百餘人，及至崇禎九年（1636）已增至三萬八千人，其中除大批的官吏、進士、舉人、生員之外，尙有不少親王、皇族、后妃、命婦在內。至康熙三年（1664）、其人數則更高達二十四萬八千餘人之多。可見明末所發生的「南京教案」（明神宗 44 年，1616），乃至明代的國變（1644，甲申之變），均未影響天主教在華的擴張⑮。直到康熙末年，「典禮之爭」發生之後，方使天主教受到一次嚴重的打擊。耶穌會士因攀附儒教而使其傳教事業得以順利展開，但也因此種牽強附會而造成內部的分裂，終而自食其惡果。日後天主教在華佈道方針之改弦易轍，獨立發展，即可能接受此項歷史的教訓。

五、結　論

　　明代雖是一個著名的君主專制王朝，並以程朱之學作爲其統

治帝國的學術中心思想。可是自中葉以降，其學術思想卻發生一個重大的轉變。在陽明學的鼓盪之下，激發出許多新思想的浪花。於是程朱、陸王、道佛各派競相講學論辯，良知、工夫、漸修、頓悟、先天、後天、以及佛儒之爭、三教合一等，均成爲一時論爭的主題，形成爲一種學術思想上的自由活潑風氣。

及至晚明時期，學術思想又轉入另一個新的方向，實學思潮取代王學而起，奔騰澎湃，風起雲湧。於是反虛務實，講求經世，重視政治社會，關心國計民生，注重生產、鼓勵工商，遂成爲一時學術的新導嚮。就思想史的內在理路而言，乃因當時的知識份子已經厭倦玄學的空虛，而思別求發展。就外緣因素而言，則因晚明內憂外患頻仍，使知識份子深感王學不足以應付新的時局。中國知識份子本來即有一種深厚的憂患意識，每遇國家社會發生危機，即會產生一種經世思想。晚明的知識份子繼承此一優良傳統，目擊世變，挺身而起，講求實學，以求有濟於時艱，故此一思想的產生毋寧是一種歷史的必然發展。不過，如就當時實學思潮的主要內容來看，則除徐光啓、李之藻等人因受西方宗教及科學之影響而尚能另闢蹊徑之外，其餘的人大多仍難超出傳統儒學的範疇。結果，乃使明代的學術演變，由程朱轉入陸王，而又由陸王返回程朱。對於此一現象，其後清儒倒有一套理論以爲詮釋。依照他們之見，學術乃隨時變而有消長，雖聖者對之亦難逆度。其間全賴通天地人之學的儒者「因時爲救」而有所匡輔。有明一代之儒，或尚躬行之程朱；或崇解悟之陸王，皆係因時爲救而起。故能「發明聖道，排黜佛老，其功直與宋儒等。」⑱至於節制之法，則在假儒家的中庸之道以爲準繩，隨時調劑，虛實互補。過實則救之以虛，過虛則補之以實，期以維持儒學的功

能。清初大儒孫逢奇（夏峰，1584－1675）於論及宋明學術思想之轉變時，即曾以虛實互補之理，說明宋明儒學思想之演變，指出：「建安（朱熹，1130－1200）沒，天下之實病不可不洩；姚江（王守仁，1472－1528）沒，天下之虛病不可不補。」程晉芳「魚門，1718－1784）則將孫氏之論推延到清初的顧亭林（1613－1682）。他說：「宗門分立，使人知踐履以求實際，晦翁（朱熹）之烈也；晦翁沒而天下之實病當洩，詞翰繁興，使人知檢攝以觀心性，陽明之功也。陽明沒而天下之虛當補，於是風會既開，異人並出，炎武首標知恥博文之旨，經學即理學之敎，是爲三百年來窮經樸學之祖。」㊲由此可知，明代學術的循環演變，雖未超越儒學的範圍，可是卻也顯示其本身具有一種自我調整，適應時變，延續與發展其自我生命的內在潛力。且每經一次的蛻變，即能因應新的挑戰，而增添若干新的內容。是以乃能不斷地更新創新，與時俱進，保持其傳統的崇高學術地位。儒學之所以能歷經世變，融和佛道，成爲我國二千年來的學術主流，可能與此一特點，具有密切的關係。

不過，論及晚明知識份子推動實學拯救時局的目的，卻顯然未能達成。一則因爲時間甚短，此種實學之風尚難全部訴諸於社會的實踐，發揮鉅大的作用。再則由於此類的知識份子大多未能進入政府擔任要職，而在政策上有所影響。即使少數人僥倖進入政府，亦難與擁有實權的北京官僚相抗衡。卒致「庸夫當柄於內，宵人嚮導於外，海內汲汲，不知所措。」徒令懷有滿腔熱血而不知灑於何地的東林黨人，在皇權與宦權的雙重高壓之下，不得不「歎首陽而齊李杜。」（李膺，110－169；杜密?），走上東漢黨錮之禍的老路㊳，而明社亦因之以屋。

　　然而無論如何，晚明的實學思潮仍舊有其深遠的影響，不論是王門諸子的道學革新運動，東林派的反狂禪運動，乃至經世派的救國運動，西學派的科學運動，考據派的古學運動，都對其後清代的學術發展，具有不容忽視的先導作用⑧。其中尤以從宋明道學到清代樸學的轉變，以及中西文化的開始接觸，二者最堪吾人重視。

【註　釋】

①近年討論明清之際學風的論文計有——　張顯清：「晚明心學的沒落與實學思潮的興起」（刊於中國社會科學院歷史研究所明史研究室主編之明史研究論叢（江蘇出版社，1982）第 1 輯，頁 307－337；謝國楨：「明末清初的學風」刊於氏著明末清初的學風論文集首篇（北京人民出版社 1982）頁 1－52；溝口雄三：「論明末清初時期在思想史上的歷史意義」，史學評論 No.12，頁 99－140；山井湧者（盧瑞容譯），「明末清初的經世致用之學」，史學評論 No.12，頁 14－140－158。

②明史（鼎文書局刊新校本，台北，1975）231，列傳 119「錢一本傳」。

③明史 21，神宗本紀「論贊」。

④朱東潤張居正大傳（1945，上海，開明書局），頁 178。

⑤明史 78，食貨 2「賦役」。

⑥謝國楨等編明代社會經濟史料選編（下），（1981，福建人民出版社），頁 328；清朱彝尊靜至居詩話引明臣倪元璐語。

⑦關於江南賦役問題，可參見元史 183，「蘇天爵傳」，「江浙財賦居天下十七」。

⑧參看錢穆國史大綱（1952，台北商務印書館）冊下，頁 549－550，

「南北經濟文化之轉移」下。

⑨參看張維華明代海外貿易簡論（上海人民出版社，1956）頁 2－4；傅衣凌：明清社會經濟史論文集（人民出版社，1982）頁 103－131，「論明清社會的發展與遲滯」。

⑩關於明代人口問題，王崇武估計明初盛世約有 50,628,346 口；萬曆 6 年（1578）約有 60,692,856 口，參看燕京學報 20 期，頁 341，氏著「明代戶口的消長」。但據何炳棣的研究，明末時期已不止於此數，可能多達 150,000,000 口。See, Ping－ti Ho, Study On Population In China, p.264, New York, 1961。

⑪呂坤去偽齋文集（明萬曆至康熙間刊本）卷 1，頁 13－14。

⑫同上。

⑬顧憲成：涇皋藏稿（明顧氏原刊本）卷 7，頁 13，「重刊萬曆丙子南畿同年錄序」。

⑭黃宗羲：明儒學案（河洛出版社，台北，1974）頁 50，「端文顧涇陽先生憲成」。

⑮顧憲成：涇皋藏稿卷 7，頁 13「重刊萬曆丙子南畿同年錄序」。

⑯高攀龍：高子遺書節鈔（無錫許氏自強不息齋刊本）卷 1，頁 3 下。

⑰顧憲成：涇皋藏稿卷 2，頁 4，「上相國瑤翁申老師書」。

⑱高攀龍：高子語錄（無錫許氏自強不息齋刊本）卷 1，頁 25。

⑲同上。

⑳顧憲成：顧端文公集卷 4，頁 16，「答友人」。

㉑高攀龍：高子遺書，卷 7，頁 1－7 頁，萬曆 20 年「崇正學闢異說疏」。

㉒高攀龍：高子遺書「崇文會語序」。

㉓同前書，卷 8 上，頁 9，「答涇陽論管東溟」。

㉔顧憲成：涇皋藏稿，卷 6，頁 3－4 頁，「朱子二大辨序」。

㉕參看黃宗羲明儒學案卷 62，頁 31，劉蕺山評語。

㉖朱一新：拙庵叢稿（文海書局據 1895 年刊本影印），冊 1，頁 493－494，「無邪堂答問五」。

㉗參看余英時歷史與思想（聯經出版社，台北，1976），頁 94－95，「從宋明儒學的發展論清代思想史」。

㉘陳建，學蔀通辨頁 63；又可參考顧炎武日知錄，卷 20，頁 539，「朱子晚年定論」條。

㉙馮從吾馮少墟集（明萬曆 45 年刊本）卷 13，頁 41，「長安縣志序」。

㉚同前書，卷 7，頁 10，「寶慶語錄」。

㉛呂坤：去偽齋文集，卷 4，頁 15，「三答爾瞻」。

㉜參看拙著「呂坤的憂患意識與經世思想」國立台灣師範大學歷史學報 13 期，頁 93－105，台北，1985。

㉝聶豹：雙江聶先生集（明雲五書院刊本），卷 14，頁 60，「困學錄辯過」。

㉞鄒守益：鄒東廓集（明嘉靖間刊本），卷 7，頁 30。

㉟羅洪先：整庵文集（明嘉靖刊本），文錄卷 9，頁 31。

㊱李材：李見羅先生正學堂稿（明萬曆辛丑 1601 年刊本）「經世大論」自序。

㊲劉宗周：蕺山全集（次定四庫全書本），卷 9，頁 22 下，「重刊傳習錄序」。

㊳同前書，卷 11，頁 16，「讀書說示汋兒」。

㊴牟宗三：從陸象山到劉蕺山（學生書局，台北，1979）頁 186。

㊵劉宗周：劉蕺山集，卷 6，頁 20，「答程生梁一」。

㊶按劉宗周之學爲王學之改良派與東林學風頗近，故亦受朱子影響甚

多。

㊷容肇祖：明代思想史（開明書局，1962，台1版）頁334；嵇文甫：晚明思想史論（上海，1944），頁74。

㊸關於考據學派的興起問題可參考：余英時歷史與思想（聯經，台北，1976），頁109－115，「從宋明儒學的發展論清代思想史」；林慶彰：明代考據學的研究（學生書局，台北，1983）頁21－27，「明代考據學風之興起」。

㊹楊慎：升庵全集（明刊本），卷75，頁989。

㊺陳第：謬言（明萬曆刊本），頁3上「論學」。

㊻分見前引書，頁29「論政」；頁35「諸子」。按此論亦可參考顧炎武日知錄，卷20，「朱子晚年定論」。

㊼焦竑：澹園集（金陵叢書本），卷42，頁8「古城答問」。

㊽方以智：通雅「自序」。此處引自梁啓超：中國近三百年學術史（中華書局，1925年9月，上海初版，1958，2版），頁149－150，「科學之曙光——方密之」。

㊾方以智：千一答客問（廣林書），卷11，頁12。

㊿陳第：毛詩考（文淵閣四庫全書影印本，台北，商務書局，1985），239冊，頁403，「毛詩古音考提要」。

51同前書，頁519，「屈宋古音義提要」，按陳第古音考亦可能受明末耶穌會之影響，參看 Gaodrich and Fang edited, Dictionary of Ming Birgraphy 1368－1644 p. 183 Chen－ti, Columbia University Press, 1976。

52梅鷟：尚書考異（文淵閣四庫影印本），64冊，頁1，「尚書考異提要」。

53參考梁啓起：近三百年學術史，頁149－156。按關於此一問題尚可參考 Arthur W. Hummel（ed.）Eminent Chinese of the Ching Period, pp.232 – 233, Fan I – Chih, United States Government Printing Office, Washington, 1943 – 44.

㊴明史 216, 列傳 104, 「馮琦本傳」。按馮琦所輯之經濟類編一書刊於萬曆 32 年 (1604)。

㊵經世實用文編 (明萬曆 31 年夏 6 月刊), 卷首 (馮應京自序)。

㊶皇明經世文編 (明崇禎間平露堂刊本), 卷 1, 頁 7 – 9。

㊷同前書, 頁 120 – 126, 「陳文龍序」。

㊸同前書, 卷 1, 頁 137 – 138, 「徐孚遠序」。

㊹參考胡秋原: 「復社與清代學術及反清運動」上、下, 中華雜誌 (台北, 1967 – 1968) 6 卷 3 期, 頁 9 – 16; 4 期, 頁 36 – 40。

㊿分見 1976 年上海人民出版社刊宋應星佚著四種野議、論氣、談天、思憐詩, 頁 9, 「民財議」; 35 – 36「鹽政議」; 92「風俗議」; 47「亂萌議」等篇, 又可參考盧建榮「宋應星的社會思想」益世雜誌 17 期 (1982, 2), 頁 14 – 18。

㉛李之藻渾蓋通憲圖說 (台灣商務叢書集成簡編) 冊 1, 頁 7, 「自序」。

㉜李之藻譯、利瑪竇授: 同文算指前編, 頁 2, 「自序」, 按關於李之藻對於科學的貢獻, 可參考方豪、李之藻研究 (商務, 台北, 1966)。

㉝徐光啓: 徐文定公集卷 1, 頁 26「題測量義法」; 頁 27 – 28, 「句股義序」; 頁 30, 「泰西水法序」。

㉞徐光啓: 徐文定公集 (萬曆辛亥 39, 1611) 「原序」; 卷 2, 頁 53, 「墾田疏」。

㉟徐光啓: 幾何學原本 (商務叢書集成簡編, (台北, 1966), 「自序」。

㊱徐光啓: 同文算指前編, 「自序」。

㊲王圻: 三才圖會 (明萬曆 35 年刊本, 台北, 成文書局影印本), 「自序」及冊 1, 頁 99, 「地理圖序」。

⑱茅元儀：武備志（台北，華世書局據明刊本影印本），冊 1，頁 73－74，「自序」。

⑲利瑪竇：辯學遺牘，頁 6。

⑳參看陳受頤：中歐文化交流史論叢（商務，台北，1970），頁 7－26。

㉑徐光啓：增訂徐文定公集（民國廿二年上海排印本）卷 1，頁 13。

㉒前引書，卷 5，頁 1－2 頁。

㉓參看陳受頤，頁 27－50，又關於十九世紀中國官紳之反教運動，可參考呂實強：中國官紳反教的原因（中國學術著作獎助委員會刊，台北，1966），頁 12－36。

㉔王啓元：清署經談（天啓 3 年，1623，刊本），卷 8，頁 37。

㉕同前書，卷 4，頁 7－8 頁。

㉖同上。

㉗參看陳受頤：中歐文化交流史事論叢，頁 57－94，「三百年前的建立孔教論」，不過，民初康有爲等所倡之「孔教論」是否曾受王啓元之影響，則有待考證。

㉘參看稽文甫：晚明思想史論，頁 78－97；侯外盧：中國思想通史（中國史學社，北京，1960），冊 5，頁 1207－1212。

㉙僧懺選輯：蕅益大師集（淨土宗善導寺印，台北 1960），頁 86，「語錄」；頁 63，「示費智瀾」。

㉚梁啓超：中國近三百年學術史（台灣中華書局，台北，1958，2 版），頁 10。

㉛趙爾巽等修清史（國防研究院刊本，台北，1971）「儒林傳序」。

㉜黃宗羲：明儒學案，卷 32，頁 62，「泰州學案序」。

㉝顧炎武：日知錄（明倫出版社重刊原刊本，台北，1970），頁 539，「朱子晚年定論」。

㉞參看德禮賢：中國天主教傳教史（商務，台北，1972，2版），頁12
　　-76。拙著：「從天主教的衝擊看明末清初時期中西文化論戰的背景
　　與意義」，中研院近史所，民國77年8月25－27日「近代中國初期歷
　　史研討會」論文。

㉟王治心：中國基督教史綱（基督教輔僑出版社，香港，1959），頁105
　　-119。

㊱沈佳：明儒言行錄（商務刊四庫珍本，台北）「萬期大序」。

㊲分見湯斌撰清孫夏峰先生奇運年譜（商務刊本），頁43；江喜筍：且
　　住庵文集（世界書局刊本），頁150。程晉芳：「明儒學案跋」。

㊳繆昌期：從野堂存稿（明崇禎間刊本江陰，1637），卷首，「方長賈
　　序」。

㊴參見劉師培國學發微（國民出版社，台北，1959），頁48－50。按依
　　劉氏之見，明代學術對於清代不論經學、文學、聲韻、考據、訓詁等
　　均有相當之影響。

（原刊於國立中央圖書館漢學中心《漢學研究》7：2（總 No.14），
　　民國 78.12. 台北。）

從天主教的衝擊看明末清初時期中西文化論戰的背景與意義

一、前　言

　　明清之際（1583－1723）天主教在華的傳播、發展與停滯，可以說是中西關係史上一個重要的里程碑。基督教雖曾於第七世紀的唐初及第十三世紀的元代兩度傳入中土，然而論其對中國文化的衝擊和影響，卻幾乎微不足道。①可是這一次卻與以前不大相同，非僅西方的科學引起中國知識份子的好奇與興趣，而天主教教義也造成中國朝野人士的懷疑與震撼。科技知識偏於實用價值，且於文化方面所屬的層面較低，所以除天文曆法曾經引起數度的爭議以外，其他方面大體尚易爲中國人所接受；宗教方面由於牽涉的範圍較廣、層面較高，所引起的問題即較複雜。雖然有不少士大夫爲之歡迎附和，但遭遇到大量人士的駁斥排拒，因而引發一場中西思想方面的長期爭辯，隱然成爲十九世紀以來中西文化論戰的前奏曲。

二、天主教佈道的新背景與新策略

　　此次天主教的傳華，在客觀的條件上已經發生很大的變化，而與以往大異其趣：

　　一、東西航路大開，海洋交通大爲進步，因而使歐洲的商人

與傳教士得以全球爲目標，展開各種活動。

　　二、受到宗教改革的刺激，羅馬教會決定發動一次「反改革運動」（Counter Reformation），以期恢復教會的光榮與威望。同時，爲擴張其勢力範圍，並派教士隨同各國的商船到海外傳教。而西班牙人羅耀拉（Ignatius Loyola, 1491－1556）所創的耶穌會（Society of Jesus），態度則尤爲積極，不僅其組織遍佈於歐洲的匈牙利、波蘭、英格蘭、荷蘭等地，且還擴展到印度、中國、日本以及北美洲各地，勢力之大殊堪令人注目。②

　　三、科學革命（Scientific Revolution）的萌芽。文藝復興後，人文主義日漸抬頭。古代的天文、曆法、數學、地理、解剖、醫學、物理等自然科學日益受到重視，而呈露出一副嶄新的面貌。③那些海外佈道的傳教士，既具有經由中古時期大宗教家阿奎那（或聖多默）（St. Thomas Aquinas, 1225－1274）結合亞里士多德（Aristotle, 384－322.B. C.）論理學與基督教神學而成的宗教哲學訓練；④又握有歐洲最新發展的各類科技知識，故幾乎所至披靡，不可一世。尤其是像在中國那樣的一個特重學問的國度，更是重視他們如神明，使其在華的便教工作，比較其他落後地區更爲容易。⑤

　　四、中國方面，當天主教東來之時，恰巧也正值明代思想紛紜多變的時期。此時王學已經漸衰，國事日益敗壞。一般關心時務的知識份子，深感王學的空虛；目擊內外的多故，因此紛紛主張講求實學，以便對於政治、軍事、社會、學術的流弊有所補救。⑥天主教的教士們適逢其會，於是也參加此一偉大的行列，一方面以精於天文曆算等實用科學相炫耀，一方面高唱天主教具有實義，有利於治國理民。因此吸引大量知識份子的景仰與注

意，相繼與之結交，虛心地向之請益。⑦

　　由上所述，可知明末天主教的東傳實與歐洲的歷史變化息息相關，亦即是有一世界史的大背景。關於負有此一艱鉅傳教任務的先驅者，雖然應推奧斯定會（Augustinians）、多明我會（Dominicans）、方濟各會（Franciscans）、耶穌會（Jesutis）四大修會會士，但受西班牙政府支持而由菲律賓方面進入中國的奧斯定會、多明我會及方濟各會卻因固守天主教的正統，不能適應中國的習俗，其成就卻較爲有限。非但活動的範圍僅限於福建與山東等少數偏僻地區，且其所接觸的對象也多爲下層窮苦的小民，故其在中國所產生的影響，實不如耶穌會來得重要。⑧耶穌會之能在中國順利發展，取得較高的成就，實與以下諸多因素有關：

　　一、遠大的目標：天主教自宗教改革後，不斷地推動海外發展，耶穌會則更野心勃勃蓄意打開此一東方文明古國的門戶而使之歸服於耶穌。適以教皇亞歷山大六世（Alexander Ⅵ）將東方亞、非二洲的佈道權劃歸於葡萄牙，於是葡國乃將其領土膨脹與教會轄區擴張兩大政策作平行的推展。⑨並設法使歐洲的「靑年人文主義」與明末的「老年人文主義」相接觸。⑩

　　二、嚴密的組織：天主教是一個世界性的嚴密組織，而耶穌會則更採取軍事的嚴格編制，以維護羅馬教皇爲宗旨；以遠地傳道及教育靑年爲傳教方針。⑪前來中國佈道的耶穌會士起初隸於印度會省（1552），繼於澳西設立會院（1565），並於其後擴大而爲主教區（1576）。1597年「中國耶穌會」正式成立，1636年中國耶穌會分爲華南與華北二會，1660年設立南京代牧，1668年改中國爲大主教區。⑫凡此皆顯示耶穌會常隨教務的發展，而不斷地調整其組織，以便適應新的形勢。

　　三、經費的充裕：耶穌會在華的各種活動，不論租房、建堂、印書、旅遊、衣、食、交際，乃至周濟貧困教友，均須大量經費予以支持。大體而言，此項經費多由葡萄牙政府資助，而並不取給於中國。雖然中國的地方官員對於其經費源源而來曾經表示懷疑，但傳教士們則公開地承認係由西洋等國商船帶來而不諱。至於數量則以需要而定，並無嚴格的限制。根據已有的資料，在耶穌會來華初期，大約每年僅有六〇〇兩至一、〇〇〇兩之譜，⑬惟於其後恐不止於此。就此區區數千兩之銀錢而言，對於葡萄牙政府固然是微不足道，可是卻使在華的耶穌會士可以隨心所欲，獲得傳教上極大方便。

　　四、有計畫的擴張：耶穌會既然志在打開中國的門戶，將天主教重新傳入此一文明古國，而且他們又具有嚴密的組織和充裕的經費。兼以其教士均曾接受過優良的教育訓練而富於宗教熱性情，因此乃利用各種機會有計畫地向中國內地進行滲透。歷經沙勿略（Francis Xavier）、范禮安（Alessandro Vatignano）及羅明堅（Fr. Ruggiori）等少數創新者（innovator）的引進嘗試，到利瑪竇（matteo Ricci）開始漸有成就，而於1583年（明神宗十一年）在廣東的肇慶建立起近代傳教的第一座教堂，奠定天主教在華傳教事業「原始階段」（Primary Stage）的基礎。其後再經過一群早期多數者（early majority）的跟進，以及後期多數者（late majority）的模倣。於是傳教事業亦因之進入「擴散階段」（The diffusion stage），由一個中心而擴散為數個乃至數十個中心。計至1610年（萬曆三十八年）利瑪竇卒後，耶穌會的勢力即已大為可觀，不僅北京有龐迪吾、熊三拔；南京有王豐肅、陽瑪諾等領導活動，而其他省會各地，亦所在多有。甚至連若干窮鄉僻壤之

區，也「建祠建館」，招引不少文士儒生前往禮拜，「堅信其會而不移易」。⑭不過，由於經常遭受華人的排拒，耶穌會在華的活動，卻一直要到1692年3月22日（康熙三十一年二月三日）清廷正式下詔，明示中國人民可以公開相信天主教時，方才算是進入一個「穩固階段」（The condensing stage）。可惜卻因「禮儀問題」（Quaestio de Ritieus）暴發以致未達「飽和階段」（The saturation stage），⑮即已陷於式微，實為耶穌會士先驅人士始料之所不及。

　　五、新穎的傳教方式：耶穌會士不但對於在華的佈道抱有一番雄心壯志，即其傳教方式，也多經過長期的精心設計。他們既不能「一手拿著聖經、一手拿著皇帝所給的寶劍」，像對亞非落後地區那樣以武力傳教，⑯也不贊同像葡西兩國早期在澳門和馬尼拉所實行的那種「凡是領洗入教的中國，都要變成葡萄牙人或西班牙人，在姓名、服裝、風俗上都要照葡西兩國式樣。」他們認識到中國是一個古老的文明國家，像上述的那兩種傳教方式，根本即無法實行。因此，深以為要將天主教傳入中國，唯一的方法便是適應中國的文化，非但「中國人固然仍舊是中國樣子」，即是「西洋的傳教士也都要中國化」。⑰此一天主教適應中國觀念，原是由范禮安與羅明堅針對中國的歷史文化風俗習慣，以及中國士大夫的心理狀態研究之後所形成的。不過，直到利瑪竇入華佈道，方將此一構想形成一個付諸實踐的「傳教政策」（The Jesuit Mission Policy），並於其後獲得羅馬教皇的批准。⑱

　　利瑪竇及其同志所推行的耶穌會傳教策略，最主要的便是擺脫西班牙與葡萄牙的干擾，而以獨立佈道的姿態出現於中國。其次是為了表示尊崇中國的文化，他們決意在生活言行方面，諸如

飲食、起居、衣著、語言、文學、禮儀等儘量的中國化，以便易
與華人接觸，而爭取其好感。再次是以近代的科學知識，引起華
人士大夫的驚羨，同時並利用他們優越的天文曆數之學的才能，
博得中國皇帝及大臣的歡心，然後再俟機對其傳教。此外，他們
並發現利用書籍作為「啞吧式宣教法」的重要。因為「書籍是最
能言的，又是最有效的。它能責備中國人生活的無系統，而不致
傷及他們的雅量；它能光照他們的心地，而不致和他們的理智發
生衝突。」同時書籍也可以使他們在不知不覺之中認識眞理。在
中國有許多傳教教士無法抵達的地方，書籍卻能無遠弗屆。⑲依
據此一認識，故傳教士乃將西方的書籍大批的運到中國，僅在明
末經由耶穌會傳入中國的圖書即有七千餘部。而經由明末清初傳
教士譯著者亦有一八七種之多。⑳其數量之龐大於此可見一斑。
由於此種傳教新策略的運用，因而使耶穌會在華的活動乃得不斷
地擴張，雖然曾經明末（1616）及清初（1664）二次的禁教，但
其教徒人數卻依然直線上升。計當利瑪竇到肇慶時（1585），受
洗人數亦僅不過二十人。至其在北京去世時（1610），全國已有
二千五百人。及至滿人入關之前（1643），則其教徒已達三萬餘
人，其中且有宗室皇族一百一十四人，宦官四〇人，達官顯宦二
十餘人，舉貢生監三百餘人在內。及至滿清入關，奉教人數更是
有增無減。計自康熙六至九年（1667－1670）耶穌會所屬教友便
高達二十七萬三千七百八十人，教堂約有一百五十九處。㉑如果
不是因為禮儀之爭引起禁教閉關，其後天主教在中國的發展必然
更為可觀。

三、天主教的「天儒合一論」及在夫大士間所引起的回應

　　耶穌會為使在華的傳教事業順利展開，除在生活上儘量適應中國的習俗之外，還要進一步地將天主教的教義與中國的傳統文化結合，藉期易為華人所接受。經過他們細心地觀察與研究，發現中國人的宗教觀念相當薄弱，大多數沒有一個「堅確地完全的信仰」。有些人信仰佛教或道教，僅僅是為了「避免災禍」；有些人則不過「人為亦為」出於下意識的動作。再加以教派紛歧，即使教門中的人，有時亦對自己的宗教一知半解而不明白。在儒釋道三大宗教之中，以儒教為最通行，而且深入民間，但他們並不迷信鬼神，只知尊奉覆載養育人類的天地。基於此種認識，於是耶穌會士，特別是利瑪竇乃制定一套在華佈道所特有的理論，是即為利氏在其〔天主實義〕書裡所揭櫫的「天儒合一論」。

　　「天儒合一論」的主要概念可以歸納以下幾點：㈠天主乃宇宙的創造者，為天地萬物的主宰，並且全知全能，無所不在。㈡天主教乃世界上唯一的正道，匪僅言無、言空的道佛二教與天主教大相剌謬，不可崇信；即太極無極之說亦屬荒唐無稽，決不可接受。㈢人之靈魂，永遠不滅，而與禽獸不同。人死之後，或升天堂、或墮地獄，全視在其在世間所為的善或惡而定，只有上帝操有此最高的賞罰之權。㈣人性本善，惟當誠心皈依正教，修身以事天主，方為正學。㈤天主教與儒教亦有其共通之處，如同西方人的天主也就是中國人的上帝，經典俱在，可茲佐證。㈥天堂與地獄的觀念，天儒均為相同。㈦孔所說的仁者愛人即是耶穌的愛人如己。由上所述，可知利瑪竇的主要目的乃在引用聖多默（St. Thomas Aquinas, 1225 - 1274）的存在（esse）現實（actualitas）、完全（perfectum）、善好（bonum）等完全一致的神學理論，（亦即所謂上帝既存在，則必最現實，最高度完全，亦

必最善)。㉔來證明天主教的崇高性與優越性。至於與天主教絕
不相容的道佛二教，他則極力地排斥。此外，他對於當時所流行
的三函教，也加以冷嘲熱諷，訾之爲「一身三首」的妖怪。㉕對
於與天主教教義可以相通而又爲一般官僚士大夫所信奉的儒教，
他則盡量地引經據典加以比附。可是對於太極無極之說他卻加以
反駁，巧妙地將受二氏影響的「宋明儒」與未受二氏影響的「先
秦儒」分開，稱前者爲「先儒」或「眞儒」；稱後者爲「後儒」
或「俗儒」。㉖不過，即使是先秦儒的思想，他也是有條件的接
受，如天主「宙斯」(Deus) 一詞，他即小心翼翼地比附爲古經
之中的「上帝」，而不譯之爲與「地」聯在一起的「蒼蒼之天」。
暗示西方天主的地位高出於中國「天」的地位之上。利瑪竇的此
一觀點在其「復虞德園以駁佛教書」內仍未改變。至於其他之人
將儒者知天事天的「天」比之於」天主或「上帝」，則並非利氏
的本意。㉗依照儒教的經典，不但所謂的「天」，有物質的天
「即與地相對之天)，主宰的天 (即皇天上帝)，以及人格之天帝、
自然之天、義理之天等五種複雜的解釋與天主教的宙斯大爲不
同，即其中所說的「上帝」，也是指一個有人格的神，而爲諸神
之長，與天主教所謂的創造天地萬物爲宇宙唯一眞神宙斯並不一
樣。㉘可是利瑪竇卻硬將西方的宙斯比附爲中國的上帝，並且將
此一上帝作爲創造天地萬物的宇宙唯一眞神。一方面排斥中國的
「天」或「皇天」的觀念，一方面連帶地將儒家由天所衍生的政
治倫理 (忠) 和社會倫理 (孝) 的基礎，予以轉移，此一用意實
爲深遠。㉙以往中國研究此一問題的學者，僅從表面上加以觀
察。或者以爲利氏之說爲「易佛補儒」；或者以爲其說乃爲「適
應儒家」，卻未能發現利瑪竇此一理論所導致的儒教性質的基本

改變，由「中國式的儒教」一變而爲「耶穌教化或天教化的儒教」，這實在是一個很大的忽略。㉚

　　〔天主實義〕一書初於明宗萬曆二十三年（1595）在南昌出版，二十九年（1601）再版於北京，三十三年（1603）又在杭州刊出。其他尚有很多版本，幾乎遍於中國，其風行之廣，可以想見。該書名義上雖爲利瑪竇所口述，但其中的主要觀念卻來自於他的前輩范禮安與羅明堅。㉛自此書出版後，在華佈道的耶穌會士諸如艾儒略（Jules Aleni，1582－1649）、閔明我（M.Grimaldi）、衛方濟（Francois Noel）、徐日昇（Thomas Pereira）、張誠（J. F. Gebillon）、白晉（J.Bouvet）、孫璋（Alexandre dela Charme）、馬若瑟（Josephmarjede Premare）等，大多遵從其說而奉之爲其傳教圭臬。其中雖有人讀作著述，對於利氏之說加以引申發揮，並就中國經典旁徵博引，以證天儒合一，但是卻很少人能夠超越其範圍。康熙年間，葡萄牙會士馬若瑟所刊的〔經傳議論〕（1710）與乾隆年間比利時人孫璋所刊的〔性理眞詮〕（1763）二書，都是發揚利瑪竇理論，響應「天儒合一」的著名之作。可是由於他們將基督教中的天主牽強附會於五經中的上帝，言辭太過，卻引起同會與異派教士的不滿而群起攻擊。利瑪竇所辛勤建造的在華佈道理論，到此已顯然觸礁。㉜

　　中國士大夫的反應：利瑪竇的「天儒合一論」在中國的士大夫之間，亦曾引起熱烈的回響。不過，由於各人的所見不一，或者「膠固理氣之舊執」；或者「拘牽耳目之近觀」。對於此說的認識差異頗大。根據清初劉凝的統計，僅在明末時期即有十五種不同的見解依次是：

　　⑴謂西儒可以揭示孔孟之實學眞傳而表率者，以徐光啓爲代

表。

(2)謂其于知天事天大旨與經傳所紀如符斯合者，以李之藻爲代表。

(3)謂其書敎皆先聖微旨者，以楊廷筠爲代表。

(4)謂其不詭于堯、舜、周、孔之大旨者，以王家植爲代表。

(5)謂其與周孔合者，以陳亮采爲代表。

(6)謂其爲吾儒之藩圍，百世利而無害者，以劉熾昌爲代表。

(7)謂西方之士，我素王之功臣者，以熊明遇爲代表。

(8)謂其與吾羲、文、周、孔之敎大相符合，而又加精切；謂與濂洛關閩諸儒所恨不同時者，以張維樞爲代表。

(9)謂目擊空談之弊，而樂夫人之談實者，以馮應京爲代表。

(10)謂西儒言言 實際，不作荒唐謾語者，以崔秉元爲代表。

(11)謂推及草木禽獸所以不同於人，人獨有靈，所以獨異于物，與孟氏幾希之旨合者，以陳鳳儀爲代表。

(12)謂凡吾儒言理言氣、言無極太極，皆見爲執有滯氣，物與物而不化之具者，以黃景昉爲代表。

(13)謂世儒非不口口言天，而遠則以天爲高遠，耳目不接；若西士言天，直以無毛裡之相屬，呼吸喘息之相通者，以葉向高爲代表。

(14)謂求其必究必用之，一還吾三代之隆懿，非泰西數學不可者，以孫元化爲代表。

(15)謂其制之盡善，亘絕古今，非人力所幾及，特今敎未大行耳。大行，則將吾人頂踵肌髓皆有收管安頓之處者，以沈光裕爲代表。㉝

從上之所述，可知其分類相當粗略，而並無絕對的標準。且其主

旨重複者甚多，有的大可再加合併。本文以篇幅所限，不擬對之
多作探討。惟其中亦有數人之意見較爲特殊者，不能不於此特別
提出，予以略加說明。其一爲徐光啓（1562－1633），光啓是晚
明時期一位政治家，也是一位虔誠的天主教徒。鑒於當時所流行
的王學已經日趨空虛，內憂外患日益嚴重。又深感西學之具實
用、西教之有實義。於是乃擬以天主教義補儒易佛，亦即「以天
主教補益王化，左右儒術，救正佛法」，藉期對於時局有所挽救。
㉞在科學方面他倡導尤力，藉裨實用。如果我們說他是明末時期
中國最早的一位西化論者，恐非爲過。在宗教思想方面，他雖然
接受利瑪竇「天儒合一」的看法，可是卻隱隱地將中國「天」或
「上帝」與利瑪竇所說的「天主」混爲一談。謂「彼國教人皆務
修身，以事天主；聞中國聖賢之教，亦皆以修身事天，理相符
合。」㉟可見他的看法已漸有偏離利瑪竇的傾向。其二是李之藻
（1565－1630），之藻對於西教與西學的態度大體與徐光啓相同，
對於利瑪竇的「天儒一致」之說，自然也是絕對的贊同。不過，
他卻比徐光啓更進一步，將儒家的「天」的觀念，與「上帝」和
「天主」並用，如在其〔天主實義〕重刻序內，即明言：西士
「於知天事天大旨乃與經儒所紀如券斯合。」㊱徐、李二氏的此種
說法，表面上看起來似乎無關宏旨，其實卻造成一般人對於天主
觀念的混淆，而引起後來教內與教外人士的長期爭論。

　　到了清初時期，響應利氏之說的學者依然是大有人在，而且
其比附的範圍愈益擴大。劉凝以天主之道與儒家〔中庸〕的性道
次第相合；朱宗元以爲中國古代的「郊社之禮」即是「所以事上
帝也」，上帝爲天之主，亦爲地之主；張潮以爲「天主之名不雅
馴，縉紳先生難言之，如能置而不談，則去吾儒不遠矣」，張斯

信甚至認爲「敎數百千，而儒術獨尊」，「正以其知天畏天愛人、克己，合乎四海同然之公理耳。」㊲利瑪竇的「天儒合一」之論，本希「以天補儒」，以儒學從屬於天學；至清初時期，卻逐漸轉變爲「引耶入儒」，以儒學爲主，天學爲輔，這實在是一個富有意義的轉變。其轉變的原因，除了因爲彼此的立場不同，恐怕與中西文化的基本特質有關。西方以宗敎爲主；中國以人文爲主，二者之間雖然亦有相同之理，但其融和一致卻不是短時間的事。㊳

四、佛敎徒及傳統派儒學者對於「天儒合一論」的反駁

文化（Culture）是一個民族生活方式與思維方式的總和。因此，兩種不同的文化相遇時，便常會因彼此的缺乏瞭解、互信，以及有效的溝通和適應，而產生「文化衝擊」（Culture shock）的現象，㊴這乃是一個無法避免的結果。尤其是宗敎，其本身即爲文化中非常複雜的一環，不僅人民的生活方式與思維型態都與之密切相關，且亦形成爲一個民族精神文化的主要因素，故當其一旦傳播於異地時，常易爲當地人所敵視與排斥。因此，當天主敎經由耶穌會士介紹到中國時，固然曾經受到若干士大夫的歡迎與信仰，但反對與攻擊之者亦不在少數，其中佛敎徒與傳統的儒學者，便扮演兩個最主要的角色。

就佛敎而言，大體上可以說是一個和平的宗敎。一則因爲佛敎中僧侶多以出家人自居，不願參預俗世事務。再則中國宗敎自由，宗派雖多，但各傳其所傳，各信其所信，彼此卻甚少干涉。故自耶穌會來華佈道之始，羅明堅與利瑪竇等雖曾身著僧服僧帽，自稱爲「西僧」，然而佛徒們卻未加過問。㊵神宗萬曆十四

年（1586），耶穌會至紹興傳教，雖被「供奉偶像的廟宇四面包圍」，卻未受到僧侶的冷遇。他們除對傳教士親切地招待之外，並且還每天到天主教堂那裡去聽講「神妙的信德眞理」並表示「深切的尊重」。㊶直到萬曆二十三年（1595）利瑪寶在南昌刊行〔天主實義〕，繼之又於萬曆三十六年（1608）於北京刊刻〔畸人十篇〕對於佛教大肆攻擊後，方才引起佛教徒的注意與不滿。自此以後，雙方遂短兵相接，展開長期的論戰。佛教徒以耶穌會士「毀佛謗法」而有「闢邪運動」；耶穌會士則以佛教爲「異端邪說」而要「闢邪崇正」。綜觀其論戰的過程，約可分爲如下三個時期：

(1)神宗時期：約自萬曆三十六年（1608）至萬曆四十三年（1615）之間。由於耶穌會著論對於佛教的公開攻擊，引起南方各地的佛徒不滿，尤以當時的佛教中心杭州爲最。首由佛教信徒虞淳熙致書於利瑪寶表示異議。不過其態度卻相當理性而溫和，除於利氏書中對佛教的批評，諸如「二千餘年之人盡爲五印諸戎所愚」略示其異議外，僅謂利氏應當多讀佛書以增加瞭解。並謂「未可以一人之疑，疑千人之信。」而利氏答辯詞鋒雖較凌厲，但態度卻也很客氣而有禮貌。表示他並非有意於仇佛佞儒，亦無意於對佛誹謗，實係彼此立場不同。故而「堯舜周孔皆以修身事上帝爲教則是之；佛氏抗誣上帝而欲加諸上則非之。」㊷故知此次的辯論實在可以說是一場君子之爭。不過此舉卻未能使利瑪寶的傳教策略有所改變，自到北京後雖受佛教徒所包圍，並與來自佛教的和尙與居士，或來自儒家的秀才和仕紳不斷地明爭暗鬥。㊸可是他卻仍然堅持他的闢佛補儒之說而不稍予以改變。因此其後乃又有杭州雲棲寺高僧蓮池大師袾宏（1535－1615）的〔辨天四

說〕或〔天說四則〕，對於耶穌會的闢佛論提出反駁。除對利書
所指的殺生、輪迴予以辯護之外，並以爲天主並非最高，僅不過
爲一無形、無色、無聲之理而已。袾宏的〔辨天四說〕宗教感情
雖甚豐富，理論卻相當薄弱，因而缺乏足夠的說服力。⑭不過，
其從學理辨難，並未感情用事，依然可見佛者的理性風度。因
此，李之藻於其〔辨學遺牘〕跋內頗有好評。謂二人之辯，雖往
復不置，可是卻「又似極愛慕，不靳以其所學，深相訂正者。」
並深歎二人之辯未能歸一，俄皆謝世。「悲夫！假令當年天假之
緣，得以晤言一室，研義送難，各暢各詣，彼皆素懷超曠，究到
水窮源頭處，必有不肯封所聞識，自錮本領。更可使微言奧旨，
大豁群蒙，而惜乎其不可得也。」當然，這也不過是李之藻的一
廂情願之幻想而已，實際上宗教本質即是感情的層面多過於理性
的層面，加以天主教與佛教之歷史與性質差異又相當大，孰是孰
非，豈是以你來我往的幾番辯論即能分個高下？倒反而是清人紀
昀所說的較爲中肯。他認爲虞氏及蓮池之攻擊天主，利瑪竇之力
排釋氏，各持一見，以校勝負於不可究詰之地。不知佛教可闢，
非天主教所可闢；天主教可闢，又非佛教所可闢，均所謂「同浴
而譏裸裎耳。」⑮所論雖甚尖刻，但也說明宗教辯難，實難獲致
共同的結論。

　　⑵思宗時期：約自崇禎七年（1634）至崇禎十年（1637）之
間。此一時期的特色有三：一是佛耶的辯論多以中國人爲主，外
人參加者較少。二是雙方的言辭均較以前激烈，有時且不免意氣
用事。三是彼此的態度亦不如以往的溫和而理智，而互指對方爲
「邪教」，並以「闢邪」爲目標。此一時期的辯論，大約開始於神
宗至熹宗年間，由於天主教的發展日益壯大，耶教徒對於佛道二

教的攻擊愈來愈烈，尤以江浙一帶的徐光啓、楊廷筠、李之藻等名公鉅卿爲最。徐光在其萬曆四十四年（1616）所上的〔辨學章疏〕之內即爲天主教辯護，並對佛教有所批評。其後又著〔闢妄或名釋氏諸妄〕。對於佛家所謂的破獄、施食、無主孤魂、血潮、燒紙無靈、持咒、輪迴、念佛、乃至禪觀等，逐條批評，以證其妄。此說一出，隨即引起虞山北澗普仁截沙門的反駁。㊻楊廷筠對於佛教的反對更爲激烈，他於萬曆四十四年（1616）著有〔鶡鸞不並鳴說〕，爲天主教辯護，對於白蓮教與佛教加以非議。接著，又著〔天釋明辯〕一書，分別就天堂、地獄、世尊殺戒、盜戒、淫戒、巧言綺語戒、觀世音、輪迴、奉齋、念誦、無量壽、大神通、三世佛、三十三天、三千世界、佛化身、四大假合、大事因緣、閻羅斷獄、度世誓願、全苦禪觀、出家、四恩、祈禱懺悔、夢幻泡影等佛教思想加以有系統的駁斥。再加以他那册風行一時的〔代疑編〕；因而引起佛教界廣大的迴響。諸如霞漳釋行元〔代疑序略說〕及〔非楊篇〕、〔緣問陳心〕；莆陽釋性潛的〔燃犀〕；蘭谿釋行聞的〔拔邪略引〕等，均對之聯合圍勦，㊼而仁和（杭州）洪濟楫、張星曜等則又紛紛著書對於佛徒抗辯。一時唇槍舌劍相當熱烈。李之藻雖無專門反對佛教的論著，但由他所作的各類序跋之中，也可以看到其反佛的思想。不過，並不如徐光啓及楊廷筠之激烈而已。㊽

　　佛耶的論戰一直不斷，至崇禎七年（1634）時突然達到高潮，此一高潮乃係由於閩中（福建）重刊〔辯學遺牘〕所引起。該書不僅增加一篇「利先生復蓮池大和尙竹窗天說四端」顯係僞作之外，並於篇首刊有一篇題名爲「彌格子」（楊廷筠）的短跋，謂蓮池（雲棲）不得其死；並言蓮池於臨終時曾「自悔走錯路」。

因而引起佛門弟子的大憤。除前往杭州天主教堂向傅汎際（Francisco Futordo? − 1653）面質外，並先後為文加以筆伐聲討。諸如天童寺釋密雲（圓悟）的〔辨天三說〕（崇禎八年，1635），雲棲弟子張廣湉的〔證妄說〕（1635），釋費隱（通容）的〔性命正律〕（崇禎九年，1636）、〔原道闢邪說〕（1636），釋普潤的〔誅左集〕（1634），釋成勇的〔闢天主教檄〕（崇禎十年，1637），釋如純的〔天學初闢〕等皆為此一時期的產物。⑩其中尤以釋費隱的〔原道闢邪說〕及釋如純的〔天學初闢〕兩篇最為激烈。費隱以為利瑪竇之說有謗佛惑世等六十二種邪見；如純則對天主教所詧的萬物一體、輪迴、戒殺、戒葷等論，痛加駁斥。實則他們固然指出天主教對佛教的若干誤解，但也暴露出佛教徒對天主教的不少偏見。尤其令人不解的是：當崇禎七至十年之間（1634 − 1637），正是明代內憂（流寇）外患（滿洲）最為嚴重的時候，可是這些耶佛的信徒們卻無視於國家的危機，而僅知靳靳於個人的信仰辨論，實不免有不識其大之譏。

　　三、清初時期：約自清人入關（1644）至雍正禁教（1723）之間。此一時期由於佛教的逐漸沒落，加以天主教在華的勢力日益鞏固，似乎雙方都處於休戰息爭狀態，雖在康熙年間，有人又將徐光啓的〔闢妄略說〕及張星曜的〔闢妄略說條駁〕加以重刊。乾隆年間，又有人出版〔息妄類言〕，但以乎並未引起佛教徒很大的迴應。⑪因之，也可以稱此時為耶佛論戰的衰落時期。

　　不過，值得注意的是，明末清初時期的耶佛爭論，還曾升高到政治層面，而達到中國的宮廷。如同發動「南京教案」的主角沈漼便是一位出身於杭州的佛教徒。由於神宗的禁教而使天主教大受打擊。但經徐光啓等辯護後，天主教非但很快的恢復舊觀，

且曾一度地深入宮禁，使崇禎皇帝成為教徒，而焚毀宮中的佛像，這都是明朝末年的事。⑫及至清初，湯若望（Johann A. Schall Von Bell，1591－1666）雖曾成為順治王朝的座上客，賜名為「通玄教師」，寵信有加。但曾幾何時，密雲的弟子陳道忞卻又取湯若望而代之，而使佛教再度得勝。㊿二者的勝衰起伏，堪謂為一個有趣的對照。

　　傳統派儒學者的反駁：明末清初時期，天主教的在華活動，除引起佛教徒的強烈排斥之外，亦曾引起江南各地傳統派儒學者的反對。他們互為聲援，如響斯應，幾乎形成為一條聯合陣線。⑭不過，論及儒學者反對天主教的原因卻較佛教徒遠為複雜。非僅是針對宗教本身，同時還包括含有民族思想、國家安全，以及傳統文化所面臨的挑戰等的危機意識在內。有關此類的思想，在明人徐昌治所輯的〔聖朝破邪集〕內，幾可說俯拾皆是。以今日的眼光看來，或不免以為過於保守或頑固，然而以當時的形勢而言，卻也有其現實的一面，並非他們蕙蕙過慮。

　　天主教的國際背景，可謂相當的複雜，一方面有一世界性組織的教會遙為領導，一方面又有殖民帝國（如西班牙與葡萄牙）政府以財經的援助。故其來華傳教的目的，難免引起有心人士的懷疑。適於此時，西、葡、荷各國在南洋及臺澎的活動日趨積極，常藉傳教為名而覬覦其土地，進而征服其人民，因而使中國的知識份子更引以為憂，深恐西人對於閫奧懷有陰謀。⑮再以天主教在華的種種活動而言，也使那些傳統派儒學者憂心忡忡。他們目擊西方傳教士到處利誘小民，拉攏士紳、斥佛老、貶抑儒教、破壞寺廟、斥責輪迴、不許祭祖、不許納妾，在在都使他們以為那是人心風俗之害，非將天主教逐出中國而後快。⑯至於利

瑪竇等所倡言的「附儒」或「補儒」之說，在傳統派儒學者看來，不過是一種掩人耳目的煙幕，其眞正的目的乃是「以似亂眞」、「貶佛毀道」、甚而「援儒攻儒」，表面上是「媚儒」實際上則是「滅儒」。其結果必將使天主教替代中國的儒敎，而使中國自堯舜周孔以來相傳的道統學脈爲之斬斷根絕。㊼在此儒學面臨危急存亡之際，於是乃有人提出振興儒學建立孔教的主張，藉期強化中國的傳統文化，以與代表西方文化的天主教抗衡，這便是王啓元的孔教論。㊽

由上所述，可見明末儒士反對天主敎言論的激烈，不過這種激烈的言論到了清初時期卻曾一度地趨於沉寂，而發生很大的轉變。這可能與清人以邊族入關，華夏之辨已成禁忌有關。也可能因爲臺澎已經內附，國防的安全可以無所顧慮。但最主要的還是在康熙大帝的宗敎態度。他一方面信奉朱子、提倡理學、以繼承中國正統的儒學者自居；一方面又常與傳敎士接近，喜愛西學，而成爲天主教在中國的護法者。在他看來，儒學爲道，西學爲器，二者似可並駕齊驅而加以適當的調和。至於利瑪竇等所推行的天主教適應中國的理念，他則衷心地贊成，而認爲與儒學並不相悖。清帝的此種態度自然會對當時的儒耶之爭發生相當地緩和作用。故自楊光先一度對天主教展開猛烈的攻擊後，在康熙年間，類似的言論即漸爲稀少。直到康熙末年因爲禮儀問題而與敎會決裂，方使歷史的發展轉入另一新的階段。㊾

五、天主教内部的分裂及耶穌會傳教事業的失敗

利瑪竇等爲適應中國文化所力倡的「天儒合一」之說，在中國的士大夫之間固然不斷地引起明清之際的迎拒之爭。但在中國

傳教的天主教徒內部，亦曾引起長期而激烈的辯論。就耶穌會的本身而論，利瑪竇的理論雖有艾儒略、閔明我、金尼閣、衛匡國、徐日昇、張誠等人的支持，可是卻遭遇到龍華民及龐迪我、熊三拔、湯若望等人所反對。尤其是天主可否譯爲上帝，以及中國的天主教徒是否允許祭天祀孔拜祖先的禮儀等問題，教士之間的意見最爲紛歧。⑩耶穌會之外，其他教派如多明我、方濟各、奧斯定等會，一則因爲其受西班牙的支持，與葡萄牙發生利害衝突。二則因爲其歷史悠久，堅持教義而不肯妥協。⑪三則對耶穌會的成功有所嫉妒。故對於利瑪竇的理論始終不以爲然，經常地提出批評與攻擊。

　　關於天主教派內部的爭執，早於明末即由耶穌會的龍華民（Nicolo Longobardi）揭開序幕。爲了反對利瑪竇的理論，他曾一再地聯合熊三拔（Sabbatino de Ursis）上書於教會的視察員，反對將「天主」譯爲「天」或「上帝」。他甚至還主張根本廢除「天」、「上帝」、「天主」、「靈魂」等名稱，一律採用拉丁文譯音。爲此耶穌會視察員 Jeronime Ruiz 曾於澳門召開會議加以商討，結果贊成利氏者獲勝，而使華氏的反對未能得逞。可是龍華民等人並不就此善罷甘休，此後的爭執依然不斷。因之乃又有崇禎元年（1628）的「嘉定會議」。此次的會議，共有耶穌會士九至十人參加，同時中國方面的信徒徐光啓、李之藻、楊廷筠與孫元化等也曾出席。討論結果，決定採取一個折衷的辦法。即敬孔祭祖等問題仍然沿用利瑪竇的方案，不以此種敬禮爲迷信；但於天主的譯名方面，則採用龍華民一派的意見，禁止使用「天」和「上帝」。雖然如此，耶穌會內部的爭論，並未因此而停止。直到崇禎5年（1633）另外一次會議決定保留以往的習慣和名稱時，方

才告一段落。

耶穌會內部有關「宙斯」譯名之爭，雖告結束，但因天主教其他教派對於「禮儀問題」堅持成見，仍使雙方的爭論方興未艾。他們除於中國熱烈辯論之外，還一再地上訴於羅馬的教廷，求其作一合理的仲裁。可是由於事出兩難，教廷並無將此一問題作完滿的解決。且以歷任教皇見解不同，故其政策亦往往搖擺不定，前後矛盾。順治二年（1645），依諾森十世（Innocent X）雖曾下令禁止天主教徒參加祭祖祀孔的禮儀；但順治十二年（1656）亞力山大七世（Alexander Ⅶ）卻又下令許可信徒行祭孔祀祖的典禮。及至康熙四年（1665）楊光先仇教之事發生，各派教士被迫解赴廣東。他們乃又乘機舉行一次廣州會議，討論此一問題。結果於康熙七年（1668）全體獲致結論四十二款。根據此一結論，本來雙方已經臻於妥協，不料，多明我會教士納瓦萊（Fr. Navarette）卻獨持異議，並且返回歐洲，出版其〔中國歷史及宗教風俗概論〕（1676），將中國的禮儀之爭帶到歐洲，而與當時反對耶穌會的「楊森主義」（Jansenism）合流，引起神學家與知識界的長期辯論。⑫

自廣州會議（1668）之後，在華的方濟各、奧斯定乃至多明我會的會士，大體上已對耶穌會的「天主教中國化」政策有一共識，使中國的禮儀之爭沉寂數年。不虞至康熙三十二年（1693）福建代牧，巴黎外方傳教會主教顏璫（Charles Maigrot）卻突又發出一份禁令，嚴禁用「天」和「上帝」的稱呼，以及敬孔祀祖之禮，對耶穌會士的解釋亦拒絕接受，因而乃又使此一爭執為之惡化。其後甚至愈演愈烈，終於有康熙四十四年（1705）及康熙四十四年（1705）及康熙五十九年（1720），教廷先後二次的遣

使東來，並使代表西方文化的教皇格來孟十一（Clement XI, 1700－1721）與代表東方文化的康熙大帝（1661－1722）發生面對面的衝突。同時也引起中國的禁教閉關，而令天主教的在華傳播爲之中斷。至此耶穌會的傳教事業遂亦歸於失敗。⑥

六、結　論

　　天主教的衝擊，基本上即是一種文化的衝擊（Culture Shock）。文化的衝激乃是兩種不同文化相遇時所發生的必然現象。在中國，早於公元第一世紀印度佛教傳入時即曾發生過類似的情形。不過，由於印度文化與歐洲文化的性質相差甚遠，故其在中國所造成的震撼也大相逕庭，絕不可同日而語。

　　十六世紀至十八世紀天主教在中國所造成的文化震撼，可由以下四個方面加以觀察；其一是利瑪竇等的「天儒合一論」，表面上高唱闢佛補儒，實則卻是想以耶代儒，而使中國的傳統儒教文化變成基督化。其二是徐光啓等的「補儒易佛論」，原期擯斥儒教中含有空無成份的佛道思想而代之以西方天主教的實學。可是由於其後依附太過，卻於不知不覺中逐漸地變成爲引耶入儒，而使天主教中國化或儒教化。其三是自魏晉隋唐以來，由於儒道佛三者的互相激蕩與衝突，已經逐漸地融合而成爲中國文化的一個新傳統。在學術方面則有宋明的新儒學；在宗教方面則有元明的三函教。及至明末時期，天主教東傳，高唱闢佛補儒，於是乃引起三教教徒的聯合出擊，或者暴露天主教的陰謀；或者爲中國的傳統文化而辯護；或者提倡孔教以與天主教相抗衡。高潮迭起，使本已相當自由活潑的晚明思想界，更增添一副鮮明的色彩。其四，適於此時期之內，天主教傳教士之中，對於天主教適

應中國的問題也有許多不同的主張，並因觀念的齟齬而導致其內部的分裂。耶穌會本身則有天主譯名之爭；多明我等派與耶穌會之間則有禮儀之爭。而且在地區方面，則由中國而擴及到歐洲；在層次方面，則由一般的傳教士而上升到西方的敎皇與中國的皇帝。終致各走極端，互不相讓，造成中西文化交流的中斷，這實在可以說是近代初期歷史中的一個不幸。

自從東西航路發現，世界的交通即已日益大開，人類的接觸與文化的交流亦屬無法避免。在十六至十八世紀之間，天主教的東傳，固然造成不少的衝突與悲劇。可是在科技知識及宗教思想方面，卻使中國傳統文化大為豐富。相反地，中國文化及儒教思想的西傳，也使歐洲的文化深受影響。故論及此一段歷史時，仍覺有其積極與進步的意義。⑳

【註　釋】

①德禮賢，中國天主教傳教史（臺北，商務，民國61年，1版），頁41
　－42；穆啓蒙編著，侯景文譯，中國天主教史（臺中，光啓社，民國
　70年再刊本），頁27、28。

②Grane Brinton, John B. Christopher, Robert LEee Walff. A History of
　Civilization, (New Jersey, 1960) Val 1. pp. 504－505

③William C. Dompier, A History of Science and Its Relations With Philoso-
　phy & Religion, 4th ed. 1952. Dorset, pp. 104－116.

④參看謝扶雅譯，「聖多默的神學」（Selections From St. Thomas
　Aquinas), （香港，基督教輔僑出版社刊，1965年，8月），頁13－14
　頁。

⑤裴化行著，蕭濬華譯，「天主教十六世紀在華傳教誌」（商務，民國63

年，臺1版），頁262。

⑥關於明代實學問題可參閱張顯清，「晚明心學的沒落與實學思潮的興起」，明史研究論叢，期1（中國社會科學院歷史研究所研究室編，1982），頁307－338；謝國楨，明末清初的學風（北京，人民出版，1982），頁1－52；拙著，「晚明的實學思潮」（港大國際明清史研討會論文，1985，12月）

⑦費賴之著，馮承鈞譯，入華耶穌會士列傳（商務，民國63年，臺1版），頁42－43頁。

⑧裴化行書，頁1；穆啓蒙編著，侯景文譯，中國天主教史（臺中，光啓書局刊，民國60年初版，70年再版），頁41。

⑨裴化行書，頁84。

⑩裴化行書，頁10。

⑪馮作民譯，清康乾兩帝與天主教傳教史（民國55年初版，59年再版，作者自刊本），頁18。

⑫參閱顧保鵠編著，中國天主教史大事年表（臺中，光啓社，民國59年），頁10－33。

⑬徐昌治輯，聖朝破邪集（崇禎12年刊），卷1，頁10上、19。萬曆45年2月南京禮部主客清吏司「會審王豐肅案」文。

⑭參看聖朝破邪集，卷1，頁6；卷2，頁32。

⑮ 關於「擴教理論（Diffusion　Theory）」可參看：Peter Hagett, Geography: A Modern Synthesis, Third Ed, （N. Y. 1979），p. 302

⑯裴化行書，頁320。

⑰同上，頁194。

⑱Wolfgang Franle, "Ricci, Matteo, 1852－1610," Dictionary of Ming

Biogarphy, 1368－1644, L. Carriagton Goodrich, Shitor Chaoying Fang Associate Editor（New York, Columbia University Press, 1976）. Vol 2. p. 1142

⑲裴化行書，頁216－262，引羅明堅與利瑪竇語。

⑳七千部之說，見楊廷筠所著之「代疑編」，後收入吳相湘編，天主教東傳文獻（臺北，學生書局刊，民國54年）。方豪，「明季西書七千部之流入中國考」，後收入方豪六十自定稿（臺北，民國58年），上冊，頁39－54。明清所譯書目見徐宗澤，明清間耶穌會士譯著提要（民國47年，臺一版）所附書名表。一說有464部之多。

㉑參看方豪，中西交通史（共五冊，民國42年初版，民國66年六版，臺北華岡書店刊），第五冊，頁100－101。

㉒裴化行，頁252－253。

㉓分見天學初函，冊一：利瑪竇，天主實義，頁1,12－15,20－21,23－27,37－38。

㉔見章文新等主編，聖多默的神學（東南亞神學教育基金督教輔僑出版社刊，1964年），頁18。

㉕見天主實義（下），頁55A。

㉖同前書，頁14－18，按耶利會士每將理學家的太極之說視之為無神論或「唯物主義鄉」，故特加排斥。參見裴化行書，頁265。

㉗天主實義，頁21－22;「復虞德園書」見天學初函，冊2，辯學遺牘，頁4;以知天事天之天比於上帝，見天主實義李之藻序。

㉘參看馮友蘭，中國哲學史（上海，商務，1934年），上冊，頁54－55。

㉙儒家以天子代天以統萬民，故民應事君以忠。天的地位既不存在，此一理論自不能成立，又天主教以天為創造人類的大父母，人類事奉天

主方爲大敎，故與中國一般人之祭祀祖先，孝敬父母之思想大相逕庭。

㉚「易佛補儒」之說，見陳受頤，「明末淸初耶穌會士的儒敎觀及其反應」，中歐文化交流史事論叢（臺北，商務，民國 59 年，初版），頁 1－56 頁；方豪，「明末淸初天主敎適應儒家學說之研究」，方豪六十自定稿（臺北，學生書局，民國 58 年），上冊，頁 203－259。

㉛裴化行，頁 63－266。

㉜分見陳受頤，中歐文化交流史事論叢，頁 21－26；方豪，六十自定稿，上冊，頁 241－248。

㉝見劉凝，覺斯錄，此處引自方豪，六十自定稿，上冊，頁 239－240。按如果連劉氏自己主張的「天主之名非創自西域」之說，應有 16 家不同說法。

㉞徐光啓，「辯學章疏」，徐文定公集，卷 5，頁 1－2。

㉟同上。

㊱天學初函，冊 1，頁 35。按所謂「明末天主敎四大柱石」的楊廷筠及王徵亦有同一的言論，見陳受頤，頁 32、35－36。

㊲以上諸說，可參考方豪六十自定稿，頁 232－233、235、239。

㊳參看呂實強，「由明淸之際中國知識份子反敎言論看中西文化交流」，紀念利瑪竇來華四百週年中西文化交統國際學術會議論文集（臺北，1983 年 9 月），頁 15－16。Jacques Gernet, "China and the Christian Impact," A Conflict of Cultures (1986 Taipei), pp. 1－3.

㊴Borton M. Scwhartz, Robert H. Ewald, Culture and Society（臺北，虹橋，1966、1972），pp. 23－24.

㊵參看李之藻，「讀景敎碑書後」，天學初函，第 1 冊，頁 85，天啓 5 年，「利氏之初入五羊也亦復數年混跡，後遇瞿太素氏乃辨非僧，然

後蓄髮稱儒觀光上國」。

㊶裴化行，頁310。

㊷「辯學遺牘」，天學初函，冊 5，頁 4。

㊸按利瑪竇與明末禪宗大師辯論甚多，在南京時曾與雪浪大師三准作過辯論（萬曆 27 年），到北京後又曾與紫柏大師達觀（1543－1603）及憨山大師德清（1546－1623）時相磨擦。見羅光，利瑪竇傳（臺中，光啓出版社，民國 49 年），頁193－198。按一般所謂明末四大僧多指袾宏、眞可（即達觀）、德清和智旭。羅氏此書以達觀、德情、袾宏和雪浪爲當時四大名僧（195 頁），不知孰是？

㊹袾宏，「天學四說」刊於神宗萬曆 43 年（1615），同年 7 月卒，後收入竹窗四筆，此處見徐昌治所輯之明朝破邪集，卷 7。關於袾宏之說的評論可參考：1 王煜，明清思想家論集（臺北，聯經書局，民國 70 年），頁145－149。2 郭朋，明清佛敎（福建，人民出版社，1982），頁187－190。

㊺李跋見天學初函，冊 2，頁688，紀曉嵐語見四庫全書，子部雜家存目。

㊻徐宗澤，頁 106，108。按徐光啓尙著有誚諏偶編，亦闢佛之作。

㊼天主教東傳文獻續編㈠，頁253－416；方豪，中西交通史，冊 5，頁120。

㊽方豪，李之藻研究（臺北，商務，民國 53 年），頁37－44。

㊾按蓮池之竹窗四筆，刻於萬曆 43 年（1615）之春，至同年 7 月卒。而利瑪竇則卒於萬曆 38 年（1610），早於蓮池之卒 5 年。彌格子跋見闢邪集，卷 7，頁269，「證妄說」。

㊿分見闢邪集，卷 7 及卷 8。

(51)徐宗澤，頁106－112。

⑫文秉，烈皇小識（明季稗史初編本）卷6，頁123；傅汎際、李之藻合譯，名理探（臺北，商務，民國54年，臺1版），頁9，李次麟序。

⑬參見費賴之，湯若望傳，頁192－203；陳垣，「湯若望與木陳忞」，輔仁學誌（北京，民國27年），7：1,2，頁1－28。

⑭參看橫超慧日，「明末佛教と基督教との相互批判」下，大谷學報，卷29，期4（1950），頁23－25。

⑮分見沈㴤，「參遠夷三」，蘇及寓，「邪毒實據」，聖朝破邪集，卷1，頁31－32；卷3，頁128－129。

⑯如福建儒士黃貞即為堅決反對天主教份子之一。認為「此國夷衆，生生世世，奪人國土，亂人學派，不可使其半人半日在我邦內」（破邪集，卷3，頁24）。浙江學者虞淳熙也以為「夷之教一日不息，夷之書一日不焚，吾華即難一日安枕。」（同前書，卷5，頁15）

⑰參看破邪集，卷3，頁513－14、34、36；卷，頁43－44。

⑱參看陳受頤，「三百年前的建立孔教論」，中歐文化交統史事論叢，頁57－94。

⑲參看陳受頤，「明末清初耶穌會士的儒教觀及其反應」，頁51－56。

⑳參看費賴之，入華耶穌會士列傳，頁77、93、125、137、158、172、210；方豪，中西交通史，冊5，頁139。

㉑參看楊森富，中國基督教史（臺北，商務書局，民國57年），頁128－129。根據此次會議以後，天與上帝可以自由採用。

㉒See, W. Franke, China And The West（Oxford, 1967）p. 57；穆啓蒙，中國天主教史，頁89。

㉓參看楊森富，頁134－143；穆啓蒙，頁89－96；馮作民，頁38－42；陳垣輯，康熙與羅馬使節關係文書（臺北，文海出版社影印，民國63年），頁96。

⑭ Cf. Jaques Gernet, China And tje Christian Impact, A Conflict of Culture. Translated by Janet Lloyd, (1985, Taipei), pp.1－2; Adolf Reichwe in, China and Europe (1968, London), pp.13－22.

（原刊於中央研究院近代史研究所《近代中國初期史研討會論文集》民國77.8.台北。）

清代「漢宋之爭」的再檢討
—— 試論漢學派的目的與極限

一、前　言

　　漢宋之爭是儒學內部兩大學派之間的一個長期爭論。自南宋以來，道學與儒林即處於對立狀態、互相攻伐，歷久不衰。至明代嘉（靖）隆（慶）年間（1522－1573），姚江之學大起，理學家取得了學術上的獨霸地位。一時之間，「經訓家法，寂然無聞。」①不料，盛極必衰、物極必反。由於王學末流，積弊叢生。束書不觀、游談無根。引起一陣「反玄學運動」的宣然大波。清初時期開始蘊釀，乾嘉時期（1735－1820）達於高潮。「許鄭之學大明，治宋學者已尟。」②卒使以經學爲中堅的漢學獲得一代學術的正統寶座。關於清代的漢宋之爭問題，前人已經作過不少的討論。③不過，大多注意於二者的長短得失。而從史學觀點研究其發生的背景及意義者尚屬不多。而且因受前人成說的影響，學者不免先入爲主。以致有若干觀念雖然沿之已久，似仍有重新評估，再作探討的必要。舉例言之，如同文字獄與漢學興起的關係；漢學爲民間之學，宋學爲官方之學之說；漢學家研究學問，純醉爲經學而治經學而不欲以經術致用等等問題，都值得吾人再加思考。

二、漢學派形成的背景

儒學自漢武帝定於一尊以來，逐漸成爲中國學術思想的主流。儒學之中又以漢學、宋學兩派爲其支柱。到了清代，學術仍以漢學與宋學爲主。就二者的關係而論，大體可以劃分爲三個主要的時期：一爲清初順、康、雍年間的「漢宋不分」時期。二爲清中葉乾、嘉年間的「漢宋對立」時期。三爲清末道、咸以降的「漢宋調和」時期。第一個時期可以說是漢學的萌芽階段，其時的漢學宋學尚無顯明的界限。從學術的流變而言，漢學歷經千餘年的發展演變，由兩漢的經學，到魏晉的玄學、隋唐的義疏、宋明的理學，早已逐漸變質，而非原有的面貌。要想恢復其舊觀，殊非倉卒可就。江藩嘗歎經學三壞：「一壞於東西晉之清談，再壞於南北宋之道學，元明以來，此道益晦。」④曹允源亦言：「魏晉以降，僞說叢生，古訓不絕如線。唐初頗思復古，是丹非素，尟所折衷。至有宋，道學之風興。後生小儒益屏棄聲音、訓詁，從事於所謂性理之學。」⑤足示二氏對此所見略同。從學術的淵源而言，明末諸儒，生當於宋明理學的六百年傳統之後，日夕呼吸浸沉於其間，久之自必受其甚深之感染，欲其完全擺脫，實屬非易。誠如錢賓四先生所云，不獨夏峰（孫逢奇）、梨洲（黃宗羲）、二曲（李顒）、桴亭（陸世儀）、亭林（顧炎武）、嵩庵（張爾歧）、習齋（顏元）等「一世魁儒者頃，靡不寢饋於宋學。」即繼此而降的恕谷（李塨）、望溪（方苞）、穆堂（李紱）、謝山（全祖望）、愼修（江永）等人也無不「於宋學有甚深契詣」。⑥再加上清初大儒多以經世之務爲職志，而以考據之學爲手段。故所謂專門的漢學研究，根本即未發生。可是，到了清代中葉的乾

嘉時代，情形便與以前大不相同。一方面是清帝的學術興趣發生
轉變。康熙時代本對理學極為尊崇，但到了乾隆時代，卻轉而對
於漢學大加提倡。一方面是文字獄所附帶產生的不良影響，使若
干學者由經世之務的講求，轉而致力於古典經學的研究。⑦復以
當時正值清代國勢的鼎盛時期，天下無事，黃童白叟皆能共享太
平之福。而江南位居長江下游，不但是全國財富的中心，也是人
文薈萃的淵藪。學者得於安定的環境之中，悠遊歲月，潛心於學
術的研究。因此一時學風蔚起，大儒輩出。⑧經過將近一個世紀
的積蓄蘊釀，終於使古典的漢代絕學大放光芒。而所謂「專門的
漢學」，亦於此時趨於成熟。

關於漢學起源的問題，學者之間，幾乎言人人殊。舉例來
說：汪中作「國朝六儒頌」，以崑山顧亭林居首，但以其他各儒
之功亦不可沒。他說：「古學之興也，顧氏實開其端。河洛矯誣，
至胡氏而紬；中西堆步，至梅氏而精。力攻古文者、閻氏；專言
漢儒易者、惠氏也。凡此皆千餘年不傳之絕學，及戴氏出而集其
成焉。」⑨其意乃指亭林開其端，東原集其成。但江藩卻在其
「漢學師承記」內，首列閻若璩及胡渭。而將黃宗羲、顧炎武二
氏置於該書之末。並說他們「兩家之學，皆深入宋儒之室。」且
「多騎牆之見，依違之言。」並非眞知灼見的純粹漢儒。⑩另外，
章學誠則稱考據之學有「寧人百詩之風」⑪。皮錫瑞則以清代經
學之復興，其開端者為王夫之，顧炎武與黃宗羲三氏。並言：
「三大儒皆嘗潛心朱學而加以擴充，開國初漢宋兼采之派」。⑫但
王闓運卻說「清代學者箋注考據之風極盛，治學之法遠勝古人，
此風始於崑山顧氏亭林」。⑬意見的紛紜於此可見一斑。至於近
世學者，說法也不完全相同。梁啓超稱顧炎武、閻若璩、胡渭為

正統派（按即清代的考據學派或漢學派）「不祧之大宗」。而炎武則足以當「一代開派宗師」的地位；劉師培一面說：「經學之興，始於顧炎武、張爾歧。」一面又說：「武進臧琳閉門窮理，覃研奧義，根究訓詁，是爲漢學之始。」；胡適以顧炎武及閻若璩爲接近程朱的一派，是清代考證學的「開山祖師」；錢穆言「後人群目亭林爲漢學開山」，但閻、胡諸人亦應「同見推尊」。惟侯外盧別有所見，略爲不同。認爲顧、黃的清初經世之學與後之漢學有別，自閻百詩起清儒才算眞正的進入「考據之狹路」中。⑭雖然上述諸人的意見相當的錯綜複雜，但若加以綜合與分析，仍可對於清代漢學的形成與發展獲致一個清晰的概念。蓋以清初諸儒既欲以程朱的篤實，以匡正學的空虛。而顧亭林又高倡「經學即理學」之說，教學者擺脫晚明儒學的羈絆，直接反求之於古經。後來的學者爲了「即經以窮理」，自然會日漸脫離理學而對儒家的原始經典作更深入的探索。梁任公所謂清代的學術思思以復古爲解放：第一步，復宋之古，對於王學而得解放。第二步，復漢唐之古，對於程朱而得解放。其意殆即指此。又以儒學的經典多由古代的語文所已載，其後復經歷代學者一再疏注。不論文字的音義，經典的奧旨，均有許多艱晦難解之處。學者爲求徹底明瞭古聖先賢的微言大義，對於經義作進一步的疏解。「因句讀以辨其文；因文以識其義；因其義以通制作之原。」⑮實亦爲必然的步驟。故自亭林著「音學五書」爲唐韻正易詩本音；梨洲著「易學象數論」力辨河洛方位圖說之非以後，其他學者遂接踵而起。閻若璩作「尙書古文疏證」，「四書釋地」；胡渭作「禹貢錐指」，「易圖明辨」；張爾歧作「易周說略」，「詩說略」，「儀禮鄭注句讀」；朱鶴齡作「易廣義略」，「春秋集說」，「讀左日鈔」；陳啓源

作「毛詩稽古編」；臧林作「尙書集解」，「經義雜聞」；毛奇齡作」太極圖說遺議」，皆循此一路線向前發展。其中閻、胡二氏之作影響尤鉅。前者辨僞，喚起「求眞觀念」；後者攻河洛，「一掃架空之說」。漢學的規模，自此方才略具。不過，上述諸儒對漢學的形成雖有相當的貢獻。但是嚴格一點說，卻仍只能說是粗引端緒。且其研究法也漏略者不一而足，缺點甚多。加以草創未精博，時雜揉元明讕言。在內容上也多漢宋雜揉，家法不嚴。⑯所以尙不能算是專門的漢學。其眞正「成學著系統者」，則至乾隆年間的惠棟與戴震方得完成。

　　惠棟（1697－1758）字定宇，江蘇吳縣人。其能成爲著名的吳派中心人物，顯然與他的三世傳經的家庭環境有關。其祖若父周惕、士奇均世守古學的漢學者，並對易、禮、春秋等古經作過精深的探討。定宇得此家學淵源，上承父祖之業，自獲研究上的諸多方便。故對諸經均能熟洽貫串，有所闡述。如「古文尙書考」，「春秋左傳補注」等皆其著者。他若「明堂大道錄」、「九經古義」等亦能博異聞而正俗學。在家傳的易學方面，他的造詣則尤爲深邃。所著之「漢易學」、「周易述」、「易例」都顯示其深厚的功力。錢大昕說他與漢儒相比，其成就「當在何邵公、服子愼之間。」而爲馬融、趙歧等所不及。⑰其推崇之高，可以概見。其次，定宇對漢學的偏執態度，也是使他成爲一方學派盟主的一大因素。他不僅說經宗漢儒，尙家法，信古訓，甚至非漢唐以前之書不讀。因之清初諸老的懷疑精神，至此遂一變而爲蔑棄唐宋還歸漢儒的「篤信辨僞之工夫」。⑱雖然有人批評，說他「考古雖勤，而識不高，心不細，見異於今者則從之，大都不論是非。」⑲但此一毫不妥協的態度卻也顯示其信道彌篤的固執精神，而使

他的旗幟更為鮮明，並使「純漢學」的研究變成為一時的風氣。其後再經過他的追隨者的遵循羽翼，於是，「流風所被，海內人士無不重通經，通經無不知信古。」定宇之成為吳派的開山，遂成不易之論。⑳戴震（1723－1777）字東原，安徽休寧人，原為婺源大儒江慎修（永）的弟子。其初治學尚為漢宋並舉，無所軒輊，「以義理推宋，以制數尊漢。」及至乾隆二十二年（按是年為丁丑，公元一七五七，時東原三十五歲）遊揚州，與定宇會晤，其論學的旨趣才方一變，而尊漢黜宋。㉑由此可知皖派漢學的建立，在時間上來說實較吳派漢學稍遲。不過，東原論學雖受定宇影響，但他也有自己的特殊風格，而與吳派迥然相異。大體言之，吳派尊聞好博，皖派深刻斷制；吳派見異於今者則從之，大都不論是非。皖派實事求是，不主一家；吳派以「信古」為標幟，皖派以「求是」為標幟，這些都是一般所公認的。至於後來學者對於這兩派的評價，亦值得注意。章太炎僅簡單的說：吳派「好博而尊聞」；皖派「綜形名，任獨斷。」二者各有所長，亦各有所短。㉒梁啓超謂：「惠僅述者，而戴作者。」故言漢學者雖推惠棟與戴震為鉅子，「而戴學之精深，實過於惠。」㉓可是錢穆卻以吳學較徽學為優。因為「吳學實較為急進趨新，先走一步，帶有革命之氣度。」而徽學則以「地僻風淳，大體仍襲東林遺緒。初志尚在闡宋，尚在述朱。並不如吳學高瞻，劃分漢宋，若冀越之不同」。㉔他如劉師培的評論，則尤中肯而有價值，堪以引出，作為參考。他說：

> 近世考證學超越前代，其所以成立學派者，則以標例及徵實二端。標例則取捨極嚴，而語無呶雜；徵實則實事求是，而力矯虛誣。大抵漢代以後為學之弊有二：一曰逞

博，二曰篤信。逞博則不循規律；篤信則不求眞知，此學
術所不進也。自毛奇齡之徒出，學者實悟篤信之非。然以
不求眞知之故，流于才辯。閻若璩之徒漸知從事於徵實，
辨別僞眞，折衷一是。惟未能確立科條，故其語多歧出。
若臧琳、惠棟之流、嚴于取舍，立例以爲標。然篤信好
古，不求眞知，則其弊也。惟江、戴、程、凌起于徽歙，
所著之書，均具條理界説。博微其才，約守其例。而所採
之義，所析之詞，必融會貫通，以求其當。縝密嚴栗，略
如哲種之科學相同，近儒考證之精，特有此耳。㉕

吳皖兩大學派的領袖既出，此後漢學的勢力遂因之而日益擴大。
而其所以能轟動一時，引人注目者，尚另有因。一是宗旨遠大：
謂聖人之道在六經，然以經學屢變，晉唐以下已屬可疑，遑論宋
明。故欲求聖賢立言微旨，則唯有求之於兩漢去古未遠之經典。
專尊漢儒，而與宋學立異。二是規律的謹飭：清代經師能夠紹承
漢儒者有二：一爲傳家法，一爲守顓門。吳派如此，皖派亦係如
此。「傳家法則有本原，守顓門則無淆雜。」㉖漢學家之所以名家
輩出，端在於此。三是方法嚴密：清代的漢學家，大多實事求
是，不尙空談。重歸納，重實證。與近世的西方科學方法較爲相
近，尤以皖派的學者爲然。同時，對於古典的研究也有其一套固
定的方法與程序。即以文字與訓詁入手。戴東原言；「經之至者
道也，所以明道者，其詞也，所以成詞者字也。由字以通詞，由
詞以通其道，必有漸。」㉗惠定宇所謂：「五經出於屋壁，多古字
古言，非經師不能辨。經之義存乎訓，識字審音，乃知其義。」
㉘皆係指出此點。五是陣容的堅強：乾嘉年間的漢學，眞可謂人
才濟濟，極一時之盛。計吳派學者有江聲（1721－1799）、余蕭

容（1732－1778）、王鳴盛（1722－1797）、錢大昕（1728－1804）、江藩（1761－1831）等；皖派學者有金榜（1735－1801）、程瑤田（1725－1814）、任大椿（1738－1789）、盧文弨（1717－1795）、孔廣森（1752－1786）、段玉裁（1731－1815）、王念孫（1744－1832）、王引之（1766－1834）等，均可說一代學者中的佼佼者。他們不僅學有所專，而且彼此互相師友，不立門戶。在尊漢儒、重訓詁、守師法的共同原則之下，從事於古學的探求。結果，非僅對於古代的經學作一番徹底的整理。而且衍及於小學、音韻、史學、天算、水地、典章制度、金石、校勘、輯逸等。其成績的輝煌，遠非當時的理學家及古文學家所能望其項背。

　　此外，還有一點值得吾人注意的便是：清代最高當局對於學術的態度，也與漢學的發展具有密切的關係。清帝爲了鞏固滿人的在華統治，牢籠漢族中的知識份子，對於中國傳統的儒學，大體採取一種漢宋兼容的二元政策。故對於理學之臣固然是善加優遇，就是對於漢學之儒也不加忽視。㉙同時，在經典的整理與刊刻方面，也不斷地進行。自康熙時代（1662－1722）起，即命人倣照唐代的「五經正義」和明代的「五經大全」，有計劃的將古代的經籍重新予以注釋，藉期有助於思想的統一。及至乾隆年間（1735－1795），一方面鑒於文字獄後中原的士大夫已經俯首聽命，惟朝廷的利祿是趨；一方面思藉稽古右文之名，粉飾盛世的昇平。復加以其個人漢化的程度日深，不論對於文學、藝術、經、史都有廣泛而濃厚的興趣，於是乃使經學研究達到了一個高潮。乾隆帝對於學術的態度，最初尚遵循其祖父康熙時代整理經學，統一思想的持續。㉚直到乾隆十四年（1750），他才修改了

乃祖偏重理學的政策，而對經學多所注意。此一轉變由是年十一月初四日，他所下的一道上諭中，可以看得很清楚。

> 聖賢之學，行本也；文末也。而文之中經術其根抵也，詞章其枝葉也。翰林以文學待從，近年來因朕每試以詩賦，頗致力於詞章。而求其沈酣六籍，含英咀華，究經訓之閎奧者，不少概見。豈篤志正學者鮮與？抑有其人而未聞與，夫窮經不如考行，然知務本則於躬行爲近。崇尚經術，良有關于世道人心。有若故侍郎蔡聞之，宗人府丞任啓運，研窮經術，敦樸可嘉。近者侍郎沈德潛，學有本源。雖未可遽目爲鉅儒，收明經致用之效。而視獺祭爲工，翦綵爲麗者，迴不侔矣。
>
> 今海宇昇平，學士大夫舉得精研本業，其窮年矻矻，宗仰儒先者，當不乏人。奈何令終老牖下，而詞苑中寡經術士也。内大學士、九卿、外督撫、其公舉所知。不拘進士、舉人、諸生、以及退休閑廢人員。能潛心經學者，愼重遴訪。務擇老成敦厚純樸淹通之士，以應精選。勿濫，稱朕意焉。㉛

乾隆帝的此種態度改變，可謂爲他個人學術思想的轉移，也可能因爲看到崇尚經術有益於世道人心，並有助於帝王的統治。或者像後來梁任公所說的，是因爲「朝廷所提倡的學風，被民間自然發展的學風壓倒」，以致使素崇宋學的清室帝王「從風而靡。」㉜但由於他對於經學的大力獎掖，而使漢學研究的風氣大開，則是毋庸置疑的事實。故以汲修主人爲名而撰「嘯亭雜錄」的清室皇族禮親王，使曾對此所有記載：

> 高宗特詔大臣保薦經術之士，課其學之醇疵。特拜顧棟高

　　　爲祭酒；陳禮范、吳鼎等皆授司業。又特刊十三經注疏，
　　　頒布學宮。命方靈皋苞、任宗丞啓運等裒集三禮，漢學大
　　　著。㉝

清末，皮錫瑞於其「經學歷史」一書之內，也以清代經學復盛，
歸功於清帝之稽古右文，超軼前代所致。他說：

　　　經學自兩漢後，越千餘年，至國朝而復盛。兩漢經學所以
　　　盛者，由其上能尊崇經學，稽古右文故也。國朝稽古右
　　　文，超軼前代。……夫漢帝稱制臨決，未及著書；唐宗御
　　　注孝經，不聞遍通六藝。今鴻篇鉅製，照耀寰區，頒行學
　　　宮，開示蒙昧。發周孔之蘊，持漢宋之平。承晚明經學極
　　　衰之後，推崇實學以矯空疏。宜乎漢學重興，唐宋莫逮。
　　　㉞

於帝王宏獎的同時，復有高階層大臣的倡導，更使漢學研究的風
氣迅速傳播。以文學受高宗皇帝特達之知，參與續三通館，方略
館及通鑑輯覽等纂修正工作的王昶（蘭泉1724－1806），建議編
修四庫全書的朱筠（笥河1729－1781），擔任四庫全書總纂，並
曾歷任鄉會試考官的紀昀（曉嵐1724－1805），均以漢學家入任
而爲名臣。四庫館開於乾隆三十八（1773）至四十六年（1781），
所網羅的學者將近三百人，其中多爲漢學者。梁啓超至稱四庫館
是「漢學家的大本營」；四庫提要是「漢學思想的結晶體」，可知
其影響之鉅。㉟再如乾嘉年間曾經歷任各地督撫的封疆大吏畢沅
（1730－1799）及阮元（1764－1849）二人，也都是漢學家。所
至創修書院、刊刻經籍，延聘學者入其幕府。對於漢學的普及，
其功亦屬至偉。㊱在這群大官吏、大學者的共同努力及交互影響
之下，漢學的勢力幾乎如日中天，披靡一世。一時家家許鄭，人

人賈馬，甚至連稍為時髦一點的達官貴人、富商巨賈，也都要附庸風雅，跟著這些大學者學幾句考證的內行話，㊲藉以抬高其身價。此一學派之成為「群眾化」已可想而知。然漢學家對於宋學的猛烈攻擊，也即發生於此時。

三、漢學家對於宋學的攻擊及其目的

　　漢學家對於宋學的批評與攻擊，梁任公稱之為「對於宋明理學一大反動。」胡適稱之為「反玄學革命」。㉝他們的反對，方式頗為不一。除開在治學方面採取尊崇漢儒，排斥朱儒的態度以外。在行動上，也幾乎處處以宋學為敵。諸如：惠棟、王念孫等不讀漢唐以下之書；汪中不喜宋儒性命之說，「朱子之外，有舉其名者，必痛詆之。」朱筠說經宗漢儒，不取宋元之說；劉台拱力拒宋以後之說，指為「愚誣之學」；戴震毀其早年有關漢宋兼重之作；紀昀於四庫提要中，對於宋儒之書評論多為不公，即有價值者亦加貶抑，置於存目之類；阮元輯皇清經解，不收宋學之作；江藩著「漢學師承記」，置顧炎武及黃宗羲於其書之末。㉟凡此均可證明其對宋學反感之深。此外，在言論上，他們對於宋學亦備加指責，根據方東樹的說法，他們指責宋學的主要論點有三：一說宋儒講學標榜門戶，為害於家國。二說宋儒言心言性言理，墮于空虛心學禪宗，為歧於聖道。三說宋儒高談性命，束書不學，荒於經術。㊵實則在這三點之中，第一點所謂宋儒講學標榜門戶，固然不誣。而漢學家之力排宋學，又何嘗不是出於門戶之見，故知其立論，實難立足。第三點謂宋儒高談性命，束書不學。也只能針對明末學之弊而發，對於主張「窮理致知」與「道問學」的程朱一派來說，殊為不合。因此在攻擊的重點上便大多

集中於第二點，惠棟嘗以「宋儒之禍甚於秦灰」；焦循譏宋儒「言性言理，如風如影。」汪中說：「自宋明以來，說經者多病鑿空，而蹈株守之陋。」江藩以「濂洛關閩之學，不究禮樂之源，獨標性命之旨，義疏諸書，束置高閣。視如糟粕，棄如弁髦。蓋率履則有餘，考鏡則不足也。」大體均爲針對此點而發。此種論調顯係承續清初反玄學思想而來。不過，大多襲取前人之說，而少新的發現。惟戴東原的評論較爲獨到。他一方面探求程朱學說之源，指其以老釋「傅合六經孔孟」之非；一方面駁斥宋儒理欲二元之說，指出人不能舍欲而言理。㊶既有系統，又有學理，誠爲他儒所不及。在這一連串的反玄學運動的打擊之下，宋學的確遭受到嚴重的挫折，不僅一時言心言性言理之說視爲厲禁，甚至濂洛關閩之書亦幾無人問津。㊷聲勢之浩大，方東樹曾概乎言之。他說：

> 近世有爲漢學考證者，著書以闢宋儒。攻朱子爲本，首以言心言性言理爲厲禁。海內名公鉅卿，高才碩學數十家，遞相祖述，……自是以來，漢學大盛。新編林立，聲氣扇和，專與宋儒爲水火。而其人類多鴻名博學，爲士林所重。馳騁筆舌，弗穿百家。遂使數年間承學之士耳目心思爲之大障。

又說：

> 數十年來，此風遍蒸海內，如狂飆蕩洪河，不復可望其澄鑒。在上者其勢位既足以軒輊一世；風會所尚，一時高才敏疾之士又群趨附之。平居談論若不畔程朱即非學。言有偶及之者，輒羞惡若將浼焉。若不共戴天之仇，義必如是而後爲大夫者。㊸

漢學家之對宋學如此地大張撻代，其原因究竟何在？有無潛在的
目的？這倒是一個頗費推敲的問題。蕭一山以為漢學家對於宋學
的攻擊，乃係因桐城派的方苞、姚鼐假借歐陽修「因文見道」之
言，以孔、孟、韓、歐、程、朱之道統自任，而排斥漢學而起。
㊹實則姬傳高唱義理、考據、詞章三者合一，對於漢學並不反
對。即使對於漢學者的偏激態度，偶有批評，亦不致引起如此普
遍而廣大的回響。另有一說，謂姬傳因慕東原之學，曾經致書於
戴氏，表示願為其入室弟子。東原非特覆書婉拒，且對古文學家
有所非議。因而引起諸方諸姚的不滿，尤以姬傳為甚。故而一再
為文，「詆漢學破碎」。㊺可是即使此事當眞，但這一牽涉私人恩
怨之事，又何至造成如此的軒然大波？所以要想瞭解漢學家攻擊
宋學的基因，唯有從漢學發展規律的內外兩個層面去求答案。就
內在來說：清代的漢學在本質上即由漢、宋的矛盾中發展而來。
原自「反宋復古」起腳的惠學固不用說，即原由「尊宋述朱」入
手的戴學，其後也走上了「尊漢黜宋」的道路。由此可見漢學之
反對宋學乃是先天的、必然的。就外在來說：任何學派，為了自
身的權威，都難免具有或多或少的排他性。漢學家的勢力既然日
益壯大，故亦於不知不覺之中產生一種主觀的門戶之見。一方面
對於理學加以否定，不承認宋儒對于古經的解釋及其在學術上所
作的偉大貢獻。一方面對於漢學加以肯定，認為惟有兩漢的經學
始為儒學的正宗。惟有透過訓詁與考據的方法，才可使古代經學
復明。而他們則正是儒學的衛道者與承繼者。前一論點可由江藩
的「經學三壞」說，將「南北宋的道學」與「東西晉的清談」。
「元明的制義」相提並論為代表；後一論點可以阮元所說的「兩
漢經學所以當尊行者，為其去聖賢最近，而二氏之說尙未起也」。

及「兩漢之學純粹以精者，在二氏未起之前也。」㊻作爲代表。

　　這種一方面否定他人，一方面肯定自己的目的，顯然是在恢復千餘年前的兩漢儒學舊傳統，以取代自南宋以來六百年間理學家所建立的新儒學傳統，藉以加強漢學家在學術上的正統地位。關于此點，有心人早已看得非常明白。方東樹在其「漢學商兌」一書內便曾指出：漢學家「以爲古今聖人惟孔子，孔子之道在六經，六經之旨在訓詁、名物、制度。學者第從事名物，訓詁自足通乎性與天道，是爲唐虞、周、孔正傳。宋儒廢訓詁而空言義理，啓天下以空疏談道，使漢儒傳注不明於世，故以爲之大罪。必欲火其書，絕其人，犛庭掃落，以與天下易其門戶宗旨，使無爲學術經術之大害。蓋漢學之主意宗旨如是。」㊼梁啓超先生於其「清代學術概論」中，特稱清代的考據學派（即漢學派）爲「正統學派」，或者亦含有以漢學爲清代儒學正宗之意。㊽近年余英時先生對於此點，說的更爲明白。他以爲漢學家之所以攻擊宋學，「推原其始，實由於清代考據學者立意自別於宋明儒，以爭取在整個儒學史上的正統地位」而起。並言：「漢宋之辨，主要是清儒宗派意識的產物，是否與宋明以來儒學發展的史實相應，頗成問題。」㊾至於漢學家在爭取到儒學的正統地位以後，是否還含有其他的隱藏目的，尚很難說。後之學者在論及此一問題之時，大多採取一種消極的說法。認爲漢學家所作的是一種純學術的研究，別無其他。梁啓超說他們是「爲考證而考證，爲經學而治經學。」㊿章太炎說他們「觀世治化，不欲以經術致用。」[51]錢穆以爲「乾嘉學術一趨訓詁考訂，以古書爲消遣神明之林囿。」[52]其實，如從以下兩點觀察，則上述之說，恐亦難令人無疑。其一，儒學的本身即是一種純正的人文哲學，與人生社會乃至政治

都脫離不了關係。不論其講典章制度，或講修齊治平，均非紙上談兵，而具高度的實踐意義。如說漢學家研究文字訓詁，發明經義，純屬學術性質，而無經世的意味，實在有失常理。其二，再就事實而論，在乾嘉時代的漢學中，專門埋首於學術研究的固然謂非無人。但以漢學家而出仕，或獲得功名而無機會出仕的人則佔絕大多數。故事實證明，清初顧、黃等人所倡的經世之學，至清代中葉，仍爲若干乾嘉的學者所繼承。㊳所不同者，清初諸儒對於明人還有故國之思；對於滿人還有一種民族之見，故以干祿爲可恥。而乾嘉時代的學者，卻因滿人統治已久，漢化日深，對於儒學又極尊崇，故民族間的鴻溝也漸泯沒。兼以儒家對於現實常有一種高度的妥協精神。學優則仕又是知識份子的最高懷抱。且在以家族爲中心的傳統社會之中，每視做官爲無上的營耀。故於不知不覺之中向統治者效忠，而願爲之服務。章太炎嘗譏漢學家「通經致用，特漢儒所以干祿。」㊴章氏滿漢民族之見甚深，頗以漢儒干祿爲非，然亦由此可證，漢儒講求「通經致用」者並不乏人。依然未脫古代「官師合一」的大傳統。

四、漢學家的極限

雖然漢學家苦心孤詣地，對於宋學大加排斥，企圖取代宋儒而自居儒學的正統，並在實際上一度執學術界之牛耳。但從其目的來看，卻也未能如願如償。一以清廷的文化政策所限。雖然康熙較爲偏重理學，乾隆較爲偏重漢學，但始終皆以漢宋兼採爲原則。所謂「崇宋儒之性道，而以漢儒經義實之。」此一政策，歷主清代文術者類皆知之。雖出身於漢學之大臣，亦不敢冒然違背此一國策。如乾嘉時的紀昀便曾說道：

> 至經義之中，又分二派：為漢儒之學者，沿溯六書，考求
> 訓詁，使古義復明於後世，是一家也。為宋儒之學者，辨
> 別精微，折衷同異，使六經微旨，不淆亂於群言，是又一
> 家也。國家功令，五經傳注不廢宋學，而十三經注疏亦刊
> 學宮。

　　良以制藝在於明義理，固當以宋學為宗。而以漢學補苴其所
遺，糾繩其太過耳。⑤嘉道時的漢學名臣阮元也說：

> 是故，兩漢名教得儒經之功，宋明講學得師道之益，皆於
> 周孔之道得其分合。未可偏譏而互銷也。我朝列聖道德純
> 備，通博前古，崇宋學之性道，以漢儒經義實之。聖學所
> 指，海內嚮風。御纂諸經兼收歷代之說，四庫館開，風氣
> 益精博矣。⑤

可見此一政策沿之已久，漢學家欲改弦更張，殊非易易。二以考
據與義理原來各有其範圍，互為補益。考據之術固在求聖賢義理
之真，而義理之學亦可闡六經之微，二者皆於儒學有益，不可偏
廢。關於此點，即漢學家亦多知曉。如吳派的開山惠氏，即在其
紅豆山齋楹聯上，書有：「六經宗孔孟，百行法程朱。」⑤兩語。
皖派的開山戴震，亦於其晚年，深悟力排宋儒之非，而於臨卒前
告人：「生平讀書絕不復記，到此方知義理之學可以養心。」⑤焦
循雖曾抨擊宋學空虛，但對漢儒之偏激亦不以為然。謂：「讀經
之法，必以經文為之主，而以漢儒為之輔。以通乎六經之言，而
非以求勝宋人，故為此也。宋人若茂叔、伊川、考亭、象山諸君
子，立忠孝之準，盡義理之辨，去欲存誠，黜浮崇實，所以翊孔
子之教，而為萬世躬行實踐之則。經訓雖疏，何損大節？不用其
言，並黜其行，其在聖門，孟矣！」⑤龔定庵在讀「國朝漢學師

承記」後，曾經致書於江藩力爭。並言其書有「十不妥」。又謂漢人何嘗不談性命？宋人何嘗不談名物訓詁？「若謂漢與宋爲對峙，尤非大方之言。」[60]三以漢學的本身亦有許多不可避免的缺失。漢學家原以通經致用爲目的，考據不過爲其手段。及至後來，爲了學術的興趣及其所受的師承訓練，居然本末倒置。崇尚鴻博，繁稱雜引，每考經典一、二字，解說動輒數十萬言不能休。[61]雖從純學術的觀點來看，不能謂非絕無貢獻。然畢竟距離孔、孟之道日遠，而無法作爲代表一個時代學術思想的主流。故在道咸以後，便不得不逐漸地喪失其領導地位，而由復西漢之古力主微言大義的公羊學派所取代。同時也使喧嚷一時的「漢宋之爭」轉入了調和的階段。

五、結　論

「漢宋之爭」是清代學術史上一個特別引人注目的問題。本文爲討論方便，特將其上限定於乾隆二十二年丁丑（1757）。主要的根據有二：一爲是年載東原遊揚州，與惠定宇會晤，自此發生「論學之變」，尊漢黜宋。時年三十五。[62]二爲根據方東樹之說，「顧、黃諸君雖崇尚實學，尚未專標漢幟，專標漢幟則自惠氏。惠氏雖標漢標，尚未厲禁言理。厲禁言理，則自戴震始。自是宗旨祖述，邪詖大肆，遂舉唐宋諸儒已定不易之案，至精不易之論，必欲一一盡翻之，以張其門戶。」[63]可見戴震實爲此一學術大辯論的關鍵人物。至於下限則定於道光六年丙戌（1826），是年方東樹刊刻其「漢學商兌」一書問世，力斥江藩「漢學師承記」之非，對於漢學家大舉反攻。表面上看起來似乎是一個新的論戰開始，實則卻是一個舊的論戰結束。雖然直至道光之初，

「其燄尤熾」，⑭但終以洪楊之亂，而趨於沈寂。故在時間上來說，乾嘉時代的漢宋之爭，大約一共持續了將近一個世紀。

論及「漢宋之爭」這個問題，在一般人的印象之中，或者以為是漢、宋兩大學術陣營中的一場激烈論戰。實際上彼此之間，勢既不均，力亦不等。在這將近一個世紀以內，漢學家雖然對宋學展開全面的攻擊，可是除了桐城派的古文家，如姚鼐、方東樹等尚路見不平，拔刀相助以外。在當時的理學家當中，卻很少有人提出系統而有力的答辯。故可說這場爭論，根本上即是一面倒，讓漢學家佔盡了上風。

漢宋之爭，表面上看來雖是一場學術的辯論，然而骨子裡卻仍是儒家陣營中的內部紛爭。蓋自儒學自漢武帝定於一尊之後，隨著時代與環境的推移，其內部也不斷地發生分化與蛻變。計兩漢時有今古文之爭；魏晉時有南北學之分；南宋時有道學與儒林之別；明時有程朱陸王異同。且自東漢訓詁之學興，而西京微言大詣之旨遂為不明；自南宋空衍性理，而漢儒訓詁之學幾即於廢；自明代姚江之學盛，而篤信程朱不遷異說者幾復無人。終明之世，學案百出，而經訓家法卻寂然無聞。⑮故清代的漢宋之爭，其情形也是一樣，仍可視之為儒學內部紛爭的一個延續。由此可見我國的學術始終侷限於儒學的範圍之內，爭來爭去總是跳不出這一個圈子。

漢學原由反對明末心學空疏之弊而起，至於乾隆時期，趨于全盛，風靡一時。於是遂併程朱的義理之學亦加敵視。對之猛烈攻擊，企圖取得儒學中的正統地位。進而達到儒學官師合一，治統與道統合一之經世致用目的，雖曾盛極一時，取得相當輝煌的成就，但因清廷始終維持其漢宋並重的二元文化政策，兼以漢學

家否定宋學的成就與地位，難以令人心服。而其本身又日久弊生，將考據訓詁之手段代替了明經致用的目的。因此非特未能達到預期的理想，反而喪失了在學術思想上的主導地位。適以清代中期以後，形勢丕變，內外多故，漢學家更不足以當此扭轉大局的重任。於是高唱微言大義的西京今文學派遂代之而興，走上了歷史的舞台，而與變法及西學合流。此後漢宋之爭雖仍若斷若續，不絕如縷。但已成為時代的尾聲，不再引起人們的注意。

基於以上所述，可見乾嘉時代所發生的「漢宋之爭」，自有其特殊的時代背景，和一定的歷史意義。以往學者對於漢學的興起，未免過於重視政治上的因素，特別強調文字獄的影響。實則學術本身的自然演變、帝王的大力宏獎、江南的富厚物力等等也都是重要的因素，而不能加以忽視。⑥⑥又如謂宋學為官方之學，漢學為民間之學，也與事實並不完全相符。蓋清初時代康熙大帝雖然較為尊崇朱學，乾隆比較尊崇漢學，但始終以漢宋兼採為原則，不論在學術及考試方面並無明顯的官民之別。此一文化政策，直至清末依然未改。且漢學大起的時期約在乾隆十四年（1750）之後至道光之初。在此之前，學者大多漢宋雜揉，根本即無專門的漢學研究，又何漢宋官民對立之可言？⑥⑦此外，所謂漢學家之治學多採消極態度，僅作純粹的學術探討，而不期望以經術致用。似亦可再加研究與討論。事實證明，絕大部份的漢學家都曾參加過政府的考試，出任過政府的官吏，此點與理學家等人並無二致。且漢學家最初原以通經明道為目的，考據訓詁不過為其手段。其後本末倒置，乃因學術之發展僵化而起，此種現象殆與明末的王學，頗有相類之處。師承訓練，學術興趣，時代風尚，學者置身其中實有不知其然而然者，並非全由政治的高壓的

結果。總之，由於時代不斷地變遷，研究方法的日漸進步，我們的思想觀念也不應永遠停留於某一固定階段。清代學術史上的問題或者尚多，等待我們重新解釋與評估。

【註　釋】

①「清史」（國防研究院刊本），5138/7，儒林傳序。

②皮錫瑞，「經學歷史」（世界書局），頁 32。胡適也說：「大概說來，清朝開國的第一個世紀（1640－1740）是反玄學時期」。（見胡著「戴東原的哲學」，頁 19，引論）。

③參考「宋史研究論文集」，73－93/3，張君勱，「中國學術史上漢宋兩派之長短得失」。國立臺灣大學，「文史哲學報」，97－113/27，何佑森，「清代漢宋之爭平議」。「中華雜誌」，15：6（167期），29－42，胡秋原，「覆徐復觀先生編漢學宋學及中國學術路向書。」按此一問題，凡屬有關前人清代學術史之作，幾乎均有論及。此處從略。

④江藩，「漢學師承記」（世界書局），頁 4。

⑤曹允源，「淮南雜著」，15/1，國朝經師譔述略題語。

⑥錢穆，「國學概論」（商務），頁 61；「中國近三百年學術史」（商務），頁 1。

⑦一般的說法均以爲清儒之埋首於考據訓詁不言當世之務，係因文字獄的恐佈。但以宋儒的義理之學有助於帝王的統治，故清廷對於理學尚大力提倡。然據近來陸寶千先生的研究，認爲漢人之排滿思想與宋儒之義理亦大有關係。故自「呂案以後，世宗不復再有尊朱之舉」。在形式上朱學雖然仍爲朝廷所尊，但實則朝廷意向已由程朱而旁轉。「聖祖既歿，漢學漸興」，實爲一大關鍵。此說可謂漢學興起之另一解。見陸著，「清代思想史」（民 67，廣文書局），頁157－158。

⑧學術文化發展的條件，必賴有安定的環境及物質的基礎：根據日本學者稻葉君山的研究，可知清初東南各省富力，以江蘇、浙江二省爲最。乾隆時之戶口冊、直隸一省之數、不足以當揚州一府；山西一省之數、不足以當松江一府之數；陝西、河南、甘肅三省亦然。又江蘇、浙江之戶口可以七、八倍於北方諸省，即湖南、湖北、四川、山東諸省「亦不過其二分之一。江浙戶口增加，即富力增加，而促其文運之發達。（見中華書局刊，但燾譯，稻葉君山著，「清朝全史」下一，頁一。又章炳麟亦言：初太湖之濱、蘇、常，松江、太倉諸邑，其民佚麗。自晚明以來，喜爲文辭比興，飲食會同，以博依相問難，故好鬷覽，而無紀綱，其流遍江之南北。惠棟興，猶尙該洽，百氏樂文朶者、相與依違之。」（見章氏叢書，檢論卷四，清儒篇）。胡適指出：「方東樹死的一年，即是洪秀全稱太平天國主的一年，從此以後，十幾年中，東南的財富之區，學校的中心，都遭兵燹，公私的藏書，多被燒毀，學者奔走避難，學問之事遂衰歇了。亂平之後；曾國藩一班人也頗想提倡樸學，但殘破困窮的基礎之上，已建不起學術文化的盛業了。」（見戴東原的哲學，頁157）。

⑨凌廷堪，校禮堂集，「汪容甫墓誌銘」。

⑩江藩，「漢學師承記」，136/8

⑪章學誠，「文史通義」（國史研究室刊本），頁551，「朱陸篇」。

⑫皮錫瑞，「經學歷史」，頁30，「經學復興時代」。

⑬王闓運，「湘綺樓文集」（新興書局刊），卷五，「陸建瀛傳」。

⑭分見梁著，「清代學術概論」（中華書局），頁4，9；劉師培，「近儒學說多漢總論」；胡著，「戴東原的哲學」，頁2；錢著，「國學概論」，頁八；侯著，「近代中國思想學說史」（生活、讀書、知識書店），頁356。

⑮顧炎武，「亭林文集」，卷2，頁9，「儀禮鄭注句讀」。

⑯參考梁著，「清代學術概論」，頁23；章著，「檢論」，卷4，頁23。

⑰見江藩，「漢學師承記」，卷2，頁29，惠氏三家傳。

⑱錢穆，「中國近三百年學術史」，上冊，頁320。

⑲焦循，「焦氏叢書」，卷首，「王伯申手扎」。

⑳參看錢穆，「中國近三百年學術史」，上冊，頁320。

㉑前引書，頁318。

㉒「檢論」，卷4，頁23，「清儒篇」。

㉓「清代學術概論」，頁4，23。

㉔錢著，「中國近三百年學術史」，上冊，頁321。

㉕「國粹學報」（1907）5卷3期，「畿輔通志」，「崔述傳」後語。

㉖皮著，「經學歷史」，頁63。

㉗戴震，「戴東原集」（商務國學基本叢書本），頁29–30，癸酉（乾隆十八年）「與是仲明論學書」。

㉘惠棟，「松崖文鈔」（聚學軒叢書本），卷1，頁4，「九經古義述首」。

㉙如聖祖時毛奇齡由博學鴻儒得授翰林院檢討，並充明史纂修官；世宗在潛邸時，手書延閻若璩至京師，握手賜坐，呼先生而不名；高宗時召胡渭至南書房直盧、賜饌及書扇，又御書「耆年篤學」四大字賜之。皆為顯著例證。

㉚康熙、乾隆時代所刻的經籍計有以下多種：(1)欽定春秋傳說彙纂（38卷，康熙38年刊），(2)御纂周易折中（22卷，康熙54年刊），(3)欽定書經傳說彙纂（24卷，康熙60年刊）(4)欽定詩經傳說彙纂（20卷，康熙60年刊），(5)欽定周官義疏（48卷，乾隆13年刊），(6)欽定儀禮疏（48卷，乾隆13年刊），(7)欽定禮記義疏（82卷，乾隆13年刊），(8)御纂詩義折中（20卷，乾隆20年刊），(9)御纂春秋直解（16卷，

乾隆 47 年刊)，⑩詔刊十三經注疏於太學（乾隆 55 年），以上參看皮
錫瑞，「經學歷史」，頁 59。

㉛大清高宗純皇帝（乾隆）實錄（臺灣華文書局本），卷352，頁 4－5，
己酉上諭。

㉜梁啓超，「中國近三百年學術史」（中華書局），頁 22，按此次上諭發
布於乾隆 14 年 (1750) 11 月，是年惠棟 52 歲，戴震 26 歲，尚在東
原往訪揚州與定宇論學 (1757) 之前 8 年。東原之論學旨趣尚未改
變，皖派尚未成立。漢學的勢力能否使清室帝王「從風而靡」，恐不
能令人無疑。

㉝汲修亭主人，「嘯亭雜錄」（文海本），卷 1，頁 15，「高宗重經學」。

㉞「經學歷史」，頁 59。

㉟「中國近三百年學術史」，頁 22。

㊱梁任公嘗言：清季之在全盛期也，清高宗席祖父之業，承平殷阜，以
右文之主自命，開四庫館，修一統志……其事皆有待於學者內外大
僚，承風宏獎者甚衆。嘉慶間畢沅、阮元之流，本以經師致身通顯，
任封疆，有力養士，所至提倡，隱然茲學之護法神也（「清任學術概
論」頁 48）。

㊲「中國近三百年學術史」，頁 24；「清代學術概論」，頁 46。

㊳「清代學術概論」，頁 3；「戴東原的哲學」，頁 2。

㊴參考江藩，「漢學師承記」內有關各人傳記；方東樹，「漢學商兌」，
卷上，頁 21－22；本田成之著，江俠庵譯，「經學史論」（上海商務），
頁333。

㊵「漢學商兌」，頁 1，序例。

㊶惠棟語見李集「敬堂鶴徵錄」；焦循、汪中、江藩之說參看「漢學商
兌」，卷中之上，頁 16－18（按這些批評大體多爲繼續清初反玄學運

動的思想而來的。其主要論點有二，一是證明先天象數之學是出於道
士的，一是證明明心見性之學是出於禪宗，二者均非孔門特色。見胡
著，「戴東原的哲學」，頁4)。戴東原之論見「戴東原集」(商務)，卷
2，頁17-25，「答彭進士允初書」；「孟子字義疏證」(胡著戴東原的
哲學附錄)，上卷，頁53。

㊷「嘯亭雜錄」，卷8，頁19，「書賈語」。

㊸分見「漢學商兌」，頁1，序例；卷下，頁31。

㊹蕭一山，「清代通史」(二)，頁781。

㊺「清代學術概論」，頁49。

㊻分見江藩，「漢學師承記」，卷1，頁4及阮元，「漢學師承記」序。

㊼「漢學商兌」，卷下，頁33-34。

㊽「清代學術概論」，頁5。

㊾余英時，「歷史與思想」(聯經出版社)，頁89。

㊿「清代學術概論」，頁4。

51「檢論」，卷4，「清儒篇」。

52錢著，「中國近三百年學術史上」，上冊，頁2，自序。

53如紀昀、朱筠、王昶、畢沅、阮元等皆爲漢學名臣。另以大經學家疏
劾和珅的王念孫，以大史學家應詔直言，以致譴戍的洪亮吉亦爲漢學
家。另汪容自幼即私淑亭林「有志於用世，而恥爲無用。」故於古今
制度沿革、民生利弊之事，皆博聞而切究之，以待一日之遇（見汪
中，「述學」(世界書局，卷10，頁19，補遺，「太學平議」)，皆其著
者。其他出而爲官及考取功名者尙多。

54章炳麟，「太炎文錄初編」，頁9-10。

55紀昀，「紀曉嵐詩文集」(香港廣智書局)，上編，卷8，頁23，丙辰
(嘉慶元年) 會試錄序。

㊱阮元，「國史儒林傳」（揅經堂集石印單行本）序。

㊲皮著，「經學歷史」，頁61。

㊳焦循，「雕菰樓集」，卷7，頁95，「申戴」。

㊴見前引書，「與某論漢儒品行書」。

㊵龔自珍，「龔定庵全集」（世界書局），卷9，頁211，「與江子屏牋」。

㊶曾國藩，「曾文正公全集」，文集一，朱愼甫遺書序。

㊷錢著，「中國近三百年學術史」，卷上，頁322。

㊸「漢學商兌」，卷上，頁21。

㊹江藩之「漢學師承記」，據阮元序，知其刊於嘉慶戊寅（三年，
　1793），方東樹之書較之晚出二十七年。方書出後，再十四年鴉片戰
　爭爆發，再廿四年太平軍亂起，江南殘破，內外多故，學術方面亦大
　受影響，自此學風又變。

㊺參看「明史」（國防研究院刊），卷282，列傳170，儒林傳序；「清
　史」，卷479，列傳265，儒林傳序。

㊻如余英時先生即曾指出近人以文字獄作爲解釋清代思想史的中心理
　論，未免過份誇張。並從學術本身的發展方面著眼，認爲清代中期，
　考證已形成風氣，而「道問學」也取代了「尊德性」在儒學中的主導
　地位（見余著，「歷史與思想」，頁121－156，「清代思想史的一個新
　解釋」）。

㊼如梁啓超先生即嘗論及此點，參看梁著，「中國近三百年學術史」，頁
　21。其他持此說者尚多，於此從略。

（原刊於中央研究院歷史語言研究所《第一屆漢學會議論文集》上
　冊（歷史考古組），民國70.10.台北。）

由漢宋調和到中體西用

—— 試論晚清儒家思想的演變

一、前　言

　　學術思想的流變，常因內發的與外鑠的兩種因素的變化而有所不同。所謂內發的亦即是思想內部規律的發展；所謂外鑠的亦即是外在時代及環境的影響。由於以上兩種因素的交互作用，故人類的學術思想恆能不斷地推陳出新，賡續演進，而成爲各種繁衍不息的流派。在清代二百六十八年的歷史中，學術思想幾可謂旣富於變化性而又呈多樣性，其原因殆即在此。初期有順康時期的反陸王重程朱的經世之學，繼則有乾嘉時期的反宋儒尊漢學的考證之學與嘉道時期的漢宋之爭，終則有道咸同光時期的漢宋調和與中西調和，繼繼繩繩，脈絡不絕。不過，大體說來，自順康以迄乾嘉這一段時期的學術思想雖有變化，而且略受西方的影響，然其性質與內容尚未脫離傳統儒學的規範。可是，自道咸以迄同光這一段時期的學術思想，卻以染上濃厚的西方色彩，而使中國傳統儒學發生明顯的蛻變。

　　尋繹晚清時期學術變遷的線索，可由中國學術發展的內在規律加以詮釋。乾嘉以後，漢學已由顚峰狀態而日趨於式微。於是西漢的微言大義之學與漢宋的調和之論遂相繼而起，成爲清末的

兩大思潮。其次，西力的東漸與時局的日非等外在的因素亦有相當的激盪作用。自從鴉片戰爭開始，內憂外患不絕如縷，國脈民命遭逢最大危機，知識份子蒿目時艱，莫不痛心疾首而圖謀挽救。故不論變法派與改良派均不得不對中國傳統的文化加以深切的反省，並認為非對西學加以有條件的擷取，不足以補中國文化的缺失。基於此一傾向，故清末的學術亦由漢宋的調和而發展為中西的調和，而成為當時學術思想上的中心議題。此種中西調和的論調頗多，諸如運會說、道器說、西學源出於中國說、託古改制論、廣貴因論、中體西用論等，幾乎不一而足，紛然雜陳①。不過就其對於當時社會人心的影響而論，卻以託古改制論與中體西用論最為引人注目。託古改制論者以孔子改制立法之說為根據，他們既不主張從考據回到義理，亦反對走向漢宋調和的老路，其思想別開生面，故不擬於此多論。惟中體西用論乃係繼承漢宋調和論之一脈發展，值得吾人進一步地探討。

二、漢學的鼎盛及其沒落

清代自乾嘉期間，漢學家一面修明漢唐經訓，一面力攻宋明理學；同時又以一種相當謹嚴的科學方法，對於古書中的難字難句訓詁名物加以研究。查考各家的異文，尋求原始的出處，參互考訂，務期得其真正的意義與根據而後已。其範圍廣泛，舉凡經學、史學、地學、子學、天文、曆算、金石、文字幾於無所不包。結果將我國的古書古史大加補充與整理，對於學術的貢獻既深且鉅。然而當一種學術發展到顛峰狀態時，亦即不可避免的有許多的流弊伴之而生。漢學家的流弊之一便是研究途徑的狹化。由於他們過份地注重於文字的考證，名物的訓詁，其末流乃日趨

於支離破碎，無關乎國計民生的宏旨。甚至每爲經典中的一字一句，動輒引經據典文長數十萬言而不能休。或者尋章摘句，自炫淵博；或者搜不可論之制度，鄶書而燕說；或者狀不可考之名物，捫燭而扣槃，結果乃大爲人所詬病③。漢學家的另一流弊即其治學方向的迷失。漢學家原期研究實學，明經致用。認爲欲明經義，必先考求其文字與訓詁。並認爲「訓詁明，而後經義始可明。」可見他們並未將考據訓詁的知識即當作是義理的知識，或者將考據訓詁當作他們治學的真正目的。可是由於師傳及家法的關係，久之他們卻把其寶貴的時間與精力浪費於一些補苴餖釘的瑣碎的問題上去，反而忽略其通經致用的原始宗旨，殊爲漢學者之初料所不及。漢學家的流弊之三乃是門戶之見太深，不能容人，尤以對於宋學爲然。除指責宋學空虛以外，並否認在儒學中的正統④。考據義理原各所長，考據之學固在探求聖賢的義理，而義理之學亦可闡發儒學的精微，二者本不可偏廢。可是由於漢學家務期「以漢壓宋」的門戶之私，卻竟舍此而不圖，殊失學者客觀公正的風度⑤。漢學家的另一流弊即是過於熱中於功名利祿而不注重於道德修義。漢學家既以學術與義理分爲二途，結果每流於「學雖博而品不高」。投機取巧、攫取勢力，而爲有識者所不齒。關於此點甚至連出身於漢學之門的章太炎氏也深不謂然，而嘗以漢學家「通經致用，所以干祿」爲譏⑥。漢學家的流弊既如以上所述，及至十九世紀中葉太平軍亂起，其聲勢更受一致命的打擊。一以江南的殘破，漢學的中心被毀。漢學的研究原以揚子江下游的財富之區爲基地，自經十餘年的戰亂，不僅江浙一帶慘遭兵燹，公私藏書付之一炬，而所有的學校亦多破壞無遺。各地的學者每因避難而奔走四方，流離失所，因之漢學的研究遂隨

之而日漸衰微。亂平以後曾國藩等雖欲重振漢學，終以在殘破困難的基礎之上，無法建立起學術文化的盛業，而歸於失敗⑦。其後漢學雖猶有一二大師，如同俞樾與孫詒讓之輩，「爲正統派死守最後之壁壘」，然因時勢轉變亦難張大其軍⑧。一以湘軍的興起及理學的重振。太平軍起事後，清代的八旗與綠營皆不堪用，幸賴湘軍之力始克平定大難。而湘軍集團之所以能肩起此一時代的重任，則與宋儒的義理之學所建起的精神力量大有關係。正因其有義理之學充塞於內，故彼等乃能以忠義之氣相激勵，以經世之志相勗勉。不爲利動、不爲勢劫。卒能以堅忍不拔之志節，成大功，立大業。在湘軍集團之內，不論曾國藩、胡林翼、羅澤南、王鑫、左宗棠、江忠源、郭嵩燾等人，無不曾受理學的薰陶。曾國藩曾於官翰林時問學於唐鑑，窮極程朱性道之蘊；羅澤南少貧力學，得程朱遺書而讀之，慷慨有聖賢之志；劉蓉少負奇氣，能文不事科舉。與同邑曾國藩及羅澤南「力求程朱之學，躡而從之。」尤務通古知今，因革損益，得失利弊，與夫風俗及人才之所以盛衰之理⑨。觀此可知理學家之談心論性，並非無裨於世用。因之亦使人對於理學觀感爲之一新，而予以高度的評價。轉而認爲理學可以立身養性，治國理民，較諸專門從事於訓詁與考據的漢學爲猶勝。不過，宋明理學雖因湘軍之起而稍振，可是由於西力的東漸，世變的日亟，中國傳統的儒學畢竟無法應付當時急變的危局，於是乃有漢宋調和論與中西調和論之產生。

三、漢宋並重論及漢宋調和論

清初時期，學者大體漢宋兼採，而無門戶之分。直到乾隆年間惠棟（1697－1758）與戴震（1723－1777）出，方才獨標漢幟

而與宋學立異。自後漢學之勢大振，對于宋學攻擊愈力。至嘉慶間江藩（1761－1831）著「漢學師承記」（1793），早已確立漢學的獨霸地位，而成爲淸學的正統。然以道光方東樹（1772－1851）著「漢學商兌」（1826），起而對漢學反駁。接著唐鑑（1778－1861）又著「國朝學案小識」（1845），對於宋學大事推崇，因而使漢學與宋學之間的衝突日趨激烈。於是折衷於兩大學派之間的「漢宋調和論」乃應運而生。其中有漢學家、理學家、公羊學家、桐城派文學家、浙東派史學家、嶺南學派的學者，以及其他不屬於上述各派的獨立人士。他們各以自己的立場，評論漢宋的得失，並進而提出其不同的調和主張，充分顯露出當時知識份子對於學術發展的關懷與重視。

(1)**漢學家：**以漢學家而論，由於漢學與宋學各有所長，彼等亦於內心之處，深知二者應當並重。故惠棟雖樹漢幟，仍以「六經宗孔孟，百行法程朱」爲座右銘。戴震雖與宋儒立異，仍以「義理之學可以養心」，而以未能多加講求爲憾⑩。其後，戴氏的高弟段玉裁（1735－1815）也在晚年追悔生平「喜言訓詁考據，尋其枝葉，略其根本⑪。」於此可見考據與義理之不可分離。至於漢學家公然能作持平之論的，則首推焦循（1763－1820）。焦氏以爲：「說經之法，必以經文爲之主，而以漢儒爲之輔。以通于六經之言，而非以求勝宋人。」他特舉宋儒茂叔（周敦頤）、伊川（程頤）、考亭（朱熹）、象山（陸九淵）諸人爲例，說他們「立忠孝之準、盡利義之辨。去欲存誠，黜浮崇實。所以翊孔子之教，而爲萬古德行實踐之則。經訓雖疏，何損大節。」故憤而言道；「不用其言，並黜其行，其在聖門，蝥矣！賊矣！⑫！」焦氏爲學，重視貫通而反對執一。又重證之以實，而運之以虛，

故能漢宋兼采而不爲門戶所蔽。其次，提倡漢學的中堅份子阮元（1764－1849）也有一種類似調和漢宋的論調。在其「擬國史儒林傳序」中，他便曾承認漢宋之學對於儒學皆有特殊的貢獻。如謂：「兩漢名教，得儒經之功，宋明講學，得師道之益。皆於周孔之道，得其分合，而不可偏譏互誚」。同時對漢宋之弊，亦能坦白地指出，謂漢儒「但求名物，不論聖道，」如若「終年寢饋於門廡之間，無復知有堂室。」宋儒「求道太高，卑視句章，」譬猶「天際之翔，出於豐屋之上，高則高矣，戶奧之間，未嘗窺也。」可是在他於「國朝漢學師承記」序內，其說法卻與以前不同。一則言：「兩漢經學所以當尊行者，爲其去聖賢之說最近，而二氏之說尙未起也。」再則言：「吾固曰：兩漢之學純粹以精者，在二氏未起之前也。」依照阮元的此一說法，可見在他的心目之中，漢學的地位仍然高於宋學。揆以阮氏言論的前後矛盾，實由於清帝「崇宋學之性道，而以漢儒經義實之」的二元政策所使然。阮氏既爲淸代的邊疆大吏，對於政府的既定政策，自然不敢明顯的立異⑬。然而無論如何，阮元的思想既已露出調和訓詁與義理而歸於實踐的趨向，則其結果亦有不可忽見的影響，如在阮氏所創辦的杭州詁經精舍書院內，即保持著此種漢宋調和的學風。雖然曾經擔任該院山長三十餘年的俞樾（1821－1906）仍舊堅守著漢學的殘壘，而不肯與宋學妥協。可是曾經肄業於該院的戴望、汪家禧與朱一新等，卻都能衝出漢學的藩籬，而思將漢宋加以調和。戴望主張「徵諸古訓，貫經術政事文章於一」，藉以「救世蔽而繼聖教」。又對永嘉之學特加推崇，謂「南宋儒者，實推永嘉爲最。上不淆於心性之空言，下不雜以永康之功利，非建安（朱熹）、金谿（陸九淵）所得而盡之也。」同時，他對於項傳

霖所說的「永嘉之學超於宋而不空談；方之漢而少其附會。」之
說也大為讚賞，謂為「知言」⑭。江家禧的思想與戴望頗有相似
之處，一面主漢宋並重，認為「斷不能廢程朱而但尊伏賈」；一
面提倡經濟之學，認為讀經當以適用為貴。「今時最宜亟講者，
經濟掌故之學。經濟有補實用；掌故有資文獻。無經濟之才，則
書盡空言；無掌故之才，則復將何述？⑮」其欲以經濟實用之學
以調和漢宋之偏，至為明顯。朱一新也對漢宋之學 具有持平之
論，以為二者皆為「求道之資」，而為儒學的正宗。不過，他卻
將學問、思辨與篤行分開，認為「學問則讀書之事，思辨則窮理
之事，篤行則返躬實踐之事。」而不論治經治史，均在「窮至事
物之理以措諸用。」換言之，即讀書之目的，乃為窮理；窮理之
目的，乃為致用。如此方可稱之為徵之實而非索之虛，本末一貫
而又有體有用的學問⑯惟獨另一詁經精舍出身的學者章炳麟，卻
與上述諸人有所不同。太炎早年因受其師俞曲園的影響，始終以
一位忠實的漢學者自居。曾云：「世故有疏通知遠好為空談者，
亦有文理密察實事求是者。及夫主靜主敬，皆足澄心，欲當為
理，宜於宰世。苟外能利物，內以遣憂，亦各從其志耳。漢宋爭
執，焉用調人！⑰」

(2)**嶺南學派**：浙江以外，其學風深受阮元影響的還有廣東。
阮元自嘉慶二十二年（1817）出任兩廣總督，至道光六年
(1826) 調任雲貴，在粵幾及十載。創辦學海書院，修纂廣東通
志、刊刻皇清經解，對於嶺南學風的倡導，貢獻殊鉅。嶺南學者
本來具有其歷史的學術傳統，而不為漢宋所囿。遠在乾嘉年間，
陳昌齊（觀樓1743－1820）即不主漢宋分立，以為「程朱亦未嘗
不從訓詁入」⑱。朱次琦（九江1807－1882）也不以漢宋門戶為

然，嘗指阮元皇清經解芟除尊宋之說爲偏見。並教其弟子研習孔子之實學，不分漢學與宋學。他所謂的實學便是修身與讀書，修身之實有四：曰惇行、曰孝弟、曰崇尚名節、曰變化氣質及檢攝威儀。讀書之實有五：曰經學、曰史學、曰掌故之學、曰性理之學、曰辭章之學。嘗言：「讀書者，格物之事也。」可見他的學問具有綜合性，而其中心思想則爲講求實學。所謂實學，亦即經世致用之學⑲。此外，朱氏尚擬於輯成「國朝名臣言行錄」後，再仿黃宗羲「明儒學案」之例，輯「清儒學案」，一反江藩「漢學師承記」之所爲，不分漢宋。其獨立作風，於此可以概見⑳。與朱氏同時而曾爲學海堂學長數十年的陳澧（蘭甫1810－1882）則更是一位著名的漢宋調和論者。在他所著的「東塾讀書記」中，即主漢宋兼采，勿尚門戶之爭。又主讀書應求大義，勿取瑣碎之考訂。因此而有「說經家調人」之稱㉑。陳氏對於漢宋之學皆有批判，但也認爲二者不可一偏，並思調和二者而創立一種新學風。此新學風即兼采漢宋以求微言大義。在他看來，學問可以分爲「士大夫之學」與「博士之學」，士大夫之學在觀大義；博士之學在精考釋，故士大夫之學更重於博士之學。惟有講求士大夫之學，發揮微言大義，方能使「讀書明理之人多，其出而從政者，必有濟於天下。㉒」

(3)**今文學派**：當東京之學衰微時，西京之學乃代之而興。東京之學特重考據訓詁；西京之學特重微言大義。故二者雖然同屬漢學，但其學風卻頗不同。清代提倡西京之學的爲今文學派，以其開宗者爲常州的莊存與，故又以常州學派見稱。今文學派的學者對於漢宋二家頗能以持平的態度處之，也有意將二者加以調和。如號稱爲「今文學派之健者」龔自珍（定庵1792－1847）與

魏源（默深1794－1857）便可作為代表。定庵是段玉裁的外孫。故其學受段之影響甚大。關於他對漢宋之學的意見，可由他與江藩一書中加以瞭解。書中除指出江著「國朝漢學師承記」之名稱有所不妥以外，並進而表示：「實事求是，千古同之。此雖漢人語，非漢人所能專。」「若以漢與宋為對峙，尤非大方之言。」又說：「漢人何嘗不談性道？」「宋人何嘗不談名物訓詁？」如此強為劃分，豈足以服宋人之心！觀此可知其不以江著為然。定庵調和漢宋之法即是「涵泳白文，糾獲於經，無分漢宋，惟求其是。㉓」意即純以客觀的態度，研究經典，實事求是，不分門戶。默深與定庵同，皆喜引公羊古義而倡變法之說。不過，由於他曾於少時深究陽明之學，其後又嘗於京師，問漢學家法於胡承珙，問宋儒之學於姚學塽，問公羊之學於劉逢祿，且曾與龔自珍講求經世之學，所以尤不喜漢宋門戶之見。在他於道光五年（1825）為江蘇布政使賀長齡延輯「皇朝經世文編」時，即以實用與經世為宗，而欲折衷於宋學以救漢學之弊。藉以進而「合洛閩之性理，東萊之文獻、永嘉之經制，莢漺之考索」諸學而為一㉔。其後，講求公羊之學、更以恢復西漢的微言大義之學作為經世思想的基礎，而主張合經術政事與文章而為一㉕。龔魏之後，今文派的後繼者是康有為（1858－1927）與梁啟超（1873－1929）。康氏因受其師朱次琦的薰陶，對漢宋不存門戶之見。惟卻認為二者皆有弊，故另揭春秋三世之義以為其變法的張本。梁啟超主張以大膽地「獨求其是」的精神，在「超漢學」與「超宋學」的基礎之上，建立新的經世致用之學，使二百多年的漢宋門戶獲得解放㉖。可見他們師徒二人已經在學術的道途上走得更遠，而不為漢宋之學所規範。

⑷**浙東史學派**：清代史學以浙東爲最盛，自黃宗羲而萬斯同、全祖望、邵晉涵、章學誠一脈相承，在學術上獨樹一枝。黃宗羲（1610－1695）之思想尤啓浙東學派之先。梨洲爲學，博覽縱觀，祖述陽明，考訂經史，參及象數律呂，而不主於一家。全謝山說他「以濂洛之統，綜會諸家。橫渠之禮敎，康節之數學，東萊之文獻，艮齋止齋之經制，水心之文章，莫不旁推交通，連珠合璧，自來儒林所未有也。」其推崇可見。梨洲敎人爲學「必先窮經，經術所以經世，方不爲迂儒之學，故兼令讀史。」又敎人讀書明理，反求於心。謂「讀書不多，無以證斯禮之變化；多而不求於心，則爲俗學。⑳」故浙東史學家皆能經史並重而無洞穴之見。其後邵廷寀（1648－1711）與邵晉涵（1743－1796）均能以漢宋兼容並稱。而章學誠（1738－1801）則尤以調和漢宋自命。實齋以爲學問本屬一體，而其所以名文名質，乃至名爲學術事功文章性命者，皆屬不得已而強爲之名。故人應察其故而徇其名，而不可有入主出奴之見。嘗謂：「漢學宋學之互譏，訓詁辭章之互詆，性理學問之紛爭，」皆爲知其然而不知其所以然之故⑳。在他看來，學問乃爲經世，或如周公之制禮作樂，而爲一代成憲；或如孔子之述而不作，以明先王之大道；或如孟子之推明聖道，以正天下學術；或如程朱之辨明性理，以挽滋侈之人心。雖「其事與功皆不相襲，而皆以言乎經世也。」而經世則又必以六經爲依皈。蓋以六經「皆先儒得位行道經緯世宙之跡，而非託於空言也。㉙」實齋素倡六經皆史之說，可知其目的實欲以史學調和漢宋二家，而使之成爲經世致用之學。

⑸**桐城派**：桐城派原以古文相尙，依據歐陽修因文見道之旨，而講求古文之義法，並以繼承孔孟韓歐程朱以來之道統自

任。早期的方苞（1668－1749）對於漢學尚少微言。可是至其弟
子姚鼐（1731－1815）卻對漢學採取批評的態度。姚氏指責漢學
家「搜求瑣屑，徵引猥雜，無研尋義理之味，多矜高自滿之氣」
㉚並謂「其行曾不能望見象山陽明之倫，其識更卑於永嘉。」而
竟「上詆程朱，實爲今日之患」㉛。依據姚氏之見，程朱之言並
非完全得當，有待於後人「論而正之」。然而如果僅祗「詆毀、
訕笑之，而竟欲與程朱爭名，則殊爲天下之所惡」㉜。因此他乃
提出義理、考證與文章合一的主張，謂惟善用三者，始克有濟：
「嘗謂天下學問之事，有義理文章考證，三者之分，異趣而同爲
不可廢。㉝」不過論桐城派之對漢學家作全面反攻的，卻以姚鼐
的弟子方東樹（1722－1851）爲最。方氏在其「漢學商兌」一書
裡，對於漢學家反宋學的言論逐一加以反駁。指出漢學家棄本貴
末，違戾詆誣，於聖人躬行求仁，修齊治平之敎，一切抹殺，
「名爲治經，實足亂經。名爲衛道，實足畔道。㉞」關於方東樹
的「漢學商兌」一書，後之學者對其評論頗爲不一。梁啓超讚之
爲「淸代一極有價値之書」，並謂「其書成於嘉慶間，正値正統
派炙手可熱之時，奮然與抗，亦一種革命事業也。」其書爲宋學
辯護處固多迂舊，其針貶漢學家處卻多切中其病，其後阮元及陳
澧之漢宋調和論「頗受此書之反響。㉟」錢穆雖謂「漢學商兌」
一書，以造詣言之，「文史通明不如實齋，經義湛密不如蘭甫，
識趣深細不如周生（許宗彥）。」然亦言其書議論縱橫，肆口無
忌，「亦頗爲並時學者推重。」㊱可是，胡適卻以方東樹著書的動
機「全是一種盲目的成見」，雖然他最愛講義理，但他自己實在
不曾明白他所謂的「義理」是什麼東西㊲。侯外盧也不以任公之
說爲然，認爲方東樹之書，「析辨漢學之誣處，即有部分的理由，

亦不是在於研究學術，而主要是以衛道者的心傳法寶，重新提倡理學的。㊳」然而不論上述諸人對於方氏之議論如何，試就方氏於其書中之所言，「訓詁名物制度實爲學者所不可闕之學。宋儒實未嘗廢之。但義理考證必兩邊用功始得。」亦可知他有漢宋並重的調和思想在內，而未嘗偏於一執的對於漢學的攻擊㊷。當然，在桐城派中，高唱調和論而又最具有影響力的還要推曾國藩（1811－1872）。曾氏爲一事功道德文章各方兼備的人物，他在清代正統文學史上的地位，正如其在政治史上的地位，而爲桐城派的中興功臣。他以理學經濟發而爲文章，雖仍師桐城義法，但其成就卻超越於桐城之上。曾氏的學術思想是調和漢宋兩派，故雖以理學家的立場，對於漢學之弊有所批評，卻與當時牢守漢宋門戶互相輕薄者有所不同。曾氏的理想是合義理考據經濟詞章而合一。而其會通之法則歸之於「禮」㊵。謂「必從事於禮經，考覈於三千三百之詳，博稽乎一名一物之細，然後本末兼該，源流畢貫，雖極軍旅戰爭，食貨凌雜，皆禮家所應討論之事。」㊶又謂禮即經世之術：「古之學者無所謂經世之術也，學禮而已矣。」「先王之道，所謂修已治人，經緯萬象者何歸乎？亦曰禮而已矣。」㊷依他之見，清儒之實事求是，便是朱子的即物窮理。他說：「所謂事者非物乎？是者非理乎？實事求是非即朱子所稱即物窮理者乎？㊸」曾氏的此一見解，錢穆曾予以很高的評價，說他「以杜馬補許鄭之偏，以禮爲之綱領，縮經世考據義理於一組。尤爲體大思精，足爲學者開一瑰境。㊹」曾氏之論，同時學者多受其影響，如其同鄉之友郭嵩燾即亦持此說。謂禮爲徵實之書，「天下萬世人事所從出。」「得其意而萬物可以理；不得其意，則恐展轉以自悟者多也。㊺」

(6)**理學家：** 清末時期以理學名家者計有倭仁、李棠階、吳廷棟與唐鑑、曾國藩諸人。其間國藩出平大難，爲中興名臣冠，倭仁爲帝師，正色不阿；棠階、廷棟亦卓然有以自見，唯多學術遜於事功。故論學術影響應推嘉道時期的湖南學者唐鑑（鏡海1778－1861），唐氏篤信程朱，尊爲正學。嘗著「國朝學案小識」，以陸隴其、張履祥、陸世儀、張伯行四人爲傳道，其餘理學家分爲翼道與守道。湖湘士夫如曾國藩、賀長齡等輩皆與之互爲師友，而對之大加推服。唐氏對於漢學家之尊漢儒而詆宋學至爲不滿，嘗斥之爲「敬其老師而慢其師」。他以爲經爲聖人之文，即存有聖人之至道，傳聖人之至道者，孟子之後惟有朱子。故唯有尊崇宋學，始乃爲學之正途。嘗言：「今夫禮樂兵農典章名物政事文章法制度數，何莫非儒者之事哉？然當以若大經論蓄之懷抱，不當以剩餘糟粕誇爲富強。朱子曰：『盈天地間千條萬緒，是多少人事，聖人大成之地；千節萬目，是多少工夫，惟當開拓心胸，大作基址。須萬理名徹於胸中，此心與天地一體，然後可以語孔孟之樂；須明白法度，通之於當今而無不宜，然後爲全儒，而可以語治平事業；須運用酬酢如探囊中而不匱，然後爲資之深，取之左右逢其源，而眞爲已物。』朱子之博，博於內而不博之外也，孟子萬物皆備於我之謂也。㊻」於此可見唐氏之講求理學，仍以其有裨於實用，並非空言性理，正與陶澍、賀長齡、魏源、曾國藩等講求經世之學同出一轍。

基於以上之所述，可知清代自嘉道以降，學術思想已經在發生轉變之中。當時的知識份子一方面厭倦於漢宋之間的門戶之爭，而思各取其長加以調和，爲儒學開創一條新方向；一方面鑒於內政不修，變亂蠭起，而欲對時局有所匡輔。於是不論漢學

家、理學家、今學家、嶺南學派、浙東學派、桐城學派，均曾各自站在個別的立場之上，提出其自己的觀點與主張。或以實學、或以禮學，或以史學、或以永嘉、或以經世加以調和；或主義理考據詞章，或主經術政事文章，合而爲一。雖然各家主張不一，但就思想的傾向而言，卻幾乎完全一致，是即要求建立一種經世實用的新學風。這種新學風，也可以說就是講求實學。不過在道咸以前，此一學術思想的轉變尚以調和漢宋爲出發，其轉變的內容也大體未脫儒學的範疇。可是自從同光以後，由於時局的丕變，國是的日非，清末的實學亦不得不突破傳統的儒學，企圖進而將中西的文化加以調和，而張之洞的「中體西用論」，即爲其中的一個主要代表。

四、舊體新用論及中西調和論

張之洞（1837－1909）以儒臣從政、歷任封疆，與劉坤一（1830－1901）同爲晚清時期朝廷所倚畀的重臣。不過以識見及建樹而論，則劉實不如張。張氏治學頗能以中西會通爲宗旨，在傳統的舊學方面，他曾受呂賢基（經學）、韓超（史學及經濟之學）、劉書年（小學）、朱琦（古文學）等人的影響，根柢相當的堅厚；在新學方面，因他在山西巡撫任內曾與英國傳敎士李提摩太（Timothy Richard）接觸，而且經常留心時務，推行新政，也有相當的瞭解。故他之能以中西文化的調人自居，殊非偶然。張氏早期因受漢宋調和論的影響，亦主漢宋兼採。不論對於兩漢經師與清代理學諸大師，以及宋明諸大儒，他都同樣的宗仰信服。可是卻並非一味的盲從，而知有所取捨。如於漢學則師其翔實而遺其細碎；於宋學則師其篤謹而薄其空疏。此種思想在其同治年

間出任四川學政時，表現得最爲明顯。嘗於教士之時力戒偏倚之弊：一則斥門戶分立爲士人之惡習，謂：「近代學人，大率兩途。好讀書者宗漢學；講治心者宗宋學。逐末忘源，遂相詬病，尤爲惡習。」一則指交爭互勝非通儒之所爲，謂：「夫聖人之道，讀書治心，誼無偏廢，理取相資。詆諆求勝，未爲通儒。」同時，他對於當時漢宋學者之弊，也嘗予以批評，謂其甚者，「或言必許鄭，或自命程朱。夷考其行，則號爲漢學者，不免爲貪鄙邪刻之徒；號爲宋學者，徒便其庸劣巧詐之計。是則無論漢宋，雖學奚爲！」因此，他以爲治學應以躬行實踐爲主，漢宋兩門皆期於有品有用。「設使行誼不修，蒞官無用，楚固失矣，齊亦未爲得也。」若夫「欺世自欺之人，爲漢儒之奴隸，而實不能通其義；爲宋儒之佞臣，並未嘗讀其書，尤爲大謬，無足深責之矣。㊽」可是到戊戌年間（1998）在他所刊布的「勸學篇」一書之中，卻一變漢宋調和之論而爲「舊體新用」之論，並高唱中西調和之說。此舉不僅爲張之洞個人思想的一大轉變，也使自嘉道以來所發展的實學，轉入一個新的方向。

　　張之洞的「舊體新用論」不僅代表他個人的思想，也可以說是他那個時代傳統知識份子共同心態的反應。蓋自甲午戰後，時局已經急轉直下，列強初則租備港灣，借地築路；繼則劃定勢力範圍，思欲瓜分，中國之命運，危如纍卵，故知識份子的危機意識也隨之加深。兼以變法派人士的思想愈來愈趨激烈，守舊份子又祇知抱殘守缺，無視時變。因此更不禁使有心人士爲中國傳統文化的絕續問題而憂心如焚。深感新學固應力加講求，而舊學亦不容偏廢。如欲採借新學，仍應以舊學爲根本。如此庶幾可使中西會通，舊新兼顧，而爲中國的富強前途開一新路。從歷史的脈

絡而言，似此思想可以追溯得更早。遠在鴉片戰爭之後，魏源即曾在其聖武記及海國圖志二書之內，提出改良內政及師夷長技的主張。並要求寄軍令於內政，厲行法治：「以節制輕恆文，以富強歸管商。㊽」及至英法聯軍之後，馮桂芬（1809－1874）又曾進而主張「以中國之倫常爲原本，輔以諸國富強之術。㊾」其後清廷所推行的自強運動，即大體以此種思想爲依據。張之洞的舊體新用論不過再將此一思想更加具體化，更向前推進一步而已。

張之洞以爲採借西學必須要以中學爲基礎，否則其後果將有不堪設想者。如云：「講西學必先通中學，乃不忘其祖也。」又云：「今欲強中國，存中學，則不得不講西學。然不先以中學固其根抵，端其識趣，則強者爲亂首；弱者爲人奴，其禍更烈於不通於西學者矣。㊿」論其學之次第則是先通經，以明我中國先聖先師立教之旨；考史以識我中國歷代治亂，九州之風土；涉獵子集以通我國之學術文章。然後擇西學之可以補吾闕者用之；西政可以起吾疾者取之，斯有其益而無其害(51)。又以爲應新舊兼資，以舊學爲體以新學爲用，而使二者不可偏廢。張氏所謂的舊學，即是中國的四書五經歷史政書及地圖；所謂的新學即是西政西藝及西史。而他所特別強調的「舊學爲體，新學爲用。(52)」一語，亦即爲日後「中體西用」一語之所本。張之洞因深受清末西學源出中國說的感染，亦曾歷引中庸、周禮、論語、大學、漢書、左傳、學記、呂刑諸書，藉以證明西方的格致（物理)、化學、農學、礦學、森林、工藝、機器、博物館、鐵路、武備學堂、專門學堂、外國遊學，乃至重工商、設關稅、司法制度、議院制度、新聞報館等；皆爲中國之所有而爲聖經之奧義，謂凡此皆「可以通西法之要指，足證西學皆源於中土。(53)」很明顯的，他是想以

此種觀念作爲中國採借西法的媒介，並藉此以緩和當時新學與舊學的衝突⑭。尤其值得注意的是，張之洞的舊體新用之說，表面上雖與他原先的漢宋調和論脫節，實則卻不盡然。在他與友人書中暢論西法之迷途及漢學之流弊時，便曾明言，希望以西法調和漢宋，而使中西學術冶於一爐。他說：「惟天算中法實不如西法，經解宋學實不如漢學。若云求世，但當破近日眩於西法之迷途，發墨守漢學之流弊，方爲有益。」張氏以爲救世必先破除近日眩於西法之迷途者，便是唯恐國人震於西人的算術機器之精，而失其圖謀富強之志。於是初則以「心悅頂禮，兼慕其飲食衣服風俗而效之。」繼則以「忘其狙詐貪狠而信之」；終則以「震其富強整齊，自安貧弱無能，以得免觸怒爲幸，隱忍遷就以從之。⑮」如此，則實爲中國之莫大危機。蓋以飲食衣服風俗乃爲中國傳統文化之所繫；講求富強，始可與列國分庭抗禮。設如慕其飲食衣服風俗而效之；習於貧弱無能而安之；甚至忘其狙詐貪狠而信之；爲免觸怒遷就而從之，則其結果又何以爲國？故云：「西人實是富強整齊。我有自治自強之道，則足以求之矣。⑯」其用意殆即在此。至於其所謂救世必先發墨守漢學之流弊一語，亦以鑒於漢學家但知埋首於書本之中，而忘其爲學致用的本意，故欲有所補救之。如謂：「通經貴知大義，方能致用。義理必出於訓詁。於是因訓詁而事考據；因考據而務校勘，久之漸忘本意。窮末遺本，以櫝還珠，與身心事務全無關係。」故以爲唯有兼采中西之長，而去其弊，方爲上計：「若能通西法以得自強之術；博漢學以爲明理之資。是西法正爲中國所用；漢學正爲宋學所用，豈非快事，便宜事，何爲反攻之乎！⑰」中西學術各成體系，而擁有長期的歷史文化，欲求調和，談何容易！張之洞欲使西法融於中

國學術之中，而爲中國所用。又欲使漢學融於宋學之中，而爲宋學所用，自然難免出於一廂情願的心理。不過他以爲採借西法必須保留中國固有的文化及獨立自主的立國精神，此一見解則未可厚非。這種思想不僅爲清末的變法派及改革派所擁有，甚至較爲激進的革命領袖亦均具有此種共識。

　　張之洞在他的勸學篇裡，並沒有使用「中學爲體，西學爲用」或簡括爲「中體西用」這兩個名詞。「中學爲體西學爲用」一詞可能爲梁任公總括張之洞的思想所創用。在勸學篇中張之洞所使用的是「舊學爲體，新學爲用」。有時他也將「舊新」與「內外」、「中西」互用，而稱「中學爲內學，西學爲外學」，認爲「中學可以治身心，西學可以應世事⑱。」可見他所說的中學並不限於中國狹義的倫理道德，而西學也不限於自然科學一門。熊十力甚至以爲張之洞之所謂中學實即中國的經學，凡是儒門的義理、考據、經濟、詞章之學都可包括於其內。而義理則尤爲儒學的核心，不論考據經濟詞章皆須以之爲本。義理之學既可以養心，實即與張之洞所說的「中學可以治身心」之語相契合⑲。

　　梁啓超在其「清代學術概論」一書之內，曾對張之洞的思想背景有所論列，謂自「甲午喪師，舉國震動，少年氣盛之士，疾首扼腕言維新變法。而疆吏若李鴻章、張之洞之輩，亦稍稍和之。而其流行語則有所謂『中學爲體，西學爲用』者，張之洞最樂道之，而舉國以爲至言。⑳」任公之言，並非誇張。蓋自中日戰後，士大夫因受挫敗的刺激，的確日益覺悟。其間上書請求變法，設立格致書院、崇實書院、經濟特科、專門學校者先後不絕。而其重心皆在採借西法，講求實學。由此可見張之洞的思想確爲其時代精神的反映，而有其廣大的代表性。故當翰林院侍講

黃紹箕將勸學篇一書進呈之時，連朝廷也稱贊其「持論平正通達，于學術人心大有裨益。」並命軍機處將其所備刊本四十部，頒發各省督撫學政各一部，俾得廣爲刊布，實力勸導，「以重名教而杜危言。⑥」其後，在光緒三十二年三月間學部大臣榮慶等所上的「請將教育宗旨宣示天下」一摺裡，也大體順應著此一時代的趨向，而以實學作爲教育的主要目標之一。指出：「高談性命，崇尙虛無，實於國計民生，曾無毫末裨益；等而下之，章句之儒，泥於記誦考據之末，習非所用，更無實際之可言。」聲言唯有推行實學教育，始與「漢儒之實事求是，宋儒之即物窮理，隱相符合。」在這個奏摺裡，學部所列舉的教育目標共有五項：一爲忠君，二爲尊孔，三爲尙公、四爲尙武、五爲尙實，其目的即在中西調和，尊崇實學。所不同者，即以往學者之所謂實學，範圍較廣，幾於身心性命、國計民生等有體有用之學無所不包。至此則已限於泰西科學實業製造以及修身國文算術格致圖劃手工等科，較諸以往要狹隘得多⑥。

五、結　論

晚清時期是我國歷史上一個重大的轉型時期。不論政治、經濟、社會、文化各個層面，都發生空前未有的鉅變，而此一時期的學術思想轉變，尤堪史家注意。

晚清的學術思想變化，可以溯源於嘉道之間，是時知識份子面臨二大挑戰。在學術的內在發展規律方面，漢宋對立，互相攻訐；在時代與環境的背景方面，內政失修，叛亂頻生。天地會、白蓮教、天理教之亂、回亂、苗亂、傜亂、艇盜之亂，幾於遍及全國。因此留心時務者多思調和漢宋，講求實學，藉以有裨於時

用。漢學家、理學家、古文學家、今文學家，嶺南學派、浙東學派各申其說，雖其所見不同，要以講求實際有用之學爲依歸。證明學者彼時已漸由書本的研究而日益留意於實際的社會問題。不過，由於此時西方的勢力尙不足以震撼中國傳統的信念，故除少數先知先覺具有遠見的人士稍知留意西學之外，其餘大部分學者的思想，均未能脫離傳統儒學的範圍。可是迨及光宣之世，思想界便與以前大爲不同。是時外患日亟，危機日深，故知識份子的反應也日趨於激烈，要求採借西學，以補中學的不足。因此亦使當時的思想界遭受空前的挑戰，守舊、折衷、維新爭辯不已。張之洞所倡導的「舊體新用論」即以一種調和中西的姿態出現，而爲全國多數的學者所贊同。張氏對於中國傳統文化具有深厚的修養，對於西學亦相當的瞭解。堅持講求西學必先以中學固其根柢；採借西學必須要有選擇與條件。他反對「取中西之學而雜揉之，以爲中西無別。」又強調擇西學之可以補吾闕者用之；西政之可以起吾疾者取之。認爲惟其如此，「斯有其益，而無其害。」他甚至還以爲：「西政西學果有益於中國，無損於聖敎者，雖於古無徵，爲之固亦不嫌。⑥」凡此均可見其立場的明確。張之洞對於西學的主張，可以說明一個儒學家對於外來文化挑戰所持的反應。亦可顯示儒家富於求新求變的精神，對於文化的變遷具有廣大的調和性與適應性。且能進而以中庸的和平的方式，兼容並包，擷取新的外來因素，以維持其傳統的指導人心社會的功能。

張之洞的思想雖然帶有相當濃厚的「保守主義」色彩⑭，但就學術思想特別是政治理念而言，殊不失爲處理中西文化矛盾，及接受現代思想的一條平實穩健的道路。事實證明，現代化必須置基於傳統文化之上，始能紮根成長。如無傳統，則現代化勢必

無所附麗，而成爲無根的花果。故其舊體新用之說，寓意實至深遠。至其所說的「中學」與「西學」，範圍亦相當的廣泛，中學乃指考證、義理、經濟、詞章等中國傳統的經學或儒學，而並非僅止於狹義的倫理；西學乃指西政（制度）、西藝（格政或科學）、西史（歷史文化），而並非僅止於自然科學㉕。至其所說的「體」與「用」，也不過是採用傳統儒家哲學中的兩個現成的名詞，可以說是兩個互補的觀念，而非不可會通的實體。體或可廣義的解釋爲國體、政體、基本國策，以及中國的倫理規範與價值觀念，雖可稍加變通，實則勿須完全舍己從人。用或可擴大解釋爲政策、手段、方法或技術，可以隨時變通，靈活運用。關於此點，吾人只要一睹張之洞的勸學篇，以及庚子以後他與劉坤一聯合所上的「江楚二督變法三摺」，再進而參考其在湖北所推行的新政，即可瞭然。當然，由於時代與環境的關係，張之洞的思想亦有某種程度的極限，例如他的尊君思想、倫理觀念以及其反對議會及女權的主張，這些都屬於他所說的「三綱四維」不可改變的「道」的範圍。不過，此亦無可如何之事。設使張氏處於今日，當亦不會如此㉖。總之，張之洞的思想乃以調和中西文化適應時代變遷爲主，所謂「修中國之內政，採列國之專長，聖道執中，洵爲至當。」便是他的最高理想㉗。

張之洞的中體西用觀所遭受到的最大挫折，即是民國以來由於時代的壓力過鉅，而在學術界所形成的一股反傳統思想。因爲反傳統，故不惜將中國不能迅速富強或現代化的一切罪過皆歸之於舊的文化、舊的歷史與舊的制度，並蓄意要將上述一切加以摧毀。而絲毫未曾顧及到破壞以後所產生的信心危機。因爲反傳統，故對於一切外來的事物，皆以其新穎而予以崇拜。而並來想

到因此所造成的思想混淆。因爲反傳統，故總感溫和的改良主義
無濟於事，轉而喜歡激烈的革命，而絕未考慮到破壞以後所產生
的惡果。張之洞的中體西用論因係置基於傳統的儒學之上，故每
爲時人視爲保守或落伍，反而不如「西化」問題之爲人重視。其
實，中西文化由於長期歷史發展的不同，固然具有兩種迥異的價
值系統。但中國文化與現代生活之間，亦並非絕難會通調和。只
要國人能於生活及思想等方面略作調整，亦可逐漸地加以適應。
關於此點，近人已有精闢的辨析，毋庸於此贅述⑱。由此可見張
之洞的立論並無矛盾之處，在實踐方面亦無不可克服的困難。因
此，在論及張之洞中體西用思想在歷史上的地位與價值時，實有
待於吾人重作評估。

【註　釋】

①王爾敏，晚清政治思想史論（民國 58 年 9 月台北學生書局刊）頁 72
　－100，「張之洞與晚清中西調和之思想」。

②牟潤孫講，竇道明筆記「龔定庵與陳蘭甫—晚清思想轉變之關鍵」原
　載五一年四月刊新亞生活，此處引自劉增福編「中國哲學思想論集—
　清代篇」（牧童文史叢書 15）頁 299。

③見曹文麟，張季子九錄序（民國 38 年國風出版社刊本）。

④參看拙著「清代漢宋之爭的再檢討」（民國 70 年 10 月中央研究院刊
　「國際漢學會議論文集」歷史考古組上冊）頁517－532。

⑤徐復觀，兩漢思想史（民國 68 年學生書局刊）卷 3 頁567－596附錄
　二，「清代漢學衡論」。「再生」台字第 4 卷 3 月號，張君勱「中國學術
　史上漢宋兩派之長短得失」。

⑥關於清末學者對於漢學家之不滿處，可參看何佑森文中所引沈垚、潘

德興等人之評論。見台大文哲學報第 27 期頁 98－99（何佑森「清代漢宋之爭平議」。章太炎語見「太炎文錄初編」頁 9－10。

⑦參考梁啓超：「清代學術槪論」（中華書局刊）頁 52。胡適：「戴東原的哲學」（商務印書館刊）頁175。按太平軍亂後，漢學之衰落情形，亦可由俞曲園（樾）書札中獲得證明。如在其「上祁春圃（雋藻）相國」書內即云：「國朝經學昌明，掃虛浮而歸之實學。諸老先生發明古訓，訂正文字，實有因文見道之功。數十年來，此事衰息。獨吾師以經學受主知，倡後進，海內治經者奉爲圭臬，乾嘉一脈，庶幾未隊。」（俞曲園尺牘頁 9）；又如「與潘伯寅（世恩）侍郎」書亦云：「……求古錄補遺，亦閣下所刻，乃知近來垂意斯文，孳求實學。乾嘉一脈，庶幾未隊（墜）。甚善，甚善。伏念數十年來，斯事寖衰，非在位之君子，安能起而振之。區區之心，竊爲左右望也。」（俞曲園尺牘頁 17）。

⑧梁啓超「清代學術槪論」（中華書局）頁 6。

⑨分見郭嵩燾「養知書屋文集」（文海刊）卷 19 頁 1，「曾文正公墓志」；頁 4，「羅忠節公墓志銘」；頁 6，「陝西巡撫劉公墓志銘」。

⑩分見皮錫瑞「經學歷史」頁 61；焦循「雕菰樓集」卷 7 頁 95「申戴」。惟凌廷堪則謂東原晚年對於義理亦有「極精之誼」。參看錢穆中國近三百年學術史（商務）上冊頁364，引自凌氏「東原先生事略狀」語。

⑪見段氏「朱子小學跋」。此處引自錢穆中國近三百年學術史上冊頁367。

⑫見焦著雕菰樓集卷 7「與某論漢儒品行書」。

⑬分見阮元國史儒林傳（石印 4 冊，不著刊年）自序及江藩漢學師承阮序。關於阮元之調和思想，可參考錢穆「中國近三百年學術史」下冊頁490；侯外盧「近代中國思想學說史」上冊頁566－572。

⑭分見浙江省通志館館刊創刊號（民國34年2月15日刊），陳琦「德清戴子高（望）生平及著作，頁88-89，所錄與張景鑑及與孫衣言書。

⑮汪家禧，東里生燼餘集，此處引自羅炳綿「清代考證學淵源和發展之社會史的觀察」。「新亞學術集刊2期頁75-93）

⑯參看朱一新無邪答問卷2、卷3、卷4、卷5，此處引自何佑森「清代漢宋之爭平議」頁10-12。

⑰梁任公章太炎，「中國學術論著輯要」民國18年11月上海刊，1冊13版，章炳麟「菿漢微言」自序。

⑱桂文燦「經學博采錄」（文海刊本）卷2頁4。

⑲簡朝亮編「朱九江（次琦）先生集」附年譜（文海刊）卷首頁24-26。

⑳同前書文集卷7頁14「又答王菉友書」。

㉑參考錢穆中國近三百年學術史下冊頁600。「說經家之調人」一語見張爾田「屏學齋日記」（史學雜誌2卷5期頁345），「閬東塾讀書記」：「陳氏會通漢宋，說經家調人也。門戶紛爭後，不可無此種。」

㉒見錢書下冊頁610-611。

㉓龔定庵全集類編（世界書局刊）頁211-212「附與江子屏牋」。

㉔李慈銘，越縵堂日記（世界書局）同治壬戌（元年）12月25日日記。

㉕魏源古微堂外集卷1，頁35-37，兩漢經學今古文家法考敘。

㉖梁啓超中國近三百年學術史（中華書局刊）頁29。

㉗全祖望「鮚埼亭集」（華世出版社）卷11頁132，「梨洲先生神道碑文」。

㉘章學誠「文史通義」（國史研究室）內篇六，天喻。

㉙仝前書內篇一，易教上。

㉚姚鼐，「惜抱軒全集」（世界書局）頁227「答蘇園公書」。

㉛仝前書頁308「安慶府重修儒學記」。

㉜同前書頁 77－78，再復袁簡齋書。

㉝分見前書頁 46「述庵文鈔序」；頁 80「復小峴書」。

㉞方東樹「漢學商兌」（廣文書局）序例。

㉟梁啓超「清代學術概論」（中華書局）頁 50。

㊱錢穆「中國近三百年學術史」（商務）下冊頁520。

㊲胡適「戴東原的哲學」（商務）頁176－184。

㊳侯外盧「近代中國思想學說史」上冊（生活書店）頁580。

㊴方東樹「漢學商兌」（廣文書局）卷下頁 34。

㊵錢穆「中國近三百年學術史」下冊頁583。

㊶曾國藩「曾文正公全集」（世界）書扎，「覆夏弢夫」。

㊷仝前書，文集一「孫芝房芻論序」；文集二「聖哲畫像記」。

㊸仝前者，文集二「書學案小識後」。

㊹中國近三百年學術史下冊頁587。

㊺郭嵩燾「養知書屋」（文海）文集卷頁 3「禮記質疑自序」。

㊻唐鑑「清朝學案小識」（商務）頁 4 提要。關于唐鑑對於湖南人士思　想之影響，可參考錢穆「中國近三百年學術史」下冊頁575。

㊼張之洞「張文襄公全集」（文海）冊六「輶軒語」頁 31。

㊽魏源「聖武記」（世界書局）自序。

㊾馮桂芬「校邠盧抗議」（學海出版社）頁151，「采西學議」。

㊿張之洞「張文襄公全集」冊六「勸學篇序」頁二；「勸學篇一」內　「循序」。

51仝上。

52仝上，「勸學篇二」頁 9。

53「勸學篇二」頁 45。

(54)仝上,「勸學篇二」頁 45－48。

(55)張文襄公全集冊六書札八頁 28－29「致寶竹坡」。

(56)仝上, 自註。

(57)仝上,「致寶竹坡」頁 30。

(58)「勸學篇二」頁 48。

(59)熊十力「讀經示要」(洪氏出版社) 卷 1 頁 2－5。

(60)梁啓超「淸代學術概論」頁 71。

(61)張文襄全集冊六「勸學篇卷首」上諭。

(62)朱壽彭纂修: 十二朝東華錄冊 10 頁5474－5479, 三月戊戌辰朔 (初一) 學部奏摺。

(63)張文襄公全集冊六勸學篇一, 循序第七; 勸學篇二, 會通第三。

(64)參看「食貨月刊復刊號 9 卷 10 期」頁 31－44, 楊肅獻: 從張之洞的「勸學篇」看晚淸的保守主義」。

(65)參看「中華雜誌」15 卷167期, 頁 29－42, 胡秋原「覆徐復觀先生論漢學宋學及中國學術路向書」。

(66)參看張文襄公全集冊六勸學篇內篇「教忠」、「明綱」; 外篇「變法」。按張之洞在其變法篇內, 曾將體喩爲道, 用喩爲法。謂:「法者所以通變也, 不必盡同; 道者所以立本也, 不可不一。」又說:「夫所謂道本者, 三綱四維是也, 若並此而棄之, 法未行而大亂作矣。」可見其所謂道乃指「三綱四維」, 表面上看起來似乎純係倫理道理的範圍, 實際上並不然。如禮的解釋即非常複雜。

(67)沈桐生輯:「光緒政要」(文海書局) 卷 27 頁 19, 光緒 27 年 5 月, 劉坤一、張之洞第一次會奏變法事宜摺。關於張之洞在湖北的新政, 可以參考許同莘張文襄公年譜頁 63－172; 蘇雲峰, 張之洞與湖北教育改革 (中研院近吏所專刊 35) 頁 4－9。蘇雲峰, 外國專家學者在湖北

（中華文化復興月刊卷 8 期 4 民國 6 年 4 月刊）

⑱參考民國 73 年 1 月 1 日「中國時報」第十四版，中華民國 73 年元旦特刊，余英時「從價值系統看中國文化的現代意義—中國文化與現代生活總論」。按關於此一問題，一方面保持固有的傳統，一方面採取現代化，日本似可作爲一個成功的先例。余氏以爲中西文化由於歷史的不同發展，各成獨立體系、欲求完全調和實不可能，亦不必須。惟如自我調整，以求適應，尚屬可行。

（原刊於國立台灣師範大學《歷史學報》十二期，民國 73.6. 台北。）

洪北江的憂患意識

一、前　言

　　洪亮吉（1746－1809）以清代的漢學家，詩人、書法家、及歷史學家、地理學家著名於世。原名禮吉、字君直；一名稚存、號北江，江蘇陽湖（今武進）人。嘉慶年間，江藩纂「國朝漢學師承記」，將之列爲吳派的漢學家之一①；民初徐世昌輯「清儒學案」，專門爲之立「北江學案」②；清史本傳則謂「其詞章考據，著於一時，尤精窪輿地。」③其後在支偉成所編的「清代撲學大師列傳」，葉蘭臺所編的「清代學者象傳」、蔡冠洛所編的「清代七百名人傳」中，或者將之列爲經學家；或者將之列爲史學家、地學家，無不在學術史上居一重要地位。至於他在人口學方面的獨特見解，早期尚未爲人注意。直至抗戰以前，方才受到世人的重視，並且引起中外學者的廣大興趣與討論，因而使他獲得一個「中國的馬爾薩斯」（The Chinese Malthus）的雅號④。不過，北江的思想尚不止於此。由於他平生喜羨奇節，不屑爲硜硜的章句之儒。又深佩昌黎的爲人，胸中常存一種衛道與傳道的觀念⑤。因之能使他跳出純學術的考據訓詁圈子，注意到種種政治與社會上的現實問題。且以一個忠實的儒學者，排拒佛老；關懷國事，留心民間疾苦，毅然以天下國家爲己任。而將其所見所聞。上諸當道，發爲詩文，藉以善盡一個知識份子的言責，形成

爲他的憂患意識。本文之中心主旨，即擬於此方面多加探討。

二、北江憂患意識形成的背景

北江思想之形成，與其所處之時代關係至爲密切。清代至乾隆中期以降，國家即呈由盛趨衰之勢。文恬、武嬉、軍政不修。復以人口的急劇增加，官僚的日益腐化，故各地變亂不斷發生。計乾隆三十九年（1774）有山東臨清王倫之亂；四十六年（1781）有甘肅涼州新回敎徒之亂；五十二年（1787）有福建臺灣林爽文之亂；六十年（1795）有貴州銅仁、湖南永綏苗族之亂。而嘉慶元年（1796）開始的白蓮敎之亂，規模尤爲壯觀，亂區擴及於湖北、河南、四川各地，經歷八年之久始爲平定，對於國家所造成的損傷，極爲重大。然而環顧當時的知識份子，不是埋首於八股考試，求獲功名利祿；即是致力於考據訓詁，不聞天下之務，能夠認識此種危機者殆爲幾希。唯有洪亮吉憑藉一個知識份子的良知。發而爲憂國憂民的思想。見微知著，能夠爲他人所不能爲，言他人所不敢言。對於當時的吏治、民生、軍政、社會各個層面所發生的問題，一一加以指陳。在他那個時代的學者之中，實在可以稱之爲一位高瞻遠矚，目光遠大的豪傑之士。

再者，北江的思想，亦受其個人的遭遇影響甚鉅。北江生於乾嘉之際，其前半生命運相當坎坷。六歲喪父，以孤童寄育於外家。讀書之暇，恆須助理家事，幾如半工半讀。自言此時「執畚挈梮，偶影於僮奴；食淡被麤，視同於傭保」⑥。堪謂艱苦備嘗。二十歲設館授徒，僅得免於饑餓。二十四歲入學爲附生，與同里秀才黃景仁以詩文相唱和，時人稱爲「洪黃」，名稍著。二十六歲參加鄉試，因舉業不第，改謀幕職，先後入安徽學政朱

筠，陝西巡撫畢沅等人幕府，雖得周歷各地，深入基層，瞭解官場積弊，惟生活依然清貧，常至舉債爲補。乾降四十五年，他年三十五歲，幸得中順天鄉試。可是其後仍考運不佳，屢試禮部均不得售。中經十年，方於乾隆五十五年成爲進士第二名，而使他得以正式走入仕途，此時他已是四十六歲。初授翰林院編修，充國史館纂修官。逾年，充壬子科順天鄉試同考官。旋授貴州學政。鑒該省地處偏僻，圖書極爲匱乏，特爲購買經史通典文選諸書，儲於各府書院。又周歷各府，親督考課選拔，對於貴州文風鼓勵甚大。嘉慶元年任滿回京、充咸安宮總裁，在上書房行走。不畏開罪權貴，上征邪教疏，力陳中外時政，因其大膽敢言，乃爲官僚所忌。三年，引疾歸。四年，仁宗親政，以大學士朱珪之薦，召修高宗實錄。未久，以同僚議不合，又萌退志，決計乞假南歸，不聞世事。唯以鑒於川陝教亂未平，湖北、安徽尙率兵防堵。又以官場積習太深，弊病叢生，於是乃再向政府作最後一次的諍諫。依照慣例，翰林因無言事之責，不能直接上奏，不得已乃以書啓的方式，上之成親王永瑆，請其代爲轉奏。不意，因其言過激切，引起仁宗的盛怒，一時幾遭殺身之禍。後雖遭戍赦還，但其政治前途卻就此終止，在他「一意杜門，感恩省咎」之際，還曾因常州旱災，而從事於社會賑濟事宜，並且講學論道，以提攜後進爲樂，可見他積極的人生態度。⑦

　　在學問方面，北江亦極爲博浹。初好詞章，精治古文，嗣以當時樸學盛行，兼以與吳皖兩派的大師如戴震（1723－1777）、邵晉涵（1743－1796）、王念孫（1744－1832）、汪中（1744－1794），孫星衍（1753－1818）等時相往還，因之亦受其感染而精於此道。不論在金石、文字、春秋三傳等方面都有專門的著

述。尤長於史地，嘗與錢大昕（1728－1804）數度討論歷史地理；與章學誠（1738－1801）討方志問題，均有其獨特的見解而能不落前人窠臼。又嘗修撰陝西河南各州縣志及乾隆府廳縣志多種，於畢沅幕中助修宋元資治通鑑，可知其著述之豐富⑧。不過，北江畢竟與其他的的漢學家有所不同。是即於治學之外，且留意於當世之務。他不僅時常關心民隱，重視社會大眾的生計問題，並且常於師友之前，議論時政，扼腕歎息，幾被人目爲狂士。在他的詩文集內，有關此類之作甚夥，諸如觀龍舟鐙船，便想到頻年的荒歉、與高昂的物價⑨！抵泗州，即感傷戶口的寥落，民生的苦瘠；見鄉民焚香祈雨，即歎息旱災的嚴重，以及責怪州官宴客仍用八珍，不管人民死活⑩。由此可見北江的憂患意識與其詩人性格是分不開的。尤其是在他寫給一位「朱博士」的那首詩裡，更可以看出他對當時的民生習俗，觀察深刻。茲特將之節錄於後。以便參考：

> 十餘年來俗不淳，水陸食譜宗吳門。維揚富人益輕黠，土木侈麗窮奇珍。淫祠一方有千百，媚禱役役勞心魂。衣裳更厭陳制度，袍袖割裂無完純。一方好尚匪細事，此事得不尤薦紳。吾曹讀書有原本，忍該薄俗憂君親。……⑪

這些詩都可以當作史詩讀，也是研究清代中葉江南社會史的最佳材料。

論及北江的人格，實可謂一「性情中人」。他身材高大，面色紅潤。性情亢爽，具有強烈的正義感與是非感。崇尚氣節，嫉惡如仇，特立獨行而不同於流俗。同時又性強好辯，動輒與人爭得面紅耳赤，因此到處都顯得與人落落寡合。如爲石經問題便曾與國史館總裁彭元瑞（1731－1803）有所爭論；及教習庶吉士，又時與同館之人議多不合。爲文字學問題與江藩（1761－1831）意見相左，致書力爭，灑灑

千言，反覆辯論不已。凡此都可看出他好勝使氣的個性⑫。不過，在其與朋友相處時，他卻極為相得，如袁枚（1716－1797），蔣士銓（1725－1785）、汪中（1744－1794）、黃景仁（1749－1783）等都是他的莫逆之交。黃景仁病逝安邑時，他正在西安畢沅幕府。聞悉黃氏以身後事相託，乃於四日之中奔馳七百里，為之治喪營葬。次年、又為編修程晉芳（1718－1784）募集醫藥費，卒後且代為營葬。其熱情助人，實為表露無遺。至於事母、則尤為至孝。其母逝世、初時不知、中途聞變，痛號不已。失足落水、幾乎溺斃⑬。因其賦性伉直率真，故對於虛偽則特別厭惡，認為是罪惡之原。嘗作真偽篇，指出人類當上古之世及孩提之初，其性本真，無如禮教既興，知識漸啓，人性遂由真而入於偽。實為無如何⑭！

在北江的人生觀裡，吾人可以發現數種有趣的特質，一是無神論，二是自然觀，三是二元的流轉論。在他的著作中，曾經提出許多有關生死、福禍、陰陽、善惡、剛柔、夭壽、苦樂、真偽、形質、修短等問題，並加以辯解。在他的觀念裡，上述各種的二元現象，都不是完全不變的，固定的；而是相對的，流轉的。如於其「生死論」中即言：「生者以生為樂，安知死者又不以死者為樂？未屆其時，不知也。生之時而言死，則若有重憂矣；則安知死之時而言生，又不若有重憂乎！生之時而貪生，知死之後當悔也；死之時而貪死，知死之又當悔也。抑謂死而有知耶？死而有知，則凡死者皆有知，吾將以死覲親戚、晤良友，見百年以內所未見之人，聞百年以內所未有之事，是死之樂甚於生也。」又論及列子之言，謂：「死之與生，一往一返，死於此者，安知不生於彼？是始生之日即伏一死之機，雖自孩提焉、少壯

焉、耄耋焉，皆與死之途日近，不至於死不止也。因是知死之日
亦即伏一生之機，雖或暫焉。或久焉、或遲之又久焉、皆與生之
途日近，不至於生不止也。然則……吾安知世不以吾之以死爲可
賀，以生爲可弔爲惑耶；吾又安知不有人以世之以生爲可樂，以
死爲可悲者，爲更惑耶！」⑮江北的此一人生觀，雖被人稱之爲
一種「徹底的唯物主義者」，與十八世紀所出現於法國之唯物論
者相類⑯。但其思想的根源卻乃不離孔子不語怪力亂神之人文主
義的傳統，可見北江仍是一位純粹的儒者。正因爲他能齊生死、
一禍福。故其胸襟曠達，常置己身利害於不顧。凡認事之所當
爲，即行毅然以赴。其能以直聲震天下，爲人呼之爲「不怕死官
洪翰林」。實與其人生觀有密切的關係。⑰。

三、北江憂患意識的各個層面

　　（甲）人口的危機：我國的人口，歷代以來皆變動不居，時
有增減。惟至明神宗萬歷年間（約 1600 年左右）卻達到一個高
峰，計約一億五千萬人⑱。不過中國人口之眞正大幅度地增加則
以淸代的康雍乾（1662－1795）時期爲最速。由於各種有利條件
的影響，人口幾乎直線上升⑲。自乾隆六年至五十九年（741－
94），五十三年之間，每年平均人口增加率爲千分之十四、八五
⑳。北江之論人口，並未說明其所據者爲何種史料，僅謂其時之
戶口視三十年以前增加五倍；視六十年以前增加十倍；視百年百
數十年以前不啻二十倍㉑。然而因他曾在翰林院供職，所見到的
或可能爲官方的統計，亦未可知。在當時一般人的觀念中，總以
爲人口的增加是一種可喜的現象，不僅在一家之中丁口旺盛，勞
動力增加，國家亦可增加稅源及兵源。惟有北江不由此處著想，

反而爲此惄焉以憂。在明淸二代的學者之中，除徐光啓以外，實可謂獨具隻眼㉒。北江以爲人口不斷地增加，必將使住屋及食糧無法供其需要，而造成「田與屋之數，常處其不足；而戶與口之數，常處其有餘」之嚴重問題。再加以兼倂之家，「一人而據百人之屋，一戶而佔百戶之田。」則小民生計更形艱難，一遇風雨霜露飢寒，動輒顚躓而死者比比皆是㉓。尤有進者，人口過多，生活困難，亦將引起各行各業之間的激烈競爭，以致士農工商不得不各減其所値以求售。而布帛粟米亦將各昂其價以出市。如此以來，即令小民終歲勤勞，畢生皇皇，猶不免有凍餒之虞。如果再遇水旱之災發生，則失業問題愈爲嚴重。游手好閑者自不能束手待斃，必將鋌而走險，而使社會陷於動亂不安之境。頻年以來，各地民亂紛起，未始不與之有關，有心之人安得不慮㉔。

　　依北江之見，調劑人口之法不外二端：一爲天地調劑之法，亦即水旱疾疫等自然的調劑。一爲君相調劑之法，亦即人爲的政治調劑。而政治調劑之法又可分爲以下五種：一是開墾荒地，二是減輕賦稅，三是禁止浮靡，四是抑制兼倂，五是實行社會賑濟。可是，以上諸法僅能治標而不能治本。理由是：「治平之久、天地不能不生人。而天地之所以養人者，原不過此數也。治平之久，君相亦不能使人不生。而君相之所以爲民計者，亦不過前此法也。……一人之居以供十人已不足，何況百人乎？一人之食以供十人已不足，何況供百人乎？此吾所以爲治平之民慮也。」於此可見北江對於解決人口問題，頗持悲觀的看法。文中雖未明言戰爭，但已隱約懷有戰爭將臨的憂慮。此一觀點幾與英儒馬爾薩斯（Malthus）積極的限制（Positive Check）論，如出一轍。尤堪値得吾人注意者，即北江以爲生當此一競爭激烈之世，唯有強

者始可生存。嘗云:「人謂天生百物專以養人,不知非也。水之氣蒸而爲魚,林之氣蒸而爲鳥,原隰之氣蒸而爲蟲蛇百獸,如謂天專生以養人,則水之中蛟鱷食人。天生人果以爲蛟鱷乎?林麓之中,熊羆食人,天生人果以供熊羆乎?原隰之內,虎豹食人,天生人果以給虎豹乎?蛟鱷能殺人,而人亦殺蛟鱷;熊羆虎豹能殺人,而人之殺熊羆虎豹者多於人之爲熊羆虎豹所殺,則一言斷之曰,恃強弱之勢,衆寡之形耳。蛟鱷之力勝人則殺人;人之力勝蛟鱷則殺蛟鱷;熊羆虎之勢衆於人則殺人,人之勢衆於熊羆虎豹則殺熊羆虎豹。若果云天爲人而生,則水之中有魚鱉,不宜有蛟鱷矣;林麓之中有猛獸,不宜有熊羆矣;原隰之中有麋鹿野獸不宜有虎豹矣。」㉕這種弱肉強食的思想,看起來頗與達爾文 (Darwin) 的生存競爭,優勝劣敗的理論有相近之處。基於此一認識,故他特爲強調剛強,而反對柔弱。並對於老氏之說力加駁斥,謂「世傳老子見舌而知守柔,而以爲柔之道遠勝剛,非也。老子之言曰:『齒堅剛,則先弊焉;舌柔,是以存。不知一人之身,骨幹最剛,肉與舌其柔者也。人而委化,則肉則舌先消釋,而後及齒與骨。是則齒與骨在之時,而舌與肉已不存矣。老子存亡先後之說,非臨沒時之謬乎!』不特此也,「以天地之大言之,山剛而水柔,未聞山之剛先水而消滅也。以物之一體言之,則枝葉柔而本剛,未聞之先枝葉搖落也。……老子號有道者,豈爲此不然之論以誑世乎?此蓋道家者流,託爲老子之言以自售其脂韋靦忝之術耳。」㉖當十八世紀的末期,不論中國與歐洲都曾發生人口膨脹的問題,因而引起北江與馬爾薩斯的關懷,雖然他們分別作出結論,而彼此並無關連與影響,但北江之論卻較之馬氏尙早達五年之久㉗。至其生存競爭、優勝劣敗、強能勝弱的觀念,

則較諸達爾文更早約半個世紀猶多⊗。其敏銳的觀察力與高遠的識見，在當時實可謂是很少有人企及的。

　　（乙）世風的危機：人口過剩，使食糧生產無法與之平衡，因而使民生問題日益嚴重，同時也導致社會的動盪不安。以人口而論，全國之中，實以江浙兩省的密度爲最高。根據稻葉君山的統計，乾隆時戶口冊、直隸一省之數，不足以當揚州一府；山西一省之數，不足以當浙江一府；陝西、河南、甘肅三省亦然。概括言之，江蘇、浙江之戶口，可以七八倍於北方諸省，即湖南、湖北、四川、山東亦不過其二分之一㉙。可是就農地的分配而言，該一地區也呈現相當的不均。依據吳文暉氏的調查統計，直至民國初年時代，尚有百分之九的地主與富農佔百分之五十三，而百分之七十的貧農等卻反佔地百分之二十四（另百分之二十三，則爲中農所佔），不及全部農地的四分之一㉚。富農、地主、官僚階級既握有如此之多的財富，生活自然日趨於奢侈。北江出身於寒苦之家，自幼習慣於清貧生活，兼之又受儒家黜奢崇儉思想之薰陶。目擊此種現象，不禁深爲感慨。如論時人衣食日奢云：「夫人而有衣食也，袖之兩而緣之重也，人所習而不知者也。有斤斤焉議其尺寸之短，而十萬人歲增十倍之帛也。醯之酸而醹之甘也，有斤斤焉議其烹飪之失，而十萬人日增十億之錢矣。吳越之紵，山東之繭，前人承祭見賓之盛服也，有鰓鰓焉議其樸陋之故，而輿隸臧獲恥服以見客矣。五簋之儀，隻牲之饗，前之人歲時伏臘之盛祝也，有申申議其淡泊之節，而市井小人恥設以待客矣。什物騰於上，筋肉惰於下，日用之不足，奈何自棄本而逐末也。」對於官僚地主生活之浪費，北江尤爲厭惡，直斥之爲間接地殺人斃人。他說：「一人兼百人之衣，一人兼百人之食，是

衣草被蓆殣於道者，我殺之也；三日不食，而巔於室者，我斃之也。一人衣數世之衣，一旦費數歲之食，是我子孫困敗狼籍，而衣不得完，食不得充者，我奪之也。」㉛官僚地主之外，寺廟之靡費亦引起北江的不滿。他以爲江南各處，佛寺道觀，幾乎遍地可見。設若一縣轄寺至千，則一府之轄寺即將至萬，僧徒道士動輒十萬人，而其修築及徒衆之費，又不下億萬計。此金額出於富人之家者僅不過十之四，而出於人民者，反取十之六。彼輩不耕而食，不織而衣，竟使小民典衣損食出錢以養之。平日儲備以防水旱年歉者，幾至壓榨以盡，天下之不公，寧有若是㉜！

北江以爲人之習於奢侈，實由於人之嗜欲益開所致。比如：古之時膳用六牲。珍用八物，至矣。今則拆燕之窠以爲餐，剔魚之翅以作食。蚱黃之醬來自南中，熊白之羨調於北地，非六牲八物之所可比也。古之時多則飲湯，夏則飲水足矣。今茶葬則新安武林，高下百團，備涼燠之用。菸艸則香山浦城，閩粵二種，鬥水旱之奇，非飲湯飲水之比也。古之人中人之家，多則羊裘、夏則麻葛足矣。今則吉貝之暖十倍於麻也，紗羅之輕十倍於葛也。至於裘則異種百出，種文羊於田，搜海馬於水，不特古人所不及見，亦古人所不及聞也。可是嗜欲日聞的結果，反而使人生之形質益脆，病痛益多，「小兒增痧豆之科，中年添肝肺之疾，衰老加沒痼之痾。」雖有神醫，亦無可如之何！復加以智者益出，技藝日巧，而人心反而日趨苟薄，道德反而日趨墮落。嘗言：「今之天文、地理之學，以迄百工技藝之巧，皆遠勝昔時。吳越之綾錦，出手已若化工；西洋之鐘表，自鳴不差參佚。而性情反因以日漓。古之時飲羊飾脯以爲僞矣，今則粉石屑爲鹹，削木梯作米。鴨由絮假，調五味而出售；靴以紙充，雜六術而出市，有人

意計所不及者矣」㉝北江之所言「嗜欲益開，形質益脆；知巧益出，性情益漓。」證之目前，要不啻十百倍於乾嘉之世，設使北江生於今日，其感慨又將何如！北江之觀感如此，故在其詩集之中，曾經一再地發出慨歎，如謂：「俗奢則敝由來忌，荒歉頻年本天意。」又謂：「奢淫理召禍，誰復肯深察。」不啻對於當時的社會、民俗提出一記棒喝㉞。猶有進者，北江之戒奢崇儉思想亦與其調劑人口之說密切相關。蓋以在農業社會之中、生產不足、物力本艱。欲求養活較多的人口，自不能不以儉約爲先，戒絕奢侈浪費。

　　（丙）政治的危機：清代中葉，政治不修，官僚腐敗、士風日下，貪污之風尤爲盛行。北江壯遊四方，歷參幕職，對之觀察，殊爲深刻。嘗歎二、三十年間，士大夫心大變。二三十年前，爲官者尚有一番理想與抱負，後則壯志漸消，終則只知聚歛而不知政事。不知民間疾苦，祇問「一歲之陋規若何？屬員之餽遺若何？錢糧稅務之贏餘若何？」而其妻子兄弟親戚朋友及奴僕嫗保之流，則又倚勢欺人，各挾其谿壑難塡之欲，助之以謀利。於是「不幸一歲而守令數易，其部內之屬員、轄下之富商大賈，以迄小民，已重困矣。其間即有稍知自愛及眞能爲民計者，恐怕十不及一二㉟」。故知今日州縣之惡，實爲倍於十年二十年以前，彼等上隳天子之法，下竭百姓之資，無事則蝕糧冒餉，有事則避罪就功，剝削中飽，把持誅求，幾乎不逼民至於盜賊不止。似此情形，州縣則以之蒙於府道；府道則以之蒙於督撫；督撫則以之蒙於朝廷，因之下情無法上達，積弊日深㊱！對於胥吏之害，北江尤爲深惡。嘗言：「今日之勢，官之累民者尚少，吏胥之累民者甚多。」蓋以今之吏胥不同於古，古之吏胥，其賢者多可循資

遞升，而又多通經術，明習法令，故能有益於民而不至擾民。今之吏胥幾無出路，其能爲官者百不得一。登進之途既絕，營利之念益專。於是上則以把持官府，凌脅士大夫；下則以魚肉里閭，暴虐如狼虎。且此輩人數衆多，州縣之大者多至千人，次至七八百人，少者亦一二百人。男不耕，女不織，其仰食於民也無疑。夫朝廷之正供有常，即官府之營求亦尚有數。而彼輩之欲壑則無饜，「然則有牧民之責者，可不先於胥吏加之意乎！」㊲關於政治問題，其後在他所上給成親王永瑆的一封書啓裡，指陳尤爲激烈。一曰吏治不肅，民不聊生：十餘年來，督撫藩臬之貪欺害政，比比皆是，出巡則有站規，有門包；常時則有節禮，有生日禮；按年則有幫費。至於升遷調補之私相餽謝者，尚屬未計。督撫取之州縣，州縣轉而取之小民。是以錢糧漕米，前數年尚不過加倍，近則加倍不止㊳。二曰政風之委靡：數十年來，官場上下，以模稜爲曉事，以軟弱爲良圖，以鑽營爲進取之階。以苟且爲服官之計，由此道者，無不各得其所而去。以是衣鉢相承，牢結而不可解「夫此種模稜軟弱鑽營苟且之人，國家無事，以之備班列可也；適有緩急，而以牢結不可解之大習，欲望其獻身爲國，不顧利害，不計夷險，不瞻徇情面，不顧惜身家，不可得也。」猶有可慮者，即今日朝臣之不講利弊。在內部院諸臣事本無多，而常若猝猝不暇，急急顧影，皆云「多一事不如少一事」；在督撫諸臣，其賢者亦僅斤斤自守，不肖者則惟亟亟營私，「國計民生非所計也，救目前而已；官方吏治非所急也，保本位而已」，故慮久遠者以爲過憂，事興革者以爲多事，「此又豈國家求治之本意乎！」㊴三曰士風之漸趨卑下：謂士大夫之漸不顧廉恥，有尚書侍郎甘爲宰相屈膝者；有大學士七卿之長，且年長以倍，

而求拜門生，求爲私人者；有交及宰相之僮隸，並樂與僮隸抗禮者。太學三館，風氣之所由出也。今則有昏夜乞憐，以求署祭酒者矣；有人前長跪以求講官者矣。翰林大考，國家所據以陞黜詞臣也，今則有先走軍機章京之門，求認師生以探取御製詩韻者矣；有行賄於門闌侍衛，以求傳遞倩代，藏卷而出，製就而入者矣。及人人各得所欲，則居然自以爲得計。「夫大考如此，何以責鄉會試之懷挾替代？士大夫之行如此，何以責小民之誇詐夤緣？輦轂之下如此，何以責四海九州之營私舞弊?」㊵觀以上北江之所言，可知乾隆末期官僚士大夫之精神的確已徹底地隳落及腐化。顧亭林之所謂「士大夫之無恥，是爲國恥。」㊶良有以也。清代之中衰，並不是沒有原因的。四曰士大夫之喜趨異學：士大夫之不務名節如此，然而即令有矯矯自好者，也多逃避現實，皈依佛門，「惑於因果，進入虛無。」「以蔬食爲家規，以談禪爲國政。」一二人倡於前，千百人和於後，甚至於有「出則官服，入則僧衣，惑智驚愚，駭人視聽者。」似此持齋戒殺生之人，居然於首善之區的京師大爲流行，「估某等親王者十之六七；部中士大夫十之六七，」數量之大，殊爲驚人。常此以往，誠恐西晉祖尙元虛之習復見於今日，造成世道人心風俗之害㊷。五曰軍力的廢弛：乾嘉之際，清代的軍力不如前，川楚之亂，將弁動輒棄營汛，棄鎮堡，不敢與敵交鋒，以致亂事日大，蹂躪數千里，如入無人之境。雖行軍數年，花翎之賞，多至千百，而亂勢仍然未已㊸。北江於嘉慶三年七月間所上之「征邪教疏」內，已經大膽指出非民好亂，實爲官逼民反。此次上書，復又舊事重提。認爲軍紀之敗壞及軍力之廢弛，均由於朝廷賞罰不明所致。數年以來，朝廷對於失律將帥，僅知一味姑息，而不加以懲治殺戮，殊失馭

軍之道。試問自乙卯（乾隆六十年，一七九五）以迄己未（嘉慶四年，一七九九），首尾五年，「僨事者屢矣」，提鎮副都統偏裨之將有一膺失律之誅者乎！朝廷之姑息如是，「而欲諸臣之不玩寇，不殃民，得乎！」近日以來，經略以下領隊以上，類皆不以賊之多寡，地方之蹂躪挂懷，其原因始即在此。夫國法之寬縱，及諸臣之不畏國法如此，無能慮乎！㊹六曰乾綱之不振：乾隆末期，和珅柄政，結黨營私，招權納賄，雖有御史錢灃、曹錫寶等彈劾，但以高宗對彼甚爲信任，兼以和珅善於彌縫，故其地位仍未動搖。乾隆六十年，高宗內嬗，實行訓政，凡有繕奏事件，均須呈奏太上皇帝裁決，仁宗對於和珅亦不得不予以優容。直至二十大罪，賜其自盡。和珅旣死，朝廷本應乘勢將其黨羽大事整肅，藉以改進吏治政風。不虞仁宗竟接受直隸布政使吳熊光的建議，下令「凡爲和珅薦舉及奔走其門下者，悉不深究，勉其悛改，咸與自新。」㊺因之使熱心改革之士，大感失望。北江之所以毅然上書，決以死諫者，其不滿仁宗之巽懦。恐亦爲其中原因之一。在這封洋洋數千言的書啓中，北江對於仁宗，怛然提出批評，謂其勵精圖治，尙未盡法；用法行政，尙未盡改；士風日下，賞罰仍未嚴明。「言路似通而未通，吏治欲肅而未肅。」且自三月四月以來，「視朝稍宴，竊恐退朝之後，俳優近習之人，熒惑聖聽者不少。」㊻在當時君主專制正值高峰之際，而北江竟敢如此大膽地毅然地向之提出指責，殊爲駭人聽聞。依據尼文孫（Davis Nivison）的研究，認爲北江書中最令仁宗憤怒的，即爲其對於和珅黨羽的姑息政策。實則北江之幾遭殺身之禍，恐怕與其冒犯皇帝的威嚴及破壞皇帝的形象，亦有莫大的關係。因爲清初諸帝，不僅對於政治威柄作有無限制的擴張，對於道德的權威亦

有同樣的要求，以期表現帝王品德上的完美，堪以成爲一儒家理想中的哲王。至於尼文孫之所論，由仁宗對於洪亮吉問題所採取的寬容態度，已可隱約地看出1800年的清代，國勢已經有了轉變。以後隨著國家的日漸多事，帝王威柄的日漸衰退，幾乎不可避免的，使儒家士大夫對於政治增加較多的影響力，這一點大體是正確的㊼。

四、北江憂患意識的評價（代結論）

由上所述，可知北江的憂患意識並非是純哲學或純思辨的問題，而是基於現實及理智的考慮。分析起來，我們可以看出這種憂患意識大體上仍以其人口論的社會思想爲中心。然後再拓展至其他的有關各個層面。由於人口膨脹，物力維艱，故他力斥奢侈而主黜奢崇儉，由於社會競爭日烈，民生艱困，故他視澄清吏治，講求利弊；由於士風日卑，政風日疲，故他寄望朝廷多方設法，力事振作。所謂：「舉一廉樸之吏，則貪欺者庶可自悔矣；進一恬退之流，則奔競者庶可稍改矣；拔一特立獨行敦品勵節之士，則如脂如韋依附朋比之風或可漸改革矣。」㊽鑒於社會之不安，軍力之廢弛，故他籲請朝廷提高軍紀，賞罰嚴明；最後，他並以哲王之望，期之於仁宗，冀其「神明獨斷，一新天下耳目。」誠可謂操心也危，慮患也深，用心良苦。

北江的憂患意識雖可以自成一體，然而論其本質亦唯以人口論較具價值。至於他在政治方面的意見，即顯得平淡無奇。不過，由於承平日久，一般士大夫業已安於太平生活，習常蹈故，昧焉不察，而北江卻能深入發掘當時社會與政治上的種種危機，將之揭露無遺，這種識見實屬難能可貴。至於生於皇權高張之

際，居然敢對帝王大膽地批評，這種勇氣也非一般士大夫之所能及。翻開國史來看，每逢國家處於危機之秋，總會有若干的知識份子不顧個人的安危，以憂國憂民的心情，發出時代的呼聲，以期世人有所警醒。這固然淵源於儒家仁愛之說、弘毅之教，而使士大夫擁有一種以天下為己任的懷抱。但吾國之向來重視歷史教育恐怕也不無影響。因為歷史非僅可以使人瞭解到自己的生存與獨立，亦可促成自我意識的覺醒，而要求政治的合理化㊹。

此種憂患意識在當時的影響如何，不甚顯著。但其所產生一項直接的結果，即是仁宗坦然承認北江的正言讜論價值，聲明「洪亮吉所論，實足啟沃朕心。」並持「銘諸座右，時常觀覽。」此舉頗足代表儒者以直言敢諫，而格君心之非的一次勝利。對於道光年間龔魏之好以經術緣飾政論的經世思想，實有一種啟導作用。然而對於當時的政治社會而論，恐怕亦不過如此而已。由其後的史實證明，北江的思想並未能導致出一次明顯的政治改革，官場中泄沓之風，社會上的種種危機，幾乎依然如故。這自然是受到當時各種歷史條件的限制，而不是幾個書生所能為力的㊿。

【註　釋】

①江藩「國朝漢學師承記」（中華書局）卷4頁14－15洪亮吉傳。

②徐世昌（輯）：「清儒學案」（燕京文化事業出版公司）冊3頁187。

③清史（國防研究院刊），冊6，頁4469－4471，洪亮吉傳。

④See, Leo Silberman Hung Liangchi, a Chinese Malthus, Population Studies Vol Ⅷ No3. p. 257. note 1.2.

⑤洪亮吉，卷施閣集（文海書局）附鮚軒詩卷6頁6下「偶成」。

⑥洪亮吉，卷施閣文乙集卷5，頁5。

⑦參考卷施閣集首冊，呂培等編「洪北江先生年譜」。

⑧參考年譜及卷施閣文甲集卷 8 頁 14；卷 10，頁 3－7。

⑨江藩，頁 14。

⑩分見鮚軒詩卷 6，頁 15、16、18。

⑪同前書卷 7，頁 7。

⑫卷施閣文甲集卷 7 頁 1－5；江藩頁 15－16。

⑬年譜 12－13，18－19。

⑭卷施閣文甲集卷 1，頁 23－24。

⑮同前書頁 3－4。（生死篇）

⑯Leo Silberman. p. 259

⑰楊蔭深輯，「中國歷代學術家列傳」，頁 48，洪亮吉傳。

⑱ See, ping － ti Ho, Studies on the population of China. 1368 － 1953. Harvard University press. Cambridge Mass. 959. 6

⑲這些有利於人口增加的條件包括㈠政治的安定，㈡農業的改良，㈢工業的發展等，參見全漢昇、王業鍵：「清代的人口變動」。（中央研究院史語所刊 32 本，頁 145－150）

⑳羅爾綱：「太平天國革命前的人口壓迫問題」（中研院社會科學研究所，中國社會經濟集刊 8 卷 1 期）據劉翠溶的研究，長江下游若干地區（自十七世紀至十九世紀初期，人口成長率最多都不過每年百分之一。惟劉文所指對象皆爲男子，婦女並未計算於內，且係抽樣研究，尚難謂其爲普遍的現象。（見中研院「國際漢學會議論文集歷史考古組中冊，頁 827。劉翠溶，「明清時期長江下游若干家族的人口動態」。

㉑卷施閣文早集卷 1，頁 8 上。「治平篇」。北江並未於文中說明其所根據之資料，亦未明言其所謂「戶口」究指全國而言，抑係指江南某一地區而言。據林逸根據東華錄所載人口數字計算，如由康熙 10 年

1,939（萬）算起，則至雍正 10 年之 2,634（萬）尚不及 1 倍;；如至乾隆 28 年之 20,420（萬），則 1 倍尤多，10 倍不足；如至 58 年之 31,049（萬）計，則為 16 倍有餘，不及 20 倍。（見幼獅學誌 6 卷 3 期，頁 13－14）林逸：「洪北江人口論的研究」；但尉之嘉的計算又有不同，其所用之人口數字為康熙 9 年、39 年、雍正 8 年、乾隆 58 年，惟計算起來相差甚大，與北江所論頗為不符。（見民國二十三年春刊，「新社會科學季刊創刊號，頁 109，尉之嘉「清代學者洪北江之社會思想」。

㉒徐光啓「農政全書」卷 2，頁 52－53。

㉓卷施閣文甲集卷 1 頁 9「治平篇」。

㉔卷施閣文甲集卷 1，頁 9－10，「生計篇」。

㉕同上書，頁 9，「治平篇」。

㉖同上書，頁 10－11，「百物篇」。

㉗See. Leo Sllaerman. p.260 按馬爾薩斯（Theomas Robert 1766－1834）之人口論（On Population）發表於 1798 年，而洪亮吉之人口論卻發表於 1793 年。

㉘Darwin,（Charles Robert, 1809－1882）之「物種原始論」發表於 1859。洪亮吉之說，約發表於 1793。根據胡適的研究，達爾文的「生存競爭物競天擇」偉論即是由讀馬爾薩斯的人口論而悟出的，可見二氏的學說具有相當的關係，而洪氏之說亦恰與二氏之論暗合（見適文存第 1 集卷 4 頁 141，論「讀書」）

㉙稻葉君山「清朝全史」（但燾譯，中華書局刊）下篇 1，頁 1。

㉚參考汪楊時等編「現代經濟問題」（民國 25 年中央陸軍軍官學校印）頁 13－14。

㉛見洪北江全集，服食篇，按此文北江卷施閣集未載，此處引自尉之嘉

文，頁 107。

㉜洪集「寺廟篇」，引自尉之嘉文 108。

㉝卷施閣文甲集卷 1，頁 242－5，「形質篇」。

㉞鮚軒詩卷 6，頁 15，「雲谿競渡詞」；頁 18「即事」。

㉟卷施閣文甲集卷 1，頁 19－20，「守令篇」。

㊱卷施閣文甲集卷 10，頁 1－2，。

㊲同上書卷 1，頁 20－21「吏胥篇」。㊳呂培編洪亮吉年譜（1973 年香
　港崇文書店印）附錄「乞假將歸留別成親王極言政叙」，4 譜頁 1－2。

㊴同前書頁 104。

㊵同前書頁 108。

㊶原抄本顧亭林日知錄（明倫出版社）頁 387，卷 17，「廉恥」。

㊷年譜 108，附錄上成親王啓。

㊸卷施閣文甲集卷 10 頁 3，「征邪教疏」。

㊹年譜 110，附錄上成親王啓。

㊺清史卷 320，列傳 106 和珅傳。

㊻年譜 102 附錄上成親王啓。

㊼See, Davis S. Nivison and Arthur F. Wright（ed）Confucianism in
　Acrionpp. 241－243 Nivison. Ho－Shen and His Accusers 按據仁宗自言，
　北江之罪有二：㈠欲言之事，不自具摺陳奏，轉向成親王及朱珪、劉
　權之私宅呈送，實屬違例妄爲。㈡書中「視朝稍宴，小人熒惑」等
　句，未免過激。（年譜 1，卷施閣集首卷，頁 33）

㊽年譜 108，附錄上成親王啓。

㊾參考黑格爾「歷史哲學」（謝詒徵譯，大林書局，頁 255－258）。

㊿嘉道時的政風，由下二例，足證未見改進：㈠曹振鏞自仁宗即位之初
　即入軍機，任樞桓首輔者十五年，自言其做官秘訣爲「多磕頭，少說

話」。（見李岳瑞「春冰室野乘」）。㈡魏源於陶澍神道碑銘中對於當時政風之批評。慨歎爲官者大多「以推諉爲明哲，以因襲爲老成，以奉虛文故事爲得體。畏肩荷，惡更張，惡綜核名實。……遇大利大害則動色相戒，卻步徐視，而不肯身預。」（古微堂外集卷 4，頁 13－16，太子太保保江總督陶文毅公神道碑銘。）其官僚作風與北江之所論者幾乎如出一轍。

（原刊於中央研究院近代史研究所《近代中國經世思想研討會論文集》，民國 73.4. 台北。）

晚清公羊學的演變與
政治改革運動

一、前　言

　　公羊學屬於今文學的一支，由於長期的歷史發展，形成其本身的特質，故它既不同於當時以考據與訓詁爲導向的漢學；也不同於以理氣心性爲導向的宋學。而獨標經世的異幟，與晚清的政治改革運動相結合，蔚爲十九世紀中國的一大思潮。關於公羊學的問題，結果終於導致「學術革命」。①胡適曾語梁啓超，謂「晚清今文學運動對於思想界影響至大，吾子實於與其役者，宜有以紀之。」②錢穆亦嘗言：「常州之學，乃足以掩脅晚清百年來之風氣而震盪搖撼之。」③其對之重視，於此可見一斑。近年以來，以公羊學爲專題的論著日多，分別由公羊學有關的問題，加以探討，成績殊爲可觀。本文僅擬就晚清公羊學的演變與政治改革運動關係，作一較爲全面而深入的探討。

二、公羊學的特質

　　公羊學乃由《公羊傳》衍生而來，而《公羊傳》則爲《春秋》的三傳之一。相傳爲周末時子夏弟子公羊高（齊人）所作。惟其初尚爲口述，有經而無傳。數傳至西漢景帝時，（156－141 B.C.）方由其玄孫公羊壽及胡母生（齊人）加以記載而流傳於世。《公羊傳》號爲解經之書，以探尋孔子作《春秋》的微言大

義為鵠的。可是，其最初的文字卻極為簡略，思想也不夠明顯，後經董仲舒（176－104B.C.）等人的闡發滲入一些陰陽五行及天人合一的觀念，再經過三百多年的傳承演變，到東漢末年的桓靈年間（147－189），方由何休（129－182）集其大成，並將之系統化、理論化。至於，公羊學家所謂的「通三統」、「張三世」、「黜周王魯」、「受命改制」等的說法，方漸趨於完備。王國維嘗言：「《春秋公羊傳》為何氏一家之學」，其論確有見地。④不過，公羊家的那些「非常異義可怪」之論，卻是經由長期的歷史發展而來，實非何休一人所獨創。春秋三傳各有其特色，《左傳》重事，偏於歷史；《公羊》、《穀梁》重義偏於經學。《穀梁》解經無大發明，《公羊傳》既能發聖人的微言大義；又能建立起自己的理論系統，蔚為一家之言，是為其價值之所在。

　　依照何休的說法，孔子作《春秋》，其微言大義之所在，最主要的便是「三科九旨」。前一科三旨是「新周故宋，以春秋當新王，」此即「通三統」之所本。次科三旨是「所見異辭所聞異辭，所傳聞異辭，」此即「張三世」之由來。最後一科三旨是「內其國而外諸夏；內諸夏而外夷狄，」此即其所謂「異內外」之所本。「通三統乃係就新王而言：謂王者受命於天，而不受命於人。故除存二王之後，以示所承之外，尚應受命改制，以示與前王有別。⑤「張三世」乃係就時間而言：謂孔子作《春秋》，乃係其所傳聞，所聞及所見之不同，而將二百四十二年之魯史，分成三個進化的階段。由據亂世而升平世，而太平世，終於大同的理想。「異內外」乃係就空間而言：也是由「張三世」而來。謂王者治國宜自近及遠，於據亂世之時，應內其國而外諸夏；小康世之時，應內諸夏而外夷狄；太平世之時，應使天下遠近大小若

一，排除內外夷夏的界限，而達到人類一家的大同境界。至於何氏「黜周王魯」之說，歷來學者皆有各種不同解釋。一說是孔子黜周爲二王後，是以魯隱公當王。⑥一說《春秋》非王魯，乃是孔子以王者自居；又有人說孔子有其德而無其統，僅自命爲素王，其著《春秋》，乃是作百年不易之大經大法，以待後王。⑦甚至還有人以爲後儒之所以推崇孔子，乃是「爲漢制作」。⑧以上各說，究以何者正確，實難斷言。不過，到了晚清時期，孔子被塑造爲一位「爲萬世制法」的改革者，卻不能排除上述諸說的影響。

六經爲儒家最重要的經典，而在六經之中，又以《春秋》爲最主要。因爲《春秋》非僅亦經亦史，具有經史的雙重性格，且爲孔子微言大義之所在。「文成數萬，其指數千。」萬物之聚散皆在其中，不論爲君爲臣爲父爲子者皆所當讀。⑨再加上孔子自己又曾說過：他志在《春秋》，「知我者其惟《春秋》乎，罪我者其惟《春秋》乎。」⑩這一類涵義不淸的言論，更爲《春秋》增加不少神秘感。因此，儘管後世的儒者議論紛紛，可是，卻很少有能「盡合聖人之初意者」。公羊學旣由《春秋》一經衍生而來，究竟是否能說明孔子眞正的「微言大義」？這自然是一個難以解答的問題。不過，我們從經典中，可以發現公羊的說法，也並非純係信口胡言而無根據。諸如三代質文遞變，三世相傳異辭等的觀念⑪皆曾爲孔子之所言及，而爲公羊家繼承。又根據《史記》所載，可知孔子晚年於《易》特別愛好，曾經讀到「韋編三絕」。⑫易敎本在通天道以切人事，探求天人之際，孔子對於此一中國古代的變易哲學，心領神會自然具有深刻的理解。適他於周遊列國之後，失望返魯，並「因魯史而作春秋」。則《易經》中的變

易哲學與《春秋》中的恆變史事，自然會互相結合，使《春秋》具有：「綱紀天人，推明大道」的性質。公羊家即對於此點，嚴加把握，而予以發揮。不過，由於戰國以至秦漢之際，陰陽五行思想大爲流行，公羊學家乃於不知不覺之中接受其影響，而將其說吸收於他們的理論系統之中。因而不論通三統、張三世等的說法，都增添不少新的內容。於是「三統論」乃由質文遞變而成爲天地人三統的歷史循環論。以夏爲天統，亦稱爲黑統；商爲地統，亦稱白統；周爲人統，亦稱赤統。「三世論」由三世相傳異辭，而衍變爲據亂、升平、太平的歷史進化論。甚至說自隱至哀十二公，乃是象天之數。⑭此外，公羊學家還大量地滲入許多天人合一以及讖緯學的思想。再加以公羊學屬於荀學（或齊學），而與法家相結合。⑮因之，更使其內容日益複雜。而成爲一種涵蓋政治哲學與社會哲學的歷史哲學。由於公羊學的特殊性質，因此在西漢時代，它即與其他的今文學派在學術與政治上佔有一種重要地位。以禹貢治水，以洪範察變，以三百篇當諫書。而《春秋》一經（時僅立嚴、顏二家），因其有體有用，則尤受時人的重視。非僅議禮決獄，甚至國有大難大疑之事，也要引《春秋》以爲斷⑯足見其地位實於他經之上，幾乎恢復到周代初年官師不分，政教合一的程度。不過，隨著東漢政權的沒落，再加以今文學又滲入許多讖緯之說，以致其勢日衰，學術地位也爲古文所取代。至於《春秋》三傳，也是互有升降，自晉、唐以後，《公羊》、《穀梁》皆成絕學；而一向被壓抑的《左傳》（古文），卻反而一枝獨秀，流傳於世。

三、公羊古學的復興

　　公羊學既於晉唐之後，成爲絕唱，原本寖假已成陳跡。不意，此一充滿非常異義可怪之論的古代歷史哲學，經過千餘年的消聲匿影，卻於清代的乾隆年間，竟告復活，實可謂歷史上的一大奇跡。

　　論及公羊古學的復興，實開始孕育於江南的常州。蓋以江南非僅爲清代中國的財富之區，且爲人文薈萃的淵藪。乾嘉時期的漢學，即以此處爲中心。不過，以江南的三大學術中心而言，由於各個地區小傳統的不同，也形成他們之間獨特互異的學風。蘇州之學，崇尚考據，尊聞好博，見異於今者則從之，大都不論是非，可謂爲「信古」派；揚州之學，雖亦注重考據，但卻能深刻斷制，而不主一家，可謂是「求是」派。⑰至於常州之學，雖在治學的方法上不免沾染上蘇學考據之風。然而，因爲他們受到明末東林的遺風，和桐城派古文家兩大影響，⑱所以不論經學、文學都有他們自己的特色。經學則特重公羊哲學；文學則由桐城而加以解放，並企圖結合二者，而開創一種「在乾嘉間考據學爲基礎之上，建設順康經世致用之學的新精神」。蘇揚二地的考據學派，志在經由考古以恢復東漢的古經典；常州學派卻轉而尋求西漢今文的遺緒，尊之以大義，援之以經世。是以二者乃逾去而逾遠。儘管有不少學者認爲常州學派是由考證學派或考據學之別流衍生而來，⑲實際上則是同源而流。誠如清人董士錫（晉卿）在評論莊存與時之所言：「不知者以爲乾隆間經學之別流；而知者以爲乾隆間經學之巨匠也。」⑳

　　乾嘉年間，常州的學者以莊存與（1719－1787）、洪亮吉（1746－1809）與張惠言（1761－1802）爲最著名，鼎足而三，各有所長。不過，以對後世的影響而言，仍應首推莊存與。存與

字方耕，乾隆十年（1745）進士，歷官翰林院編修，在南書房行走，湖南、順天學政、詹事府少詹事，內閣學士兼禮部左侍郎。治學方面甚廣，於六經皆有著述。不過，他爲學並不以斬斬於考據而自足，也不著意於區別漢宋。其極終目的，乃在落實於經世之學。正因爲如此，所以乃能獨得先聖微言大義於語言文字之外，「《易》則貫串群經，雖旁涉天官分野氣候，而非如漢宋諸儒之專衍術數，比附史事也。《春秋》則主公羊、董子，雖略采左氏、穀梁氏及宋元諸儒之說，而非如何劭公所譏，信經任意，反傳違戾也。《尚書》則不分今文古文文字異同，而剖析疑義，深得夫子序書，孟子論世之意。《詩》則詳於變雅，發揮大義，多可陳之講筵。《周官》則博考載籍，有道術之文補其亡缺，多可取法致用。《樂》則譜其音，論其理，可補古樂經之缺。四書說敷暢本旨，不作考亭爭友，而非如姚江王氏，蕭山毛氏之自闢門戶，輕肆詆詰也。」[21]

　　由此可見，他治學精神與那些純粹爲學術而學術的考據學家大異其趣。然而，存與之所以被人推爲清代今文學之首倡者，常州學派之始祖，還是在於他那一部專門發揮孔聖微言大義的《春秋正辭》一書。這部書著成的年代不詳，書成之後，又因其「所學與當時講論或枘鑿不相入，故秘不示入。」[22]故直到日後阮元（1764－1849）於廣東建學海堂書院，輯《皇清經解》時，方由莊氏的外孫劉逢祿從其外兄莊綬甲處錄寄，而於庚申年（咸豐十年，1860）補刊。上距存與去世之年（1788），已逾半個世紀猶多。

　　關於《春秋》問題，在存與之前或同時，漢學家中已有不少的著述，如同毛奇齡（1623－1716）的《春秋傳》，惠棟（167－

1758）的《春秋說》，顧棟高（1679－1759）的《春秋大事表》，
齊召南（1703－1768）的《春秋公羊傳注疏考證》等。不過，他
們大體多是爲經學而經學，爲考據而考據，並沒有太多的新義。
而且其中還有人力申古文的《左傳》，對於今文的《公羊傳》大
加抨擊。如毛奇齡便認爲左氏是魯史，與晉楚諸史無異，而與
「《公羊》、《穀梁》道聽塗說，徒事變亂者迴乎不同。」又謂「《公
羊春秋》義例不一，無一是處。大抵此白彼黑，前三後四，必不
能畫一。如其所言之『二類』、『三體』、『五情』、『五始』、『六
輔』、『七缺』、『九旨』，諸所流衍，皆猥劣不足道。」㉓齊召南則
對何休加以指責，以爲《公羊春秋》之爲人所譏，以其荒誕不
經，並非公羊之過，而乃何休注公羊之過。蓋以何休於黜周王魯
爲漢立制，變文從質，例月例時，爵列三等，區分三世，既不能
「執經以匡傳，」且又「助傳以證經」。魏晉以後，說公羊者益稀，
殆即爲此。㉔他如《經義述聞》的作者，揚州學派的考據大家王
引之（1766－1834）也不以漢代公羊大師董仲舒及何休「天人感
應」與「陰陽災異」之說爲然。指出二說或者非傳所有，或者非
傳本意，而乃董何之所加者。實有王充於其《論衡》一書中所謂
「語增」之弊。㉕非僅漢學家如此，甚至連清代第一個專治公羊
的孔廣森（1752－1786），也對何休之說採取批判的態度。認爲
《解詁》一書，雖「體大思精，詞義奧衍」，然「亦時有承訛率
臆，未能醇會傳意」，甚至有時且「自設例，與經詭戾。」㉖同
時，他對於公羊家的三科九旨之說，也提出自己的特殊的看法，
而與何休有所不同。雖然他自以爲獨得先聖之大微言而能軼出伏
馬許鄭的範圍。並在其卒前數日，猶語其弟，謂：「生平所述，
詎逮古人，公羊一編，差堪自信。」可是後之習公羊者卻認爲他

「不明家法」，而不以他為公羊的開派人物。㉗故謂清代公羊之祖仍推常州莊氏。莊存與之著《春秋正辭》，自云係「讀趙先生汸春秋而善之」，故「輒不自量，為櫽括其條，正列其義，」㉘但細檢莊氏之書卻與趙汸的《春秋屬辭》性質不同。趙汸的《春秋屬辭》八篇，乃在使學者由春秋之教，以求制作之原；由制作之原，而明聖人經世之大義，對於公羊之說並不以為然。而存與的《春秋正辭》則尊聖尚賢，信古而不亂。刊落訓詁名物之末，專求公羊的微言大義。㉙足示其書並非全受趙汸的影響，而有他自己的獨立思想。《正辭》內容包含九旨，舉凡建五始、宗文王、大一統、通三統、張三世、備四時，正日月等都雜引漢儒之論而加以引申。表面看來，似乎皆為舊說，實則由於時代不同，亦含有新義，蓋以存與經學深湛，屢掌文衡，踐履篤實，先後直上書房，垂四十年，對於清廷實有深厚感情。再加以乾隆年間正值清代鼎盛時期，天下承平，民生安樂。而公羊學者的夷夏觀念素又淡薄。因之其內心之中，頗欲效漢儒為漢作法，以申王者大一統之義，藉以建立清代在中國歷史中的正統地位。故乃一再強調王者受命於天，文質再復，天無二日，民無二王之說，其用意之所在，實為呼之欲出。不過，由於當時學者方埋首於考據訓詁，尚無人明目張膽地提出此一問題。兼以清廷不喜學者論政，且文字獄的一再發生，又證明種族之見仍未泯除，因此其書亦不敢輕易公諸於世。阮元謂其「所學與當時講論；或枘鑿不相入，故秘不示人。或即與此有關。設僅講微言大義而與考據學風相背，何致慎重考慮若此。此後清代公羊學者之一改漢儒「孔子為漢制法」，而為「孔子為清制法」之說，即係受氏「三代建正、受之於天，文質再復，制作備焉」，一說的影響。㉚

　　莊存與雖是常州學派的開創者，但因其說經仍未脫離漢儒的
窠臼，且有時又常比附於漢儒的迂怪之論。旣不若漢人之專守家
法，又不若宋人之專言義理。故而並未建立其獨立的學術系統。
亦不能稱之爲純綷的公羊之學。必須要經過其後數十年的補充修
正，方才由他的繼承者賡續完成。根據阮元的《莊氏遺書》序，
在莊氏歿後通其學者爲數甚爲寥寥，僅有其門人邵晉涵、孔廣森
及子孫數人而已。實際上邵晉涵（1743－1796）乃是浙東的史學
家，與公羊學並無淵源。孔廣森（1752－1786）雖治公羊，然莊
主正辭，孔主三科九旨，二者各有其學術旨趣，彼此並無傳承的
關係。在其子孫之中，比較有成就乃爲其姪莊述祖（1750－
1816）。述祖雖少曾受學於其叔，但他的治學方向卻與吳、皖兩
派較爲接近，而與其叔較爲疏遠。在其有關經學、小學、明堂陰
陽的著作中，大多爲訓詁、考據之作，而於微言大義卻很少論
及。非僅如此，他甚至對於西漢之儒表示不喜，謂乃荀卿之儒，
而非醇儒。曾與人書云：「竊怪漢用黃老，而致文景之治。孝武
尙儒術，天下日多事。豈眞儒者博而寡要，勞而少功，失其本
矣。儒林之興，多自荀卿。其學先制作，趨時尙，雜功利，矜智
能。所謂遵禮樂者，特以矯揉人性，而爲之憚詭，以致其隆盛
焉。大賢君子，間有獨見，大義合於六藝之微言，如賈生、毛
公、董相、韓大傅之倫。其餘專門名家，能出其範圍者，鮮矣。
故漢之儒其未能盡醇者，荀卿之儒也。」㉛公羊學出於齊學，而
齊學又與荀卿之學密切相關。謂其「先制作、趨時尙、雜功利、
矜智能」，而非醇儒之學，其態度可想而知。與莊氏關係較密而
眞能光大其學的乃是宋翔鳳（1776－1860）與劉逢祿（1776－
1829）。宋字于庭、長洲人，爲存與的外孫，對於《周易》、《尙

書》、《大學》、《論語》、《爾雅》、《孟子》，都有著述。又將其讀書札記彙集爲《過庭錄》十六卷對於經史詩文都曾涉及。由於他自幼而受教於莊氏，得其今文學家法，及長又從段玉裁（1737－1815）治許鄭之學，因此他的著述也以考據之作及有關公羊者爲多。並常以考據之法而發揮公羊古義。不過，其說牽強附會之處，亦隨時可見。他認爲《論語》微言與《春秋》近，「孔子作《春秋》以當新王而通三統，與《論語》答顏淵問：爲邦因四代之體，成制作損益之原，其道如一。」又以爲「《春秋》之五始（元年、春、王、正月、王即位）與易之四德（元、亨、利、貞）同例。《易》有四德，則六十四卦發揮旁通之情見；《春秋》有五始，則二百四十年褒善貶惡之義明，不可以尋常之文習其讀也。」㉜他又以陰陽五行附會明堂，謂「明堂者有天下朝諸侯之堂也。古之欲明明德於天下者，謂王者以五行之德遞嬗者也。明堂祀五精之帝，行五行四時之令，故明堂之法，所以明明德也」此外，對於三科九旨也有他自己的說法，既不同於何休，也不同於孔廣森。㉝凡此之論，自然難以服人。不過，他對於宋學卻特加推崇，並對程朱與董仲舒同樣尊重。此種漢宋不分的態度，頗與一般漢學家不同。劉逢祿字申受、武進人，也是莊存與的外孫，尤能光大莊氏之學，而使之面貌一新。他以三十餘年的精力投注於古典的研究。綜合經史、數學、小學、詩文之作，已刊者二十四種；未刊者十五種，學問淵博可以概見㉞其中有關公羊的著述十餘種，更是他一生學術的精華所在。這些著作大半完成於嘉慶元年（1796）至嘉慶十七年（1812）之間。㉟他對春秋特別重視，認爲《春秋》垂法萬世，爲世立教，禁於未然，實爲禮義之大宗。而在三傳之中，能夠知類通達顯微闡幽的則是《公羊傳》。

因此他的主要宗旨便在發揮何休的公羊思想，認為何氏三科九旨乃是聖人微言大義的薈萃。「無三科九旨則無《公羊》，無《公羊》則無《春秋》。」㊱為欲重興何氏一家言，他不僅將何休的《公羊解詁》以及《左氏膏肓》、《公羊墨守》、《穀梁廢疾》等所謂的「三闕」為之箋注評述。並且特著〈春秋論〉上下篇對於與他同時的錢大昕（1728－1804）及孔廣森之說予以反駁。極論春秋之有書法，與條例之必遵何氏。㊲此外，他也與宋翔鳳相同，主張《論語》微言與《春秋》相通，而以何休的公羊家之說解釋《論語》。並將「學而時習之，不亦說乎」，解釋為：「學謂刪定六經也。當春秋時，異端萌芽已見，夫子乃述堯舜三王之法，垂教萬世。」於「五十而知天命」則云：孔子「受命制作，垂教萬世。」於「其或繼周者，雖百世可知也」，則言：「繼周者，新周故宋以春秋當新王，損周之文，益夏之忠，變周之文，從殷之質，百世以俟聖人而不惑者也。循之則治；不循則亂，故云可知。」㊳諸如此類之說，幾乎把孔子的《論語》解釋成為公羊一家的歷史哲學。故謂其為何氏的功臣，殊不為過。當然，論及他的公羊之作，還應當推其《春秋公羊經何氏釋例》一書。該書共三十卷，於嘉慶十年（1805）六月完成於東魯講舍。該書將春秋公羊經何氏之義分為「張三統」、「張三世」、「內外」、「時日明」、「名」、「褒」、「誅」、「貶」等二十例，分別解釋發明。見解精闢，引證繁博。不但得到與今文學淵源極深的梁啓超的激賞，謂其書「有條貫、有斷制，在清人著述中，實為最有價值之創作」，即對今文學向持反對意見的古文學大師章炳麟，也深歎其書「類列彰較，亦不欲苟為恢詭。然其辭義溫厚，能令覽者繹說。」㊴由於《春秋》文簡意繁，非例不明，故說「春秋者多善言例，而公羊

經師尤精於此道。但因古無例字，所以「屬辭比事」便成爲春秋
之教。何休《公羊解詁》，自稱援「胡母生條例」。然胡母生之條
例後已無存，其內容如何，已不得而知，故惟有從何休之書以求
之。劉逢祿之所以特重何休者迨即爲此。他在其書內曾明白地表
示此，謂：

> 春秋文成數萬，其指數千。春秋之爲道屢遷，而其義必有
> 所專主。說者各任其意，離其宗。何氏之於經，其最密者
> 也。既審決詖淫，判若白黑。而引伸觸類，離根散葉，貫
> 穿周顧，綱羅完具。又慮用之者輕重失倫，源委莫究。輒
> 下宗義，以正指歸。竊嘗以爲先漢以公羊斷天下之疑，而
> 專門學者自趙董生、齊胡母生而下，不少概見。何氏生東
> 漢之季，獨能檃括兩家，使就繩墨，于聖人微言奧旨，推
> 闡至密。惜其說未究於世，故竟其餘緒，爲成學治經者正
> 焉。⑩

清代的公羊之學，莊存與僅論微言大義。孔廣森雖標三科九旨，
亦未盡守漢儒之說。至劉逢祿才專主家法，闡明條例，重興何氏
一家之言。自是今文之學，壁壘始嚴，可以說是公羊學發展的一
大演變。⑪不過，於此尚有值得一提的是，以往的學者大多僅知
注意劉逢祿《春秋公羊經何氏釋例》在學術上價值，而於其書內
所包涵的更高一層的指標，卻未見有人論及，殊不免使該書的價
值爲之減色。從逢祿書中三十個「釋例」的排列程序來看，可知
他除發揮何氏義例以外，還隱含有一個政治的目的。雖於「張三
世」，「通三統」開始，論及春秋王者天下一統之義，但也暗示三
王之道，實若循環，終則復始，窮則反本。天命所授者博，並不
限於一姓。最後於「災異例」內，則更坦然指出：故聖王必畏天

命，而重民命。「聖人之教民，先之以教，而後誅隨之；天之告人主，先之以災異，而後亂亡。其任教而不任刑，一也。」故知為政者心應以災異存心，時加警惕，藉期「養性以事天」。㊷在此我們可很明白地看出，劉逢祿已經將董仲舒的天人感應思想，融入他自己的政治理念之中。儒家一方面擁戴君權，而另一方面又恐君權過於膨脹，而思加以限制。於是災異、家法、傳統、乃成為他們規諫君主行事所慣用的手段。這在君權極盛的清代，自然具特別的意義。

四、公羊學的蛻化演變

公羊學的發展，至嘉道年間（1796－1850）又達到一個新的階段，以時代而論，清代國勢已漸漸走向下坡。政治腐敗，軍事廢弛，社會貧富懸殊，內地邊疆變動屢起，昔日的太平盛況已不復見，而衰敗之象日益顯露。加以此時文綱稍弛，西力東漸，於是知識份子又由關心國事而論議時政，因之導致清顧（亭林）、黃（梨洲）經世之學的復蘇。㊸以學術而論，考據學在完成一段輝煌燦爛的成就之後，已經益趨煩瑣，支離破碎，所以大為才智之士所不滿。適以時局的丕變，於是研究公羊學者漸多，而形成為一股新的學風。不過，於此必須指出者，即公羊學的本身也於此時發生不少的變化。其一是研究範圍的擴大。諸如龔自珍的《春秋決事》、魏源的《公羊古微》、《董子發微》、凌曙的《公羊禮說》、《公羊禮疏》、《公羊答問》、陳立的《公羊傳疏》、包慎言的《公羊曆譜》王闓運的《春秋公羊傳箋》等，都代表此一趨勢。同時與公羊有關的今文學之書，也陸續問世，龔自珍的《五經大義終始》、魏源的《詩古微》、《書古微》、馮登府的《三家詩

異文疏證》、陳喬樅的《三家詩遺說考》、《齊詩翼氏學疏證》、
《今文尚書經說考》、《尚書歐陽夏侯遺說考》、乍鶴壽的《齊詩翼
氏學》、邵懿辰的《禮經通考》、戴望的《論語注》等，都為以後
的公羊學發展奠下更為廣泛的基礎。其次，是真偽問題的提出。
以往公羊的研究，尚僅注意於家法的異同，而未及古經真偽問
題。自魏源著《詩古微》、《書古微》，提出此一問題，而邵懿辰
（1810－1861）又作《禮經通論》，指出古文逸經三十九編皆劉歆
所偽作，自是疑經之風大盛，至清末遂愈一發而不可收拾。再
次，研究觀點的轉移。前一時期，劉逢祿尚僅注重何休一家之
言，但至此時，龔自珍與魏源卻將董仲舒置於何休之上，「崇董
於何」。此舉非獨顯示董、何二人地位的升降，且也說明此期的
學者已對東漢的公羊學說不能滿足，而意欲再往上推至西漢時
代，以便更進一步地探索公羊學理論基礎，以及學術與政治之間
的連鎖。這一新的發展、恰巧正與當時復活的經世之學相呼應。

　　論及此一時期公羊學的代表人物，毫無疑問地當首推龔自珍
與魏源。他們二人同以博學多才馳名於時而號稱為「龔魏」，在
公羊學方面也是當時的中堅人物。龔自珍（1792－1841）字定
庵，浙江仁和人，由於他出身於官宦之家，而其外祖父段玉裁
（1735－1815）又是有名的漢學家。加以他博聞多識，才氣縱橫，
對於吏治與民生都有深刻地觀察與瞭解。因此，他對於鳥獸蟲魚
等的考證之學，與音聲訓詁的文字之學，都不感興趣，而獨於社
會政治國計民生表示終極的關懷，毅然抱有一種撥亂反正的雄心
壯志，而想做一番扭轉乾坤的經世大業。他的思想在二十八歲
（1819）以前大體以經史為中心，所受公羊學的影響較少。⑭因
此，他雖有春秋「三等之世」之說，但他所說的三等之世卻與公

羊家的「三世」之說大不相同。公羊家所說的三世是據亂世，升平與太平世。而他所說的「三等之世」，卻是治世、亂世與衰世，在次序的排列上與公羊家的三世說恰巧相反。至於促使三等之世的轉變動力，他則以為是一個「才」字。由治而亂、由亂而衰，「皆觀其才」。因為才有等差，所以世也有不同。「治世為一等、亂世為一等、衰世別為一等。」㊺而他所謂的「才」，乃是指「人才」而言，也即是說國家的治亂，與人才攸關。得人才者則治，失人才者則亂。故可知他的思想仍未脫傳統史家「治亂興衰」的模式，實則卻也在文中表示出他因懷才不遇所引發的憤懣。由定庵全集的編者在這一篇文章之後所作的批語：「定公才高，動觸時忌，故有此激厲之論，」即可說明此一觀點之無誤。㊻

　　定庵非但因懷才不遇而牢騷滿腹，同時他對當時的社會政治確也有許多隱憂。最令他憂心忡忡的，即是社會的貧富不均問題，在他看來，由於人口增加日多，土地兼併日甚，貧富的差別已經漸趨於兩極化的程度。「貧相軋、富相耀；貧者阽、富者安；貧者日瘉傾；富者日瘉壅，」澆漓詭異之俗，百出而不可止。於是乃積漸而成為一股不祥之氣。設使在上者不能高瞻遠矚，防患於未然，操其本源，隨其時而劑調之，則此一鬱於天地之間的不祥之氣，勢必將激發而成為兵燹或疫癘。屆時「生民噍類，靡有孑遺，」悔亦晚矣。故特提出警告云：「浮不足之數，相去瘉遠，則亡瘉速。去稍近，治亦稍速。千萬載興亡之數，直以是券矣。」㊼對於當時士風之不振，定庵也深表不滿，。認為士大夫之無恥，乃為國恥，其意殆與顧炎武相同。他曾沈痛地指出：「士皆知有恥，則國家永無恥矣；士不知恥，為國之大恥。」又說：「歷覽近代之士，自其敷奏之日；始進之年，而恥已存者寡矣。官益久，

則氣愈媮，望愈崇，則諂愈固，地愈近，則媚亦益工。至身為三公，為六卿，非不崇高也，而其於古者大臣巍然岸然，師傅自處之風，匪但目未睹，耳未聞，夢寐亦未之及，臣節之盛掃地盡矣。」[48]對於那些僅知保位取寵而不知國家為何事的官僚，他尤為深惡痛絕，譏諷備至，比之為寄食的寓公，旅進而旅象的僕從，伺主人喜怒的狎客，而不克為主分一夕之愁苦：「竊窺今政要之官，知車馬服飾言詞捷給而已，此外非所知也。清暇之官，知作書法，賡詩而已，此外非所問也。堂陛之言，探喜怒以為之節，蒙色笑，獲燕閒之賞，則揚揚焉以喜，出誇其門生妻子。小不霽，則頭搶地而出，別求夫可以受眷之法。彼之心豈真敬畏哉！」又彼等不但於在朝之日只求苟安，在位一日，以一日為榮。即在歸里之後，亦仍以科名長其子孫為念，但願其子孫世世以退縮為老成，而不為國事著想。似此之人，充斥其位，設使國家遇有緩急，欲其效死勿去，豈非是緣木而求魚！[49]

當然，定庵對於上述之弊，有深入的探討。他認為士氣之不振，以及官場之萎靡，乃是由於朝廷之不能振作其氣，敎之廉恥所致。朝廷只知擅作威福，不以大臣為重。「朝見長跪，夕見長跪。」士大夫之尊嚴已經盡失，又何廉恥之足論。士而不知廉恥，其國必危。故言：「農工之人肩荷背負之子則無恥。則辱其身而已；富而無恥者，辱其家而已。士無恥則名之曰辱國，卿大夫無恥名之曰辱社稷。由庶人貴而為士，由士貴而為小官為大官，則由始辱其身家以延及於辱社稷也。厥災下達上象似火，大臣無恥，凡百士大夫法則之，以及士庶人法則之，則是有三數辱社稷者。而令合天下之人舉辱國以辱其家，辱其身。混混沄沄而無所底，厥咎上達下象似水。上若下胥水火之中也，則何以國？」[50]

其次，則由於士途之壅塞，用人過於論資格，以致士大夫難以進身。即使循資而進，自三十進身以至於宰輔爲一品大臣，則已垂垂老矣。屆時，精神固已疲憊。雖有耆壽之碩德老成之典型，而足以示新進。然因閱歷而審顧，因審顧而退葸；因退葸自尸玩。仕久而戀其籍，年高而顧其子孫，終日不肯自請去，此辦事者所以日不足之根原也。(51)再次，則由於官俸過薄，非僅無以養廉，且無以溫飽。京官一日不食者甚衆，外官積逋者又十且八九，以致士大夫無論希風古哲者志所不屬，雖下劣如矜墨翰，召觴咏者亦不暇爲。「通顯之聚，未嘗道政事談文藝也，外吏之宴游，未嘗各陳設施談利弊也。」上下平居無一不以貧爲憂，如此欲責其國而忘家，公而忘私，「則非特立獨行以忠誠之士不能，能以概責之六曹三院百有司否也?」(52)再次，由於成例之太繁，限制太多。群臣動輒得咎，難以施展其抱負。朝廷爲欲集權中央，對於大臣不惜百般約束之，羈縻之，以致「朝廷之一二品大臣朝見而免冠，夕見而免冠，議處察議之諭，不絕於邸抄。」不特此也，甚且使朝臣彼此互相牽制：「部臣工於綜核，吏部之議群臣，都察之議吏部也，靡月不有。」至於地方亦復如此，以致「府州縣官，左顧則罰俸至，右顧則降級至，左右顧則革職至。大抵逆億於所未然，而又絕不斠通其所已然。」似此實不啻率天下之大臣群臣，而責之以吏胥之行，欲使彼等奉公守法畏罪而遽可爲治得乎！(53)定庵既對當世的政治深感不滿，於是乃覺得非急謀改革不可。設使當局者拘一祖之法，憚千夫之議，而率由舊章，則唯有「聽其自陊，以俟踵興者之改圖爾。」又以爲「一祖之法無不敝，千夫之議無不靡，與其贈來者，以勍改革，孰若自改革！」(54)在清代君主專制極盛的時代，定庵竟敢如此大膽地倡言變革，態度

的激烈幾乎駭人聽聞。這固然表示時代的轉變，知識份子對於世局的不滿。同時也說明清代帝王的威權已稍陵夷。再加以漢化日久，對於知識份子的批評也予以優容。由清廷處理與定庵同時代的洪亮吉與徐松的態度來看，便是兩個最好的例證⑤

定庵的思想，到嘉慶二十四年（1819），他二十八歲時，方才發生一轉變。在此之前，他雖對常州學者有所接觸，以莊綏甲（1774－1828）為師，與宋翔鳳（1776－1860）為友。但對公羊學並未曾作過系統而深入的探討，及從劉逢祿受《公羊春秋》，方對公羊哲學獲一全盤瞭解。其時定庵曾有詩以記其事云：「昨日相逢劉禮部，高言大句快無加，從君燒盡蟲魚學，甘作東京賣餅家。」其喜悅震撼之情已躍然於紙上。及道光九年（1839）劉逢祿去世，定庵又詩以懷之：「端門受命有雲礽，一脈微言我敬承，宿草敢訛劉禮部，東南絕學在毗陵。」⑯此時定庵幾儼然以常州學的繼承者自居。不過，定庵與劉逢祿亦有不同之處。其一，定庵尊董於何，所作「春秋決事比」總得一百二十事，「獨喜效董氏例」。⑰其二，定庵不屑於繁瑣的考據，而於公羊學的注疏條例並無太多的著述。雖有所作，其目的在於藉經術以論時政，專重於微言大義的發揮。其三，劉逢祿對於清廷尚僅使用公羊家傳統的災異之說，以作規諫。但定庵卻明目張膽的大加批評，甚至提出所謂「勸豫」問題，以三代的遞嬗不居史例，對於清廷提出嚴厲的警告。凡此都足以說明公羊學已與政治的改良主義合而為一。

定庵有關公羊的著述最主要的便是〈五經大義終始論〉、〈古史鉤沉論〉及〈春秋決事比〉三篇短論。〈春秋決事比〉成於道光十八年（1838），為其晚年的作品，主要的是參照董仲舒的

「公羊決獄」，為清代的法律提出種種問難，以答問的方式，比附春秋之旨，發揮公羊古義，是否別有用心，不得而知。〈五經大義終始論〉，成於道光三年（1823）；〈古史鈎沉論〉成於道光五年（1825），七年後重又加刪定（1823）二者所含意較為複雜，除欲西漢微言大義之學貫串經史，為公羊學作一更為廣泛的整體解釋之外，並特別提出洪範「八政配三世」之論，⑱以及「賓師之義」的構想。定庵僅說：「夫賓師，八政之最後者也，士禮十七篇，純太平之言。」⑲未曾明言，「賓師」之究竟何指，又何以為「八政之最後者也」。可是如果我們他將他以前所著〈乙丙之際著議第六〉合而觀之⑳則知他此處所說的「賓師」也即是他以前所說的「師儒」。「師儒不僅能識立法之意，且能推闡本朝之法意以相誡語」。並能綜博聞，「兼通前代之法意，亦相誡語。師儒在位，則「登於其朝，而習其揖讓；聞其鐘鼓，行於其野，經於其庠序，而肄其豆籩，絜其文字。處則為佔畢絃誦，而出則為條教號令。在野則熟祖奈之遺事，在朝則效忠於其子孫。」如此，則可達於道學治合一的盛世、亂世、衰世三個階段。此時則公羊論世，故將之顛倒過來，成為據亂世、升平世及太平世。然而無論如何，其欲以「學者為帝王師」的期望則至為顯明。正因為如此，所以他一直因懷才不遇而對清廷深感不滿，時而不分種姓，而欲為之效忠；時而又強調滿漢異種，而倡言革命思想，這些也正說明他之文人經生而兼策士的複雜性格。

在此一時期，定庵論政的中心似乎已經轉移，由於邊疆的多事。他也與徐松、魏源、何秋濤等一樣，對於邊事日加注意，尤其是蒙古青海及新疆等地區，更付予深切的關懷，曾經首倡西域置為行省之議。對於廣東的對外關係他也特別留意。早期曾經作

有〈東南罷番舶議〉一文。該文今雖已佚，但可由鴉片戰爭前，他給林則徐的一封信中，仍可約略窺知其內容。鑒於廣東中外貿易日增，銀漏於海，他深感問題的嚴重。於是仍提倡禁止呢羽、鐘表、燕窩、玻璃等洋貨的輸入，保護中國的蠶桑木棉之利。他又認為鴉片是一種專門害人的「食妖」，服食之後，即可令人「病魂魄，逆晝夜。」因此主張嚴加禁止。「其食者宜縵首誅。販者、造者宜刜腔誅。兵丁食宜刜腔誅。」此種主張實與當時的黃爵滋等嚴禁派相同。在同一信中，定庵並建議林則徐多帶重兵隨行，講求火器之法，「勒限使夷人徙嚻門，不許留一夷。」僅留「夷館」一所，作為互市的棲止。此外，他甚至表示要隨林氏前往廣東一行，以便諮商「禦夷」大計。⑥凡此，都可顯示他是一個熾熱的愛國主義者，和一個強烈的民族主義者。

魏源（1794－1857）字默深，湖南邵陽人，與龔自珍齊名。不論才華識見，治學的旨趣，生平的抱負都有相似之點。但因個性、出身、經驗閱歷的不同，二人也各有其獨特的風格。定庵較為浮誇，默深較為務實；定庵較為狂放；默深較為穩健。論文采則默深不如定庵煥發；論思想則定庵不如默深深刻，可謂各有所長。默深早年雅好宋學，對於程朱陸王皆甚禮讚。其初期的著作，如《大學古本》、《孝經集傳》、《曾子章句》之類，也均為考訂經文之作，闡發古經的幽微；在方法上亦不脫考據的影響。至後於北京問學於劉逢祿，始悉公羊家法，而轉治今文之學。關於他與常州學派的關係，可從他對莊存與的推崇態度窺見一斑。他認為莊氏踐履篤實，於六經皆能闡抉奧旨，不專為漢宋箋注之學，而獨得儒家之微言大義於語言文字之外。其「所為眞漢學者庶幾在是；所異於世之漢學者庶其在是。」⑥對於劉逢祿，他尤

為佩服備至，認為非清代前期其他通儒之所能及。蓋以顧（炎武）、江（永）、戴（震）、程（瑤田）、段（玉裁）明三禮之書；閻（若璩）、陳（維崧?）、惠（棟）、張（惠言）、孫（星衍）、孔（廣森）述群經家法，於東京學蓋盡心焉。求之西漢賈（誼）、董（仲舒）、匡（衡）、劉（歆）所述，七十弟子所遺，原流本末，幾未盡合焉。」惟有劉逢祿為「潛心大業之士」，能由董生之春秋，以闚六藝之家法；由六藝之家法，以求聖人之統紀。「旁搜遠紹，溫故知新，任重道遠，死而後已，可不謂篤志君子哉！」⑥默深有關今文的著述甚豐，計有《公羊古微》、《董子春秋發微》、《詩古微》、《書古微》、《兩漢今古文家法考》等數種。《公羊古微》已佚，《董子春秋發微》一書共七卷二十五篇，其內容如何？因其書已佚，無從查考。惟從其文集所保留的一篇序言中，得知他對於董子非常欽服。以為《繁露》一書於聖人微言大義之詮釋在胡母生及何休二人之上。惜乎《漢書．儒林傳》於董生並無言及。而近人曲阜孔氏及武進劉氏等公羊專家，亦止為何氏遺拾補缺，於董生之書未得其詳。因特以《繁露》為主，參以劉逢祿之《公羊春秋釋例》，分篇注釋；於董氏之張三世、通三統、內諸夏、外夷狄等三科九旨諸義為之注釋與發揮。此種尊董於何的思想，實與龔定庵不謀而合。而為清代公羊學演變的一項新的轉折⑥《詩古微》，初刊於道光九年（1829），僅二卷。至道光二十年（1840），始全部完成。計前後共歷二十餘年之久，可謂精心之作。初刊之後，即受當時學者的重視，劉逢祿、李兆洛、胡承珙等均曾對之大加稱賞⑥《詩經》原為儒門六經之一，漢初列於學官者僅有今文經的齊、魯、韓三家，。嗣後古文經的《毛詩》出，東漢大儒曾為之箋注，但並未立於學官。魏晉以後，

齊、魯、韓三家之今文經詩亡，僅有鄭《毛詩》流傳於世。至清代中葉，陳奐（1786－1863）有（詩毛氏傳疏）三十卷，於先漢微言大義，曲發其蘊。而今文經之齊魯韓三家詩，亦有馮登府、陳壽祺、陳喬樅、乍鶴壽等為之疏證，使之復現於世。惟上述諸人之作，皆言家法異同，未及眞偽問題。至默深始攻擊《毛詩》及大小序為晚出偽作，表章齊魯韓墜緒，以匡傳箋的不足。且其言辨博，論詩不為美刺而作，而有作者之意。又論詩樂合一，古者樂以詩為體，皆含有創意，而為前人所罕論㊻《書古微》與《兩漢經師今古文家法考》二者成書較晚，至咸豐五年（1855）方才完成，距其去世僅早兩年。《尚書》一經，爭論最多。不僅有今古不同，且有眞偽之分。自魏晉後，僅有古文《尚書》傳世，今文《尚書》已成絕學。中歷千餘年，至清始為復活。莊存與作《尚書說》一卷及《尚書既見》三卷，首開其端。劉逢祿作《尚書今古文集解》以繼其後。此外，陳喬樅《1809－1869》又有《今文尚書經說考》、《尚書歐陽夏侯遺說考》，但亦僅言家法而未觸及眞偽。默深之書則強調非僅東晉晚出的古文《尚書》為偽，即東漢馬（融）鄭（玄）之古文《尚書》亦非孔安國之舊。因以提出四項論證，對於其同時治尚書的江聲、王鳴盛、段玉裁加以反駁。謂彼等「凡史遷本之異於馬、鄭者，皆擠為今文說，專以東漢鄉壁虛造之古文為眞古文。且謂今文之說，皆不如古文。」殊為令人難以信服。㊼《兩漢經師今古文家法考》一書，惜已散佚。但於其序文中，仍可知其著述的旨趣：一、考古今之家法，二、明學術之變遷，三、以復古而求變。顯然地，默深之考求今古文之家法，乃在於明瞭儒學由漢至清二千年間之變遷，並由學術之變遷，以求恢復西漢儒學道統之正傳。蓋以西漢

經師承七十子微言大義之餘緒，皆能以學術與政事相配合，使之歸於實用。惜自東漢以後，讖緯盛，經術衰，儒用絀，因之乃有魏晉之淸談名理以持其後。非僅今文日趨於衰微，而古文亦歸於沉淪，此實爲儒學之一大浩劫。故今日復古之要，唯有「由訓詁聲音以進於東京典章制度，此齊一變至魯也；由典章制度以進於西京微言大義，貫經術、故事、文章於一，此魯一變至道也」⑱當淸代中葉，值訓詁聲音、典章制度盛行之際，默深對之不滿，昌言恢復西漢時代的微言大義之學，使經術、政事與文章合爲一體，以達經世之目的，實爲寓有深意。

　　由上所述，可見默深之治公羊，似偏重於考家法，辨眞僞，對於文質再復、天道三復等的變化思想，雖曾一再強調。但於公羊家之三科九旨諸義，卻較少理會。即使偶而談及「三世」問題，也以歷史發展的觀點立論，而不同於以往公羊家的三世之說。他所謂的「三世」，乃是指太古、中古及末世。黃帝、堯、舜時代爲太古；夏、商、周三代爲中古，春秋戰國爲末世。以歷史演變而論；太古爲一治世，始於黃帝而成於堯舜。中古爲一亂世：備於三代而盛極轉衰。末世爲一衰世，起於春秋而極於嬴秦。但物極必反，否極泰來，衰世之時代卻也伏下另一治世的因子，故至漢代又開始進入歷史上另一個治世。至於成此一歷史循環的原始力，默深則以爲乃是由於氣運變動不居所致。由是而推，則自漢至元爲一氣運；至於明淸爲又一氣運。及至道光年間，鴉片戰爭發生，中國戰敗，衰世再現，然亦爲歷史演變的另一轉點。默深的此一氣運之說，論其來源實在極爲複雜，儒、道、佛三家交互影響，並非偶然⑲最値得注意的是，他不但以此觀點解釋中國歷史的發展，甚至還以此說闡明中西歷史的轉變。

於其所著之《海國圖志》中論及歐人在南洋方面的活動時，即謂彼等「皆陰謀潛伏於無形，而奪人家國。氣運所遷，機智所闕，烏乎安所極哉！」⑦於論及東南洋各國時亦謂：「天地之氣，其至明而一變乎？滄海之運隨地圓轉，其自西而東乎？紅夷東駛之船，過岸爭岸，過洲據洲。立城埠，設兵防，凡南洋之要津已盡為西洋之都會。地氣天時變，則史例亦隨世變。」又謂：「豈天地氣運，自西北而東南，歸中外一家歟！」⑦當鴉片戰爭甫經結束之後，他即有此預感，其目光的宏達，不難想見。

默深因生長於農村，深知民間疾苦，故生平留心時務，講求經世。及從劉逢祿習《公羊春秋》，又為賀長齡延輯《皇朝經世文編》，兼以捐貲為內閣中書，更是見聞日廣，他與龔自珍有相同的感慨，認為彼等「以推諉為明哲，以因襲為老成，以奉行虛文故事為得體。惡肩荷、惡更張、惡綜核名實。」「遇大利大害則動色相戒，卻步徐視，而不肯身預」，優游成習已非一日。⑦國家政務的廢弛，社會民生的凋敝，莫不由此。尤其是江南的漕、鹽、河三大政，更是積弊叢生而為時人所垢病。時默深適居大吏幕府，經常參與議論，因之瞭解甚深，故力主變法而不使病國病民，他所持的理由即是，法乃因時而生，亦因日久而敝，惟有變法，始可興利除弊而恢復立法的原始精神，故嘗言：「天下無百年不變之法，無窮極不變之法，無不除敝而能興利之法。又以為「天下無興利法，除其弊則利自興矣。」至於變法之要，則尤貴去其煩難，而復其簡易，惟有簡而易行，流弊始無由而生，則利亦自然而興。此實為一定之理。⑦於此可見其實事求是，而不放言高論。同時也可以瞭解他的政治思想僅止於「因勢因時」，在原有制度的大範圍內，作局部的改革，而並未能夠打破儒家傳統忠

君思想的格局。⑭

　　默深不但對國內的政治極爲關懷，對於中外的關係也非常留意，特別是在鴉片戰爭以後，由於他曾經親身參與其事，受到戰敗的刺激，並於其後刊出《聖武記》及《海國圖志》兩部大著。因而使他對於海權國家的勢力獲得很多的認識。除了預感海國問題的嚴重之外，並且還提出「以夷攻夷」、「以夷款夷」、「師夷長技以制夷」的三大政策，以爲國家未來應付海權國家的方案。其中尤以「師夷長技以制夷」爲最重要，主張模倣西人造船、製砲、練兵。這些思想都是日後自強運動的前導。⑮此外，他對於美國的的民選總統和國會制度也表示非常嚮往，謂「其章程可奕世而無弊」，⑯近代國人對於西方主民的禮讚，默深尚爲第一人。在內政方面，他也發現許多新的問題，以爲非改弦更張即不足以因應新興的形勢。諸如改變對外的觀念，加強世界的認識，施行嚴刑峻法，禁止吸食鴉片，改良政風，整飭軍備，轉變學風，登用人材，革虛崇實，改造國民心理等，都是他那個時代的當務之急。⑰不過，他的這些寶貴意見，非但在當時未爲執政者採納，即在自強運動時期，也僅致力於外人的抵禦，而未能在本身的革新上下功夫，捨本逐末，實可謂爲一大政策的錯誤。

　　龔自珍、魏源之外，與他們同時的今文學家尚有邵懿辰（1810－1862），著有《禮經通論》，主張「禮復於西漢」；戴望（1837－1873），著有《論語注》，以公羊義例以注《論語》。但他們都缺乏新的見解，唯有凌曙（1775－1829），影響較大。凌曙字曉樓，江都人，初治鄭玄禮，嗣從劉逢祿習《春秋》、轉而治《公羊》，蓄意以改造舊疏自任。惟以晚年痛風、精力不逮，僅成《公羊禮說》一卷、《公羊禮疏》十一卷。及其弟子陳立（1809－

1889)，又繼承其師之志，以畢生的精力、完成《公羊義疏》七十六卷、《白處通疏證》十二卷。由《白虎通》以通〈王制〉，廣搜博探，於公羊三科九旨諸說，闡發無遺。自是別開公羊言禮一派，再衍生而爲湘學及蜀學。由廖平之特重制度，而有康有爲孔子改制之說，實爲晚清公羊學之另一轉折。⑱

五、公羊學的極盛轉化

十九世紀下半，雖然僅有短短的四、五十年，但是中國的歷史卻發生一個極其劇烈的轉變。在國內方面，死氣沉沉的政治毫無起色，自強運動的進展遲緩，成就有限。在國外方面，由於中法、中日兩次戰役均告敗。因之列強野心日熾、租借港灣、劃定勢力範圍、瓜分之禍、幾於難免。於是富有改革意識的公羊學，此時也從書生的論政一變而被用爲變法圖強挽救國難的思想憑籍。代表此一轉化知識份子，便是康有爲和他的弟子梁啓超。

康有爲（1858－1927）號長素，廣東南海人，生於一個書香門第的理學世家。自幼即熟讀經史，具有作聖人的動機，曾經被人戲稱爲「聖人爲」。他對於政治也有一野心，曾經三次鄉試，希望取得官職，但都名落孫山。失望之餘，乃更專心於學問的鑽研。十九歲，赴禮山草堂從朱次琦就讀，朱次琦（1806－1881）亦南海人，爲當時廣東的大儒，爲學不分漢宋，講求實際，以期歸於眞正孔子的學說。有爲受教三年（1876－1879），得益甚多。嘗謂：「先生壁立萬仞，而其學平實敦大，皆出躬行之餘。以末世俗汙，特重氣節，而主濟人經世，不爲無用高談空論。……信乎大賢之能起人也。」⑲其後他又曾一度隱居於西樵山的山雲洞、潛研佛、道之理，尋求靜坐養心之學。同時，對於《文獻通考》、

《經世文編》、《天下郡國利病書》、《讀史方輿記要》乃至《西國近世彙編》、《環遊地球新錄》等書，也普遍地流覽，俛讀仰思，哀物悼念，隱然有經營天下的抱負。此外，尤其值得注意的是，此時他不僅開始閱讀西書，並且還曾親自前往英國殖民地的香港一遊，留下非常深刻的印象：「覽西人宮室之瓌麗，道路之整潔，巡捕之嚴密，乃始知西人治國有法度，不得以古舊之夷狄視之。」自是對於外國事物發生濃厚的興趣，將《海國圖志》、《瀛環志略》反復地閱讀，參以新於香港購得的地圖，奠下日後講求西學的基礎。光緒八年（1882），他前往北京應試，失敗南返，途經滬上，觀外國租界，「益知西人治術之有本」。於是乃大購西書，歸而研讀，凡《萬國公報》，各國史志、諸人游記，乃至聲、光、化、電、力學等，無不涉獵。學問因之大進，而思想亦開始轉變。⑧此一轉變由其在二十七歲至三十四歲（1884－1887）之間所完成的兩本論著，即可證明。一為《康子內外篇》（1886），論天、地、人物之理；政、敎、藝、樂之事。二為《萬身公法》（1887），介紹西方自由、平等、博愛、民主等觀念。前者為小康社會的理想；後者為大同社會的基礎，雖於其中滲入一些儒、道、佛的傳統觀念，但其所受西方思想的影響，卻至為明顯。⑧

　　有為之中心思想在公羊哲學，並以公羊三世之義作為其變法的理論依據。儘管他於其內外篇中曾經於公羊的三世之義有所觸及，但其重要觀點，卻直到光緒十六年（1890）在長興講學時，仍為他與弟子們經常討論的主題。而四川學者廖平（1852－1932），對他的影響尤其不可忽視。廖平是王闓運（1832－1916）的學生，闓運是湖南人，為一公羊學者，著有《春秋事比》、《穀梁申義》、《今古文尚書箋》、《公羊春秋箋》等，因受陳立的影

響，喜以公羊說禮，而廖平卻獨喜《穀梁》且因《穀梁》之說而悟〈王制〉爲魯學之宗。⑫著有《今古學考》（1886）、《公羊補義》（1888）、〈知聖篇〉（1888）〈闢劉篇〉（1888）等，而康有爲的《新學僞經考》及《孔子改制考》二書即大體本於廖平之〈闢劉〉及〈知聖〉二篇而成。⑬《新學僞經考》完成於光緒十七年（1891）。謂東漢以來的經學皆出於劉歆所僞造，故乃爲新莽一朝之學，而與孔子無涉，僅可稱爲新學，而不可稱爲漢學。嘗言：「始作僞亂聖制者，自劉歆。布僞經篡孔統者成於鄭玄。」凡後世所指的爲漢學者，皆賈（逵）、馬（融）、許（愼）、鄭（玄）之學，是新學而非漢學。他甚至連宋人所著述之經也以爲是僞經，而非孔子之經。故「劉歆之僞不黜，孔子之道不著。」唯有摧廓僞說、犁庭掃穴、方可以「起亡經，翼聖制」，而恢復孔子之眞道。⑭又謂六經亡於秦火之說，亦爲劉歆的僞說，「歆欲僞作諸經，不謂諸經殘缺，則無以爲作僞竄入之地。」實則焚書之令，但焚民間之書，若博士所職，則詩書百家自存。且西漢經學並無謂古文者，漢代十四博士所傳者皆爲孔門足本。《孔子改制考》完成於光緒十七年（1892），謂六經皆孔子所作，經書皆孔子假古今之言以抒自己之理想。孔子改制恆託於古、堯舜即爲孔子所託。又不惟孔子而已，周秦諸子亦無不改制，無不託古。孔子「受天命改亂制、通三統、法後王」⑮上掩百世、下掩百世，乃爲一萬世立法的素王。縱觀有爲二書，可以說有破有立：破的是士大夫的傳統宗經觀念，以古文的新地位，依照公羊家的說法，將孔子塑造成一位萬世立法的教主、一位敢於向現實挑戰的改革家，藉託古改制之說，以利變法的開展。依照有爲的此一論點，則無異將經學與政治更緊密地連爲一體。並使今文與古文學之爭

一變而爲變法與反變法兩派的對立。清代公羊學的發展，至此又起一轉折。不過論及有爲的最高政治理想，仍應由其「三世之義」之說加以觀察。有爲的「三世之義」解說，並不固定，前後曾有數變。初以經學與諸子，以推孔子據亂、升平、太平之理。⑧繼由政治以釋歷史，以君主、民主配三世。謂：「孔子撥亂、升平、託文王以行君主之仁政；尤注意太平、託堯舜以行民主之太平。」⑧又由〈禮運〉以明《春秋》，以文教劃分三世，認爲三世乃孔子之非常大義，而託之於《春秋》者，所傳聞世爲據亂，所聞世託升平，所見世託太平。「亂世者，文教未明也。升平者，漸有文教，小康也。太平者，大同之世，遠近大小如一，文教全備也。大義多屬小康，微言多屬太平，爲孔子學，當分二類乃可得之。」⑧最後復由憲法以說三世，謂：「孔子者，聖之時者也，知氣運之變，而與時推移，以周世用。故爲當時據亂世而作憲法，既備矣，更預制將來，爲修正憲法之用，則通三統焉。孔子又爲進化之道，而與時升進，以應時宜，故又備升平、太平之憲法，以待將來大同之世修正憲法之時有所推行焉。」⑧由此可知其愈變愈奇，範圍逐漸擴大，除言三世之外，並且進而論及三世之次序，以及每一世之內又分爲三世等問題。⑩論及有爲歷史進化思想的來源，則有傳統《春秋公羊》的三世說，〈禮運〉的大同小康說，《易經》的窮變通久說，有近代西方的民主思想，達爾文社會進化思想等，殊爲複雜。其中西方思想的因素固然非常突出，可是論其實際，則仍以中國傳統的影響較多。⑨至於其三世觀的變化，則又與他所處時代相推移，而有其複雜的歷史背景，絕非偶然。⑫

　　康有爲的此一基於歷史進化論建立起來的三世觀，也指導並

規範他的政治活動。以有爲之見，當時的中國僅可由據亂以達升平，距離大同的理想尙屬遙遠。升平之世的目標就是要維持一個小的局面，在安定之中求繁榮、求進步，因此所需要的手段，乃於同時參照西國的經驗，實行變法圖強。此種溫和的改革政策，不僅使滿漢民族得以調和，民主憲政得以發展，而中國產業的現代化也可以逐漸實現。藉使中國兩千年的專制制度一變而爲西方式的君主立憲，達到近乎亞里斯多德所謂的「眞正革命」的轉變。⑭其理想的高遠於此可見。

康有爲之外，清末的公羊學者尙有梁啓超（1873－1919）與譚嗣同（1865－1898），他們的公羊學知識皆由康有爲傳授而來，但並不以其師說爲限。尤其是對於公羊三世之義的解釋，更各有其獨特的見解。至於他們的政治主張，彼此也不相同，譚氏偏於大同，以《仁學》而「衝抉綱羅」，理想的成份居多。梁氏則前後數變。由君憲而保皇，而共和。因其範疇牽涉的問題過多，不擬於此多加討論。

六、結 論

明末清初之際，不但是我國政治上巨大變化時期，也是學術上激烈轉變時期，初因心學流弊，以程朱而對陸王；繼因程朱空虛，又以漢學而反對宋學。於是至乾隆間兩千年前之漢代經學乃因之而復興。起初漢學家所研究者多爲文字、訓詁、典章、制度等的東京之學。嗣以考證之學盛極而衰，而西京微言大義又取而代之，逐漸發展，成爲清末的一大思潮。西漢的微言大義之學本是以春秋公羊傳爲中心的歷史哲學，或政治社會哲學。由於其學具有「先制作、趨時尙、雜功利、矜智能」的種種特質，故自西

漢以來即與現實政治相結合。及至清代古學興，公羊學又攀附政治，隨著時代的發展，而以不同的面貌呈現於學術的舞臺。乾隆極盛之時，莊存與擬以經學開帝而陰濟天下，並擬以春秋而爲清代制法；嘉道中衰之時，劉逢祿發揮公羊何氏例，以災異之說而冀清帝有所警惕；道咸間、內外多事，龔自珍與魏源藉經術以論時政，力倡經世之學；光緒間，瓜分之禍，迫於眉睫、康有爲、梁啓超以公羊說〈禮運〉。以三世進化之義，作爲其變法圖強的張本。於此可見清代的公羊學演變固有它的內部發展規律，但也深受外在的時代影響，並且與政治如響斯應、結下不解之緣。

　　公羊學雖然號稱爲常州學派，實際上清代的公羊學家並不以常州一隅爲限，由江蘇而擴及於浙江、湖南；再由湖南浸淫而及於四川、廣東、寖假而徧於全國各地。公羊學勢力之所以日漸擴大，實與時局具有密切的關係，尤其是在甲午戰後，士大夫因受戰敗的刺激，莫不痛心疾首，攘臂以言變法，而公羊學遂成爲他們要求改革的理論武器。由此可知。清末的公羊學已隨時代的演變而富有新義，與兩漢時代的公羊學大異其趣。

　　關於公羊學之學術地位問題，學者的意見頗爲不一。有認同派（如梁啓超），有否定派（如章炳麟），也有折衷派（如錢玄同、顧頡剛）。如依嚴格的純學術觀點而論，公羊家的說法的確亦有其值得商榷之處；但如果作爲一種歷史哲學或政治哲學而論，也自有他們的學術貢獻，不能一概而論。

【註　釋】

①梁啓超：《中國學術變遷之大勢》（中華書局），頁九八。

②梁啓超：《清代學術概論》，頁三，〈自序〉。

③錢穆：《中國近三百年學術史》（商務）下冊，頁五二五。

④王國維：《定本觀堂集林》（世界書局）上冊，頁一六七，〈書春秋公羊解詁後〉。

⑤依據董仲舒的解釋，新王所改者乃其俗而非其道：前爲改正朔、易服色；後者爲人倫、政治、教化等，「故王者有改制之名，無易道之實」見（世界書局刊）《春秋繁露》，頁一二。

⑥《春秋公羊傳》，何休疏注，卷一，頁一二八。

⑦《漢書》卷五六〈傳〉二六，〈董仲舒〉（新校本第五冊，頁二五〇九），其他說法尙多，參看蔣伯潛《經學撰要》（正中書局），頁一二八。

⑧顧頡剛：《漢代學術史略》（啓業書局），頁二一一二三。

⑨司馬遷：卷一三〇〈史記〉自序。

⑩《孟子·滕文公下》，但《史記·孔子世家》則作「後世知丘者以春秋，罪丘者亦以春秋」。

⑪三代質文遞變，《論語·雍也篇》；三世相傳異辭，見《春秋·哀公十四年》。

⑫《史記》，卷四七，〈世家〉十七〈孔子世家〉。

⑬顧頡剛，《古史辨》（上海古籍出版社，1982），第五冊，頁四〇四一五二七，〈五德終始說下的政治和歷史〉。

⑭何休：《春秋公羊經傳解詁》，〈隱公第一〉，引徐彥疏。

⑮參考皮錫瑞：《經學歷史》（世界書局），頁二二，漢有一種天人之學，而齊學尤盛。伏傳五行、齊詩五際、公羊春秋、多言災異，皆齊學也。朱維舒編：《周予同經學史論著選集》（1983年上海上民出版社刊）頁五〇一；楊向奎：〈清代的今文經學〉，《清史論叢》第一輯

(1979，北京中華書局刊)，頁二○，亦認爲公羊學是齊學。

⑯《漢書・藝文志》「春秋以斷事，信之符也」；皮錫瑞：《經學歷史》，頁二一，「元成以還，刑名漸廢，上無異教，下無異學，皇帝詔書，群臣奏議，莫不援引經義以爲據依，國有大疑，輒引春秋爲斷。」

⑰參看梁啓超：《清代學術概論》（中華書局），頁四、二三；章炳麟：《檢論》，頁二三。

⑱參看梁啓超：《中國近三百年學術史》（中華書局），頁二五；中有央研究院大近史所編：《近世中國經世界思想研討會論文集》，頁二六三—二六六，Beniamin A. Elman, "The Ch'ang‑chou New Test School: Preliminary Reflections"。

⑲如梁任公即以常州學爲清代「考證學正統派」之「別動隊」，見氏著：〈中國近三百年學術史〉，頁二五。錢穆則以常州之學爲「清代漢學考據之旁衍歧趨」，見氏著：《中國近三百年學術史》（商務）下冊，頁五二五。又美國學者艾爾曼也有同樣的見解，參看 Beniamin A. Elman, "The Ch'ang‑chou New Test School: Preliminary Reflections"（發表於民國七十三年四月，中央研究院近史所編：「近世中國經世思想研討會論文集》，頁二六○—二六三。

⑳參看董氏《易說》序及莊存與：《味經齋遺書》卷首。又徐世昌輯：《清儒學案》（臺北世界書局刊），冊三，卷七三，《方耕學案》案語，亦言莊氏之學「在乾隆諸儒中，實別爲一派」。

㉑按莊氏著述計有《春秋正辭》、《易說》、《毛詩說》、《周官說》、《尚書說》、《尚易既見》、《周官記樂說》、《四書說》、《兵法約言》、《味經齋遺書》等，引阮元：〈莊方耕宗伯經學說序〉，刊於《味經齋遺書》卷首，阮氏：《揅經室集》未收。

㉒莊存與：《味經齋遺書》，卷首：阮元：〈莊方宗伯經說序〉。

㉓《皇清經解》（臺北復興書刊），卷一二〇，頁七、頁八，〈毛檢討春秋傳序〉。

㉔徐世昌輯：《清儒學案》，卷六八，〈息園學案〉，附錄，〈進呈春秋公羊注疏考證後序〉。

㉕王引之：《經義述聞》，（世界書局）冊下，卷二四，〈春秋公羊傳〉第五四條，「公羊災異」。

㉖《皇清經解》卷六一，頁一〇，〈春秋公羊經傳通義·自序〉。

㉗參看：《清儒學案》，卷一〇九，〈顨軒學案〉附錄，及梁啓超：《清代學術概論》二二。按孔廣森之三科九旨與何休不同，三科是天道、王法、人情；九旨是時、月、日、譏、貶、絕、尊、親、賢。

㉘《皇清經解》卷三七五，莊存與：〈春秋正辭叙目〉。

〈29)〉參看清，徐乾學等輯：《通志堂經解》（民國五十八年臺北大通書局刊）卷二六，〈春秋類〉，卷首；《皇清經解》卷三七五，莊存與：〈春秋正辭叙目〉。

㉚參看陸寶千：《清代思想史》（民國六十七年臺北廣文書刊），頁二二九—三三一。關於莊、劉以大一統之義，提倡尊君思想可參考湯志鈞：《戊戌變法史》（1984，北京人民出版社刊），頁四〇—四一；孫春在：《清末的公羊思想》（民國七十四年，臺灣商務印書館刊），頁二七—二九。不過，依周啓榮的研究，莊存與亦有以「經學開帝」，「陰濟天下」之意，唯二者亦並無衝突。參看民國七十三年中研院近史所刊：《近世中國經世思想研討會論文集》，頁三九，周啓榮：〈從狂言到微言—論龔自珍的經世思想與經今文學〉。

㉛《清儒學案》卷七四，〈方耕學案中〉，頁三一下，莊述祖：〈與趙憶

生司馬書〉。據近人楊向奎的研究，公羊學表面是儒家，而骨子裡則是法家，故主張公羊屬於荀學（見1979北京中華書局刊：《清史論叢》第一輯，頁二〇八，〈清代的今文經學〉。

㉜分見王先謙輯，《續皇清經解》（南菁書院刊）卷三八九，頁一三，〈論語說義〉；卷四一四，《過庭錄》卷四，頁二，「元年、春、王、周、王月」條。

㉝《續皇清經解》卷三八七，〈大學古義說〉，頁一一。又宋氏之三科爲：張三世、存三統、異內外。九旨爲：時、月、日、王、天王、天子、譏、貶、絕。

㉞見孫海波，〈書劉禮部遺書〉，載於《中和月刊》卷三，頁三三六─三四〇。

㉟《發墨守評》、《穀梁廢疾申何》皆完成於嘉慶六年冬；《春秋公羊經何氏譯例》完成於嘉慶十年，《公羊春秋何氏解詁箋》完成於嘉慶十四年，《箴膏肓評》及《論語述何》皆完成於嘉慶十七年冬。

㊱《清儒學案》卷七五，頁二三，〈春秋論下〉；頁二二─二三〈春秋論下〉。

㊲同上書，頁二〇─二二，〈春秋論上〉；頁二二─二三，〈春秋論下〉。

㊳《皇清經解》卷一二九七，〈論語述何〉。

㊴分見梁啓超：《清代學術概論》，頁五四，節二二，論「今文學」；章炳麟：《檢論》卷四，頁二三，〈清儒篇〉。

㊵《皇清經解》卷一二八八，頁二一。〈主書例二九〉釋語。

㊶參看孫海波：〈莊方耕學記〉刊於《中和月刊》第一卷，頁一三五─三六。

㊷《皇清經解》卷一二八九，〈災異例三十〉釋語。

㊸參看民國七十三年中研院近史所刊《近世中國經世界想研討會論文集》，頁一八一，王聿均〈徐松的經世思想〉；頁二三五—二五〇，王家儉：〈洪北江的憂患意識〉：頁三四一—三五二，吳卓棣：〈從考證到經世—龔自珍以及十九世記初中國士大夫志向的轉變〉。

㊹參見民國七十三年中研院近史所刊《近世中國經世思想研討會論文集》，頁二九五—三〇三，周啓榮：〈從狂言到微言—論龔自珍的經世思想與經今文學〉。不過，錢穆卻以爲龔氏可能受章學誠：「五經皆史」的影響，見《中國近三百年學術史》冊下，頁五三五—五七六。

㊺《龔定庵全集類編》，頁六八，卷四，〈論辨類上〉：〈乙丙之際著議第九〉；頁一一六，卷六，〈論辨類下〉：〈乙丙之際塾議二〉同。按湯志鈞、張承宗、孫春在等皆以龔氏「三等之世」的說法係受公羊影響，(分見1980年四月刊《近代中研究》，湯志鈞〈龔自珍與今文〉；1984年六月刊《中國近代史學史論集》（上），張承宗〈龔自珍史學研究〉；民國七十四年臺灣商務印書館刊，孫春在：《公羊學思想》頁四七）。惟周啓榮以爲與公羊無關，參看前引文，頁二九五—二九六。

㊻《類編》，頁六九〈乙丙之際著議第九〉。

㊼《類編》，頁六二卷四，〈論辨類上〉，〈平均〉，關於清代中葉人口問題，可參考：全漢昇、王業鍵：〈清代的人口變動〉（中研院《史語集刊》三二，頁一四五—一五〇）；羅爾綱：〈太平天國革命前的人口壓迫問題〉（中研院社會科學研究所，《中社會經濟史集刊》八卷一期）。

㊽《類編》，頁一三三，卷六，〈論辨類下〉，〈明良論二〉。

㊾《類編》，頁一三四—三五，〈明良論二〉。

㊿同上。51《類編》，頁一三五，〈明良論三〉。

52《類編》，頁一三二，〈明良論一〉。

○53《類編》，頁一三七，〈明良論四〉。按據馬起華：《清高宗之彈劾案》（民國六十三年臺北華國出版印），頁二，乾隆六十六年間之彈劾案竟有四千六百餘宗，平均每年七十六宗以上，每月不下六宗，足證定庵所言之不誣。

○54《類編》，頁六八，〈乙丙之際著議第七〉。

○55參看民國七十三年四月中研究近史所刊《近世中國經思想研討會論文集》，王聿均：〈徐松的經世思想〉；王家儉：〈洪北江的憂患意識〉二文。

○56《類編》，〈己亥雜詩〉。

○57《類編》，頁五七，〈春秋決事比自序〉。

○58以洪範八政配三世之說，見《龔定庵全集類編》，頁八一，〈五經大義終始答問二〉。

○59同上，頁八三，〈五經大義終始答問九〉。

○60〈乙丙之際著議第六〉見《類編》，頁六六─六八。革命思想見陸寶千：〈龔自珍的社會政治學術思想〉（《中華文化復興月刊》一一卷三期，頁七四─七五）；以漢士為賓，滿族為主，見周啓榮之前引文，頁三一三。而張蔭麟則批評龔自珍為一「多情好玩之慧公子，一易地之李後主，納蘭成德而戴上經士、策士、修道士、預言者之重重面具者」（見民國二十一年十二月二十六日《大公報・文學副刊》，張蔭麟：〈龔自珍誕生百四十年紀念〉），此處引自1984年安徽新華出版社刊，孫文光編：《龔自珍研究資料集》，頁二二四。

○61〈西域置行省議〉見《類編》，頁一六四─一七二，卷七，〈奏議書疏類〉；〈送欽差大臣侯官林公序〉《類編》，頁二二二─二二四；「欲隨林氏游」見《類編》，頁二二四─二二五，附錄「林則徐覆函」。

⑫莊存與:《味經齋遺書》卷首，魏撰:〈武進莊少宗伯遺書叙〉。

⑬劉逢祿:《劉禮部集》卷首，魏序。

⑭魏源:《古微堂外集》卷一，頁六三—六五，〈董子春秋發微自序〉。

⑮參看拙著:《魏源年譜》(中研院《近史所專刊》二一，民五十六年十一月刊，七十年二月再版)，頁四〇—四三。

⑯分見《古微堂外集》卷一，〈詩古微初稿序〉;〈詩古微目錄書館〉(載楊守敬刊《詩古微三編》，魏氏文集未曾收入。論美刺問題，見南菁書院刊《皇清經解續編》，卷一二九二，頁六，〈詩古微一〉;詩樂合一見同書同卷，頁一三。關於此一問題，尚參考梁啓超:《清代學術概論》，頁五五，論「今文學」;及湯志鈞:〈魏源的變易思想和詩書古微〉，1984年刊於《求索》五期，頁八四—八八。

⑰參看《古微堂外集》卷一，頁五一—五七，〈書古微序〉。

⑱按魏氏此一觀點，曾經數度重複言及，足見在思想中之重要地位，分見《古微堂外集》卷一，頁三五—三七，〈兩漢經師今古文家法考叙〉;魏源:〈劉禮部集叙〉;《皇清經解續編》，〈書古微·例言上〉。

⑲參看1971年十月香港崇文書店刊《中國近三百年學術思想論集二編》，頁九二—九八，吳澤:〈魏源的變易思想和歷史進化觀點〉。

⑳魏源:《海國圖志》，卷一四，〈東南洋海島三〉。

㉑《海國圖志》，卷五，《東南洋各國叙》。

㉒《古微堂外集》，卷四，頁一三—一六，《太子太保兩江總督陶文毅公神道碑銘》。

㉓同前書，〈籌鹺篇〉，卷七，頁二三—二五，〈淮北票鹽志序〉。

㉔民國七三年中研究院近史所刊《近世中國經世界想研討會論文集》，頁三六〇，劉廣京:〈魏源之哲學與經世思想〉。

⑦參看拙著：〈魏源對於西方的認識及其海防思想〉，（臺大《文史叢刊》），頁七三一八三。

⑦《海國圖志》，卷五九，〈外大西洋墨利加洲總誌〉。

⑦同前書，頁九〇一九九。

⑦參看梁啓超：《中國近三百年學術史》，（臺北中華書局刊），頁一九二、一九八；錢基博：《古書舉要》（臺北文宗書局刊），頁六七一六八；陸寶千：《淸代思想史》（臺北廣文書局刊），頁二三六。按湘學之代表爲王闓運、皮錫瑞；蜀學之代表爲廖平。

⑦康有爲：《康南海自編年譜》（臺北廣文書局）頁八；中研院《近史所集刊》第三期下冊，頁一六七一一六八，羅久蓉：〈康有爲的歷史觀及其對時局與傳統的看法〉。

⑧見康有爲：《自編年譜》，頁一一一一五。

⑧分見民國五十六年臺北成文書局刊《淸議報》第十一冊，頁六九三一六九六，康有爲：《康子內外篇·闔闢篇》。臺北中研院近史所藏：《萬身公法》導論〈實理公法〉。參看中研院《近史所集刊》第三期下冊，頁九二五一九二六，蘇雲峰：〈康有爲主持下的萬木草堂〉。按據康氏《自編年譜》，頁一七，亦云其〈內外篇〉兼涉西學。

⑧參看廖幼平：《廖季平年譜》（1985年，四川巴蜀書社刊），頁一一〇，向楚：〈廖平〉。

⑧見前引書，頁四五，光緒十五年秋廖平至廣州，康氏訪之於城南安徽會館，廖以〈知聖〉及〈闢劉〉二篇示之，「兩心相協，談說移晷，康氏乃盡棄其學而學焉。」所記雖不盡實，但康之受影響，即其弟子梁啓超不否認。

⑧康有爲：《新學僞經考》（臺北世界書局刊），頁二一三，〈自叙〉。

㉟康有爲：《孔子改制考》（商務印書首刊），卷一一，頁二。

㊱《自編年譜》，頁一七，光緒一二年（1886），二十九歲，編《人類公理》，作〈內外篇〉。

㊲《孔子改制考》，卷一二，〈孔子改制法堯舜文王考〉。

㊳康有爲：《春秋董氏學》（臺北商務印書館），卷二，頁四，〈三世〉。

㊴康有爲：《康南海文鈔》（當代八家文鈔本）卷一，頁八—一〇，〈刊布春秋筆削大義微言考題詞〉。

㊵參見陸寶千：《清代思想史》，頁二四四—二四七。

㊶張灝等著，時報出版公司刊：《晚清思想》，頁五三八—五三九，許冠三：〈康南海的三世進化史觀〉。

㊷羅久蓉：〈康有爲公羊三世說的歷史近代觀點研究〉，（《中華文史論叢》第一輯）頁五三八—五四二。

㊸參看蕭公權：《中國政治思想史》（民國七十一年臺北聯經書局）冊下，頁四九一；蕭公權著楊肅獻譯：《翁同龢與戊戌變法》，頁二六三—二六四（民國七十二年臺北聯經書書）。

（原刊於中央研究院《第二屆國際漢學會議論文集》，民國78.6.台北。）

魏源的水利議

——兼論晚清經世學家修法務實的精神

一、前　言

　　水利與農業的關係至爲密切，我國自古以農業經濟爲國計民生的主要源泉，不論政府及民間，對於水利問題的重視殆爲必然。翻閱史册，有關水利的活動，幾於無代無之。或疏通河道、便利商旅；或引水灌田，增加生產；或修築隄壩，以防泛濫。在在顯示，數千年來我先民與大自然搏鬥的偉蹟，此種艱苦卓絕的精神殊足發人深省。第二次大戰後，若干西方學者不但表示對於中國水利問題的重視，甚而企圖以之解釋整個中國歷史律動的內在原因。雖然此種理論尙不免爲學者所質疑，①但水利問題的不容忽視，卻是個不爭的事實。

　　吾國幅員遼闊，山脈縱橫，河流密布。大體可以分爲海河、黃河、淮水、揚子江及珠江五大水系。基於氣候、雨量、地形、土壤等自然條件的不同（見附圖一、二），因而此五大流域居民的安危禍福，常視各處水利工程的優劣而異。此類水利設施名目相當繁多，工程也相當的艱鉅，至於金錢的耗費則更爲不貲，動輒以千數百萬計。一般而言，範圍較大多由中央政府負責；範圍較小的則由地方官協同紳民辦理。根據英國學者李約瑟（Joseph Needham）在其「中國之科學與文明」（Science and Civilization

China）一書的統計，因爲工程技術的限制，十五世紀以前大規模的水利工程爲數尚少；至明清兩代方才較多。尤以清代爲最，平均每年多達 12.0 件（見附圖三），而爲自周秦漢唐各代所不及。②清代的水利行政組織頗爲嚴密，除於各地設立大批的河道、分司、通判等專官負責水利設施以外，並於其上特設北、東、南三河總督加以統率與監督。一爲江南河道總督，駐劄清江浦，負責江淮一帶的水利事宜。二爲直隸河道總督，駐劄天津，負責海河一帶的水利事宜。三爲東河河道總督，負責山東諸水及漕運事宜。至於各省的地方官，也一律負有協助修理河道隄防閘壩等有關水利灌溉的責任。③甚至皇帝本人（如康熙帝），也曾親赴河工巡視，指授治水方略，因此康雍乾時代的水利事業成績頗有可觀。不過，迨至嘉道年間，情形卻逐漸改變。隨著清代國勢的每況愈下，不論政治、軍事、經濟與社會等方面都出現種種的危機，因而水利建設的績效也大不如前。非但常鬧災荒的黃淮地區連年告警，即一向水患較少的其他水系，也經常地發生問題，因而引起不少講求經世之學的知識份子們的關懷與注意。④其中尤以湖南學者魏源（默深、1795－1857）對有關水利的意見最爲具體，值得吾人作深入的深討與分析。

二、魏源的地理知識及對於水利的關懷

魏源之所以富有改良水利的思想，並非偶然，而與其個人所具備的其他條件密切相關。一因他具有經世思想，自幼即留心於當世之務，對國計民生頗有一番抱負。故其文集之內有關經世之作觸目皆是，舉凡軍、政、邊防、漕、鹽、海運、他都曾提出過具體可行的改進主張。至於水利，則僅不過其一端。二因他好遊

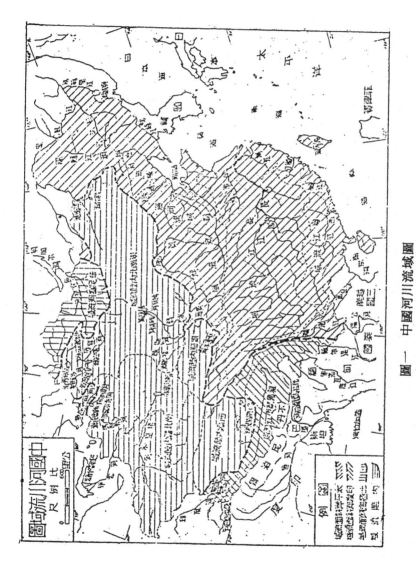

圖一　中國河川流域圖

（採自王益崖《中國地理》上冊頁166 ）

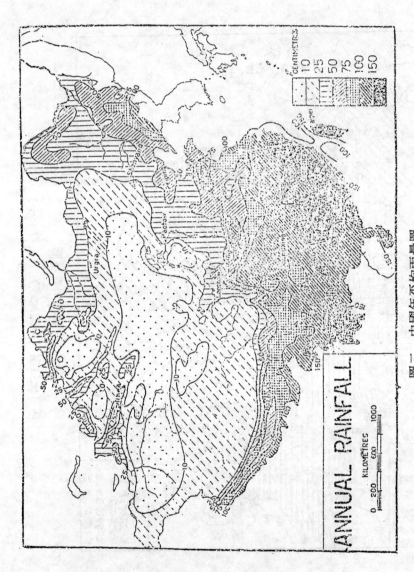

圖二 中國年平均雨量圖

（採自王益崖《中國地理》上冊頁 135）

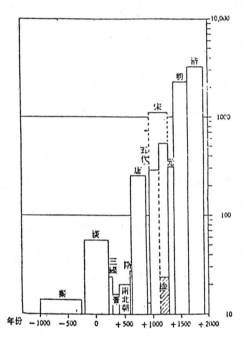

朝　　代	平均年修水利工程
周及秦	0.175
兩　　漢	0.131
三　　國	0.545
晉	0.110
南北朝	0.118
隋	0.932
唐	0.88
五　　代	0.245
宋	3.48
金	0.166
元	3.50
明	8.2
清	12.0

(圖三)歷代對於水利建設工程
　　　推進件數之示意圖
(採自張一麐沈百先譯李約瑟著
"中國之科學與文明"第10冊頁469)

(表一)歷代水利工程活動表
(採自張一麐、沈百先譯李約瑟著
　"中國之科學與文明"第10冊頁468)

歷，足跡幾遍於全國的名山大川。嘗刻一小印云：「州有九，涉其八；岳有五，登其四。」⑤從他詩集中的大量山水題詠，當可證明並非虛語。三因他嫻於地理，魏氏除以其晚年所輯之「海國圖志」首先介紹世界地理而馳名於世以外，對於中國地理他也很有研究，最有名的便是那本《禹貢說》，對於江漢的分合，彭蠡的位置，江水的分道入江等問題，他都曾花過很大的工夫加以考訂。⑥同時他對當時爭論最烈的所謂「蹈襲問題」也曾著有長文詳加分析，斷定戴震之《水經注》乃係抄襲趙一清之書，而非戴氏之自著。⑦四因他富於觀察實證的精神，凡遇有地理的疑題，他必翻閱史籍加以探索，博訪周諮向當地人士請教。同時更親身前往其地考察，以瞭解其真相。其友人陳澧曾於〈禹貢說序〉中指出魏氏在治《禹貢》時，「每有疑難，輒走數千里，目驗而定之。」並舉魏氏研究漢水上源「嶓冢導漾」時，「遂往甘肅而觀所謂三洞者，以著於書。」⑧這種富有近代科學的精神，自然使其水利意見具有高度的實踐價值。

　　魏源在水利問題的表現，大致可推溯到道光五年（1825）。這一年他正值三十二歲，在學問方面根柢已漸鞏固；在人生方面思想也漸臻圓熟。復加以年青人的熱情與理想，而使意氣風發的他頗想為國家社會作一番貢獻。適巧是年他的湖南同鄉江蘇布政使賀長齡邀他輯《皇朝經世文編》，因而乃得以從清代開國二百年來的大批歷史文獻裡吸取許多寶貴的智慧與經驗。⑨同年即有〈籌漕篇〉之作，開始對於漕運問題發表意見，提出以海運代替漕運的鮮明主張。此後，他更不斷地參與海運、鹽務等的改革，乃至參加鴉片戰爭的活動，注意洋務及海防問題。但他對於水利問題卻並未曾忘懷，先後者有〈籌河篇〉、〈畿輔河渠議〉、〈論下

河水利書〉、〈東南七郡水利略序〉、〈三江口寶帶橋記〉等文。以著述的時間論，前後長達將近四十年；以所涉的範圍言，擴及海河、黃河、淮河、長江、太湖諸水系。似此長期關心水利而又議論如此廣泛者，在嘉道時期的知識份子群中，尚屬罕見。

三、魏源的水利議（上）——對於永定河、漳河、黃河及運河的整治意見

甲、畿輔水利議：直隸（今河北省）有五大河流，即大清河、子牙河、永定河、南運河與北運河。因上述諸河皆匯集於天津城東北的三岔口注入渤海灣，故又名海河，或名直沽。海河水系以永定河及漳河泛濫最多，也最為難治。魏源曾於道光二十四年（1844）及二十五年（1845）之春，二度行經固安等地，因而深感直隸境內河患嚴重。「工役雖不若黃河之鉅，然近日河北之漳河、永定河、橫潰歲告，亦幾與治黃河同無善策。」⑩遂乃考之成案，諏之故老，並質諸老於河事的土人，親赴沿河一帶調查。最後再提出他對於治理二河的意見。

(1)永定河：永定河源於太行山，自山西、察哈爾流經直隸的宛平、固安、永清、霸縣，至天津之附近而注入運河。因其水流湍急，含沙量高，故河床經常淤塞改道。元代曾稱之為「無定河」，或「小黃河」。關於永定河的多淤多徙特色、在直隸的許多方志中皆有生動的記載。《固安縣志》說：

> 永定河水色最濁，其急如箭。東決則西游，倏忽遷改，（故）前人謂之「無定河」。⑪

在《直隸疆域屯防詳考》一書之內，也有類似的描述。謂永定河入宛平縣之兩金溝村後始縱流，「電掣雷轟，不可復遏。東盪西

決，倏忽變遷。」且「其性濁而悍，挾沙而外，大溜奔騰，時虞沖決。康熙三十七年帝親臨二次，指授方略，始改今名。」⑫

　　根據粗略的統計，則知永定河自清初的順治年間至晚清的道光末年（1644－1850），二百年間，氾濫不下四十餘次，幾乎每五年即有一次災害。不是大水決隄，便是下游改道。儘管清廷不斷地督飭河員及地方官大興土木，修壩隄，以為防堵。可是卻「卒至淀泊變為平陸，卑濕變為高原，全河淤墊亦隨增高，釀成築垣居水之局。」⑬

　　依魏源之見，永定河之所以難治，主要的乃是由於以治河者之失策所致。其一是不明水性，其二是不審地勢。以致應當使河南流而順水性之時，卻大築隄防，逆水之性而強之北流。故康熙三十七年（1700）撫臣于成龍改河東北注之東淀、而淀受病。乾隆二十年（1755）開北隄放水東行，於是河日淤，隄日高。「視平地十二丈以外、動輒潰決。」此皆為不明水性不審地勢之明證。由此可知整治北方濁流之法，實以不治而治，亦即不築隄為上策。首在順其性向，而使之入於玉帶河之故道。次則捨棄隄防，而使固安、霸州二邑二百里之地自然受水。由於泥沙停於二邑者多，會於清河而入淀河者少，故一旬日水退，則其處即將成為膏腴的鋪金之地，以夏麥償秋禾而有餘，民實受其利。在一個河臣皆奉「築隄束水」為圭臬的時代裡，魏源的主張自不免與之格格不入。以致魏氏於文中不得不對其反對築隄之舉再三致意。一則謂永定河舊行固安、霸州時，其故道本無隄防。自築隄束水以來，兩岸寬者十二里，近者半里，或至十餘丈，「夫以千里來源，而束之兩堵之隄，適足激其怒而益其害。」再則謂兩岸有沙無泥，「遇風則隄隨水去，遇水則隄與沙化」，足證築隄不能束水。最後

他並指出，設不得已，則惟有於河南決時，順其所向。以舊河爲北岸，而於新決之河，別築遙隄，寬約十里。如此則「地廣足以受水，地勢足以暢水，力少則無衝決，水淺則無淹沒。有淤地肥麥之功，無搶險歲修之費，實爲百年之大利。⑭。

(2)漳河：漳河源於大行山，自山西東流，行經直隸與河南二省之間。原來注入黃河。嗣以黃河改道南趨，乃改而入衛，成爲衛河的支流。漳河的多淤多徙性與永定河大致相同。「開河則旋淤塞、築隄則旋崩潰。」因之幾乎每二十年即有一小變，五十年即有一大變。《臨漳縣志略備考》云：

> 漳河、冀豫間一巨浸也，溯其源，來自太行山，右匯清、濁二流，東至舊閘口。閘以上山石夾護，雖湍流迅激，不能爲害。自崔台以下，一帶平原曠野，夏月水勢漲奮。洶湧異常，往往淹及田疇，甚且爲城郭村墟之患。⑮

不過、漳河所帶給人們的並非全屬災害，一如世界其他類似河流者然，亦常因其形成的沖積黃土含鉀磷石、石灰質、以及其他有機物和足量的水分，而使原來的土壤恢復（Renew）而變爲新鮮易耕的沃壤。秋禾雖因河汛而犧牲，可是「播種二麥」卻往往「倍獲豐收」，而使農民獲得補償。故近漳之民非但不以被淹爲苦，反而以水漲不到，不得種麥爲憂。因之漳水乃有「富漳」之稱。⑯

漳水所具的天然條件如此，所以魏源在經過觀察與研究之後，所提出的治漳主張也與永定河稍有不同。其一，就地勢來說，他認爲漳水與永定河不同。永定河兩岸北高而南低，故應當導之使南流；漳河兩岸南高而北下，故應導之使北流。如言：

> 且漳河之地勢水性，大抵東北行則安，東南行則病。不見

滹沱河乎（按此河乃子牙河之上游）。挾衝悍，與漳何異？
特以其東北入海，故雖左右擊盪，有吞噬而無淤高侵漫。
漳之利東北，不利東南，何獨不然。⑰

其二，對於時人因慮漳水南侵衛河有妨運道、而主從事築隄北排
之說，魏源也大不謂然。他以爲宋、元以前，黃河北趨大名入
海，漳水入河易泄，故從不爲患。宋、元以後，黃河南徙，漳水
不入河而入衛，下游已淤淺難容。然其時漳之故道猶深，亦不爲
患。近則潰決四出，盡失故道，魏縣五城，皆在巨浸，於是始議
隄塞。不知治水之法，各因其性。黃河湍悍，宜防而不宜泄：漳
水淤淳，可資灌漑，宜泄而不宜防。遠者不論，即就近世而言，
亦可證明其理之不誣。乾隆以前，漳由三台至館陶東北之路，彼
時未曾築隄，歷數百年皆無患。及至乾隆五十九年（1794）及道
光二年（1822）二次築隄，反而潰決成災，足見有隄之不如無
隄。蓋以漳河兩岸沙土十之七八，泥沙十之二三，若以沙土築
隄，不特旋成旋潰。即幸不潰，亦愈築愈高，遇水盛漲，必然崩
決，其害十倍。故土人有「漳河小治則小決，大治則大決。」可
知實以不治爲上策。尤有進者，不築隄匪僅無害、對於居民且反
有利。如同安陽、內黃沿河數十村莊之人，雖然歲潦成災，卻始
終不肯築隄，原因即在河水退淤之後，麥收必然倍增。且依照法
令規定，報災之歲，尚可沿例免其差役，對於農民而言，更爲塞
翁之福。⑱

除此之外，魏源也主張漳水應歸其上游故道，將三台以迄館
陶之舊河加以修復，而使之南趨。他認爲只要上游能端正其趨
向，其下游即不難循其途轍。如此雖小費而實大省，方爲一勞永
逸之計。⑲

　　乙黃河水利議：黃河爲我國第二大河，全長約 5,464 公里。
由於其下游 435 公里的河流，蜿蜒於華北黃土平原之上，侵蝕力
極強。故水中含沙量極多，竟達百分之六十左右。以致河床因長
期沉澱而淤積日高，超過於地平面數尺之上，⑳而成爲世界水利
史上最特殊的「高墊河流」（Eavated River），故而有「懸河」之
稱。

　　黃河既具有「善淤」與「善徙」的雙重特性，所以在歷史上
下游經常改道。出口忽南忽北，相差往往數百里。其中尤以第五
次的改道（金章宗明昌五年、1194），黃河奪淮入海，所造成的
問題最大。㉑由於下游泥沙淤積日多，河水不能暢流，結果豫
北、魯西、蘇北、皖北各地時常潰決成災。元末雖然曾經賈魯大
力整理，河患稍息。可是至明孝宗弘治七年（1494）卻又有第六
次的改道。明神宗萬曆年間，潘季馴以二十餘年之力，從事治河
工作。結果，因其目的僅在保護安徽鳳陽的皇陵，受惠的僅限於
蘇北及皖北等地，㉒故收效依然有限。清初，康熙年間，用靳輔
治水，一秉潘氏遺規，黃河雖呈小治，但其目的乃以河通漕，而
不在以河治河，因之不數年而復決。㉓乾隆以後，河政漸趨腐
敗，情形更爲嚴重。至嘉道間竟與漕務、鹽務相同，成爲地方大
吏所最感棘手的問題，時人號稱爲江南的「三大政」。

　　魏源自道光五年（1825）江蘇布政使賀長齡輯《皇朝經世文
編》，即接觸到大批的治河文獻，而瞭解黃河的歷史。繼又先後
進入江南大吏陶澍及林則徐等人的幕府，策劃漕務、海運及鹽法
的改革，獲得相當豐富的經驗。因此乃於鴉片戰爭甫過之後（道
光廿二年1842），撰述〈籌河議〉三篇，提出他的治河意見。在
他看來，黃河之所以「無歲不決，無藥可治。」並非由於河之難

治，而實與以下二大弊端相關。一為治河者的失策。二為河員的貪利。前者病河，後者病財。是以年年治河，而歲歲河決依然如故。河病而言，自靳輔以後，「河臣不治海口，而惟務洩漲。」結果，漲愈洩，溜愈緩，海口漸淤，河底漸高。一旦河水決隄，則又惟事增培，而不計後果，卒至河高而隄與之俱高。下起海口，上至滎澤、武陟之間，二千餘里隄相連，束水於堵，隆隄於天，因之乃形成「下游固守，則潰於上；上游固守，則潰於下」的兩難之局。康熙時，河工之費，每歲不過三十萬。乾隆間，兩河工之費已增至二百萬。及至嘉道時期，居然高達五百萬。㉔而且隨著河工開支的增加、河工的組織及人員也不斷地膨脹。清初僅有一位河督、嗣以工程繁鉅，一河督不能兼顧，於是乃分為東西二河督。康熙初，東河止四廳、南河止六廳。道光時，東河竟增至十五廳，較前擴大四倍。南河竟增至二十二廳，較前亦擴大四倍。此外，河員之下，尚有營官及河兵，「文武數百員，河兵萬數千。」亦皆數倍於前。㉕似此，自然形成為政府財政的大負擔。

　　針對以上積弊，魏源乃提出兩大對策。其一，對於河病問題，他則以為治河者必須「明古今」，「識水性」。所謂「明古今」，亦即從河的本身上做一番歷史的考察，以明白其今昔流向。並瞭解乾隆至道光間八十餘年、三次河決皆因地勢北低南高而往北流的現象。所謂「識水性」，亦即應知水性就下之理，因勢利導而使之北流，歸於漢唐故道，再由山東清河入海。㉖至於治河之法，他則以為應乘冬季水淺期間，築隄束河，導之東北。張秋以西、自陽武中經長垣、東明等地，上承延津，下歸運河，仍沿漢唐黃河故道，但創遙隄以節制之、便可使其為天然河漕。張秋以東，下至利津，則就大清河兩岸展寬，或開創遙隄，使河行於

太行及泰山之間。然後再以北岸為南岸，改北隄為南隄，藉使大溜不致南決。㉕如此則河病即可大減。其次，對於財病而言，他則以為河員貪河之利，而不實心任事，乃是河患之一大癥結。一旦黃河改道，則此輩即將失其所恃，而財病即可隨同河病問題一齊解決。屆時僅須留一河道駐紮張秋，監督南岸、北岸、上游、下游數廳之官，以及河標武職數十員即可。至於其他的冗官冗兵則大半可省，而歲修及倒塘濟運之費，至多不過數十萬。如此，則歲省五百萬兩，十數年後，便可恢復乾隆鼎盛時的舊觀。㉗

綜觀源魏源的治河之策，確能突破其清初前輩治河專家靳輔及于成龍的舊套，而別開新途。他既不贊成築隄束水，也不贊成另開新河，而僅主張明古今、識地勢，知水性，引河北流，歸於古之故道，經由大清河入海。於此可知其對於當時河患認識的深切。嘗言：

> 我生以來，河十數決，豈河難治？抑治河之拙？抑食河之饕？……。但言防河，不言治河，故河成今日之患；但籌河用，不籌國用，故財成今日之匱。以今日之財額、應今日之河患，雖管桑不能為計；由今日之河，無變今日之道雖神禹不能為功。㉘

又言：

> 故今日籌河，而但問決口塞不塞，與塞口之開不開，此其人均不足與言治河者也。無論塞於南，難保不潰於北；塞於下難保不潰於上。塞於今歲，難保不潰於來歲。即使一塞之後，十歲、數十歲不潰決，而歲費五六百萬，竭天下之財賦以事河，古今有此漏巵填壑之政乎。㉙

當然，依當時政風的敗壞、官僚的腐化、加以仰食河工者的

食髓知味，乃至於其他的諸多複雜因素，魏源亦知其治河計劃難以實現。不過，他仍對於自己的主張深具信心，斷言將來黃河非改道北流由大清河入海不可。故言今欲治河，「斷非改道不爲功。人力預改之者，上也；否則待天意自改之。雖非下士所敢議，而亦烏忍不議（哉）！」㉚又說：「且今日之河，亦不患其不改道也。使南河尚有一線之可治，十餘歲之不決，尚可遷延日月。今則無歲不潰，無藥可治。人力縱不改，河必自改之。」㉛魏源的此一遠見，終於十二年後證明其正確。咸豐五年（1855）、河由河南省開縣之西北銅瓦廂決口，果由大清河至山東入海，故論者多以其知言。㉜

　　丙、運河水利議：大運河是我國以人工開鑿的世界上最長的一條運河，自北而南縱貫冀、魯、蘇、浙四省，全程約有1,700餘公里。聯絡江、淮與黃河等數大水系。工程之鉅、舉世無匹。如此一條長流，自然在政治、經濟與文化上都具有多方面的功能。可是論其主要任務，卻僅爲通漕作用。政府每年須將江南約四百萬石的食糧運往北方首善之區的北京，以供軍糧民食之用，故運河又以漕河聞名於世。清代運河仍沿明代，道光以前全由河道。但因黃淮交會，濁流內灌，河道常爲不通。尤其是清江浦至高郵的一段二百餘里之間，由於黃河入運、上下均淤、問題更是特別嚴重。每遇漕船受阻之時，漕臣應付之方，不是「灌塘濟運」；便是「借黃濟運」。如遇河床淤塞過甚，則又「引清刷黃」。結果證明皆是治標不治本，不但運隄屢決、漕船經常受阻，每年因爲修隄築閘、疏濬挽運，使民疲於奔命。而且兌米有費、押運有費、過淮有費、過閘有費、在金錢方面也是勞費不貲。再加以運丁的勒索，胥吏的中飽，海關稅儈的剝削，更是積弊叢生。以

致每年「上既出百餘萬漕項以治其公，下復出百餘萬幫費以治其私」，日久成習，莫之能改。㉝

　　當魏源於道光五年（1825）爲江蘇布政使賀長齡延輯《皇朝經世文編》時，適値道光四年（1824）之冬高郵決隄，運道梗塞、漕船膠著、難以行動。於是朝野下上議論紛紛、或主盤壩接剝；或主借黃濟運，因之魏源也以三十二歲的青年投入此一熱烈地討論。依他之見，唯有實施海運，方可將漕運問題根本解決。蓋以運河淤塞日高，淸口倒灌日甚，唯有實行海運，實亦別無他法。至於運河本身問題，他則主張仍應保留之，以運湖廣的漕糧，而不宜輕言作廢。惟鑑於前人僅知以河通漕，而不知以河治河，以致發生河漕問題糾纏不淸之弊。他則以爲應先導河北流，由大淸河入海，以解決黃河問題。其次再將黃河與運河會流點北移，使汶水注入運河，藉使漕運不再倚賴黃河。嘗言：「議者慮河之北、則礙會通之漕。不知河即北，而會通之漕不廢。何則？漕以汶不以黃也。」又言：「運河之貫黃河南北一也。黃河之貫運河，亦南北一也。汶水自南旺湖北行一百三十餘里，至張秋入大淸河，建翎而下、是南岸通漕甚易、所宜籌。惟北岸但自壽張至臨淸二百餘里，盡減水壩、倒塘濟運，而築石閘於壽張黃運之交，是北岸通運，亦視南河禦黃壩倍易，何虞乎運道！㉞此外，他還以爲黃河及運河問題解決之後，下河水患亦將會隨之而化爲烏有。屆時，洪澤湖可以暢流入海，高堰亦可不必蓄水，而淮河下游民田數萬頃即可涸出。如此，五壩不啓，下河不災，淮揚一帶當可化爲樂園。㉟

四、魏源的水利議（下）對於淮河及下河、
湖廣、江南水利的整治意見

　　甲、淮河及下河水利議：淮河介於長江與黃河之間。發源於河南省的桐柏山、東流經皖山、蘇北而注入於黃海。全長約一千餘公里。以其單獨入海，古代與長江、黃河及濟水合稱爲「四瀆」。淮河以支流衆多、流量多變著稱。㊱原由單獨入海，頗稱平靜。東漢明帝時雖曾一度氾濫，但其爲患不大。魏晉南北朝隋唐時代，淮東尙有陂塘之利。宋初偶有漲溢，卻以交通利便著稱。直至南宋光宗紹熙五年，（金章宗明昌五年，1194），黃河於河南陽武決口，南流一支奪淮入海，受納河沙，水患始多。及明孝宗弘治六年（1493），全黃之水注入淮河，河床淤高，且清口以下無法宣洩，以致下海一帶每遇夏秋之交雨量過多之時，即動輒溢決城垣田廬，釀成巨災。所謂「下河」，即指此一地區而言。其範圍大體包括現今的淮安、高郵、寶應、泰州、興化、東台、鹽城等縣。在此一闊約三百餘里、長約二百餘里的區域之內，地勢窪下、形如釜底。外海內河，本來即有海潮內犯之虞。及至明淸以來，復加以黃河、淮河與運河與運河的糾纏泛濫，更使當地之民，苦不堪言。㊲《高郵州志》言：「郵稱澤國，急務莫切於水利。而郵之利大要尤視乎河淮。自上流淮水下注、周圍始化爲一湖矣。始以漲溢而上河受其殃，既以閘壩而下河罹其害，此所以屢遭水患也。」㊳寶應與高郵相鄰、處境也大抵相同。因其位居河淮下游、屢被水患，在明已然。迨及淸代，「其禍殊熾。致田廬漂沒，人民流散，一二孑遺皆有菜色，遂爲極凋敝之邑。」㊴興化與東台二縣、位於高、寶之東，受災情形更爲嚴重。《興

化縣志》載：「興化形勢、四面皆高、形如釜底。水皆平行，惟壩水下注如履平地，淹盡一畝、方行一畝；淹過一莊、方行一莊。均由西南而之東北，迨既滿而溢，已越三四月，始趨各口入海。⑩東台除水患外，復慮旱災。其縣志云：「夫淮南之大政有二：河也、漕也。下河居運隄之東，雨水驟至、泛濫四出，不獨東台為然。惟一縣之水以上運河為源，自牙橋阻絕，南流壅塞，東台常獨困於旱，其患一也。」⑪泰州向稱魚米之鄉，亦因其境內下河洩水不暢、而發生水災。道光六年（1826）六月間，由於昭關壩放水，數日內下河全淹。自城東之姜堰至海安鎮一帶，向不患水者亦皆淹漫。村廬漂蕩，「民人散四方者不可勝計。」成為百年罕見之奇禍。⑫鹽城為蘇北的重鎮，亦不免於水患。自明萬曆初造之後三百年中，「大抵水災多而旱災少，滔天澤溢之水、或逾六七載而不退。」⑬

　　魏源自道光之初即在江南各地活動，屢次參與河漕鹽務等大政的改革，對於下河水利問題自然具有相當的認識。及至道光二十九年（1849）他繼東臺知縣之後，出守興化，並因啟壩之事與河督楊以增發生激烈衝突，更使他對於下河水利獲得深刻的瞭解。同年九月他奉兩江總督陸建瀛之命委查下河水利。乃由興化赴省（蘇州），逐一查訪中段及下游情形。並經六合遠赴盱眙，天長等縣，查勘上游禹王河道故跡。且彙查歷年案卷圖記，以竟原委。然後作成「論下河水利書」上之當道，說明他對於此一問題的意見。態度的嚴肅，辦事的認真，於茲可見。依據魏源的看法，他以為時人所提解決下河水患問的辦法，如同「上游分洩、淮水歸江；下河築隄，束水歸海」之策、「均屬勞費無成、殆同畫餅，」蓋以上游洩淮入江之說，無過盱眙、天長、六合、之禹

王河。可是經過康熙、乾隆、嘉慶、道光間四次估勘、均無河之故道。如須平地鑿開新河二三百里，非但要毀廢三縣民田將十萬畝，而且山潦洪決諸患，仍難避免。再者、下游築隄束水歸海之議，雖然創自於靳輔，可是卻為當時中外反對。因其所經各湖、「純係泥沙、無處取土，豈有可隄之理？即使可成，亦不過於運河之外、再增二三百里之運河，更難修守。」⑭至於中段擬議酌移郵南四壩於寶應之子嬰湖、並於山陽之涇河設閘，以求淮水歸海路近，免災他邑之說，「亦多窒礙，難以操券。」因為寶應運河高於寶應湖面均達四、五、六、七尺不等至高郵而湖河始平。即令移壩於此，仍不能以分高郵湖隄之險。他如建滾壩或挑引河，亦勞費不貲，難以分淮安、高郵、邵伯各湖之險。因此他以為「下游之治標與上游之治標。」應當同時並舉，並行不悖。然以治本方面，必須別改清口以籌出清刷黃之路，茲事體大，至為不易，不如先治標為上策。所謂治標之法，便是於其增高東隄不如加強西隄，以保護東隄的安全。蓋以東隄無外障，後無倚靠，隄愈高而勢愈險。惟有加強西隄完補石工，改用田土，使之「兩面皆水，以水抗水」。西隄既固，不但可以保護東隄，使之不畏風浪，每年可守至立秋以後，而使下河之水不復成災。且可使東台、鹽城、阜寧、乃至高郵、泰州、興化、寶應、甘泉諸縣，得賴西水肥田而使來年豐收，實可謂一舉而兩得。惟所當注意者，殆即為河水控制問題，亦即為水壩之開啟時間問題。「開壩於立秋以前、則有害無利；開壩於立秋後處暑前、則利害參半。如開於處暑以後，則不惟無害，且有大利。」⑮不可不慎。魏源之主張如此，亦有其根據，如言：

> 緣立秋大節，天氣更變，必有風暴以應之。歷年小風暴皆

在立秋前後，大風暴皆在處暑前後。天既變東風爲西風，則東岸河隄止能平水，不能禦風浪。自不能不開壩以泄水。故保壩者、非求其不開，而但求其緩開也。如求其終年不開，自非西隄石工所操券。如僅求立秋後開車羅壩，處暑節開中壩，則江潮未必年年頂托。既有歸江各路以暢之於下，有歸海各閘以泄之於旁，又有西隄石工高厚堅固以橫障於前。縱有全湖風浪，不能貫通西隄，而東隄所當者、不過運河數丈之風浪，豈猶不可守延旬日以便收成乎。

所以他結論便是：「知下河水利止求夏秋間緩開旬日而止，則求效不必過奢，經費不必過大，議論不必過創。止求補充西隄以作東隄之保障，而前此種種策劃，皆題目過大，曠日無成，均可束之高閣矣。」㊻

　　乙、湖廣水利議：「湖廣」、乃係指長江中游的湖南與湖北而言。長江又名揚子江，爲我國第一大河，全長約有5,520公里。源於青海，流經西康、四川、湖北、湖南、江西、安徽、江蘇等省，由吳淞口而注入東海。不論在灌漑及航運方，均爲我國東西一動脈。魏源生於湖南，長年旅居江南，對於長江的水利，亦常關懷。他曾將長江與黃河作一對比，認爲江與河異。河則常年爲災，江則不然：

歷代以來有河患，無江患。河性悍於江，所經兗、豫、徐，地多平衍，橫溢潰決無足怪。江之流澄於河，所經過二岸，其狹處則有山以夾之；其寬處則有湖以瀦之，宜乎千年無潰決。㊼

說長江的水患較黃河爲少，倒是事實。但如謂長江「千年無潰

決」，並不正確。因長江自出峽口之後、即進入江漢平原。且由於地勢低窪、河道彎曲，已經使河道排洪不暢。再加上支流衆多，設使同時發生洪災，在此相遇，則必然釀成水災。根據歷史資料顯示，自漢朝到清朝（約公元前206－1911年）的兩千年之間、長江發生的水災即有214次之多。而且愈到後來，愈爲頻繁。元朝以前平均每十多年一次，明朝每九年一次，清朝每五年一次，⑱魏源雖未曾對於上述的歷史演變深入察考，可是，也察覺到長江水利今非昔比。指出、「乃數十年中，大湖南北、漂田舍、浸城市、請賑緩徵無虛日，幾與河防同患。」⑲

進一步探討湖廣水患發生的原因何在？自然是解決問題的關鍵。依魏源的分析，他認爲與清初人口的流動有關。明末流寇之亂，張獻忠自楚入蜀，到處殺戮極慘。四川最多，湖廣次之，江西最少。是以亂平之後，人口大量遷移。「江西人入楚；楚人入蜀」，因而有「江西塡湖廣、湖廣塡四川」之諺。可是經過二百餘年的休養生息，各地乃漸有人滿之患。其次，入口既然大量的增加，生計自亦隨之日益困難。於是無業之民或者遷往黔粵川陝山區濫伐濫墾；或者於沿江、沿漢、沿湖之區築圩成田。以致南岸之澧縣、公安、石首、華容；北岸之夏首、監利、沔陽，乃至江漢下游的黃梅、廣濟、望江、大湖，幾盡爲數百里之長隄圍繞而使昔日洩水之孔完全淤塞，受水之地大量減少。下游之湖面江面既然日狹一日，而上游之沙漲又日甚一日，一遇夏洪來臨、災害即難避免。

鑒於江湖泛濫之區大部皆爲農民所開墾，而官垸民垸及私垸又交錯於其中。雖然官垸民垸多當水道，私垸當水道者較少。但以年深日久、此疆彼界已成定局。如欲全部毀除，殊非一紙命令

所能奏效。如欲部份毀除，則究竟何者應毀？何者應留？亦爲棘
手的問題。故以魏源之見、惟有採取治標之策，作爲救弊之法。
選擇其中之當水道者予以毀除，藉使上游之水可以暢通無阻。根
據此一原則，則「不問其爲官爲私，而但問其垸之礙水不礙水？
其當水已被災者，即官垸亦不必復修；其不當水衝而未決者，即
私垸亦毋庸議毀。不惟不毀，且令其加修，升科以補廢垸之糧
缺。」至於洞庭湖上游之龍陽、武陵、長沙、益陽、湘陰等地；
下游南岸之巴陵、華容；北岸之監利、潛山、益陽之私垸及沙
洲，則不妨遴委公敏大員，實地查勘，然後再行決定，何者之有
礙水路而應拆毀？何者之無礙水路而應予保留。如此，「毀一垸
以保衆垸，治一縣以保衆縣。」輕重去留之間惟賴賢明公正之大
員以爲主斷。否則「苟徒聽畏勞畏怨之州縣，徇俗苟安之幕友。
以姑息於行賄舞弊之胥役，壟斷罔利之豪右，而望水利之行，無
是理也。」由此可見魏氏對於吏治之重視，深感欲興水利、必先
除其積弊，而除弊之要則又端在有賢明的地方大吏，敢於大公無
私、不畏劣紳士豪，以「除其奪水奪利之人。」⑩

　　丙、湖北水利議：湖北有兩條大河：一爲荊江、一爲漢江，
二者皆爲長江的支流，而關係於湖北的水利至鉅。在魏源看來，
荊江之患在於長江的影響：「蓋大江出峽，至江陵始漭汸橫恣。」
加以江漢一帶地勢平衍，河床經過江水猛烈沖刷之後，遂在荊江
一帶淤積成許多淺灘和沙洲，湖泊星羅棋布。至於江湖之間，則
又有大量的圩垸，隄防縱橫交錯，因之每遇洪流，則「相敵相
匯」，雖有「荊江大隄」，仍然時有潰決。漢江的水患則在於上游
的濫伐濫墾，而使泥沙傾洩；下游的築圩修隄，江流無法傾洩。
荊江的水患則在於下游與水爭地，以致容水之地，盡化爲阻水之

區。洲堵日增日闊，江面日狹日高。是以「潰則破缶、潦則倒盂」。而欲水不爲害、寧非妄想。⑤

在整治湖北水利方面，魏源極力反對築隄障水之法。他認爲築隄非但不能有效的防水，且反而容易以鄰爲壑。兼以「左隄強，則右隄傷；右隄強，則左隄傷；左右俱強，則下游傷。」足證築隄並非善策。相反地，他則力主「疏導」以代「築隄」惟認爲拆除隄防或棄地予水、皆不可能，僅能就其現狀，而稍加整頓。相其決口之成川者因而留之。君濬深廣，以復支河洩水之道。或乘下游圩境之潰甚者，因而禁之不修復，以存陂澤瀦水之舊。如此則「棄少而捄多，事半而功倍。雖江漢之淺深，洲渚之互表，非人力所能排濬。而水無所壅，則其力自足以攻沙而深川也，是之謂以水治水。其賢於隄防曲遏也，利害相百焉。⑤

丁、江南水利議：此處所謂「江南」，乃係指江蘇東南之杭、嘉、湖、蘇、松、常、太七個州郡的水利而言。該一地區因其位於長江與太湖之間、且有運河縱貫南北、因此河湖密佈，多如蛛網。而其主要水源，則多來自於皖南及浙西等山脈。這些水均以太湖（震澤）爲尾閭，然後再由太湖的支流分別注入於長江或是東海。在江蘇境內者計有黃埔（東江）、吳淞（中江）、劉河（婁江）等三江分泄太沽之水以入海；白茆、七埔、孟瀆等支流分泄太湖之水以入江。其他尚有太湖所不能容納者，則再分而成數以百計的蕩漾、茆澱；長江所不能容納者，則分出而成爲數以千計的浦港、渠、瀆、洪、涇、濱、婁，因此蔚成一片「水鄉澤國」的美麗畫面，富庶繁榮的「魚米之鄉」。⑤

比起黃淮諸河流域來，江南水患雖然較不嚴重，但以清代中葉，吏治廢弛，水利失修。以致上游瀦水之碧浪湖，束水之運

塘，分水洩湖之漊港、與自湖入江之長橋，或淺或圮、或淤或慼；諸山之水不及稍瀦，而徑奔於運河諸漊；運河諸漊之水又不能盡泄於太湖，或既至太湖又不能遽達於江。(54)於是乃「患田畝、沈廬舍。」而造成嚴重的水患。道光三年（1823）江浙大潦，東南田賦所收僅及十之一二，朝廷不得不蠲賑數萬以資救濟。(55)九年（1829）、江鎮淮揚復大澇。十一年（1831），由於沿江一帶水嚴重，食糧不敷，當局又被迫籌借藩庫銀兩，分赴河南等省採買米麥以供民食。(56)所幸在這段時間之內，江蘇先後出現幾位能幹負的地方大吏，不斷地計劃發動民工，對於河川大加整治，不久方得使水利逐漸復興。先是道光三年（1823）兩江總督孫玉庭、江蘇巡撫韓文琦、浙江巡撫帥承瀛等便曾會籌「釃沈澹災之策」，擬定大修水利，舉江蘇按察使林則徐總司其事。不意，孫、韓、帥三人先後去職，而林則徐亦於次年七月以母憂辭歸，事遂中輟。(57)五年（1825），陶澍調任江蘇巡撫，承三年大澇之後，復有意於江南水利的興修。嗣以南漕海運問題較爲嚴重，必須先爲解決，故而宕延。迨至道光七年（1827）方才開始實施。決定先從三江中居於「江浙水第一樞紐」的吳淞江著手，且一反明人不顧全局，「遇有壅滯，不治其本而別開津瀆以苟一時之利。」而將吳淞口門之大石閘拆除、以暢水勢。並將沿江灣曲淺灘設法疏挑，俾資通順。次年二月，如期竣工。接著引奏請疏濬劉河（婁江)、孟瀆、白茆、得勝、操港、三河等次要河道。除挑濬河床之外，且修建大量的石壩及涵洞。(58)十年、陶澍代蔣攸銛爲兩江總督，林則徐以布政使升任爲江蘇巡撫。在這兩位大有爲的政治家領導之下，對於江南水利的興修，全面的進行。大工之外，諸凡小河小港小湖大小工程不下數十處。至是江南水利遂煥然一

新，水患不再發生，吳田得以大熟，而陶、林二氏也因而贏得萬民的歡呼。⑤

魏源因為長居江南，並曾先後延入陶澍及林則徐等的人的幕府、與議漕、鹽、海運的諸多大政改革，對於陶、林等氏有關江南水利的建設，自然相當熟悉。故除參與其議之外，且於代人所作的書序之內，提出其自己的補充意見。認為在吳淞、劉河、白茆等河疏濬之後，尚應有二事值得推廣：其一，應於沿湖州縣大修圩田，使其足以束外水而使之平，並可以建瓴之勢，而使之東注於海。其次，建閘僅可施之於支流汊港之處，而不可施於幹河；築壩僅可施之於劉河、白茆，而不可於吳淞。至於吳淞上游則須將長橋、寶帶橋一帶的塞去除、藉以吸收湖水而使之奔騰入江。下游則必於吳淞口對壩偪溜。方足激江水而使之奔騰入海。如是方收建閘與去壩之功。⑥

對於太湖的水利，他則以為僅僅疏濬下游的三江口尚嫌不夠，而必須對於太湖上游的碧浪湖、及中游的長橋等，亦加疏濬，方可保其無虞。否則頭痛醫頭，腳痛醫腳，終非善策。故於吳淞既治之後，尚必須整治上游，以及水洩湖的漊港與自湖入江的長湖等，以便使上下連成一氣。⑥最後，他亦深感人事關係的重要，認為水利的興修與設施、端在得人，「非大府痌心民瘼、斷莫之舉也。⑥」

五、魏源水利思想的主要論點

基於以上所述、可見魏源對於水利問題關懷，和他改良水利的卓識。由於他能注意於實地的考察，又能收集水利文獻、吸收且綜合前人的經驗，故而能提出富於現代的科學精神，而又有高

度實踐性的意見。在魏源的水利思想中，吾人可以發現幾個主要的論點，值得於此略加討論。

㈠強調水由地中行而反對築隄束水之法。吾國自古以農立國，農田水利事業具有長期發展的歷史。但歷來即有兩種不同的主張，引起水利專家不斷的爭議。一爲高隄防水之法，一爲疏導河水之法。㊿魏源對於我國早期治水經典之作《禹貢》曾經作過深刻的研究，自然對於兩派的利弊得失瞭若指掌。不過、比較起來，他卻贊成前者而反對後者。以爲治水必先瞭解水性，因勢利導，以水治水，而以濬渫爲主，隄防爲輔，決不可全恃隄防，以免其形成爲水行地上的高墊河床（Elevated River）。㊿如於其〈湖北隄防議〉中即言：「自古治水者、但聞疏濬以深水，不聞曲防以壑鄰。」築隄束水匪僅易於泛濫，以鄰爲壑，且亦無法眞正束水；雖或可以收效於一時，亦決非長久之計。蓋以「左隄強則右隄傷；右隄強則左隄傷；左右俱強、則下游傷。」足示築隄束水之難。㊿在其〈畿輔河渠議〉中，也曾指出：漳河、永定舊日無隄、並不聞患，爲患皆在築隄之後。「故治北河者以不築隄爲上策，順其性作遙隄者次之；強之就高，愈防愈潰，是爲無策。」㊿值得注意的是與魏源同時的清儒錢大昕氏也與魏氏持有同類之見。謂：「禹之治水也、使由地中行、無謂防也。言防而勞費無已、遂爲國家之大患矣。」㊿

㈡主張讓地於水而反對與水爭地：中國的河流、其流量的大小常隨季節而有所不同。大抵夏秋之季大，而冬春之季小。古人對於此一現象早有相當的瞭解。故當夏秋洪汛來臨之時，不主築隄束水與水爭地，而主沿河兩岸留出大量空地，藉以瀦水。此即近人之所謂的「滯洪地區」（Detention Bassin）㊿清儒顧炎武曾於

其《日知錄》內，論其作用云：

> 《禹貢》之言治水也、曰播、曰瀦。水之性，合則衝，驟
> 則溢，故別而疏之，所以殺其衝也。又北播爲九河是也。
> ……。

> 旁而蓄之，所以節其溢也。大野既瀦是也。必使之有所容
> 而不爲暴，然後鍾美可以豐物，流惡可以阜民，而百姓之
> 利，繇是而興矣。⑯

關於此一論點，魏源其「水利議」中、曾經屢次有所發揮。例如
於論及永定河及漳河水利時，即嘗指出：「治北方濁流之法，以
不治而治爲上策。」永定河舊行固安、霸州時、其故道本無隄岸，
故散漫於二邑二百里間，旬日水退。土人謂之「鋪金地」。泥沙
停於二邑者多，會於大清河者少，故三百餘年無患。⑰於論及湖
廣水利時，又以爲其水患之成乃由於湖北、湖南、江西各省沿江
沿河沿湖，向日受水之地、皆爲土民「築圩捍水」所佔，成阡
陌、治盧居於其中，而使洪水無滯留之地。人既不留平地以受
水，則水亦必橫決以與人爭地。⑰

　　根據近人之研究，認爲中國水利工程師中可以分爲道家及儒
家二派：前者主張在河之兩岸修築距離遙遠之低隄（遙隄）；後
者堅信應築距離近，堅而高之大隄。前者認爲應盡量給予黃河下
游自由發展；後者堅信束水攻沙可使河流自行浚深其河床。前者
認爲應使相距遙遠之兩岸、具有足夠之空間以容納伏汛時之洪
水。後者則確信束狹後之河道，水流湍急，可沖成深槽以通過洪
水。⑰我國漢代水利工程師賈讓即以道家的無爲作爲其治水的基
本精神，主張保留寬大之河道而不與水爭地。嘗言：「善爲川者
決之使道，善爲民者宣之使言。」水有游盪，時至而去，「則塡淤

肥美，民耕田之，或久無害。」⑫魏源曾經著有《老子本義》一書，對於道家思想具有相當的瞭解，其水利想殆可能與之暗合。

　　㊂審地勢識水性以因勢利導：所謂「水性」（Character of River）乃係指「因其自然以治水」而言。治河當先知地理、水理學爲地理學之一部份，二者關係極爲密切而不可分離。⑭水性向下，故常自高處流至低處，設如河流兩岸地勢高低不同，則水流必以低處爲其傾瀉的尾閭。故「因勢利導」乃爲治水者的必守法則。魏源深識其理，對於黃河則主導之北流，由大淸河入海，以順水勢。並堅信「人力縱不改，河亦必自改之」由今之河，無變今之道，雖神禹生不能治，斷非改道不爲功。人力預改之者上也，否則待天意自改之，雖非下士所敢議，而亦烏忍不議！⑮此外，他之以主張永定河宜南流，而不宜北流；漳水之宜北流而不宜南流，也是因爲在地勢上永定河北高而南低；漳水南高而北窪。依照水性「總歸就下、其行必由地中」的原理，不得不令其如此。⑯

　　㊃上游下游兼顧：一條河雖可分爲上游、中游或下游，實際上卻有其全體相關性、而不可強爲分割。魏源對於此點甚爲注意。故於議及東南七郡水利時，即以江蘇當局僅知疏濬太湖下游之水、而未及經劃環太湖而南之杭、嘉、湖三郡之水利爲憾。指出：「中路太湖之長橋口不通，而遽上游，無益也。下游吳淞尾閭不暢，而遽治湖口，尤無益也。下游湖口雖近，而謂上游可不必導水入運，障運入漊，導漊入湖，遽可不疏自治，亦不可盡得也。」⑰於論及畿輔水利時，對於漳河水利，亦嘗指出：欲求挽救於末流，必須治其上游南趨之路。「試由上游即端其趨，何患下游不循其轍。」所謂整治上游，亦即修復其自三台以迄陶館的

故道。對於永定河水利，亦主順其南下之舊，恢復由固安霸州而入玉帶之故道。⑱再如於論及江蘇下河水利時，亦有同樣主張。以爲下游治標與上游之治源，自可並行不悖。下游多一次石工，即少上游一項經費。救急之道、惟先治標。⑲

　　魏源水利思想的重要觀點如是、此外，他也特別重視人事的因素。認爲治水在人，欲興水利，必先得人，非有「痌心民瘼」的大府，斷斷莫之能舉。⑳特別是在陶澍及林則徐於江南大興水利之後，造成蘇常大熟，萬民歡呼，更是加深他的此一觀點。惜乎清代自中葉之後，吏治敗壞，貪墨成風，像陶澍與林則徐那樣敢擔當，有魄力的地方大吏，實在並不多見。相反地，「玩視水利之官」比比皆是。尤其是那些畏勞畏怨的州縣，徇俗苟安的幕友，姑息行賄的胥吏，以及壟斷罔利的豪右。或者視水利爲畏途：或者以治水爲利藪；或者只知奪水奪利，而不顧他人的安危。非但不足以語水利，且非先將此輩除去即不足以興利除弊。此一見解，確能把握問題的核心所在。

六、結　論

　　魏源是一位晚清著名的今文學者，也是一位關心社會民生講求經世之學的優秀思想家。近年以來，中外學者對之研究者頗多。舉凡有關他的經學、史學、海防、地理、乃至軍事思想、經濟思想、經世思想等都有人先後作過探討。惟有他水利思想，迄尚爲付諸闕如。本文之作，即爲彌補此項的不足，藉使世人對於他的水利思想獲得較多的瞭解。

　　魏源對於水利問題、討論的範圍相當地廣泛。其中包括畿輔的漳河與永定河；湖廣的長江、洞庭與漢水；安徽江蘇的淮河及

裏下河；江南的太湖、吳淞江；縱貫南北的大運河，橫貫東西的黃河。在其並世學人之中吾人尚未見有任何其他學者曾經於水利發表過如此之多的意見。論及魏源的水利思想可以發現如下的幾個主要觀念：一為強調水地中行而反對築隄束水之法。二為讓地與水，而反對人民與水爭地。三為強調審地勢識水性，以便因勢利導。四為上下游兼籌並顧，而不使之偏廢。由於此類思想皆基於其親身的觀察，綜合人的議論，再參以當地人士的經驗而來，故富於科學精神而有高度的實踐價值，迥非一般的泛泛之論可以與之相提並論。

在魏源於水利問題的討論中，吾人尚可發現一項特色、即他常將「除弊」問題的重要性，置於「興利」的順位之上。嘗言：「去其水患，即為水利。」又言：「郤興水利，先去水弊。除如何？曰：除其奪利之人而已。」㉒在其改革淮鹽的議論之中，吾人亦可發現此一相同的理念：謂「天下無興利之法，除其弊，則利自興矣。」又言：「天下無數百年不弊之法，無窮極不變之法，無不除弊而能興利之法，無不易簡而能變通之法。」㉓此之所謂「法」，實可包括各種典章制度，以及法律規範在。法乃由人所訂自亦有其一定的時空性與規範性。一旦時代與人事變遷，即漸發生流弊，而喪失其適用性，所謂「法久則弊」殆即為此。舊法既然日趨於僵化，而無法適用於新的社會環境，則或者將舊法加以改良，或者另訂新法的代舊法，實亦為時勢之所必然。不過，魏源則僅主改良舊法，而不以設立新法為然。因為文化本有生命而具有堅強的連續性，故欲創立新法，自須以舊法為基礎，始能使之與傳統銜接，而不致發生斷層現象。而魏源之所謂的「除弊」，其本身亦含有一種汰舊創新的意味。目的乃在藉由溫和理性的改

革，而使僵化的舊制度或舊法規賦予一種嶄新的精神，藉能適應
於新時代與新環境之所需，其用意殊爲相當的深遠。嘗言：「君
子不輕爲變法之議。而惟去法外之弊，弊去而法仍復其初矣。不
汲汲求立法、而惟求用法之人。得其人自能立法矣。」④蓋治天
下者，法也；害天下者，亦法也。故立法豈可不愼。且行政在
人，法雖立而無行法之人，則所謂法者亦不過徒爲具文，又有何
價值之可言？凡此均可見晚淸經世學家崇尙實際不悅空言。其修
法務實之精神，彌足珍貴。

【註　釋】

①如尉福澤（Karl a Wittfogel）等，參閱陳芳惠：〈水利開發と農村地域
　構造の變遷〉（《人文地理》第三〇卷第一號、昭和五十三年一月二八
　日）頁六五；黃俊傑：《史學方法論叢》（民國七三年、台北學生書
　局）頁一六九至一八六。

②See, joseph Needham, "Science & China" Vol Iv.3（Cambridge, 1971）
　頁二八二。按明淸兩代黃河水利工程特多，除李約瑟所說的科技問題
　較前稍爲進步以外，恐尙與元代之開濬運河有關。明人爲治河保運勢
　難兩全，故治之較難。淸人仍守明人成規，治河必先顧運，僅重築
　隄，專趨防險，故始終無有善策（參看岑仲勉：《黃河變遷史》、里仁
　書局、民國七十一年台北、頁四六三至五五四。

③《淸史》，（國防研究院刊）第二冊、頁一三八八、〈志〉一一七、〈職
　官〉三；沈百先、章光彩等編：《中華水利史》（民國六八年商務、台
　北）、頁五八〇至五八二。

④參看龔書鐸：〈淸嘉道年間的士習和經世派〉《中華學術論文集》（中

華書局 1981、北京）頁二〇〇至二〇三。

⑤李伯榮：《魏源師友記》、（岳麓書社、1983·長沙）頁六；魏著：《邵陽魏府君事略》。

⑥陳澧：〈禹貢說序〉。

⑦魏源：〈書趙校水經注後〉、文載周壽昌：《思益棠集》〈魏默深遺文之三〉。

⑧參看拙著：《魏源年譜》、（中研院近史所專刊（21）、民國七十年再版）頁一三五至一三六。

⑨按在魏源代賀長齡所輯的《皇朝經世文編》內，有關水利問題的文章甚多，計有：顧炎武、胡渭等所著有關通論水利之文二六篇；趙一清、孫嘉淦等所著有關直隸水利之文三二篇。程含章、陳宏謀等有關直隸河江之文一二篇。鄂爾泰、張伯行等有關江南水利之文六〇篇。嚴如煜、陶澍等有關各省水利之作九一篇、合計有一五四篇、足示其搜集之宏富。

⑩魏源：《古微堂內外集》、（文海出版社、於民國五三年據光緒四年淮南書局本影印）、外集卷六頁一、〈畿輔河渠議〉。

⑪陳崇砥等修：《河北省固安縣志》、（成文書局據咸豐九年刊本影印）、卷一頁五、〈輿地〉。

⑫于振宗：《直隸疆域屯防詳考》、（全一冊、成文書局據民國天津刊本影印）、頁三七。

⑬鄭肇經：《中國水利史》（商務印書館、民國五十九年二版台北）頁一七四至一七九。

⑭《古微堂外集》卷六頁三、〈以輔河渠議〉。

⑮毛鴻等修：《臨漳縣志略備考》（全一冊、成文書局據清同治十一年刊

本影印)、卷二頁六、〈重修臨漳縣漳河神廟碑記〉。

⑯Joseph Needham, VOL, IV－3頁二二四；《臨漳縣志略備考》卷四頁三
一、引豫撫程祖洛奏摺語。

⑰魏源：《古微堂內外集》、外集卷六頁二、〈畿輔河渠議〉。

⑱前引文、頁二。

⑲前引文、頁二至三。

⑳參看陳正祥：《長江與黃河—附淮河與海河》（商務印書館、1978、香
港）頁一〇五。

㉑魏源：《魏源集》、（中華書局、1975、北京）、頁三七〇。南宋紹熙、
金明昌之際河決、分南北二流入海、及元世祖至正中開會通河、盡斷
北流，而使一淮受全河、至是河患始亟。

㉒沈怡編著：《黃河問題討論集》（商務印書館、民國六十年，台北）頁
三七七。

㉓同前書、頁三七〇。

㉔《魏源集》、頁三六五至三六六、〈籌河篇〉上。

㉕同前書、頁三六七。

㉖《魏源集》、頁三七〇至三七一、〈籌河篇〉（中）。

㉗《魏源集》、頁三七〇至三七三、〈籌河篇〉（中）。

㉘同上、頁三六五、〈籌河篇〉（上）。

㉙同上。

㉚同上、頁三六八、〈籌河篇〉（上）。

㉛同上、頁三七一、〈籌河篇〉（中）。

㉜參看拙著：《魏源年譜》、頁一〇〇至一〇一、附註㉕。

㉝《魏源文集》、頁四一六至四一七、〈道光丙戌海運記〉。

㉞同前書、頁三七〇至三七一、〈籌河篇〉（中）。

㉟同上、頁三七三。

㊱參看陳正祥：《長江與黃河—附淮河與海河》（商務書局、1978、香港）頁五五至五七；黃錫荃、蘇法崇、梅安新合編：《我國的河流》（商務印書館 1982、北京）、頁一四七至一五八。

㊲鄭肇經：《中國水利史》（商務印書館、民國五十九年、台北）、頁二四四至二四五。

㊳范鳳諧等重列《高郵州志》（儒學書庫、道光廿五年、高郵、台北成文書局影印）卷一、〈凡例〉卷二〈河渠志〉。

㊴戴邦禎、馮煦等修：《寶應縣志》（民國二十一年刊本、台北成文書局影印）冊一頁二二七。

㊵清梁園隸等：《重修興化縣志》（咸豐二年刊本、台北成文書局影印）用一頁二二七。

㊶清周右修蔡復午等修：《東台縣志》（嘉慶二十二年刊本、台北成文書局影印）卷一頁一至二、李克棟序。

㊷王有慶修《泰州志》（光緒三十四年刊本、台北學生書局影印）、卷四「河渠」。

㊸清劉崇照修《鹽城縣志》（光緒二十一年刊本、台北學生書局影印）卷三、「河渠」。

㊹〈魏源文集〉頁三八三、〈再上陸制府論下河水利書〉。

㊺同上、頁三八四；三八六、〈再上陸制府論下河水利書〉。

㊻同上、頁三八七、〈再上陸制府論下河水利書〉。

㊼同前書、頁三八八、〈湖廣水利議〉。

㊽《我國的河流》、頁七七。

㊾《魏源文集》、頁三八八、〈湖廣水利議〉。

㊿《魏源文集》、頁三九一、〈湖廣水利議〉。

51陳正祥：《長江與黃河—附淮河與海河》、頁二五至二六；《魏源文集》、頁三九一、〈湖北隄防議〉。

52《魏源文集》、頁三九三、〈湖北隄防議〉。參看孫輔世：《揚子江與水利》（商務印書館、民國六十二年、台北）、頁五七至六二、〈漢江防洪之研究〉。

53參看魏源《魏源文集》，頁三九五、〈東南七郡水利略叙〉。史研究小組編：《明史研究專刊》第五期、頁一二五至一六五、蔡泰彬：〈明代江南地區水利事業之研究〉。

54《魏源文集》，頁三九六、〈三江口寶帶橋記〉。

55同上，頁三九三、三九六：楊國編：《林則徐書簡》（福建人民出版社、1981、福州），頁一〇、道光三年七月下浣蘇州〈致楊國翰〉。

56《林則徐書簡》（1981年福建人民出版社）、頁一八、道光十一年七月上浣、〈致程祖洛〉。57《魏源全集》、頁三九三、〈江南水利全書叙〉、魏應麒編：《林文忠年譜》、頁二一。

58《陶文毅公集》卷二八、頁八至一一、〈請拆除吳淞江口閘附片〉、頁一二至一六、〈會同江督奏勘估吳淞江工程摺〉；頁一七至三三、〈會同江督驗收吳淞江工程摺子〉。

59按陶澍及林則徐對江南水利的整頓相當地徹底、此處不及備述。參閱《陶文毅集》卷二七、二八，及《林文忠公政書》乙集：〈江蘇奏稿〉、二氏有關興修江南水利之歷次報告。

60《魏源文集》、頁三九四，（江水利全書叙〉。

61同上，頁三九六，〈東南七郡水利略序〉。

㉒同上，頁三九八，〈三九八，〈三江口寶帶橋記〉。

㉓李李約瑟著、陳立夫主譯：《中國之科學與文明》㈩、（商務印書館、民國六十九年三月三版、台北）、頁四四五。

㉔同上、頁四一七。

㉕《魏源文集》、頁三九二、〈湖北隄防議〉。

㉖同上、頁三七九、〈畿輔河渠議〉。

㉗錢大昕：《十駕齋養新錄》（商務印書館、民國四十五年四月、台北初版），頁四三一、〈河防〉。按有此主張者尚多、於此無法多加介紹。

㉘沈怡：《黃河問題討論集》、頁三〇〇。

㉙顧炎武：《原抄本日知錄》（明倫出版社、民國五十九年一〇月三版）頁三六四、（河渠）。

㉚《魏源文集》、頁三八一、〈畿輔河渠議〉。

㉛同上、頁三八八至三八九、〈湖北隄防議〉。

㉜李約瑟：《中國之科學與文明》㈩、頁四三一。

㉝班固：《漢書》卷二九、志九、（鼎文本冊頁 1692）：〈溝洫志〉。

㉞張其昀：《中國地理研究》（中國文化出版委員會出版、民國四四年再版、台北）頁四四。

㉟《魏源文集》、頁三七一、三六七、三六八。

㊱同上、頁三七九、〈畿輔河渠議〉。

㊲同上、頁三九五至三九六、〈東南七郡水利略敘〉。

㊳同上、頁三八一〈畿輔河渠議〉。

㊴同上、頁三八六、〈再上陸制府論河水利書〉。

㊵同上、頁九九七、〈三江口寶帶橋記〉。

㊶同上、頁三七九、〈籌河篇〉（下）；三九一、〈湖廣水利論〉。

㉜同上、頁三八二、三九一。

㉝《古微堂外集》卷七、頁二三、〈淮北票鹽志叙〉。

㉞魏源《古微堂外集》卷三、頁一三〈治篇四〉。

（原刊於國立台灣師範大學《歷史學報》第十八期，民國 79.6. 台
　北。）

魏源的史學與經世史觀

一、前　言

　　魏源的史學著述爲數頗爲可觀。近年以來，學者對之進行研究者頗不乏人，如李思純對於其元史學的介紹；劉寅生對其明史學的研究；陳其泰對其《聖武記》的探討，姚薇元對其《洋艘征撫記》的考訂；吳澤、許冠三對其歷史哲學的分析，吳澤、黃麗鏞、大谷敏夫等對其《海國圖志》及其對日本影響的研究；李漢武對其軍事史及軍事思想的研究等，均有可觀的成績。可是對於魏氏整體史學作一全面的探討與評估者，迄今尙未多覯。本文的主旨，乃擬依據魏氏的有關史學論著，綜合前人的研究成果，對於他的史學成就及史學思想作一通盤性的透視。希望能夠進一步地瞭解他對近代史學上的貢獻，與對近代中國史學的影響。①

二、魏源在清代史學中的地位

　　清初史學盛極一時，浙東、浙西相互輝映。一貴專家，一尙博雅，各擅其長。崑山顧炎武（1613－1681），餘姚黃宗羲（1610－1695）導之於前；萬斯同（1638－1702），邵廷寀（1648－1711）、全祖望（1705－1755）、王鳴盛（1722－1795）、趙翼（1727－1814）、錢大昕（1728－1804）繼之於後，百餘年間，後先相望。大家輩出。然至乾嘉之後，史學名家卻爲漸稀。章學誠

（1738－1801）、崔東壁（1740－1816）之外，幾無可觀。前者長
於史意，後者以疑古考信見稱。一南一北，猶可稱爲史學雙璧。
迨及道咸之世；時事丕變，史學更趨衰微。求其著述豐贍，識見
宏博，高掌遠蹠而能成一家之言者，則惟龔自珍（1792－1841）
定庵與魏源（1794－1857）默深二人可以當之。不過，龔、魏雖
然齊名，同爲今文學之健者，且喜引經術以作政論。②然就史學
之著述而言，則定庵所成者非僅數量有限，且其規模亦略遜默深
一籌。③

魏源生於嘉道積弱之世，內憂外患，不絕如縷。內心時有根
觸，激發而爲史學，既與清初時期浙東之貴專家，浙西之尚博雅
有所不同④；亦與乾嘉時期漢學家之尚稽古、重考證大異其趣。
其主要特色，即爲其深沉的憂患意識，以及其鮮明的經世精神。
此實與其時代背景息息相關。

如吾人更進一步地探究，則可知魏源的經世史學固然承受明
末清初思想的影響，但在基本精神方面，卻也蘊涵有中國傳統史
學的基本理念。蓋以儒家哲學的主要精神，乃源於人事而來，而
又以指導人事爲依歸，本質上即具有濃厚的人本主義的色彩。儒
家的教育向以經史並重、經以言理、史以記事；經以治事、史以
會通。二者皆以人事爲其主要的內涵。且以史學切近人事而重於
經世，在六經皆史的前提之下，經學亦漸納入史學的範圍，寢假
而降爲史學的附庸地位，更使史學兼具人文主義（Humanism）
與歷史心向（Historical Mindness）的雙重意義。

三、魏氏史學論著的分析

㈠經世文獻的編輯：史學之所以經世，非僅在於空言著述，

尤在有史事以爲徵信。或者廣搜文獻、或者發爲論著。魏源對於上述二者均曾有所貢獻。在歷史文獻方面，他曾輯有《皇朝經世文編》及《明代兵食二政錄》。二書，蓋以清初的經世之學，原以晚明的實學爲先導。晚明之時，國勢陵夷，外患日深。憂時之士，目睹時艱，力圖振拔。因之乃置意於歷史經驗與典籍教訓，作爲救時之資。故萬曆年間，馮琦曾經輯有《經濟類編》一百卷；馮應京曾經輯有《皇明經世實用文編》二十八卷。崇禎初、徐孚遠、陳子龍與宋徵璧等又曾合輯《皇明經世文編》五〇八卷，其目的皆在講求實學，有裨世用。迨及清朝，陸燿雖嘗於乾隆間搜集經世之文，編爲《切問齋文鈔》三十卷。然因其時考證之學盛行，並未引起太多人的注意。直到道光六年（1826）、魏氏爲其同鄉江蘇布政使賀長齡延輯《皇朝經世文編》，方以時局轉變而引起廣大的迴響。該書共錄入清代言禮、言政、言刑、言農、言工等有關論說二千餘篇，合爲一百二十卷，雖爲史料的排比而非史學的論著，但從其立意及方法上觀之，亦可見出其史學寓意的深遠。尤其是當漢學鼎盛之時，學者只知埋首於八股筬楷，醉心於訓詁考據，國計民生反而置之不顧，故經世之學的倡導實爲學術界開創一種新的風氣。如在當時桐城派學者姚瑩便曾以爲：茲編之輯足見「賢哲所爲宏卓，匪是不足爲明體達用」。⑤清末時期，李慈銘氏也對此編特加推崇。非但感讚魏氏之書「體例揚榷、頗爲盡善。」且謂「此書成於漢學極盛之後，實欲救漢學之偏，以折衷於宋學。」「而又欲合洛閩之性理，東萊之文獻、永嘉之經制、夾漈之考索諸學爲一。其志甚大亦甚要。」⑥該書非但於清代學術史上具有很大的影響，後之學者亦常倣其體例，以經世名篇者達十餘種之多，自清末至民初，先後不絕。且

魏氏於其叙言中所提出之「善言心者必有驗于事，善言人者必有資于法，善言古者必有驗于今，善言我者必有乘于物。」諸多儒家注重效果的原則，也充分顯露出晚清經世運動的基本精神，而在中國近代化的進程中發生一定程度的啓導作用。⑦至於《明代兵食二政錄》一書則爲魏氏繼道光六年完成《皇朝經世文編》後所續輯。該書仿「宋臣鑒唐，漢臣過秦」之誼，搜羅有明三百年間有關兵政財政議論之文，歷十餘載始成。計共七十八卷，可以說是《皇朝經世文編》的姊妹篇。雖以保存不周，原本已佚。然據魏氏於道光十七年（1837）的自序，仍可知其內容的宏博。計言兵之類者十有四編，言食之類者十有二編。舉凡兵制、京營、屯餉、茶馬、九邊形勢，宣大邊防、遼東邊防、西南土司、理財、養民、稅果、屯政、倉儲、荒政、鹽法、宗祿、水利、漕運、河防等皆包括於內。範圍之廣，視野之巨，殊爲令人歎爲觀止。而其中心思想則在藉由明政之得失，以爲時弊之興革。如言：「我朝之勝國曰明代，凡中外官制、律例、賦額、兵源，大都因明制而損益之，故其流極變遷；得失切劘之故，莫近于明。」又言：「立乎今日以指往昔，異同黑白，病藥相發，亦一代得失之林哉。」魏氏之立意旣然如此，故在方法上乃採取比較的形式，將明清二代的行政用人，大政方針作一強烈的對照。雖然亦曾謂清初首申閹宦重賦之禁，黃河大工一切發帑，永免力役之征、賜復蠲租之詔史不絕書，北韃南倭燧燧不驚，土司改流萬里不警，優禮言官，不知有廷杖詔獄爲何事等善政、但對當時東南之漕運、中外之仕途、沿邊之軍餉、鴉片之輸入、白銀之外流等諸多流弊，也表示深切的不滿。並憤而指出：「不一歲不虞河患，無一歲不籌河費，前代未之聞焉；江海惟防盜防倭，不防西洋，夷

煙蔓宇內，貨幣漏海外，病漕病鹺病吏病民之患，前代未之聞焉。」又言：「黃河無事，歲修數百萬，有事塞決千百萬，無一歲不虞河患，無一歲不籌河費，此前代所無也；夷煙蔓宇內，貨幣漏海外，漕鹺以此日敝，官民以此日困，此前代所無也；士之窮而在下者，自科舉則以聲音訓詁相高；達而在上者，翰林則以書藝工敏，部曹則以胥吏案例爲才，舉天下人才盡出于無用之一途，此前代之所無也。其他，宗祿之繁，養兵之費，亦與前世相出入。」⑧據此可知其對時政瞭解之深刻，識見之敏銳。

㈡清代軍事史的撰述：滿人乘明末內亂入關，平定流寇，擊敗南明，收降台灣，綏定內、外蒙古，征服天山南北路及青康藏各地，武功之盛，光輝一時。可是由於文網甚密，有關清代軍事史的著述始終難得一見。乾隆間，趙翼雖曾著有《皇朝武功紀盛》一書，但僅有四卷，實不免失之簡略。至魏源作《聖武記》，始對清初的軍事史有一較爲詳備的記述。《聖武記》初刊於道光二十二年（1842）七月，是時，正值鴉片戰爭末期，英艦已泊石頭城下，江寧岌岌可危，中國的戰敗已成定局。魏源自中英衝突之始即不斷地觀察戰局之發展，其間且曾一度觀審英俘，接收定海，故其感慨殊深。特作此書歷述清代武功，推求盛衰之理。思以清朝前的光榮史蹟，振奮戰敗委靡的人心。此外，並兼論海防、戰守、練兵、籌餉之策。非特爲清代的一部軍事史，且亦爲談海防者所必宗。故刊出後不久即風行海內，而使魏氏亦不得不於再版時修改內容，增加篇幅，以應各方之所需。初刻於揚州、僅十一卷，道光二十四年（1844），再版于蘇州，增爲十四卷，計四十餘萬言。道光二六十年（1846），復于揚州三版，卷數雖未續增，而內容與體例卻略有改變。該書於日後經人縮編及補輯

者頗多，如《聖武記採要》，《聖武記拔粹》，及《十一朝聖武記》，《繪圖聖武記》等皆此類之作。同時又經舶載日本，而爲東洋學者所重視。日人首於嘉永三年（道光三十年，1850）將《聖武記採要》一書三卷刊刻問世，安政三年（咸豐五年，1855）又將《聖武記附錄》十二卷及《武事餘記補遺》出版。而經山中信古所校的《聖武記拔萃》八卷，且有三種以上不同的版本。⑨其風行的情況可以概見。由魏氏該書之自序，可知其憂國憂時，民族情感，躍於紙上。首論人材之進退，軍令之整飭，爲國家富強之大本。繼引史例證明欲振委靡之人心，莫如行軍法之治，以爲之節制。最後，則以知恥近勇，進人材以修內政相期於當政者。謂「人材進則軍政修，人心肅則國威遒」，如此方可戰勝於廟堂，而使國家臻於富強。⑩魏源於鴉片戰爭之失敗，已經看出中國之積弱，在於人心之委靡，因而乃主張實行軍法之治，從事於國民心理之建設。直至辛亥革命以後，尚有若干政治家與之具有相同的共識，而強調心理建設之重要。⑪

　　㈢鴉片戰爭史：鴉片戰爭是中國近代史的開端，也是中西關係的一個轉捩點。但於戰後，有關此次戰爭的歷史著作，除魏源的《夷艘入寇記》之外，尚不多見。其後雖有夏燮的《中西紀事》及芍棠居士（王之春）的《防海紀略》，但二者均爲晚出，且夏書所載並不限於鴉片戰爭，尚包括英法聯軍之役在內。而王書則實可謂魏氏之書的翻版，幾無新義可言。魏氏《夷艘入寇記》計二卷，刊於咸豐初年。是時，太平軍已起事於廣西，東南沿海亦因修約問題及進城問題，中外時有齟齬。內憂外患危急如是，而朝野上下猶文恬武嬉依然如故。魏氏惄焉以憂，故乃再著此書，藉對鴉片戰爭的史事詳加評述。除了分析歷次和戰的經過

與得失之外，並對當事者所採取的外交策略有微詞。謂中英戰爭之起不由於繳煙而由於閉市，「誠能暫寬市舶之操切，以整水師之武備。盡除海關之侵索，以羈遠人之感懷。」則或將不至於決裂如是。又謂自鴉片戰爭爆發以來，時人皆以戰爭之起乃因繳煙，實則非爲繳煙而乃由於閉市。故知其所見顯與衆論有所不同。另外，一般人皆爭咎於林則徐之勒敵繳煙，卒激東南沿海之大患，而魏氏亦不以爲然。他以爲其咎不在則徐之勒敵繳煙，乃在其對外所持政策之過於操切所致，且未能依照國家律例：「蒙古化外人犯法，准其罰牛以贖」，而必以化外之法繩之。魏、林本爲老友，其對則徐之論，實本「春秋責備賢者」之義，而非出於私人情誼。他認爲春秋「治內詳，安外略」，必應知已知彼，方不致誤事。以當時中國軍政之腐敗，而引致外患之衝擊，實不能不謂非欠缺周詳的考慮。如謂：「夫戡天下之大難者，每身陷天下之至危；犯天下之至危者，必須籌天下之至安。古君子非常舉事、內審諸己，又必外審諸時。同時人材盡堪艱鉅則爲之；國家武力有餘則爲之；事權皆自我操則爲之。」然而當時中國卻是承平恬嬉，不知修攘爲何事？以致「破一島、一省驚；騷一省，各省驚。抱頭鼠竄者，膽裂之不暇；憑河暴虎者，虛憍而無實。如此，而欲其靜鎮固守，嚴斷接濟，內俟船械之集，外聯屬國之師。必沿海守臣皆林公而後可；必當軸秉鈞皆林公而後可。始既以中國之法令望諸外洋，繼又以豪傑之猷爲望諸庸衆，其於致亂不亦遼乎！」於此可見魏氏之意，乃是認爲於此積弱之世，與其以強硬的態度對待英人，實不如暫寬市舶之禁，祛除海關之弊。乘中外危機之秋，激勵朝野的奮發之氣。同時並仿照欽天監聘用西洋曆官前例，延聘西洋的工匠水手，工匠製造新式船砲，水手訓

練新式海軍，迨及中國船砲旣備，軍力已足，外人自不敢輕於造
次。「雖有狡謀其敢逞？雖有鴉片其敢至？雖有纔慝之口其敢
施？」⑫於此可見魏氏之寓意殊深足以發人猛省。惜乎淸廷昏憒，
未能及時採擇。直至自強運動時期，曾、左等分別於上海與福州
設立製造局及造船廠，方將其構想付諸實施。但已使中國的現代
化延誤二十年之久。該書初刊時以恐觸時忌，不著作者，後經學
者考證始悉爲魏氏所作。因其原係鈔本，故書名常有差異。計有
《英夷入寇記》、《夷艦入寇記》、《夷艦入盜記》、《夷艦寇海記》
等數種之多。直至光緖二十五年（1899）揚州六藝書局石印時，
始將此文收入《聖武記》內。該書對後世影響頗大，同光年間，
艻唐居士王之春的《海防紀略》，即爲此書之化身。民國以來，
若干歷史敎科書對於鴉片戰爭一事，亦多以此書爲底本。姚薇元
曾著《魏源道光洋艘征撫記考訂》二文，訂正其中的錯誤，後易
名爲《鴉片戰爭史事考》。

　㈣世界史地知識之介紹：淸代自雍正初年禁敎閉關之後，幾
與外界隔絕而孤立，故國人的世界知識嚴重貧乏，對於世界局勢
毫無認識。魏源的《海國圖志》一書，即是針對時弊而作，故可
稱之爲國人所編的最早一部世界史。該書規模龐大，經魏氏花費
十年（1842－1852）的工夫方才完成。對於各國史地知識的介
紹，至爲詳備，使長期閉關自守的中國人，得以大開眼界。其書
曾經三次改版，第一次刊於揚州，時在道光二十二年（1842）十
二月，僅五十卷，即世稱之「五十卷本」。是時南京條約雖已簽
訂三個多月，可是戰爭瘡痕卻依然滿目。魏氏憤於中國的挫敗，
深感國人不知外情，因之乃將林則徐前在廣東所譯的《四洲志》
予以擴大，以便增進國人對於國際形勢的瞭解。⑫第二次重刊於

揚州、時在道光二十六（1826），增加十卷，是為「六十卷本」。第三次刊於高郵，時在咸豐二年（1852），復增四十卷，是為「百卷本」。其他尚有美人林樂知（Y.G. Allen）之《續海國圖志》，增加二十卷，是為「一百二十卷本」。另英人威妥瑪（Thomas Wade）亦曾將該書的日本部份譯成英文，發表於《中華文庫》（Chinese Repositary）之內⑬該書包羅宏富，內容廣泛。計有世界史地、西洋技藝、西洋文化、防海之策等，幾乎應有盡有。其中尤以前四卷的「籌海篇」，最堪引人注目。匪僅檢討鴉片戰爭歷次和戰的得失，並且提出中國抵抗西洋的戰術戰略。倡議設立翻譯館、造船廠、製砲局、訓練新式海軍。思想的敏銳、見解的卓越，均為時人所少見。至於他在該書序言中所倡的「以夷制夷」、「以夷攻夷」、「師夷長技以制夷」三大政策，尤其膾炙人口。除影響於清末的自強運動之外，且曾引起東鄰日本的鹽谷世弘、吉田松陰等先驅志士的注意，先後將之翻譯刊刻廣為介紹，對於日後的明治維新運動，提供一大助力。

　　⑸邊疆史的研究：史地二者關係至為密切，以史學經世、自必注意於地理。乾隆中葉以前，研究邊疆史地之學者尚稀。至嘉道之世，此風始熾。祁韻士著《西陲要略》、徐松著《新疆水道記》、沈垚著《西遊記金山以東釋》（《落帆樓文集》）、張穆著《蒙古遊牧記》、何秋濤著《朔方備乘》、龔自珍著《新疆置行省議》（《龔定庵全集類編》）皆有志於經世之作。⑮魏源亦為留意邊疆史地學者之一，除著有《元代西北疆域沿革考》、《北印度以外疆域考》（《古微堂文集》）以外，對於西北邊域問題也備加關懷。嘗有《答人問西北邊域書》、文長萬餘言，對於大漠南北之內外蒙古，天山南北路之準部回部，以及青康藏各地區與中原之

地理歷史淵源，設治大要，皆曾廣泛議論，而於經營邊疆關係於
國防民生之重要，則尤爲再三致意。對於蒙新地區，他則以爲，
雖然地廣人稀，但亦有利於中國未來之發展：「是天留未闢之鴻
荒，以爲盛世消息（之）尾閭。」故而乃對於淺見之徒大加抨擊。
如言：「或謂（邊域）地廣而無用，官胥兵餉歲解賠數十萬，耗
中事邊，有損無益。曾亦思西兵未罷時，勤三朝西顧憂，且沿克
魯倫河長驅南牧、蹂躪在大同、歸化城，甘陝大兵不解甲，費豈
倍徙哉！且夫一消一息者天之道、裒多益寡者政之經，國家醲醇
孳生，中國士滿人滿，獨新疆人寡地曠，牛羊麥麵蔬之賤，播植
澆灌。氍毹貿易之利，金礦之鉅，徭役賦稅之輕且，又皆十倍內
地。窮民服賈，牽牛出關，至輒長子孫，百無一反。是天留未闢
之鴻荒，以爲盛世消息尾閭者也。是聖人損益經綸之義，所以因
焉乘焉者也。奈何狃近安，忘昔禍，惜渭埃之費，昧瞑渤之利，
以甘傅里閑鄙儒眉睫之見（哉）！」⑯

　　㈥**元史的改造：**《元史》之修，以其成書倉促、謬漏逸，常
爲人所詬病。尤其是「西北三藩」，關係大局至鉅，而《元史》
則記載過於簡略。因此清代學者擬予補訂者甚多，邵遠平作有
《元史類編》；錢大昕作有〈元史拾遺〉，〈元史考異〉、〈補元史氏
族志〉、〈補元史藝文志〉，但成效皆爲有限而有志未逮。魏源亦
對《元史》疏漏不滿，而有意加以重修。及輯《海國圖志》、得
見英人所述五印度及俄羅斯元裔始末等新史料，方才決心將之改
造。搜集《四庫全書》中有關元代各家著述百餘種，並旁採《元
秘史》、《元典章》、《元文類》等書，以及明初諸臣遺老之所記
載，遼金宋明諸史之所出入，與夫佚事遺聞見於近人與泰西各家
之著述者，「芟其蕪，整其亂，補其漏，正其誣，闢其幽，文其

野，」討論參酌，而成《元史新編》一書。魏氏編該脫稿於咸豐六年（1856），惟論次略定，次年即歿，可謂其遺作。計本紀十四卷，列傳四十二卷，表七卷，志二十二卷，合為九十五卷，因戰亂方殷，魏氏避兵杭州，未能刊刻。不久杭州失陷，其稿首落於仁和龔氏，後復入貴州莫祥芝手。直至光緒十六年（1890），始以王先謙之議索還。二十三年（1897），其族孫魏光燾又囑歐陽輔及鄒代過校訂，歷八年方才編就，並於光緒二十年（1895）在邵陽出版，上距魏氏之歿已五十年。該書雖為魏氏不滿舊《元史》之疏漏所作，然亦有以元亡之鑒，作為滿清之警鐘的意圖。由其《擬進呈元史表》內，可知其論蒙元之失政甚多。如謂其「內色目而疏中原，內北人而外漢人」之偏狹的民族政策；如謂其「台省要官皆據於世族，漢人南人百無一二」之不公的用人方針；如謂其「中書政以賄成，台憲官皆議價得之。」的腐敗政風，皆針針見血，堪為昏瞶腐朽的清廷戒。尤其是其中所說的「大道之行，天下為公。公則胡越一家，不公則肝膽楚越。」更是用意深遠，而對滿人的一記棒喝。⑰該書以所作較早，疏漏在所難免，以今日之眼光觀之，固較柯邵忞的《新元史》，屠寄的《蒙兀兒史記》等晚出之作為遜色。但其對元史的首次改造之價值卻依然為後之學者所肯定。他如域外資料之引用；元史人名地名之校訂；以及其對四大汗國史的重視，亦皆為後之治元者開其先河。如李思純即於其《元史學》內特加推崇，以為此書較諸《舊元史》可謂事增於前，文省於舊。又言「魏氏此書雖徵考繁博，記載正確，遠勝《舊元史》。終以囿於見聞之故，仍未能詳盡博洽而使吾人滿意。但觀其所紀西域各國之簡略不詳，因知時代所限，聞見未廣，誠無可奈何之事。而源之能憤發致力，全部改

造，固不失爲近代元史之大閣椎輪也。」⑱孟心史也以魏氏之書
雖有未盡之處；然亦將元史中之謬誤大加糾正，而「得十之五
六」，其功殊不可沒。⑲而梁任公則獨對魏氏在該書中所採用之
「合傳體」大加讚賞，認爲雖以創始之難，魏著訛舛武斷之處仍
不少，但舍事蹟內容而論著作體例，則吾於魏著不能不深服。
「彼一變舊史一人一傳之形式，而傳以類從。但觀其篇目即可見
其組織之獨具別裁。章實齋所謂傳事與傳人相集，司馬遷以後未
或行之也。故吾謂魏著無論內容缺漏多至何等，然固屬史家創
作，在斯界永留不朽的價值矣。」⑳

　　魏氏爲人頗爲兀傲；爲文亦相當自負。當其完成《元史新
編》時，深以其書可與歐陽修的《新唐書》及《新五代史》相媲
美，而期朝廷列爲正史，以補《舊元史》之不足。故曾一度轉託
當時的浙江巡撫何桂清爲之代呈。㉑嗣以時局危殛，未克實現。
及至此書正式出版時，其族孫魏光燾亦曾希望有人爲之鑒定，上
呈乙覽，「俾得與斯舊《唐書》、新舊《五代史》同列正史；以傳
之天下後世。」藉冀完成魏源之夙願，㉒然並未見人採取行動。
直到光緒三十四年（1908）九月，方由翰林院編修袁勵準代爲呈
請。奉旨命「南書房會同國史館評閱具奏，欽此。」㉓軍機處旋
即派國史館幫提調柯劭忞勘定。經柯氏審查結果，作成《校勘
記》一冊，認爲「原書入之別史，實在《宋史新編》之上；入之
正史，則體例殊多未合。尚非《新唐書》、《新五代史》之比。」
因之，遂被駁回。㉔消息傳出，曾經引起歐陽輔等人的憤慨，而
爲之深感「不平」。㉕其後張爾田孟劬偶讀魏氏之《元史新編》，
亦曾發爲感言：謂「壬申（按似應爲民國二十一年）夏，爲沈乙
盦（曾植）丈校補《蒙古源流事疏證》，始得見默深書。書成於

洪（綏）屠（寄）二家之前，疏舛在所不免，而文筆之優乃過之。近柯鳳蓀（劭忞）《新元史》名盛一時，踵事者固易為功。以余觀之，亦未大遠於此書也。」又云：「默深諸書皆蟠天際淵，博肆或未能盡純，自見湘儒本色。要其獨到之處，不可掩之。乾嘉以來，經師多，史才少，斐然之作，又豈易覯？此書為其晚年傑著，精進不懈，前輩治學，固皆如是。」㉖

四、魏源治史之態度及精神

由上所述，可知魏氏的史學實以經世為特色，同時又兼具學術性，當代性及實用性，結合三者而為一體。意大利史學家克羅齊（Benedetto Groce 1866－1952）嘗言：「凡屬真實的歷史皆為當代史」（True History is comtemporary history）。㉗歷史的知識經過史家解釋，自可作為當世人的參考。而中國的文家亦極重視史學的經世價值。王船山（夫之，1619－1692）認為設使史家忽視「經世」之義，則歷史即將變為毫無意義。如言：「所貴乎史者，述往以來者師也。為史者記載徒繁，而經世之大略不著，後人欲得其得失之樞機以效法之，無由也，則惡用史為！」㉘章學誠也強調史學與經世有密切之關係。並以孔子的《春秋》與司馬遷的《史記》皆為「經世之書」。又以為「善言天人性命，未有不切於人事者，三代學術，知有史而不知有經，切人事也，後人貴經術，以其即三代之史耳。㉙船山著作甚豐，計七十七種二百五十卷，惟其書直至道咸之間始為湘人鄧湘皋所發現。同治年間曾國荃為之刊行。㉚以其生於鼎革之際，歷經患難，故以史學必當經世，自可理解。船山思想影響於近代湖南學術殊為深遠，唐鑑、曾國藩、左宗棠等皆對之咸為推服。魏源少時曾就讀岳麓書院，

受教於湖南名儒袁名曜，研習輿地厄塞河渠險隘，古今沿革之學，故其史學思想亦受湖南學風薰陶而與船山之經世史學不謀而合。㉛。

再者，史學貴在眞實。否則即將失其價値。故而史家必須具有求眞求實之精神，然後方足以擔當治史之責任。魏源對於此點瞭解亦深，嘗言：「功則功，罪則罪，勝則勝，負則負。紀事之文貴從實，所以垂法戒也。」㉜又云：「姚姬傳曰：『考據之學，利於應敵。』蓋實事有無，非如虛理之可臆造也。」㉝故其著作之內，頗多經史輿地考據之作。引證之繁富；辨析之深刻、識見之精闢，態度之嚴謹，均足令人折服。

以經學而論，其《詩古微》與《書古微》二書即爲考證經史之作。前者考齊魯韓毛詩師傳家法，大攻毛傳及大小序，謂爲晚出僞作；後者謂不惟東晉晚出之古文尚書爲僞作，即東漢馬鄭之古文之說亦非孔安國之舊，其說影響於淸季今文學之發展者至鉅。㉞

以史學而論，其考辨之作尤多。魏氏常議紀昀所論《宋名臣言行錄》之非，謂其「徒睹董復亨《繁露園》之瞽說、適愜其（不喜宋儒）之隱衷，而不暇檢原書，遂居爲奇貨。」又指楊用修懷有蜀人之偏見，論事多與史實不符。且爲朱子辯。謂楊氏言：「朱文公著書談道，品陟古今，罔不違公，是遠人情，」殊爲荒誕，而實則並非如是。㉟於《明史稿》，則除對其體例有所訾議之外，並對王鴻諸亦有微詞。認爲其人品不正，「僉壬不可修史。」而於《幸存錄》一書則辨析尤詳。以爲其書乃出於明末馬士英及阮大鋮邪黨之手。專以扶邪正爲圖，而又冒託夏允彝、夏完淳父子之名，以求爲世所信。然《明史稿》卻於王之棻傳後徵

引《幸存錄》，以期折中於東林與閹黨的是非曲直，實不啻爲惡政張目。㊱在當代史方面，魏氏亦常有異於時人之論。如譏趙翼《皇朝武功紀盛》，「往往言勝不言敗；書功不書罪。」並本高宗「直書諸臣功過」，以昭信史之誼。指出「利鈍兵之常事，賞罰國之大枋，有章奏、有上諭，且載官書，何必深沒其文，以成疑案！㊲」及友人包世臣著《安吳四種》，請其審閱，魏氏亦對書中「叙述國朝掌故，間涉失實者」爲之坦誠相告。特別對於所論台灣林爽文之亂時，柴大紀困守諸羅（嘉義）之事，多所辨解。對於包氏「書趙甌北事，」謂高宗廷寄李侍堯欲令柴大紀棄台內渡，趙爲李草奏，陳其不可，並稱柴久蓄棄台志，特畏國法未敢云云，更是力闢其非。謂「考史館柴大紀列傳、李侍堯列傳，所載旣不相合；趙甌北撰《皇朝武功紀盛》中台灣一篇及自撰《甌北年譜》述李公事又不相合。」實爲其妄。蓋由高宗特封柴大紀爲嘉義伯，並改諸羅爲嘉義城，可爲佐證。「事實昭著，足下可覆按也。」㊳另外，魏氏對於當時所謂的「攘美疑案」，亦即聚訟不決的《水經注》問題，也曾參加熱烈的爭論。嚴屬指責戴東原之《水經注》一書乃係竊自趙一清之作，旁徵博引，多方考訂，指出戴震有五妄，以證明其欺世盜名之罪。且言戴氏「平日潭心性」，詆程朱，無非一念爭名所熾，其學術心術均與毛大可相符。」其態度之激烈可以概見。其後胡適雖曾爲東原力辨，指責魏氏之說爲非，但大多數學者則以魏氏之說爲不誣。㊴

　　以輿地之學而論，魏氏也有相當可觀的考證成績。不僅在邊疆地理方面與晚清的徐松，張穆及何秋濤等人齊名。而在研究範圍上也較爲擴大。在其《禹貢說》中對於先秦地理諸多疑難問題如「彭蠡」、「黑水」、「江源」、「五岳」、「雲夢」等均詳加考辨，

提出新說。對於中亞地理及世界地理，亦廣泛研究，其於和林、阿母河《長春眞人西游記》等考證，對於日後的元史補訂亦有相當的幫助。[40]尤其值得稱道的，即其觀察的敏銳以及實事求是的精神。遇有疑難，即行翻閱史冊，勤作查考；如有需要，甚至常為親臨其地，加以印證，如其廣東的友人陳澧便曾指出，魏氏在治《禹貢》時，「每有疑難，輒走數千里，目驗而定之。」又謂魏氏於研究漢水上源的「嶓冢導漾」時，「遂往甘肅而觀所謂三洞者」，以資印證。[41]

錢穆先生嘗訾龔（自珍）、魏（源）、雖以感切時變，有志經濟，菲薄考據，卻仍以考據為業。並歎：「其先特為考據之反對，其終匯於考證之頹流。龔魏皆其著例也。」[42]錢氏之論固然不無所見，實則如就魏氏整體史學而言，考據實非其重心之所在，故其成就亦不應為考據所掩。且以治史而論，其目的原在求眞，既欲求眞，則對史料加以懷疑與考證，自亦無可避免。

五、魏氏之歷史哲學思想

魏源之治史，以考據為手段，以經世為目的，既已如前所述。至於其史學思想之淵源，亦深值吾人再作進一步地探究。魏氏歷史哲學思想之淵源，殆即為傳統儒家的「公羊哲學」。公羊學乃由《公羊傳》衍生而來，而《公羊傳》則為《春秋》的三傳之一，相傳為周末時子夏弟子齊人公羊高所作。西漢之初經過董仲舒等發揮；曾經以今文而列入學官。再歷三百年餘的傳承演變，至東漢末始由何休集其大成，而使公羊家所謂的「通三統」、「張三世」、「黜周王魯」，「受命改制」等的理論漸臻完備。故王國維嘗言：「《春秋公羊傳》為何氏一家之學。」[43]不過，自晉唐

以後，由於古文經盛行，公羊學已告沒落。經過千餘年之久，至清代中葉方才又告復活。清代公羊學的研究始于乾隆年間常州的莊存與（1719－1787），存與卒後，其學爲劉逢祿（1776－1829）及宋翔鳳（1776－1860）所承，故又有「常州學派」之稱。至於魏氏之學乃受劉逢祿的影響。著有《公羊古微》、《董子春秋發微》、《書古微》、《詩古微》、《兩漢今古文學家法考》等數種。不僅將莊劉之學加以繼承，且將公羊古義加以發揮，由東漢的何休再推向西漢的董仲舒。除強調文質再復，天道三復等的變化思想之外，並從歷史發展的觀點，對於「三世說」提出其自己的解釋。關於此種天人變化的歷史觀，魏氏深以爲自古以來，天、地、人、物無不常在變化之中，故言：「三代以上、天皆不同今日之天、地皆不同今日之地，人皆不同今日之人，物皆不同今日之物。」⑭天、地、人、物既然時常變化，則社會歷史自然亦在經常的變遷之中，而治亂相乘，無稍或息。因此之故，所以他乃將公羊家的「三世」解釋爲太古、中古及末世。黃帝、堯、舜時代爲太古之世；夏、商、周三代爲中古之世；春秋戰國時代爲末世。並認爲太古爲一治世，始於黃帝而成於堯舜。中古爲一亂世，備於三代而盛極轉衰。末世爲一衰世，起於春秋而極於嬴秦。但物極必反，否極泰來，衰世時代卻也伏下另一治世的因子，故至漢代又開始進入歷史上的另一治世。至於造成此一歷史轉變的原動力、魏氏則以爲乃係由氣運的變動不居所致。蓋以「氣化無一息不變者也，其不變者道而已。」⑮由是而推，則自漢至元爲一氣運，至於明清乃爲又一氣運。及至道光年間，鴉片戰爭發生，中國戰敗，衰世乃爲再現。蓋明末以來，西力東漸，天地之氣，已爲之一變，自西而東，沛然莫之能禦。故此時亦爲中

國歷史上的一個新的轉捩點，大勢所趨，東西必將由衝突而調
和，由調和而歸於大同之世。如在《海國圖志》一書之內，魏氏
即曾作此預言：「豈天地之氣，自西北而東南，歸中外一家歟！」
⑯

　　歷史既然與天地人物相同，經常的變化不息，則其變化的方
向如何，自亦不能不作一交待。魏氏因受公羊學的影響，對於此
點亦嘗加以解釋。他認為歷史乃是不斷地向前發展的進步的、決
無後退之理。不但封建之於郡縣，井田之於阡陌如此，其他典章
制度亦莫不如是。因為此乃自然演變之「勢」，而「勢」則是
「日變而不可復者也。」⑰明乎此理，則知一切政經的改革均須依
循歷史發展中的必然趨勢始可成功。如言：「租庸調變而兩稅，
兩稅變而條編。變古愈盡，便民愈甚。雖聖王必作，必不舍條編
而復兩稅；舍兩稅而復租庸調也。」又言：「天下事，人情所不傳
者，變可復；人情所群便者，變則不可復。（譬諸江河）、江河百
源一趨於海，反江河之水而復之山，得乎！」⑱社會政治的改
革，固然要順應歷史的發展，而不可違反自然演變所形成的勢。
亦即不能開倒車，或違反時代的潮流。但在進行改革時究竟應採
取激烈的革命手段或溫和的改良手段？亦為一至堪思考的問題。
在此方面魏氏則似乎僅重視於後者，而不言前者。甚至他對於改
革的方式，亦僅主張革其積弊，去其已甚而止，因之乃使其經世
思想帶有濃厚的保守色彩，而常為後之學者所詬病，並指其深受
其地主階段性限制之所致。⑲實則，以魏氏曾經在江南協助大吏
陶澍，林則徐等從事於漕、鹽、河諸務的改革，亦已形成其自己
的獨到見解。一則以為立法不易，設使新法不善，反而不如舊
法；再則以為不難於立法，而難得行法之人，否則新法反而擾

民，未蒙其利，先受其害。故嘗言：「人君治天下法也，害天下亦法也，……不難於立法，而難得行法之人。」故「君子不輕爲變法之議，而惟去法外之弊，弊去而法仍復其初矣。」又嘗言：「天下無數百年不弊之法，無窮極不變之法。無不除弊而能興利之法，無不易簡而能變通之法。」蓋以：「天下無興利之法，去其弊則利自興矣。」⑤從上所述，可知魏源的變法思想僅以「興利去弊」爲已足，未免過於消極、而緩不濟急。可是揆諸實際，這種溫和的改革，看似低調，卻反可使國家深得其利，而不致遭受重大的破壞，同時人民亦不致遭受大太的損害。從近代史上看來，亦殊值吾人反省深思。革命變法之論固然波瀾壯闊，暢快一時。然而試一論其成效，其結果究竟如何！其代價又何其重大？史實具在，固毋庸吾人多爲置辯也。

六、結　論

綜上所述，可知魏源的史學，旣不同於浙東的專家之學，亦不同於浙西的博雅之學，而與乾嘉時期的考證學派史家，⑤亦大異其趣。其最大特色，即爲經世史學。不論從其所輯之史料性的《皇朝經世文編》、《明代兵食二政錄》、或《海國圖志》，以至其所著之《聖武記》、《洋艘征撫記》及《元史新編》，均可看出其欲以史爲鑑，以史經世之思想。故其史學實可謂兼具學術性、當代性與實用性之特質。

魏源之經世的史學，固有其時代的背景，因逢內憂外患，而產生憂患意識。但亦具有中國儒家傳統的學術淵源。尤其是流行於清代中葉以後的公羊學。公羊學可以說是一種政治哲學，也可以說是一種歷史哲學，旣具有進化論的觀念，又具有改革變法的

思想。魏氏具有豐富的有關公羊著述，亦爲著名的公羊學家。由治史而經世，由經世而倡導變法以求富求強，乃至主張師法西方，迎頭趕上，均可見其思想的一貫性與積極性。故近人多推崇之爲十九世紀近代中國進步的思想家，實可當之而無愧。

尤有進者，即公羊學乃出於齊學，而齊學又與荀卿之學密切相關。故其思想雖然源於孔子，可是卻與孟子相異。其特色乃是「先制作，趨時尙，雜功利，矜智能。」㉜旣不同於當時以考據與訓詁爲導向的漢學，也不同於以理氣心性爲導向的宋學。而卻獨標「經世」的異幟，以與晚清的政治改革運動相結休。魏氏爲清季今文學的中堅，又能以史學爲經世，故在近世學術思想史上實佔有一重要的地位。

【註 釋】

①分見李思純《元史學》，民國 60 年 7 月商務印書館刊，頁 64－65〈元史新編〉；劉寅生〈魏源與晚清時期的明史學〉，1979年《上海師範大學學報》第 3 期；陳其泰〈第一部探索清代盛衰的史書——《聖武記》，參看魏寅《魏源傳略》，1990年北京，頁 35；姚薇元〈再論《道光洋艦征撫記》的祖本和作者〉、《歷史研究》第 4 期，1981年北京；吳澤《魏源的變易思想加歷史進化觀點》、《歷史研究》第 3 期、1962年北京；許冠三〈龔魏之歷史哲學與變法思想（魏寅，頁 105）；吳澤、黃麗鏞〈魏源《海國圖志》研究，《歷史研究》第 4 期、1963，日本；大谷敏夫《海國圖志對幕末日本的影響》《福建論壇》第 6 期、1985年福建；拙著〈海國圖去對於日本的影響〉《大陸雜誌》32 卷 8 期；民國 55 年（1966）4 月台北；李漢武〈論魏源軍事思想〉《求索》

第 6 期，1986年。

②梁啓超《清代學術概論》（中華書局，民 25 年上海初版，45 年台灣一版）頁 55。

③按定庵雖以史學名家，而其著述則殊為有限。迄今所知者僅有其遺集（《龔定庵全集類編》世界書局本）中之論著數篇而已，其他並無專書傳世。

④見章學誠《文史通義》（國史研究室編印，民國 62 年台北）頁 62、〈浙東學術〉。

⑤參看姚瑩《東溟文集》卷 8，〈覆賀耦耕方伯書〉。

⑥李慈銘《越縵堂日記》同治壬戌（元年）12 月 25 日記。

⑦劉廣京〈魏源之哲學與經世思想〉（《近世中國經世思想研討會論文集》民國 72 年台北）頁 1。

⑧分見《明代兵食二政錄》序，按該序有二：一見氏著《古微堂外集》卷 3；頁 2－5 頁；一見《古微堂鈔本》，文末註明「道光十有七載，歲次丁酉。」文字大體相同，僅略有出入。

⑨藤田茂吉《文明東漸史》頁 35。

⑩魏源《聖武記》（中華書局，民國 51 年台一版）自序。

⑪如孫中山先生即曾著有「心理建設」強調國民心理建設之重要。

⑫參考《聖武記》卷 10，〈道光洋艘征撫記〉頁316－317。按據魏寅之《魏源傳略》（1990，北京），頁 67，謂「此書於1878（光緒 4 年）已由上海申報館收入《聖武記》」之。

⑬按《四洲志》一書為林則徐在廣東禁煙時飭人迻譯，所據者為穆勒（Mururay）之《地理叢書》（Cyclopedia Gepgraphy）。譯筆多出於袁德輝之手，而由林氏潤色之。僅一卷，刊於道光二十一年（1841）。是

年6月，則徐以罪充軍伊犁，行經京口與默深晤談終日，瀕行特以該書相贈，並囑撰《海國圖志》。事見魏氏《古微堂詩集》卷8頁13，〈京口晤林少穆制府〉第一首自注。（有關版本問題可參考拙著《魏源對於西方的認識及其海防思想》1965，台北，頁174。）

⑭參考拙著《海國圖志對於日本的影響《大陸雜誌》（民國55年4月，台北）32卷頁1-8頁。

⑮參看陸寶千〈嘉道史學〉《中研院近史所集刊》第4期（民國63年12月台北）頁526-538。

⑯參看闕名撰《皇朝經世文統編》卷79頁31-32。

⑰見《古微堂外集》卷3頁15，〈擬進呈元史新編序〉，但在《元史新編》卷首之8，〈擬進呈元史新編表〉內，此語卻改為「公則中外一家，不公則南北瓦裂。」亦頗有意味。

⑱李思純《元史學》（文海書局民國60年7月台北），頁64-65。

⑲孟森、屠寄《蒙兀兒史記》凡例。

⑳梁啓超《近三百年學術史》（台灣中華書局，民國47年台一版）頁282-283。

㉑見《古微堂外集》卷三，頁14-18。惟此文與《元史新編》卷首之呈文，頗有差異，本文所引之文，乃據後者。

㉒見《元史新編》光緒31年秋7月魏光燾叙。

㉓見《政治官報》338號，頁3-4，光緒34年軍機大臣面奉9月12日諭旨。

㉔見《大清宣統政紀》卷20頁21，宣統元年8月乙已條諭。

㉕王闓運《湘綺樓日記》卷31，甲寅（民國3年）7月3日記。

㉖見《史學年報》（民國27年）第2卷第5期，王鍾翰錄張孟劬先生

〈邅堪書題〉。張氏自注，「爾田病中讀記」。

㉗ Seem Pattick Gardiner, Theories of History, 1952, Oxford Univeristy, pp. 226－277.

㉘王船山《讀通鑑論》（里仁書局民國 71 年，台北）卷 6，頁156－157 論 10。

㉙章學誠《文史通義》內篇卷 2，頁 52，〈浙東學術〉。

㉚梁啓超《中國近三百年學術史》頁 74－75。

㉛參看魏寅《魏源傳略》（1990年，北京）頁 22－23。

㉜《聖武記》卷 15，頁 12 下，〈武事餘紀〉。

㉝《古微堂外集》卷 4，頁 48－19，〈與涇縣包愼伯大令書〉。

㉞湯志鈞《近代經學與政治》（中華書局，1989，北京）頁105－125。

㉟《古微堂外集》卷 4，頁 40－41，〈書宋名臣言行錄後〉；41－44，〈再書宋名臣言行錄後〉。

㊱《故微堂外集》卷 4，頁 44－45〈書明史稿〉，45－48，〈書明史稿〉。

㊲《聖武記》卷 12，頁 11－12。〈武事餘紀〉。

㊳《古微堂外集》卷 4，頁 48－49，《與涇縣包愼伯大令著〉。

㊴按魏氏批駁戴東原之文，名爲「書趙校水經注後」，惟其文集之內，卻未將此文收入。文見周壽昌《思益堂集》〈思益堂日記〉所錄魏默深遺文之三。按關於此一問題，直至清末民初學者猶爲爭論不休。梁啓超稱之爲「踏襲問題，並以爲是『近百年來，學術界一大公案』」。見氏著《中國近三百年學術》，頁 24。雖然胡適曾爲東原力辯，謂係一種學術的巧合（見胡適手稿第一集卷 4）頁419，〈眞歷史與假歷史 —— 用四百年的《水經注》研究史作證）。但大多學者均認爲係戴氏抄襲趙一淸。如魏源、張穆、楊守敬、王國維。而錢賓四亦謂，孟心

史嘗告彼，渠曾校讀《大典水經注》一過，知戴竊趙確然無疑（見錢著《近三百年學術史》下冊頁531）。

㊵周維衍〈魏源與地學〉，文載《復旦學報》（社會科學版，1991年上海）第1期，頁43。

㊶參看拙著《魏源年譜》（中研院近史所專刊（21）民國70年再版本）頁135－136。

㊷錢穆《近三百年學術史》下冊，頁532。

㊸王國維《定本觀堂集林》（世界書局民國64、3、4版台北）上冊頁167〈書春秋公羊解詁後〉。

㊹《古微堂》內集三百十五，〈默觚下〉，〈治篇五〉。

㊺同上，頁16。

㊻《海國圖志》卷5，〈東南洋各國叙〉。

㊼《古微堂》內集卷3，頁16，〈治篇五〉。

㊽同上，頁16。

㊾參看吳澤〈魏源的變易思想和歷史進化觀點〉《歷史研究》（1962）第3期頁84。按其他類似之見尚多，此處從略。

㊿分見《古微堂內集》卷3，頁13，〈默觚下〉，〈治篇四〉；《古微堂外集》卷7頁16，〈籌鹺篇〉，頁23〈籌鹺篇〉。

(51)關於乾嘉時代的史學可參考杜維運《清乾嘉時代之史學》一書。

(52)徐世昌輯《清儒學案》卷74，〈方耕學案中〉，頁31下〈莊述祖與「趙憶生司馬書」。公羊學出於齊學，見楊向奎〈清代今文經學〉，文載《清史論叢》第輯（1979，北京中華書局）頁208。

（原刊於國立台灣師範大學《歷史學報》第二十一期，民國82.6.台北。）

魏默深的海權思想

——近代中國倡導海權的先驅

一、前　言

海權（Sea Power）可以說是西方歷史的產物，此一觀念雖可從古代的世界史溯其淵源，但以嶄新的近代海權面貌出現，而引起世界廣泛的重視，卻要首推美國海軍戰略家馬漢（A.T.Mahan, 1840－1914）。馬漢生於十九世紀的海權時代，是時世界各海洋國家無不以通商傳教殖民爲前提，以海軍及砲艦爲後盾，期求擴張其勢力範圍，增大其生存空間。而美國的老羅斯福總統（Theodore Roosevelt, 1858－1919）亦於此際推行其兩洋政策，確保美國在此一區域的海上霸權。馬漢鑑于海洋對於國際政治及軍事的重要性，乃深入歷史文獻，有系統地將有關控制海洋的因素及史蹟加以分析與探討。而於1890年發表其著名的海權對歷史的影響」（The Influence of Sea Power Upon History, 1660－1783）第一部有關海權的經典之作，其後，他又先後在1892年出版了「海權對於法國革命與帝國之影響」（The Influ－ence of Sea Power Upon the French Revolution and Empire, 1793－1812）；1905年出版了「海軍與1812年戰爭之關係」（Sea Power in the Re-lations to the War of 1812）；1911年出版了「海軍戰略論（Naval Strategy）毫無疑問的，這些劃時代的著作，不論對於當時及後

世都曾發生過令人震撼的影響，而使他在海權史上永垂不朽。①

馬漢的著述多達二十餘種，其中最為人稱道的便是他的「海權對於歷史之影響」和「海軍戰略論」，這兩本書都曾引起世界各國海軍人士的高度注意，英法德俄義等國皆爭相翻譯，作為海軍學校的教本。尤以東方的日本為最，幾乎奉之為海權思想的圭臬。觀小笠原長生在其「日本帝國海軍史論」序文中之所言，即可證明。

海上權力為近世中無敵之大勢力，關係於國運之隆替，決定勝敗之大局。然數十年以前，世人對其認識尚未足，以為空想。自美人馬漢「海權對歷史之影響」出，從學理上論述其性質效力利益，結果歐洲各國國民思想誠然一變。悟海軍擴充之必要，互以海上權力掌握為命脈。

又云：日本於明治之前，其海防僅以防禦外洋為目標，並無航海遠征向外冒險之野心。至維新後，因受馬漢思想之影響，始認識海上發展的重要性，深知欲擴充海軍，必先使其國民海洋思想之發達，舉國一致，作為開展其海軍的原動力。②獨惜吾國對於馬漢的海權學說竟然出奇地忽視，非但中國第一位留美學生的容閎在「西學東漸記」中隻字未提，即出身於海並曾留學稱為清末民初西學翻譯大師的嚴復（嚴幾道，1853－1921）居然也未曾對之留意，直至抗戰勝利之後，始有其「海權論」的譯本。較諸日本幾乎晚了半個世紀，中日海權之盛衰，於此亦可見端倪。③

其實，中國人對於海權問題亦並非完全無人關懷，如湖南學者魏默深（魏源，1794－1857）便曾早於馬漢數十年前提出過類似馬漢海權論的主張，其情形宛如清代乾隆年間江蘇學者洪亮吉（北江，1746－1809）之與英國馬爾薩斯（Thomas Robert

Malthus, 1766－1834）的人口論（On Population）。④以他們所生存的時空而論決不可能彼此互相影響，可是卻對同一問題提出相似的觀點，亦可謂一個東西歷史上的巧合。

二、魏氏對於西方海權之認識

　　任何一種新思想的產生，都必有其特定的時空背景，或者是由於思想發展的內部規律；或者是外在的環境變化，二者常互爲因果，而有著密不可分的連帶關係，魏氏的海權思想亦深受內發的與外鑠的雙重因素的影響。以內在的思想而論，他是晚清時期著名的經學家和進步的思想家，平日即常留心時務，關懷國事，而具有強烈的憂患意識及經世思想；以外的時代而論，他生於乾隆末年，正值清代由盛而衰的轉變時期，早歲曾在江南協助兩江總督陶澍和江蘇巡撫林則徐改革漕務、海運、水利、鹽務。鴉片戰爭發生後，他又曾參加兩江總督裕謙的幕府，策劃江浙一帶的防務，並曾前往浙江觀審英俘，隨同知府黃冕，接收定海。其後又定居揚州，觀察戰局，且一度與挑起鴉片戰爭的主角老友林則徐在京口晤談終日，研討禁煙啓釁的經過，對英戰爭的得失，且接受林氏的囑託，編輯「海國圖志」，藉期喚起國人對外的認識，撑開眼睛看世界，宣示中國已面臨一個前所未有的「海國時代」。凡此都足以說明，他對於西方海權之具有高度的瞭解，殊非偶然。

　　關於魏氏對於西方海權國的活動及其觀察，在他的那部一百卷大書的「海國圖志」中，幾乎隨處都可發現此類的記載，如在「大西洋總沿革序」內便曾對歐人向海外擴張，作有如下的一段評述，以爲中古末期，歐洲城市的發達，實爲其海權形成的關

鍵：

> 歐羅巴內城邑大興，並稱自主之權，始知印書，知製大
> 藥，初造羅盤經。洎明嘉靖年間（1523－1567）舟楫無所
> 不至，初尋出亞默利加（America）大地，次到五印度國，
> 後駛至中國，通商日增、見識日廣。此時歐洲列國萬民之
> 智慧才能高大，緯武經文，故新地日闢，偏於四海焉。⑤

　自十五、六世紀以來，由於東西航路的發現，歐人不斷地向
外擴展。或以通商，或以傳教，或以殖民，逐漸達到全球各地，
非且增強了他們在國際政治經濟外交各方面的活動與影響，擴大
了他們的生存空間與範圍，且亦使他們因海外成功的刺激而信心
倍增，精神爲之空前的昂揚，實爲東西方盛衰的一大分水嶺，也
是世界歷史的一個引人注意的轉捩點（turning point），由此亦可
看出魏氏對於歷史觀察是何等的深刻。同時，魏氏也看出在歐洲
海權國紛向海外拓展時，非洲這個「黑暗大陸」（dark continent）
慘遭瓜分之禍。如在「小西洋利末亞洲各國總叙」中，他便曾對
歐人瓜分非洲的情形有所說明，表示弱肉強食之可悲：

> 小西洋（按乃指印度洋）利末亞洲（Africa）與歐羅巴
> （Europe）隔地中海，其地之廓，人之廣，皆與歐羅巴捋。以語
> 教化，則無特世之哲：語富強，則無統一之王，四分五裂，惟產
> 黑奴以供掠賣，何哉？今則東六部則布路亞國（葡萄牙）服之；
> 北四部相鄰地中海者爲海賊，則佛蘭西服之；西二十四部瀕西
> 海，則布路亞，荷蘭、英吉利、佛蘭西各國分踞之，南則斯渦墨
> 大雪山，入南海，其極南之兀賀山即大浪峰，爲大西洋商舶必邊
> 過之地，亦英吉利，荷蘭兵戍守之，皆據海口，立砲台、設市
> 埠，而土人供其驅使。⑥

　　此處魏氏之意可作三點說明：其一，非洲在人口與土地方面均堪與歐洲相比，可是不論教化與富強方面都較歐洲大爲遜色，且在政治上四分五裂不能統一，因之遂爲歐人所乘，分割其土地，奴役其人民，造成人類的悲劇。其二，分析非洲被歐人瓜分的眞相，暴露弱強食之可悲。但最重要的還是第三點，即歐人就其所佔之地「皆據海口，立砲台，設市埠，派兵戍守而以土人供其驅使」，此實是近代西方海權國家向外侵略的標準模式。以英國爲例，其所以能夠成立不落日國家，而於五大洲皆有殖民地，號稱爲「海王霸王」，即是依靠其海軍力量，不斷地向外發展所致。初以海軍侵佔他人的領土作爲海軍調動的基地；繼而擴充航運壯大其貿易；然後再利用其繁榮的貿易，優厚的利潤，以擴大其基地，培養其海軍，而使其海權力量更爲增強。非但英國，即與英國同時並起的西方海權國家多採取此一類似的模式。⑦

　　西方海權國家瓜分非洲的情形已如上述，其對南洋各地的經營幾乎也施用同樣的手段，由荷蘭人之侵佔葛留巴，爪哇及婆羅洲的事例，即可概見其陰謀的可怖：

　　　葛留巴昔爲小爪哇，今爲小新荷蘭，其與下港僅隔一峽。凡西洋南洋之番舶必遶過峽中而後分赴各國，故帆檣塵市，雄甲南海，視婆羅洲之大爪哇尤繁榮。荷蘭之有大小爪哇猶英吉利之東印度，凡各島駐防之兵皆聽號令而受節制焉。其幷於天方也在明天順（1457－1464）；吞於荷蘭也在明萬曆（1574－1620），交闞於佛蘭西、英吉利也在（清）嘉慶（196－1820）之初。天方之服之也以回教；荷蘭之蠱之也以鴉片；皆陰謀潛伏於無形而奪人家國。氣運所邁，機智所閾，烏乎，安所極哉！⑧

　　由此足證荷蘭人之侵南洋，其手段並不亞於英國，非僅「陰謀潛伏於無形，而奪人家國」，甚至還不惜以鴉片蠱惑當地的土人，使之俯首就範，實在是用心可誅。魏氏於此首以宗教與鴉片並列，謂「天方（阿拉伯）之服之也以回教，荷蘭之蠱之也以鴉片，可見宗教與鴉片同為西方海權國家侵人土地、亡人家國的主要工具。魏氏於此除了感歎之外，亦惟有歸之於「氣運」而已！

　　所謂「南洋」乃係指散佈於我國東南至大洋洲間之無數島嶼的「南洋群島」而言，由於地理的毗鄰，自古即與中國發生極其密切的關係，西方海權之向南洋擴張，自然引起魏氏的高度注意，認為其地乃中國商船活動的範圍，至清初猶有很深的經濟關係，康熙初年實施海禁，雖不許逾越南洋，但至雍正乾隆年間海禁都已大弛，「豐帆鷁舶，萬里遄征」，商業因之日盛。可是自從南洋各國為西洋所侵佔，形勢遂大為不同，非惟不到中國來朝貢，且被西人用為經營東方的基地，對於中國大為不利，如英人在新嘉坡之所作為即為顯著一例，該地在乾隆以前本為閩粵人流寓之所，可是自從英人以兵奪據之後，「建洋樓、廣衢市，又多選國中良工技藝徒居其中，有鑄砲之局，有造船之廠，並建英華書院，延華人為師，教漢文漢語，刊中國經史集，圖經地志」，因而使英人得以洞悉中國虛實而無語言文字之隔，一旦中英之間引起衝突，中國即難加以應付，誠不可不早為之計。

　　觀此，可知魏氏對於西方海權勢力之東來已有預感。不過，他卻認為此一趨勢乃係天地之氣運變化所致，非人力之可抵禦，故嘗言：「地氣自南而北，聞禽鳥者知之；天氣自西而東，驗海渡者知之。」又言：「天地之氣其至明而一變乎？滄海之運；隨地團體，其自西而東乎。前代無論大一統之世，即東晉、南唐、南

宋、齊、梁偏隅割據，而航琛寶賮之島，服卉衣皮之貢，史不絕書。今無一登於王會，何爲乎？紅九東駛之舶，遇岸爭岸，遇洲據洲。立城埠、設兵防。凡南洋之要津，已盡爲西洋之都會，地氣天時變，則史例亦隨世而變。」⑩後人所謂「三千年來一大變局」，魏氏似已早爲燭照機先了。

　　明清之際，西方海權國家的勢力不但到達南洋，並且亦由南洋而到達中國，代表其勢力的先鋒，即是商人與傳教士。由於中西歷史的不同，時常引起雙方的衝突（conflict），結果非但天主教於康熙末年被禁、而通商之事也被限於廣州一隅，至道光年間愈演愈烈：「中國以茶葉湖絲馭外夷，而外夷反以鴉片耗中國。」因而使中外貿易由出超而變爲入超。造成大量白銀外流，以致洋錢與白銀日貴一日，而漕務與鹽務也日困一日，對於國計民生形成嚴重威脅。及至林則徐禁煙啓釁，英國決心採取「火與劍政策」（Policy of fire and sword）⑪利用其優勢的海上武力，對於中國東南沿海發動大規模的攻擊，至此西方海權帝國主義的猙獰面目始暴露無遺。在以弓矢刀槍等中古式的武器無法對抗英人現代化堅船利砲的劣勢之下，中國只有戰敗投降，割地賠款，喪權辱國之一途，而別無選擇，此舉對於熱心愛國的魏氏而言，實不啻是一奇恥大辱，認爲國人必須認清當前的形勢，發憤圖強，共謀對策。並指出：「凡有血氣者所宜憤悱；凡有耳目心智者所宜講畫。」而其海權思想亦自此而萌芽。

三、魏氏海權思的內涵

　　鴉片戰爭我國之所以戰敗求和，主要的乃是因爲英國恃其海上優勢的「砲艦政策」（gun－boat policy），麥卡奈爾教授

（Prof.H.P.Ma Cnier）在其「近代中國史文選」（Modern Chinese History Selected Readings）一書中曾有如下的一段評論：

1840年代的中英戰爭，雙方所使用的武器實為決定勝負的一項重大因素。英國是憑藉西方機械發明的獲利者；中國則因使用中世紀的軍事配備而失敗，特別是蒸汽機推動的戰艦，尤為中國人震驚恐懼的源泉。⑫

近人蔣廷黻教授也在其「中國近代史大綱」一書之內，提出類似的觀點，他說：鴉片戰爭的失敗的根本理由是我們的落伍，我們的軍器和軍隊是中古的軍隊；我們的政府是中古的政府；我們的人民，連士大夫在內，是中古的人民。我們雖拼命抵抗，終歸失敗，那是自然的，逃不脫的。⑬

正因為如此，所以戰爭期間（1839－1842），英艦到處竄擾我國沿海各省，時南時北，時此時彼，使我國整個海岸線均歸其控制，亦即操縱了我國的制海權，尤以東南的廣東、福建及江浙沿海一帶所受的威脅最為嚴重。敵鋒所至，攻虎門則虎門不守；攻廈門則廈門陷落，其他攻定海、寧波，鎮海乃至於上海等地，亦無不如此。以敵船高大，長十餘丈或數十丈，寬數丈，且又聯以堅木、澆以厚鉛，兩旁列大砲二層，非但船身堅固，行駛較速，而砲火也相當地猛烈，故而動輒能以較少數的幾隻戰艦，即將我國重要的港口封鎖。如1840年八月，英軍封鎖直隸灣，所用者僅為備有大砲180門的兵艦五隻及船一隻；封鎖揚子江口，所用者僅為備有大砲38門的兵船二隻；封鎖寧波所用者為102門之兵船二隻及汽船一隻計總不過英艦16隻，而中國的海港海灣之門戶已全被阻塞⑭，我國惟有望洋興嘆，束手無策。非但近海即令敵軍有時衝入內港或內河，我軍依然因為武器落伍而無法與之

爲敵，如的1841年1月26日的虎門之役，我軍死傷500人，提督關天培戰死，而英兵卻未傷一人，同10月1日的定海之役，我軍損失約1,000人，葛雲飛、鄭國鴻、王錫朋三總兵官殉職，10月10日的鎮江之役，我國損失約1,500人，總兵謝朝恩陣亡，兩江總督兼欽差大臣裕謙投水自殺，而英軍則在這兩次陣役中僅爲受到輕微的傷亡，⑮這些血的敎訓，都使留心觀察當時戰局的魏氏，深刻地認識到西方海權國家的兇燄，認爲要想保衛中國的國防，抵抗海權國家的侵略，勢非「師夷長技以制夷」，勢非改組傳統的綠營水師、採取西洋新式的船砲，不能爲力。

㈠新式海軍之創設

創設新式的海軍，必先具備新式的船砲。魏氏已早見於此。本來在鴉片戰爭期間，中國各個戰場的統帥鑒於舊綠營水師不足與英軍爲敵，即曾集合一批中國的科學家多方設法，模倣英船，企圖將原有的船砲加以改進，且在寧波及上海製成明輪數艘。而廣東方面，也曾不斷有人做造外國輪船的活動，不過皆因技術不足，而無可觀的成就。⑯故魏氏當初頗主向外國購買。常言：「造砲不如購砲，造舟不如購舟。」嗣因我國技術不足，所造不及西洋之精，再則遇有損壞，無法修理。故不久他卻又改變主張，轉而以能自製爲優。認爲海防乃是國家的百年大計，而不可處處仰賴於人，設能設廠自造，不但利權不致外溢，且亦免於求人之患。至於自製之法，他則主張於廣東的沙角和大角二處設立砲局船廠，禮聘西人以司其事：分別向美、法兩國招幕洋匠二人。偕帶工匠及柁師水手砲手等人來華，負責製造輪船鎗砲及行船演砲之法，同時，並要挑選閩粵的巧匠精兵向之學習，「工匠習其製造；精兵習其駕駛攻擊。」訂定期限，責以時效，預計製成中號

的艦艇一百號，大小火輪十艘，合計花費不過二百五十萬兩左右，即可於數年之中「盡得西洋之長技爲中國之長技。」而達到「師夷長技以制夷」的目的。⑰。

不過，船砲雖精，而無操縱駕駛之人亦不能成軍，且要建設海軍，則軍餉及兵員二者缺一不可。依魏氏之見，此二問題只須「裁師併餉」一法即可解決。據他估計，沿海的綠營水師，閩粵二省各有三萬有奇，江浙二省各有二萬有奇，合約十萬之衆。可是由於裝備不足，訓諫不精，竟然虛冒者半之，老弱者半之，僅有數千人之可用，形成國家一大浪費。改革之法，莫如「汰官并餉」專選惠、湖、漳、泉四府之民爲兵，計廣東一萬，福建一萬，江蘇六千、浙江四千，爲數已足。至於舊有水師則應大加裁汰，酌留十分之二，以便節省原有的兵餉，充作新募精兵之用。

在新海軍的組訓方面，依據魏氏的構想，應以新造之西式戰船百艘爲基礎，每船配兵三百人，合爲三萬人，然後再優其軍餉，精其訓練，嚴其節制。無事之日，令其出哨外洋，緝捕海寇煙販。有事之時，則令其出洋作戰。寇在鄰省，即連綜赴援；寇在本省，即分艘犄角。如此，則吾師必可方行南海，保衛海防的安全。

最後，魏氏尚擬於船砲既備，訓練既精，新海軍組成之後，進而「合新修之火輪戰船，與新練水犀之士」，奏請中國的最高當局皇帝，施行大閱「以創千年水師未有之盛」。⑱他不僅要中國迎頭趕上，創一支現代化的新式海軍，還野心勃勃的要創中國千年水師之盛，以應付新興海權國家的挑戰。其高掌遠蹠，識見卓越，殊堪令人佩服。試閱一部中國近代史，魏氏實爲最早倡導海軍現代化的一位先鋒，幾無第二人堪以與之並駕齊驅。

㈡發展工業與航運

　　在創設新現代海軍之外，魏氏亦曾論及發展新式工業及開拓輪船航運的問題。認為水器局（兵工廠）不但可以製造鎗砲，且可製造火箭，火藥及量天尺（繪圖機）、千里眼（望遠鏡）、龍尾車、風鋸、水鋸、火輪機（蒸汽引擎）、自來火、火輪舟、自轉碓、千斤秤（起重機）等工業產品，有利於國計民生。並謂設使我人能不斷地研究改進，大力推展，則於若干年後，中國亦可急起直追，達到西方海權國家的技術水準，而使中國工業化科學化，他信心百倍地說：

　　今西洋器械，借風力水力火力，奪造化，通神明，無非竭耳目心思之力以前民用。因其所長而用之，風氣日開，智慧日出，方見東海之民猶西海之民，雲集而鶩赴，又何暫用而旋輟！[19]

　　至於造船廠的設立，也並非只造兵艦以備軍用，亦可用以製商船、貨船、藉以發展國內外的交通貿易與航運。如言：

　　蓋船廠非徒造戰艦也，戰艦已就，則閩粵商艘之汲南洋者，必爭先效尤；寧波、上海之販遼東販粵洋者，亦群就製造，而內地商舟皆可不畏風濤之險矣。

　　其他，輪船尚可便利交通，傳達政令，有裨於國事，「以通文報，則長江大河，晝夜千里，可省郵遞之煩；以驅王事，則北覲南旋，往返旬日，可免跋涉之苦；以助戰艦，則能牽淺滯損壞之舟，能速火攻出奇之效，能探沙礁夷險之形，軍國交便」！[20]

　　此外，對於造船廠的設立，魏氏也有其自己一套想法。他以為官設的船局應僅限於粵東一地，而不必再於福建、上海、寧波、天津等地多設。因為「專設一處技易精，紛設則不能盡精，專設則「可責成一方，紛設則不必皆（為）得人。」官營之外，

還應開放於民營，聽其自由發展，政府應少加干涉。依他估計，官設船廠砲局完成之後，內地及沿海商旅必將群起仿造，故凡有自願仿設廠局以造船械者，不論自用或出售，政府均應准其駛往各個口岸，聽其自由活動，屆時則商舟有如洋船，有事政府可以徵用，以供軍用，無事則可便利交通運輸，發展商業航運，實使軍民交受其利。㉑

㈢經營南洋作為藩鎮

中國在十五世紀之初，即曾在大航海家鄭和領導之下大規模地展開海上活動，海權勢力大為宏揚。南洋群島以及印度洋東非各地皆為我海軍活動範圍。獨惜明人短見，僅於二、三十年（1503－1533）間此類有意義的活動即告停頓，而吾國的海權亦漸趨不振。經過五十年後，西方海權國家先後崛起，反而凌駕於中國之上，遂使中西海權勢力為之扭轉，實為近世歷史上一大轉變。魏氏於鴉片戰後即有鑑於此，故而極力主張創建海軍發展航運，厚植國力，重新恢復明初中國海權的優勢，以與西方海權國家對抗，其雄心壯志，殊為令人敬佩。依魏氏之見，東西海權的爭奪實在南洋，西方國家之本土距離中國甚為遙遠，其侵略中國必以南洋為基地，而南洋不僅與中國海陸相接，且在歷上常向中國朝貢，彼此關係甚為密切，尤其是各地均有大批的中國僑民，表現極為優異。倘政府能對南洋力加經營，扶植其地的華人，相信必會有虯髯客類的英雄出現，形成一大勢力，阻此西方海權的擴張，而成為中國南方的一大屏障。如言：

> 息力山大（按指今之婆羅洲）國稱金穴，近年粵東流寓（日多）幾乎成邑成都。倘有虯髯客其人者，創定而墾拓之，亦海外之一奇歟！㉒

又說：

> 由廈門放海，首小呂宋，次琉球，西則蘇祿。又南文來，馬辰等，又西南則婆羅大洲，又西南則大小爪哇，又西南則蘇門答臘，亞齊等，已繞出西（英）人新嘉坡之西，而通印度之錫蘭山矣。倘因諸華人流寓島上者，舉其雄渠，任以干城，沉思密謀，取醜夷聚而殲旃，因以漳泉湖嘉之人爲流官，雄長其土，破除陳例，歸干簡要，自辟僚屬，略爭藩鎮，庶足爲南服鎖鑰與。㉓

魏氏計畫經營南洋使之成爲中國南屏之論，實爲石破天驚，言前人未曾言。以南洋與我國關係之密切，歷史之悠久，其論實具有遠識。自明初以至清代中葉，我僑民在南洋者的確亦曾創造輝煌的業蹟，而有魏氏所謂的「虬髯客」其人者，如明初舊港國王陳祖義，與施進卿，萬歷中的浡泥都潘王叕。清初緬境阿瓦的桂家，康熙初的港口國王鄭天錫，明末在暹羅仕至坤岳（學士）的謝文彬，乾隆間曾爲暹羅國王的鄭昭，非爲粵民，即爲閩人。特別是魏氏所指出的婆羅洲，因爲乾隆年間該地發現金礦而有大批華僑湧到，因彼處多係天地會員，乃於乾隆三十五年（1770）建立一「蘭芳大總制共和國」以客家人羅芳伯爲大唐客長，建都於束萬律（Mander）。惜爲荷人所忌，而又得不到祖國的支援，始於光緒十二年（1886）爲荷人攻陷，殊爲令人惋惜㉔。

㈣倡導海洋風氣轉移國民觀念

要建設中國的海權，抵抗西方海權國家的侵略，除創建海洋、發展航運、經營南洋，成爲南方屏障之外，還要舉國上下對海權有一共識，然後方能發揚海洋精神。如此，則首須設立譯書館，有計劃地繙譯外國的書報，以增加國民的世界知識。魏氏所

以編輯「海國圖志」其目的亦即為介紹世界各國的史地及文化，以促進國人對外的瞭解。至於他之使用「海國」一詞，則尤有更深的含義，用心異常地深遠，表示我國已經鴉片戰爭之時，面臨一個新的海洋時代。對於此點他說的很明白：「欲制外夷者；必先悉夷情始；欲悉夷情者，必先立譯館繙夷書始。」㉕又說：「夫制外夷者，必先洞夷情，今粵東夷舶購求中國書籍，轉譯夷字，故能盡識中華之情事。若內地亦設館於粵東，專譯夷書夷史，則殊敵情，虛實強弱，思怨攻取，瞭悉曲折，於以中其所忌，投其所慕，於駕馭豈小補哉！」㉖其他，還要轉變學風，使士大夫擺脫八股、留心政事時務；舍棄楷書帖括，從事綜核名實的經世之學。嘗言：「故國家欲興數百年之利弊，在綜核名實始。欲綜核名實，在士大夫舍楷書帖括，而討朝章討國故始，舍胥吏案例而圖計謨圖遠謨始。」㉗此外，還有啓用人材，使之各得其用，如言：「天下財用不足國非貧，人材不競之謂貧」，故「人主不患財用，而惟亟人材。」其他，還要改造國民心理，怯除虛偽、粉飾的惡習，建立崇眞務實的精神，如言：「欲平海上之倭，先除人心之積患。」什麼是人心之積患呢？人心之積患非火非刀非金，非沿海之奸民，非吸販煙之莠民，而是好偽好飾；而是畏難養癰、營窟，故惟有：「以實事程實功、以實功程實事，」然後人心的積患才可以祛除，國家的富強才有希望。㉘

再者，為了轉移國民重陸輕海的觀念，國家尚應當推行若干有關政策：其一是利用輪船改良漕運，其辦法包括：(1)以輪船代帆船，將江南的四百萬石漕糧由海道運達天津，而以武裝兵艦負責護送，(2)鼓勵閩廣商人以輪船護送暹羅米、呂宋米及台灣米運至中國，(3)准許江浙商人使用輪船運送蘇松杭嘉湖之米運交至各

地銷售，甚至內地商人有願出洋經營貿易亦可請求政府派輪護航，以策安全。

再則是訓練文武大吏多習於海事，並規定，「凡水師提鎮大員入京陛見，必乘海艘，不得由驛陸進，其副將參將入京引見，或附海道之舟北上，總禁由陸。其文吏願乘海艘入京者聽，務使海軍官兵及文武大吏，人習於船，船習於海，認識海洋，熟習海洋，而不再視為畏途。

其三是改良科舉，開創水師（海軍）特科培養海軍人材：一個國家，凡諸設施皆以人材為先，以往所開武科，專試弓馬技藝，重陸而輕海，以致水師人才不振。鑒於西洋專以造船，駕駛，造火器，奇器，取土掄官，魏氏特議：宜於閩粵二省武試增設水師一科，有能造西洋戰船、火輪舟、飛砲、火箭、水雷等奇器者為「科甲出身」；能駕駛颶濤，熟悉風雲，沙線，放砲有準者為「行伍出身」。皆由水師提督考取，會同總督複選，轉移京師驗試，分發沿海水師教習技藝。同時規定：

凡水師將弁，必由船廠火器局出身，否則由舵工水手砲手出身，藉使天下人知曉朝廷所注意者在是，不以工匠舵師視在騎射之下，則人爭奮於功名，必有奇材絕技出其中也。（㉙

四、魏氏海權思想與馬漢之比較

綜上所述，可知魏氏的海權思想與其後美人馬漢所提出的海權觀念頗有若干吻合之處。馬漢有關海權之作雖多，然而實以其「海權對歷史之影響」（The Influence of Sea Power upon History）一書為其代表。㉚在這本世界海權的名著中，馬氏特別指出：海權一辭與海軍力量的意義決不相同，海權所包括的不儘是統治海

洋的海上武力，或是武裝部隊中的任何部分，而是承時代的商業與航運，以及生產、航運、殖民地和沿海國家的海洋政策。[31]而魏氏在其「海國圖志」一書之內也主張，製造船砲、創設海軍、製造商船、發展航運，以及扶持南洋華僑，加強中國在海外的殖民地。且以時間而論，魏氏所提出的這一套海權觀念並較馬漢還要早半個世紀，按魏氏「海國圖表」一書出版於1842年，而馬漢的「海權對於歷史之影響」則出版於1892年，實可謂歷史上的一大偶合。不過如果吾人作進一步的分析，則知此二人亦有若干共同之處。其一是他們都生值於十九世紀的海洋時代，海權國家無不盡其全力以向海外發展，寖假已成為帝國主義。其次，他們都從歷史的分析與探討，獲得相同的結論：馬漢由西洋歷史的深入研究，認識到海權可以決定一國的盛衰，世界權力即為海洋權力，海權對歷史具有極大的影響，而魏氏則因編輯「海國圖志」，從世界發展史的觀點看出西方海權國家向亞洲各地的擴張。凡其商船所過之地，均擬據為己有。「過岸爭岸，過洲據洲，立城埠，設兵防；」看出英國不務行教而專行賈，且借賈以行兵，兵賈相資，遂雄島夷。「皆陰謀潛伏於無形，而奪人家國。」不但非洲遭受瓜分，而南洋之要津地皆為西洋之都會。[32]其三，他們都認為海權的形成必須包括多種複雜的因素，海軍之外，尚與地理、交通、物產、商業、航運等息息相關。同時，他們也一致認為一個國家的海洋政策、關係尤為重要。設非一國之國民具有積極、進取、冒險、犯難的海洋開拓精神，則必難列入海權國家之林。

所不同的是，魏氏為一經學家與史學家，其海權思想雖有前瞻性，進取性，可是由於其世界知識有限，且對海軍為門外漢。故思想亦缺乏組織與系統，且除對清末的自強運動略有影響之

外，並未引起世人的太多注意。可是馬漢卻不然，他不但是海軍
的科班出身，且曾出任美國新港（New Port）海軍戰爭學院
（Navel War College）的海軍史教官，以他的海軍知識與素養，自
然爲魏氏難以相提並論。而其海權思想對當時及後世的影響，也
迴非魏氏之所能企及。關於馬漢海權思想的影響，吾人只要稍事
翻閱近年（1986）美國海軍戰爭學院爲紀念馬漢所出版的一本書
目，即可獲有深刻的印象。㉝

五、結　論

十九世紀是一個海洋時代，西方海權國家紛紛向東西兩半球
的落後地區擴張，其氣燄之盛，幾乎如日中天，而以世界作爲角
逐的舞台。可是在那個時代中，眞能認識海權所發生之背景，分
析海權所具有的特微，並從歷史的觀點透視其對國際政治及人類
的影響者卻不多見。直到十九世之末，美國海軍戰略家馬漢所著
的「海權對歷史之影響」一書出版後，方才引起世人對海權的重
視，而使之一舉成名，享譽於全球。可較諸馬漢海權還要早約半
個世紀的魏源的海權思想，無論世界，即在他自己的國家—中
國，卻一直未曾有人注意，這眞是有幸與不幸。

論及魏氏的海權思想，雖然論證不及馬漢周密，徵引不及馬
漢繁富，規模不及馬漢宏大，此乃時代與環境所限，無可如何。
但在基本理念上則確亦具有若干類似之處。由本文以上之論述，
當知此說之不誣。據此可知，由於學者所擁有之時空背景具有相
似之處，因而亦可產生若干相似之學說或思想，此亦歷史之常見
現象，如牛頓（Issac Newton，1642 - 1727）及來布尼茲
（G. M. Leibniz，1646 - 1716）之於微積分；洪亮吉（1746 -

1809）及馬爾薩斯（Thomas R. Malthus, 1766 - 1834）之於人口論。㉞皆爲明證，吾人對於魏源及馬漢之海權思想亦可作如是觀。不過，有一點我們卻須要特別地瞭解，是即：魏氏的海權論乃是站在一個東方被侵略國家的立場，所提出的抵抗西方海權國的一套構想；而馬漢的海權論則是站在西方海權國家立場著筆，雖然其目的乃在探討海權對於歷史的影響，可是卻不免爲西方海權國家張目，無異爲帝國主義國家向外侵略建立一個理論的藉口。㉟

【註　釋】

①John B. Hattendorf and Lynn C. Hattendorf edited, A Bibli - ography of the Works of Alfred Thayer Mahan (Rhode Island, 1986), PP. 10 - 26。

②笠原長生，帝國海軍史論（東京明治 32 年再版），頁一，自序。

③馬漢的著作以海權對歷史之影響（或簡稱海權論）及海權對法國革命和帝國的影響二書爲其主要代表。後者毋論，僅前者在美已再版 50 餘次，而在世界具有 14 種文字的譯本。惟其「海權論」一書出版（1890）後一百年，才有一部較爲完整的「中譯本」，國人對於海權意識的淡薄殊堪令人訝異，參閱：劉達材，「從馬漢海權思想看海權對中國歷史的影響」，廿一世紀海權發討論會論文（台北：民國 79 年 12 月 28 日），頁二。

④參閱拙著「洪亮吉的憂患意識」，近世中國經世思想研討會論文集（台北：中研院近史所，民國 73 年 4 月），頁二三五至二五一；" Leo Slberman, " Hung Liang - chi, A Chinese Malthus, " Population Studies, Vol. XIII, No. 3, p. 251

⑤魏源輯，海國圖志（甘肅：慶涇固道署重刊，光緒 2 年），卷三七，頁一。

⑥海國圖志，卷三三，頁一至二。

⑦參閱楊珍，海權論文集（台北：國防研究院，民國 58 年），頁一四。

⑧海國圖志，卷一四：東南洋海島國三，頁一。

⑨海國圖志，卷六：東南洋海岸之國四，按英華書院設於麻六甲，而不在新嘉坡，此處魏氏可能爲傳聞所誤。

⑩分見海國圖志，卷三七：大西洋歐羅巴洲各國總叙，頁一；卷五：東南洋各國叙，頁一。

⑪See, H. B. Marse, The International Relations of Chinese Empire (Taipei: 1961) Vol. 1, p. 155.

⑫H. F. MaCanier, Modern Chinese History Selected Readings (Shanghai: 1929), pp. 178 - 79. 按該書所謂中國當時所使用之武器仍爲中世紀時刀、劍、戈、矛以及簡單的火器。

⑬蔣廷黻，中國近代史大綱（台北：啓明出版社，民國 48 年 6 月），頁三一。

⑭ H. B. Morse The International Relations of the Chinese Empire, Vol. 1, p. 266.

⑮See Chinese Reporitory (Macao：中華文庫) Feb. 1841；Oct. 1841.

⑯參閱拙著，「晚清時期我國科技發展的鳥瞰」，師大學報（台北：民國 70 年 4 月），第 30 期，頁三五〇至三五四。按同期鴉片戰爭時寧波、上海二處，中國所試造之明輪戰船可參考（Joseph Needham）之 "Science and Civilisation in china" 商務印書館漢譯本，第九册，頁二二一至二一八、二一九至二二〇。

⑰魏源輯，海國圖志，（甘肅：慶涇固道署重刊，光緒 2 年）卷二：籌海篇三，議戰，頁二。按魏氏除計劃以 2,000,000 金造中型西式戰船之外，尚擬再以 400,000 金造火輪船 10 艘；以 100,000 金裝造配砲械，合 2,500,000 兩即可得西洋之長技爲中國之長技。

⑱同上。

⑲海國圖志，卷二：籌海篇三，議戰，頁二。

⑳同上。

㉑同上。

㉒海國圖志，卷一二：東南洋海島國二，頁四至五。

㉓同上。

㉔關於羅方伯的事蹟，近人羅香林敎授曾有精詳的考證，見氏著：「羅芳伯與所建西婆羅洲蘭芳大總制考」（香港：民國 30 年）。

㉕海國圖志，卷二：籌海篇三，議戰。

㉖聖武記（台北：世界書局，民國 51 年）卷一二：武事餘記，掌故考證。

㉗聖武記，卷一一：武事餘記，兵制兵餉。

㉘分見海國圖志叙及呈武記叙。

㉙海國圖志，卷二：籌海篇三，議戰。

㉚參看：鈕先鍾，「論馬漢的思想」，廿一世紀海權發展研討會論文集（台北：民國 79 年 12 月 28 日），頁一，按馬漢「海權對歷史之影響，1860－1783」出版於 1890 年。

㉛ See Mahan Alfred Thayer, The Influence of Sea Power Upon History, pp. 25－30, 30－37, 37－39, 71.

㉜海國圖志，卷五：東南洋各國叙。

㉝See John B. Hattanderf and Lynn C. Hattendorf. ed. A Bibli－rgraphy of the warks of Alferd Thayer Mahan（Newport：Naval War College prss, 1986），PP. 1－8 另尚可參考葛敦華，「馬漢將軍生平史略及其對歷史的影響」，廿一世紀海權發展研討會論文集（台北：民國 79 年 12 月 28 日），頁四至七；楊珍，梅權論文集（台北：國防研究院刊，民國 58 年 10 月），頁二至六。

㉞參考李約瑟著，傅溥譯，中國之科學與文明（台北：商務印書館，民國 66 年），第 4 冊（數學），頁二六五，附註一；Leo Silberman,“Hung Liangchi：a Chinese Malthus,” Population Studies, Vol. XIII, No. 3. p. 257, note 12。

㉞參看劉達材，「從馬漢海權思想，看海權對於中國歷史的影響」，廿一世紀海權發展研討會論文集（台北：民國 79 年 12 月 28 日），頁九至十。

（原刊於私立淡江大學《第二屆海權史研討會論文集》，民國 81.2. 台北。）

魏源「海國圖志」對於日本的影響

一、前　言

明末清初之際，我國大儒朱舜水①以心懷故國，力圖恢復，東渡日本。由於其俊偉的人格，精湛的經術，深得彼邦人士的禮重，從學問道，尊爲國師。結果，不僅使其力行實踐之學大行於東瀛三島，造成德川二百餘年的太平；影響所及，且以「尊王一統」的思想，形成了日後明治維新的精神泉源②。此一史實，久已爲學者所論及。惟鴉片戰後，魏源「海國圖志」的輸入日本，直接的啓發並鼓舞了日本幕末的先驅志士，助長了明治維新的大業，則除部分日本學者曾經言及外，在國內迄今卻未引起學者的重視，因此實有加以論述的必要。

我國近代學人，注意海國圖志對日本影響的首推梁任公，他在「中國學術思想變遷之大勢」一文中曾說：

> 海國圖志獎勵國民對外觀念。其書在今日不過束閣覆瓿之價值，然日本之平象山，吉田松陰，西鄉隆盛輩，皆爲此書所激刺，間接以演尊攘維新之活劇。故不龜手之藥一也，或以霸；或不免於洴澼絖，豈不然哉！③

這一段話，道出任公的感慨，同時也觸及海國圖志對於近代日本的影響。惜乎只廖廖數語，並未能進而作具體的說明。以後，若干研究近代史的學者，雖然也有此種說法，可是大都人云

亦云，語焉不詳，未能作深入的探討。本文目的，即擬就此問題，作一較爲廣泛而深入的研究。以期明瞭海國圖志對日影響的眞象。

　　魏源字默深，湖南邵陽人，生於清乾隆五十九年（1794）。道光廿五年（1845）進士。歷任內閣中書，江蘇東台知縣，興化知縣，高郵知州等。咸豐七年（1857）卒。爲清代晚期傑出的思想家，於經、子、史、地及文學各方面，都有重要的著作傳世，尤以經學家與史學影響於後世爲最鉅。經學方面：著有書古微、詩古微等．追宗常州莊氏，提倡今文，主公羊之說，與龔定庵同以經世之學馳名於世，其思想影響於清末變法運動者甚大④。史學方面：著有元史新編，首先採用域外材料，開元史研究的新方向；又著聖武記，歷述清朝武功，推求盛衰之理，思借往昔的光榮史蹟，振奮萎靡頹廢的人心。至於海國圖志一書，介紹西洋的歷史地理，徵引繁博，體大思精，策海防，議戰守，使中國士大夫能於八股小楷之外，稍識世界大勢。尤足見其目光的遠大，氣魄的宏偉，可以稱爲近代中國思想界的先驅而無愧！

　　海國圖志的著成，前後歷時十年（1842－1852）。曾三次改版：第一次刊於揚州，時在道光廿二年（1842），僅五十卷⑥，即世稱之「五十卷本」。第二次，於揚州重刊，時在道光廿六年（1846），增加十卷，是爲「六十卷本」⑦。第三次刊於高郵⑧。時在咸豐二年（1852），又增加四十卷，合爲百卷，即今所傳之「百卷本」⑨。其內容極爲廣泛，包羅宏富。計有㈠世界地理歷史：介紹東南洋、西南洋、大小西洋、北洋、外大西洋等國家，如疆域大小，地理位置，物產風土，以及歷史沿革等，而於英國則特爲重視。㈡西洋技藝：介紹有關西方軍事技術，如輪船的駕

駛與製造，火器彈藥的使用，以及水雷、地雷、望遠鏡、水戰火攻之法等。同時，於西洋的曆法、貨幣、宗教、語文、器用工藝等也有記載。㈢籌海之策：檢討鴉片戰爭歷次和戰的得失，議論中國抵抗西洋的海防戰術戰略。並主張在廣東設立譯館，造船廠，製砲局，改組沿海水師，創建新的海軍等。態度嚴肅，規劃宏遠，實可以說是我國在遭受西方帝國主義壓迫之後，國人所提出的第一部「備洋方案」。不虞這一部開風氣之先的大著作，在開港後廿年的中國，只不過引起幾處疏落的反應⑩。而在東瀛鄰邦，卻迅速地騰起了熱烈的驚嘆與共鳴。因而使啓蒙的日本，較之中國猶先受其惠。

二、海國圖志的東傳及對日的影響

海國圖志的東傳，根據日人伊東多三郎氏的研究：始於道光三十年（日本嘉永三年，公元1850年）。是年，中國商人首將六十卷本的海國圖志三部舶載入日，不料困受幕末天保禁書令的影響，以書中涉有制禁文句而被禁。三年以後（清咸豐三年），又有一部傳入日本，亦以與前相同的理由，而蒙受處分。次年美國海軍提督裴理（Commodore Perry）迫日訂約開國，局勢突然變化。日本因受外力的壓迫，朝野上下莫不深感海外知識的需要。同時，「鎖國攘夷」與「開國修交」二派激烈的爭論，尤其加強了這一傾向。因之，這一年傳入日本的海國圖志十五部，遂不再受以往禁令的約束，除禦用數部外，其他八部旋即轉入市場，銷售一空⑪。當然在這種知識饑渴的情形下，似此區區數部海國圖志，自難滿足日人的迫切需要。如學者賴醇即曾發「獨憾其舶載不過十數部，故海內稀睹」之歎。基於此種需要，一時有心人士

艘求此書者先後不絕，如廣瀨旭莊氏即曾於安政二、三、四、五年頃，不斷地作此努力⑫。橋本佐田氏除熱心艘求海國圖志外，且喜於譯本及原本之上，加以朱批，作進一步的研究，以饗其同志⑬。

　　至於海國圖志的翻譯與翻刻，自咸豐三年（1853）幕臣川路左衛門尉聖謨首命學者鹽谷世弘施以訓點翻刊，以後各種翻刻、訓解、和解、校正的，幾如雨後春筍，盛極一時。僅在日本與美、英、俄訂約（嘉永七年，安政改元，1854年）之後的一二年之內，海國圖志的「訓點翻刻本」與「邦譯本」等便有廿餘種。如英、法、俄、普等個別的國家，如「澳門月報」，「夷情備采」，如「籌海篇」，「國地總論」等，均經人先後譯出。而所譯最多的還是美洲與美國的部分。計在嘉永七年（1854）一年即有十種。由此可見其如何切乎當時的需要。（有關日譯海圖志各部，詳見附錄。）

　　海國圖志為什麼會受到日本朝野如此的重視呢？為了更進一步的說明，惟有將其歷史背景加以透視：

　　首先，自十九世紀以來，日本即與中國相同，受到來自大陸與海洋兩大勢力的壓迫，大陸方面：俄人早於十九世紀之初，即曾遣使至長崎，要求通商（文化元年——1804年）。1811年（文化八年），又侵入北海道，登陸蝦夷島，給日本以不斷的騷擾。海洋方面：英船則於1808年（文化五年）首至長崎。1818年及1822年（文政元年至五年）兩至浦賀，均以要求通商而被拒。日本為了保護其海防的安全，1825年（文政八年）幕府曾頒「異國船打拂令」企圖予以遏抑，可是此舉並不能嚇阻外艦的侵犯。1837年（天保八年），美艦亦至浦賀，遂使海防問題日趨嚴重。

及鴉片戰爭以後，一方面西人因受英國在華勝利的鼓舞，對日野心大增，益發加強其壓力：如1853年（嘉永六年），俄人再至長崎，而荷蘭也數度遣使勸告日本開國。1850年（嘉永三年）美國決議迫使日本開港，以便其遠東貿易的發展。1853年（嘉永六年）裴理率艦東來，次年便有日美神奈川親和條約的訂立，打開日本對外關係的新紀元。另一方面，由於中國挫敗的影響，使日人驚恐日增，惶惶然惟恐大禍之將臨，於是學者紛紛以鴉片為題，或以「西海的煙氛東海的霜」或以「履霜堅冰至」相警惕，如齋藤竹堂在其「村居三十律」內，即有此種表示：

> 江南兵馬四年強，休道諸蠻等犬羊。宋代有謀唯割地。漢家無士解平羌。狼吞貪得猶難饜，灰死欲燃終不揚。讀到一篇粵東檄，滿簷庭月涼如霜。⑭

安積信也在赤井土巽所著的「海防論」序中，有相同的觀感。說是

> 近歲滿清狃於昇平之久，武備寢弛，民不知兵革，一旦與哦夷戰，迺致大敗。……遂襲南宋故智，議和輸銀，僅得免吞噬，可勝歎哉！今夫劇盜入鄰邦，斧門摣戶，極殺戮奪之慘，我則不敢固關鑰，列兵仗，恬然甘寢其中亦已矣。而彼又迴旋狙伺於籬壁之外，將乘虛而入，安得不嚴為之警備乎哉！⑮

在此情形下，日人自感其海防空虛，極需講求禦夷之道，而包函防海方略及師夷長技以制夷的海國圖志與聖武記，卻正合乎日本當前的需要，故不論漢學家（如大槻西磐、鹽谷宕陰、賴子春等），蘭學家（如箕作阮甫等），乃至所謂國學家與佛學家等，雖然在治學的態度與方法方面不免彼此對立，可是於海國圖志卻

均能不分軫域，同以憂國之忱而加以翻譯與介紹。

其次，日本自1636年（寬永十二年）頒布鎖國令，至1854年與美、英、俄等國訂約開港，與外界隔離已有二百餘年。因此對於西方世界重大的歷史變化與發展，諸如美國的獨立，法國的大革命，以及西洋科學的突飛猛進，與工業技術的發生革命等，也與中國人同樣的隔膜而欠缺了解，因之在「開國」前後，對海外情勢的認識，深感迫切。而海國圖志的東傳，適逢其會，遂大爲彼邦人士所歡迎。加以當時學者除荷蘭學（Dutch Learning）外，於英、法文字多不能應用，而不論漢學家，蘭學家，佛學家，國學家則類多能通漢文，有著文字上的閱讀之便，於是因吸取世界知識，透過海國圖志（中文）而讀西人原著，遂成爲一種必經的途徑。

至於海國圖志對日的影響，可由下列三方面說明：

㈠增進日人對外的了解，由於日人將海國圖志分批多次的大量節譯與介紹，因而使該書在東瀛風靡一時，而金澤、福井、神戶、伊勢等處學館採用海國圖志爲世界史地的教材⑯。尤使該書名聞遐邇。大大的增長了日人的世界知識，促進了日人海外的了解，同時也鼓勵了他們對新事物追求的興趣。如廣瀨達氏在其所譯的「亞米利加總記」自序中，即曾坦率的指出：

漢學者當幕末國家多難之秋，由於海國圖志的翻譯，始逐漸地通曉國事⑰

杉本達氏也在他所撰的「美理哥國總記和解」一跋中這樣說：

本書譯於幕末海警告急之時，最爲有用之舉。而於世界地理茫無所知的幕末人士，此功實不可限量⑱。

其他，近代研究明治維新史的日本學者，也對魏氏影響於日本的史實，公開承認。如阿部眞琴氏，即曾將海國圖志列爲影響日本早期世界地理知識的重量著作之一，對於日本開國前的地理發展，具有極大貢獻⑲。尾佐竹猛氏也認爲：幕末時期，海外知識多由譯自橫文的漢文書籍傳入日本。而海國圖志即此等著作之一，其於新文化的介紹，實爲一大助力。⑳鮎澤信太郎氏，則說的更明白。他以爲，從幕末所採用的各種各樣的世界地理書籍中，可知當時人士對於海外的知識是多麼迫切地需要。而海國圖志的翻刻，尤其富有意義，因爲該書作成於鴉片戰爭之後，是中國在時局急需下，所產生的近代最佳世界地理著作。在歐美列強尙未出現東洋之際，處於同一歷史命運下的幕末日本學者，由於對海國圖志的研究，不僅可以發掘英美等國的眞象，而且也可以替處於國家急難中的日本指出一個新方向㉑。

㈡引起日人對於海防的重視：海國圖志對於幕末日本的另一影響，便是魏源的海防論。如南洋梯謙即曾說到這一點，他特別指出海國圖志說：

　　此天下武夫必讀之書也，當博施以爲國家之用㉒。

鹽谷世弘也稱讚海國圖志不僅爲地理之書，並且也是用兵的武經：

　　從前漢人，以華自居，視外番不啻犬豕，於其地理政治，懵然如瞽之摸象。雖間有異域圖志、西域聞見錄、八紘史、八荒史之類，大率荒唐無稽之說，鮮足徵焉。此編原歐人之撰，採實傳信，而精華乃在籌海、籌夷、戰艦、火攻諸篇。夫地理既精，夷情既悉，器備既足，可以守則守焉，可以戰則戰焉，可以款則款焉，左之右之，唯其所

資，名爲地理，實武備大典，豈瑣瑣柳書之比哉！㉓

他如近代日本史家百瀨弘氏，也認魏氏是一位經世憂國的今文學家，清初顧（亭林）黃（梨洲）精神的繼承者，其海國圖志與聖武記二書的傳入日本，不僅對幕末的開港論發生相當的影響，且於日本的當政者，發揮了啓蒙作用㉔。中村久四郎對於魏氏思想在日所造成的遺響，尤爲廣泛的注意。認爲魏氏的海國圖志與徐繼畬的瀛環志略，對於幕末日本的知識界，均發生了非常廣泛的影響，而魏氏的海防思想，尤予鼓吹維新的先驅思想家以極大的啓導與鼓勵㉕。

㈢進步思想的啓示：在地理與海防之外，魏氏思想影響日本最大的應爲其批判的與革新的進步精神。此一精神乃是由舊社會躍向新社會時期，任何先驅思想家所必備的條件。如近代史學者北山康夫即曾就此點加以詳論。他說：

> 魏源的思想在當時實在是非常的進步，他擺脫了傳統的「中華思想」的束縛，而面對現實的承認西洋的長技，由此可見其積極的學習態度。同時，由其對清朝的政治與制度的批判，也足以顯示其革新思想㉖。

又說：

> 當西洋侵略之際，日本與中國面臨著同樣的危機，可是，德川幕府也與清朝一樣無法加以應付，而一昧地採取一種糊塗政策。因此，魏源的思想對於日本的佐久間象與吉田松陰，實給予以極大的影響㉗。

另一學者中山久四郎也曾著文指出此一影響的重要性。他說：

> 鴉片戰爭後，中國人著書中最有名的即是海國圖志，……

日本當初所處局勢大體與中國相同，深感西力東漸之迫，因而當政者及有識之士幾乎皆將此書熟讀，而將對外觀念養成，將外交知識修得，故當時的政論中無不引用此書之說。而此書影響於詩文書亦甚多。如佐久間象山即是最佩服魏氏之一人。………象山之同志吉田松陰亦喜讀魏氏之書並引用其言㉘。

佐久間象山（1811－1864）原爲小藩主，初好程朱，立志以聖賢之學爲鵠的，務去世俗浮華之習尚。鴉片戰爭以後，因鑑於東洋大國居然爲歐洲的小國所敗，至爲震驚。從而也深感日本受其威脅。因之思想爲之一變，極力鼓吹海防，講畫防禦之法。幾與魏氏的態度相似。及開港後，提倡西學西政益力，與其摯友吉田松陰同爲尊王攘夷論的健將。由於精神上契合，故對魏氏的發憤著書，表示讚佩，並且引爲「海外同志」。他說：

時英夷寇清國，聲勢相逮。予感慨時事，上書陳策，實係壬寅十一月也。後清魏源聖武記，亦感慨時事之所著，而其書之序，又作於是歲之七月，則先余上書廑四月矣。而其所論，往往有不約而同者。嗚乎！予與魏氏生異域，不相識姓名，感時著言，同在是歲，而其所見，亦有闇合者，一何奇也？真可謂海外同志矣！㉙

對於魏氏在海國圖志中所談到的設立譯館一事，他也表示完全贊同，並且佩服其遠見。他說：

馭夷俗者，莫如先知夷情；知夷情者，莫如先通夷語。故通夷語者，不惟爲知彼之楷（階），亦是馭夷之先務也。予竊深思，頃年諸番詻事，屢寄舶於關房間，其情固爲難測，因有纂輯皇國同文鑑若干卷，以通歐羅巴諸國語之

志。………卒不允行。其在江都日，始獲魏氏之書而讀之，亦欲內地設學，專譯夷書夷史，瞭悉敵情，以補於駕取。其見之與予相符者，第不識彼國今日能用其言否耳！㉚

吉田松陰（1830－1859）是幕末的另一先驅之士，也是魏源的傾慕者。在他的日記中，曾不止一次的談到讀聖武記及海國圖志。可知他對魏氏之書的注意，如在他的西遊日記中，就曾對魏氏的「籌海篇」作過這樣的評論：

清魏源籌海篇，議守，議戰，議款，鑿鑿中窾！使清用之，固足以制哭寇而馭魯（俄）拂（法）矣！㉛

此外他對魏源收亂民為兵的主張，也極為贊成，並指其未為清廷所採用，以致成太平軍的亂階。他說：

吾獨疑此書之刻，在道光廿七年，曾三、四年間，廣西民變擾及八省，禍延十年，遂致北京幾不守，其所底止未可知也。則清之所宜為慮者，不在外夷而在內民也，何以默深無一言及之乎？世之議守者，不過於策堅墩，鑄巨炮，調客兵。議戰者，不能為其所宜為。議款者，徒遏于不得已，是皆默深之所深慮，而清乃為之！姑息以養夷謀，胺脂以竭民膏，未有不致內變外患也，且默深之言曰：「非徒能號召數百，二三千人者，其人皆偏裨將才，其屬皆精兵，而文法吏目為亂民，為漢奸，不收以為用。」則廣西之亂，默深已知之矣。噫！民內也，夷外也。謀外而遺內者凶，治內而制外者吉。悲哉！㉜

其他與吉田松陰具有同感而歎魏氏之書不為時用的尚大有人在。如學者安井息軒即曾說：

　　清魏源懲鴉片之亂，嘗著聖武記以溯富強之源。又譯此
　　書，增以聞見所及，而四方之國粗無遁形，其於內治外攘
　　可謂盡心矣。……夫聖人之道深矣，物莫以尚焉。然彼既
　　於其智功以窺我，我亦不能不悉其情形以備之，則若此書
　　者雖聖人復起，其必有所取焉㉝。

文學士鹽谷世弘，也非常感慨的說：

　　嗚呼，忠智之士，憂國而著書，不爲其君所用，反以資之
　　他邦。吾固不獨爲默深悲，而亦併爲清主悲也。㉞

三、結　論

　　鴉片戰爭以後，魏源以憂國憂時的心情，發憤而著海國圖
志，以認識外情，加強海防，師夷長技相倡導。此種進步思想實
可謂爲中國近代化的先河。幕末的日本，以其所受外力壓迫與中
國略似，因之遂對海國圖志大表歡迎，翻譯翻刻，廣爲介紹，使
魏氏的先驅思想，對日本發生了莫大的影響。

　　海國圖志的對日影響，一爲世界地理知識的介紹，對於江戶
時代初期的地理學影響甚大。一爲海防思想的提倡，影響幕末海
防論者的觀念。然而最重要的還是魏氏進步思想的影響。這種批
判舊制度，與接受新事物新觀念的精神，正與幕末維新志士們所
倡導的「堂堂開國進取精神」相沆瀣、相吻合，因之遂使他們引
爲知己，並且得到了啓示與鼓勵。明治維新的發生，自有其廣大
而複雜的歷史背景，決非任何單純的因素所能詮解，可是由於海
國圖志的東傳，使日本幕末時期，不論在地理、海防，乃至接受
近代化的思想各方面，都曾受到魏氏這種啓蒙的開風氣之先的影
響，則是不容懷疑的事實。

　　返觀吾國，海國圖志雖在清末也曾發生廣泛的影響。但是，
國人對它的反應卻不如日本幕末人士那麼的迅速而熱烈。直至十
九世紀之末，日本人的世界知識早已超過海國圖志階段，而中國
的士大夫們卻依然「好談古義，足己自封，於外事不屑措意。無
論泰西，即日本與我僅一衣帶水，擊柝相聞，朝發可以夕至，亦
視之若海外三神山。」㉟日本人於海防方面，除船堅砲利海軍有
相當的成就、並進而注意於法政的改革了，而中國自命為通儒的
人們，卻依然「以洋務為不屑，鄙西學為可恥。有習其語言文字
者，從而腹誹之，且從而唾罵之，甚至屏為名教罪人！」㊱魏氏
思想的啓蒙之光，未曾在其祖國輝映絢爛的霞彩，而卻照亮了鄰
邦黎明的前路，豈是魏氏始料之所及！

附　錄

　　茲據日本學者　澤信太郎的調查及統計，將有關日譯海國圖
志各部，依其所刊年代先後，表列於下：

(1)海國圖志墨利加洲部：中山傳右門較正。八卷六冊。嘉永七年
　　（1954）京都三條升屋町，出雲寺文治郎發行。本書所據者乃
　　六十卷本「海國圖志」（道光己酉夏，古微堂重刊）卷 39、
　　40、41、42、43 等「墨利加洲部」，及卷 54 之「火輪船圖
　　說」，卷 51 之「夷情備采」，「澳門月報」各章施以訓點複刻。
　　主要目的在介紹美洲美國情形。

(2)翻莱海國圖志：鹽谷甲藏及箕作阮甫訓點。2 卷 2 冊，嘉永七
　　年（1854）江都書林，淺草茅町二丁目，須原屋伊八發行。本
　　書所據者為 60 卷本「海國圖志」卷 1 之「籌海篇」，及百卷本
　　卷 1，卷 2 議守，議戰，議款各篇，而施以訓點翻刻。主要目

的在介紹魏源的籌海之策。除正文之外，並錄有「海國圖志」
原叙，卷頭總目，鹽谷氏的翻栞序，以及魏源小傳等。

(3)亞米利加總記：廣瀨達重譯。1 卷 1 冊，嘉永七年（1854）
刊。雲竹小居藏版。據百卷本「海國圖志」卷 59，外大西洋
之「彌利堅即美里哥國總記」上而施以重譯。主要目的為介紹
美國。

(4)續亞米利加總記：廣瀨達重譯。2 卷 2 冊，嘉永七年（1854）
刊。據百卷本「海國圖志」卷 60「彌利堅總記中」和譯。(5)
亞默利加總記後編：廣瀨達重譯，3 卷 2 冊。嘉永七年
（1854）刊。據百卷本海國圖志卷 62「彌利堅國東路二十路」
前半，及卷 63「彌利堅國西路十一部」，「彌利堅國邊地土番
四部」，「彌利堅國因底阿土番四部」等和譯。

(6)墨利加洲沿革總說總記補輯和解：正本篤和解，1 冊。嘉永七
年（1854）刊。本書為「美理哥國總記和解」的姊妹篇。據百
卷本「海國圖志」卷 59 之「外大西洋墨利加洲總叙」，及「職
方外記」，「貿易通志」，「每月統紀傳」，「美理哥國志略」，「萬
國地理全圖」和解。介紹美國外，並附錄「火輪車」一曰「火
煙車」圖，介紹火車。

(7)美理哥國總紀和解：正木篤國譯。1 卷 1 冊。嘉永七年
（1854）刊。據「海國圖志」之「美理哥國總記」日譯。

(8)美理哥國總記和解：正本篤譯，上、中、下 3 冊。嘉永七年
（1854）刊。據海國圖志卷 59 至 60 之「亞墨理加總記」日譯。
側重美國歷史地理的介紹。

(9)西洋新墨誌：皇國隱士重譯。4 卷 2 冊，嘉永七年（1854）東
洋館書肆刊。據「海國圖志」之「亞墨利加部」日譯。除介紹

美國外，且附有「西洋樓舶大軍艦製造圖」及「海外人物小傳」。

⑽新國圖志通解：皇國隱士國譯，4 冊，嘉永七年（1854）刊。據海國圖志「亞墨利加部」日譯，改中國年號，用日本年號，介紹新國及新大陸之義，及其地理、風俗、制度、文物、政治、經濟、沿革等，且附有插圖。

⑾澳門月報和解：正木篤重譯，1 卷 1 冊。嘉永七年（1854）刊。60 卷本海國圖志卷 51。百卷本「海國圖志」卷 81 及 82 之「夷情備采」重譯，內容凡五編，分別介紹：㈠漢土：論中華人民國，軍備，文學。㈡茶葉：論茶葉之流行世界以及貿易利益。㈢禁煙：論鴉片貿易實狀，及其弊害。㈣用兵：論洋夷貿易，造船方法，火砲之法，以及富國強兵之道。㈤各國夷情。論各國在中國追求利益，恣意劫掠，陽為和好，陰懷反側者等。

⑿英吉利國總記和解：正木篤重譯。1 卷 1 冊。嘉永七年（1854）刊。據 60 卷本海國圖志卷 33，百卷本卷 50「英吉利國總記」重譯。譯者翻譯此書之目的，乃以幕末人士對英吉利乃至歐美諸國表現濃厚興味。並擬加強彼等對外之認識。謂西洋諸國，特為嗜利。貿易遍於海內，世界無所不到。其中雖俄國高唱剽掠。使用和戰兩刀，時而柔羊，時而猛虎，凡利之所在，無不趨之若鶩（見原跋）。

⒀海國圖志俄羅斯總記：大槻楨重譯。1 卷 1 冊。嘉永七年（1854）刊。蕉陰書屋藏板。據 60 卷本「海國圖志」卷 36。百卷本卷 54，北洋俄羅斯之「俄羅斯總記」譯成。目的在介紹俄國歷史地理。

⒁海國圖志夷情備采：大槻楨重譯，1 卷 1 冊。嘉永七年（1854）刊。據 60 卷本「海國圖志」卷 51 之「澳門月報」翻譯，目的在介紹西方風俗、技藝。

⒂英吉利廣述：小野元濟重譯。2 卷 2 冊。嘉永七年（1854）刊。遊焉社藏版。據百卷本海國圖志卷 53「英吉利國廣述之「記英吉利」譯成。目的在介紹英國史地。

⒃翻采海國圖志普魯社國：鹽谷甲藏、箕作阮甫合譯，1 卷 1 冊。安政二年（1855）刊。據 60 卷本「海國圖志」卷 38。及百卷本卷 57, 58 之「魯西亞國部」。所介紹者有善魯社國，綏林國，大尼國，瑞丁國，璉國等。

⒄翻采海國圖志俄羅國：鹽谷宕陰、箕作逢谷合譯，2 卷 2 冊。安政二年（1855）刊。據百卷本「海國圖志」卷 54、56 各卷之「俄羅斯國志」。

⒅海國圖志佛蘭西總記：大槻楨重譯。1 卷 1 冊。安政二年（1855）刊，蕉陰書屋藏。據 60 卷本「海國圖志」卷 27 之「佛蘭西國總記」譯成。目的在介紹法國史地。

⒆海國圖志訓譯：服部靜遠譯。上下二冊。安政二年（1855）刊。上卷據「海國圖志」原本卷 56 有關砲台之記載，卷 57 有關火藥的記載。下卷據原本 58 之「攻船水雷圖說」而譯成（共印三百部）。

⒇海國圖志籌海篇譯解：南洋梯謙譯，3 卷 3 冊，安政二年（1855）刊。再思堂藏印。卷 1，據 60 卷本卷 1「議守」前半。卷 2 據原本卷 1「議守」中下。及「議戰」前半。卷 3，原本卷 2 之「議戰」及「議款」全部（共印一百部）。

(21)翻采海國圖志英吉利國：鹽谷甲藏及箕作阮甫訓點。3 卷 3

冊。安政三年（1856）刊。江都書林須原屋伊八發行。據 60
卷本「海國圖志」卷 33、4、5，百卷本卷 50、51、2、3。

⑵海國圖志印度國部（附夷情備采）：賴子春訓點，3 卷 3 冊，
安政三年（1856）刊。大日本校刻本。上卷相當於百卷本之卷
19 及卷 21 中印度各國。卷 22 南印度各國等。中卷相當於卷
23。附錄夷情備采下之「華事譯言」、「貿易通志」、「譯出夷
律」等。

⑵海國圖志國地總論：鶴嶺道人譯。1 冊，明治二年（1869）
譯。池上學室藏版，據海國圖志卷 46「國地總論」（釋五大
洲，釋昆崙上、下），訓點。（以上均見開國百年紀念文化事業
會編之，「鎖國時代日本人的海外知識」，頁135－155，鮎澤信
太郎編「世界地理之部」。）

又除以上各書外，其他尚有津藩荒木謇訓點之「暎咭唎紀
略」1 冊。該書乃係荒木以「海國圖志」之英吉利條爲基礎，並
參照道光二十一年清陳逢衡所作之「暎咭唎紀略」而成。在同一
時期，魏氏之另一大著，海國圖志的姊妹篇「聖武記」一書也由
舶載入日，而受日人觀迎，並爲之栞刻流行。嘉永三年（1850），
首有「聖武記採要」之翻刊。繼而「聖武記附錄」12 卷，及
「聖武記附錄武事餘記補遺」等也於安政二年（1855）刊出。他
如山中信古所校之「聖武記拔萃」。則有三種以上不同的版本。
而「他山之石」一書（5 冊，編者不詳），亦係根據「聖武記」
及汪文秦之「暎咭唎攷」及楊炳南之「海錄」等而成。結果，與
海國圖志對日發生相同之影響。

【註　釋】

①朱舜水（1600－1682）明餘姚人，名之瑜，字魯璵。舜水為其號。著
　有舜水文集及陽九述略等，卒年 83。

②梁啓超，中國近三百年學術史，頁 82。

③梁啓超，中國學術思想變遷之大勢，頁 97。

④見康有為新學偽經攷後序。

⑤見梁啓超中國近三百年學術史頁 324。

⑥見海國圖志 60 卷本叙後自注。

⑦見海國圖志 60 卷本叙後自注。

⑧據汪士鐸云：該書原擬倩鄒漢勛與彼在金陵付梓，嗣以太平軍之亂，
　改於高郵刊出。（見汪梅邨先生集卷 8 頁 12。開有益齋讀書志序）。

⑨按該者除百卷本外尚有一種「百二十卷本」行世，不過其後所附之 20
　卷乃美人林樂知（Y. J. Allen）於任同文館敎習時所補輯，內容大多
　介紹海戰知識者。

⑩如番禺學者陳澧讚之為「奇書」。無錫學者馮桂芬謂其「師夷長技以
　制夷」為可行。兵部侍郎王茂蔭曾奏請重刊海國圖志，以為王公大臣
　講求防海方法敎學之用等。

⑪歷史地理卷 68，4 號，34 頁，伊東多三郎「禁書的研究」。

⑫賴醇，服部棟隆「海國圖志訓譯」序。按另一學者橫山湖山也有同樣
　感慨。謂近世慷慨之士，多欲識夷情事，以立禦侮方略。惟海國圖志
　舶載入日者極少，致思一見者每以深藏祕府而不可易得焉。」（見廣瀨
　達「亞墨利加總記後」跋）

⑬廣瀨旭莊：「九桂草點隨筆」。廣瀨氏曾謂：「海國圖志為有用之書，
　非他書可比。」

⑭見「村居三十律」之二十二律，此處引自百瀨弘「清末的先覺者邵陽
　魏源」。見歷史公論 3 卷 6 號。

⑮安積信所編日本海防史料第 2 卷，頁 231。

⑯據鮎澤信太郎「世界地理之部」內云：「海國圖志」、「瀛環志略」、「英國史」、「聯邦志略」、「地理全志」、「地球說略」等，曾一度爲金澤、福井、出石、田邊、神戶、淀、延岡、武雄、伊勢度會等地方學館用作敎科書（見鎖國時代日人的海外知識頁 160）

⑰鎖國時代日本人的海外知識頁 144。

⑱前書頁 148。

⑲歷史學研究 2 卷。阿部眞琴：「江戶時代の世界地理」。

⑳尾佐竹猛氏「近世日本の國際觀念の發達」，頁 56。按中山久四郎氏，在其「近世支那より維新前後の日本に及ぼしたる諸國の影響（讀史廣記所收）之中，也認爲從近世中國舶來的漢籍唐本，使日人獲得許多新的知識。

㉑鎖國時代日本人の海外知識頁 130。幕末開國期內傳來的唐本世界地理書的飜刻與邦譯。

㉒鎖國時代日本人的海外知識頁 153。南洋梯謙：「海國圖志籌海篇譯解」自叙。

㉓鹽谷宕陰：宕陰存稿卷 4，「飜葉海國圖志」自叙。

㉔歷史公論 3 卷 6 號百瀨弘，「清末之先覺者邵陽の魏源」。

㉕大阪學藝大學紀要第 3 號頁 100，北山康夫：「海國圖志とその時代」。

㉖仝上，頁 102。

㉗史學雜誌第 26 編 2 號，中村久四郎：近代支那より日本文化に及ぼしたる，勢力影響。

㉘佐久間象山：象山集卷 1 省譽錄。

㉙佐久間象山：象山集卷 1 省譽錄。

㉚吉田松陰：西遊日記。

㉛吉田松陰，吉田松陰文集第 2 卷，野山文稿頁 22。

㉜安井衡：息軒遺稿卷 3，頁 36。「書海國圖志後」。

㉝鹽谷宕陰：翻栞海國圖志序。

㉞黃遵憲：日本國志序。

㉟王之春：國朝柔遠記卷 19，頁 7「廣學校」。

（原刊於《大陸雜誌》32：8，台北。）

十九世紀西方史地知識的
介紹及其影響（1807－1861）

一、前　言

　　西方史地知識的介紹，大體可分兩個時期：一在十六、十七世紀之交，自明神宗萬曆九年（1581）義大利耶穌會士利瑪竇（Matthaeus Ricci）來華佈道，到清世宗雍正元年（1723）嚴禁天主教在華活動，約一百四十餘年。二為十九世紀前期，自清仁宗嘉慶十二年（1807）英國倫敦傳道會士馬禮遜（Robert Morrison）至廣東傳教，到清文宗咸豐十一年（1861）中國與英、法、諸國訂立北京條約，約五十餘年。自是以後，隨著中外交接的頻繁，國人對於域外的瞭解與日俱增，西方地理歷史知識的介紹雖仍繼續不斷，但已不若以往為人所重視。前一時期西學的介紹情況，已有人為文討論，故知者較多。後一時期西方史地知識的介紹，迄今尚少有人論及，本文之目的，即係就此問題加以討論，就教於學界先進。

二、前期世界史地知識輸入的停頓與影響

　　自第十六世紀以降，由於地理的大發現，東西交通暢開。自是西洋商人與傳教士絡繹東來。造成中西文化交流史上的空前盛況。隨著西學的輸入，西方的史地知識也同時傳入中土，如利瑪

竇的坤輿萬國圖，艾儒略（Julius Aeni）的職方外記，南懷仁（Ferdinandus）的坤輿圖說及西方紀要（按西方紀要係南氏與利類思（Lanis Buglis）等合著），龐迪我（Didacuo Pantojia）的海外輿圖，蔣友仁（Mi-cheal Denoiot）的地球全圖等，舉凡歐人在探險時代以來所獲得的新知，諸如經緯度與五帶的劃分，日蝕與月蝕之理，地球的轉動與晝夜的關係，五大洲與東西半球的形勢，世界各國的地理分佈及歷史演變等，大體均經先後介紹。以往國人對於西洋史地的知識，大抵不過北非與西歐。至是，乃一躍而及於整個世界。於是，眼界遂爲之大開，而於中國在全球中的位置也有了正確的理解①。儘管當時一般守舊之徒，尚難驟信其說，以爲其言「荒渺莫考」，而加以懷疑。可是，終以「其所著書多華人所未道，故一時好異者咸尚之②。」

明末清初時期，世界史地知識的輸入，既如上述。設使沿此方向前進，繼長增高，則國人自可隨時吸收世界最新的知識，洞悉歐美各國的發展與演變，不致有所隔膜，不虞，因「儀禮之爭」，導致中國之禁敎與關閉，結果，不僅使國人對外的認識日趨模糊，同時也使我國的學術文化的發展受到相當的阻礙。由歷史上看來，其關係實爲匪細。分析其中原由，約有以下數點可述。

㈠中西文化交流中斷的影響：根據文化人類學者的研究，文化發展的動勢（Cultural dynamics），約有二大重要模式：其一、爲某種單一文化系統之內的發明或革新。其二、爲二種或多種文化系統之間的接觸，擴散與涵化。內部的發明與革新，固可促進文化的變異，但由於其孤立的地位，與他文化隔離，缺乏競爭與刺激，其進步的程度遠不如經由商人、水手、傳敎士、殖民者以

及旅行家等所展布的接觸與涵化較爲巨大而顯著③。明末清初時期，中外接觸頻繁，東西文化交光互影，同收切磋砥礪之益。及西敎被禁，耶穌會不久也解散，東西文化的交流，遂陷於停頓。同時，也使中國對於新知識與新觀念失去了選擇、吸收及相激相盪的機會。對於學術的發展來說，實係一嚴重的打擊。

㈡清代文化政策的束縛：閉關時期的中國文化，旣以缺乏外來的激盪與啓發陷於靜止狀態，而清代文化政策（八股與文字獄），也使內部的發明與革新，成爲不可能之舉，因此，閉關、八股與文字獄，遂成爲束縛中國文化發展的三道枷鎖。學術界充滿了摹擬與因襲，學者僅能致力於考據與訓詁④。在此種學術空氣籠罩之下，稍知留意於邊疆史地者，已屬難能可貴，至於自動考究域外史地的人，則更如鳳毛麟角。

缺乏需要的刺激：中國爲一大陸國家，自古以農立國，經濟上差可自給自足，無須他求。因之，社會內部缺少一種向海外發展貿易的潛在衝力，兼以愛新覺羅氏崛起於東北草原，入關以後，顧盼自雄，自謂：「天朝撫有四海，九夷八蠻之國，窮髮赤裸之民，無不稽首稱臣」；根本即無再向海外發展的壯志雄圖⑤。在這種保守的環境之中，雖然偶有一二人留心海國形勢，可是終難蔚成一種熱烈的追求新知的風氣。

㈣自大心理的作崇：我國自古以來，歷史上即不乏歐亞交通的記載，惟除印度之外，影響於學術思想者甚微。久之遂養成一種自高自大，以爲中國開化最早，文物制度，粲然大備。天下之大，萬民之衆，惟我中華獨尊。其他各國，非戎狄即蠻夷。及至閉關期間，由於不與外接觸，此種「天朝的世界觀」愈爲強烈，幾乎形成一種「民族中心主義」（Ethnocentrism）。如日本學者鹽

谷世弘即曾說:「漢人以華自居,視外番不啻犬豕,於其地理政治懵然如瞽矇之摸器。雖間有異域圖志,西域聞見錄,八紘史、八荒史類,大率荒唐無稽之談,鮮足徵者焉⑦。」重野成齋也說:「吾每閱漢土史乘,至所謂外國傳、異域志,不夷狄視之,則藩屬待之。其政治得失不相關焉,國勢強弱不相關焉。彼爲彼,我爲我,其所以自大,即所以自小⑧。雖說這些話中含有不少的譏諷,但國人之自大心理的存在,卻也是一個不可否認的事實。

中國於實行海禁以後,廣州與澳門二地,仍允外人往來通商,中外的接觸並未全部間斷,如果國人肯對域外情勢多去注意,十八、十九世紀之間,世界所發生的政治、經濟、工業、科學等鉅大變化,自當不會一無所聞。可是,由於上述種種因素的影響,中國官府竟「全不知外國之政事,又不詢問考求⑨。」以致對外在世界的發展,幾乎如隔五里霧中。其他諸國不論,單就號稱爲「日不落之國」及「海上霸王」的英國來說,乾隆十六年(1751)所刊的「皇清職貢圖」,所記不過「英吉利亦荷蘭屬國,夷人服飾相似,國頗富⑩。」等寥寥數語。至乾隆五十八年(1793)與嘉慶廿一年(1816),英國先後派遣馬戛爾尼(Lord Macartney)及阿美士德(Lord Amherst)來華交涉,中國均以貢使看待,已經證明中國對於英國的瞭解不足。等到鴉片戰爭時,情形更顯得嚴重,如英國的地理位置在那裡?英國人要經過那些地方才可以到中國來?居然連堂堂大清帝國的朝庭也弄不清楚⑪。至於英國的政治制度,科學、文化、工藝究竟如何?就不必多談了。難怪學者魏源要慨歎的說:「以通市二百年之國,竟莫知其方向,莫悉其離合,尚可謂留心邊事者乎⑫!」

三、近代西方史地知識的介紹概況（1807－1861）

甲、西方傳教士的活動

　　儘管中國與世界的關係隔膜日深，可是自十九世紀以降，由於中外人士對於世界新知不斷介紹；這種隔膜已開始有了轉變的現象。先從外人談起，在西方人士之中，從事於新學之介紹的，仍是傳教士。不過，他們已不是明末清初時代的天主教耶穌會士，而是來自英美各國的新教徒。首先來華佈道的為英人馬禮遜（1807）與米憐（Willian Milne, 1813）。1830年，美人裨治文（E.C.Bridgmon）與雅裨理（David Adeel）等亦相繼來華。他們首先到南洋各地，對華僑社會佈道，後來逐漸擴展到中國。為了宣傳教義，祛除華人對西方的誤會，除了創辦書院，開設醫院，翻譯聖經之外，⑫；並發行若干定期刊物，出版不少的書籍，將西方的宗教、科學、歷史、地理等知識加以不斷地介紹。這些書報流傳沿海各地，自然不無影響。這還是鴉片戰爭以前的事。及至五口開港後，中外情勢急轉直下，西方史地知識的介紹也邁進了一個新的階段。一則外人到中國傳教者日多，他們利用不平等條約為護符，活動的範圍日漸擴大而深入；一則新舊教徒之中熱心於西學介紹者頗不乏人，故所出書報數量也遠較以往增加。在中國朝野人士對於西方知識的饑渴情況之下，這些書報遂變成了獲取新知的教科書。影響之大，不言可喻。茲將此一期之內西人所刊的書報名稱記載於下，藉窺一斑。

(A)鴉片戰前時期（1807－1840）

　　(a)書籍：

(1)西遊地球聞見略傳（Tour of the World）二九頁，馬理遜

　　（Robert Morrison）撰，嘉慶廿四年（1819）馬六甲（Malacca）
　　刊。

(2)萬國紀略（Sketch of World）三〇頁，米憐撰（William Milne）
　　道光二年（1822）馬六甲刊。

(3)地理使童略傳（Geographical Catechism）二十頁，麥都思
　　（WalterH.Medhurst）撰，嘉慶廿四年（1819）馬六甲刊。

(4)東西史記和合（Comparative Chronology of East and West）四
　　〇頁，麥都思撰，原刊於巴達維亞（Batavia）道光十三年
　　（1933）馬六甲重刊。

(5)萬國史傳（General History）五三頁，郭實獵（K.F.A Gutzta-
　　taff）撰，馬六甲刊。

(6)大英國統志（History of England）郭實獵撰，道光十四年
　　（1834）刊。

(7)制國之用大略（Outline of Political Economy）二四頁，郭實獵
　　撰。

(8)萬國地理全集（Universal Geography）六〇頁，郭實獵撰，道
　　光十三年——十七年（1833－1837）刊於東西洋考每月統紀
　　傳。文見小方壺齋輿地叢鈔再補編第十二帙。

(9)古今萬國鑑（Universal History）二四四頁，郭實獵撰，道光
　　十八年（1838）刊於東西洋考每月統紀傳，道光三十年
　　（1850）重刊於寧波。

(10)貿易通志（Treatise on Commerces）六三頁，郭實獵撰，道光
　　二十年（1840）刊，後魏源海國圖志內曾加引用。又見小方
　　壺齋輿地叢鈔再補編第十二帙。

(11)美國哥國志略（A Brief Geography of the United States of

America）二冊，高理文（B.C Bridgman）選，道光十八年（1838）新嘉坡堅夏書院刊（按高理文即裨治文）。

⑿亞美理格合省國志略（A Brief Geography of the United States of Ametica）二冊，高理文撰，道光十八年（1838）刊。該書爲前書之重刊本。不過易爲此名。

⒀英國論略，？卷，息力人?，撰，內載中英貿易情形。文見小方壺齋與地叢鈔初十一帙（海國圖志卷五十一作新嘉坡人撰）。

　　(b)期刊：

⑴察世俗每月統紀傳（Chinese Monthly Magzine）七卷，嘉慶廿年至道光二年（1815－1822）刊，米憐主編，爲近代中文期刊第一種，內容大半爲宗教，餘爲新聞及新知識的介紹。其中有關世界地理者不少，計有全地萬國紀略（卷六—七），天文，包括日月蝕，論行星，論地球等（卷三—五）又附地球每日運行圖。後魏源撰海國圖志一書，頗多引用⑭。

⑵特選撮要（A Monthly Mogazine）四卷，道光三年至六年（1823－1826）巴達維亞（Batavia）刊，麥都思等主編，爲察世俗每月統紀傳之續編。

⑶天下新聞（Universal Gazette）道光八—九年（1828－1829）馬六甲刊，麥都思等主編。所載爲歐洲新聞，科學、歷史、宗教等。

⑷東西洋考每月統紀傳（A Eastern Western Monthly Magazine）四卷，道光十三至十九年（1833－1839）廣東刊，郭實獵主編。所載者爲宗教、政治、科學、商業、雜俎等，後遷新嘉坡，道光廿二年遷香港。

⑸中華叢刊（Chinese Repository）該報爲英文刊物，道光十二年

(1832) 四月創刊於廣州，由美人高理文及衛三畏（Samuel Wells Williams）主編，咸豐元年（1851）停刊，先後二十年，發行二十期。內容除宗敎外，尚有中外商務，西洋科學與工藝，政治、軍事、地理、歷史等，道光十八年（1838）林則徐奉命禁煙，至廣州後，爲瞭解西人情勢，特命人加以翻譯，因之，流傳頗廣，後魏源編入海國圖志，名爲夷情備采（見該書卷八十一至八十三）。

(6)廣東記錄（Canton Register）英美敎士主編，道光七年（1827）於廣州出版，內容多宗敎及商業活動，以及西方知識介紹。

(B)鴉片戰後時期（1840－1861）

(a)書籍：

(1)外國史略：英人馬禮遜（John Robert Morrison）撰，道光廿七年（1847）刊。見小方壺輿地叢鈔再補編第十二帙（其五十六頁）。又該書海國圖志亦曾採用。

(2)亞墨理格合衆國志略，美人高理文撰，一冊二十七卷，道光廿四年香港藏版。原書未注作者及譯者。書內介紹美國歷史，政治、宗敎、社會、文化、敎育等，實則爲高氏道光十八年所刊「美理哥合省國志略」下冊之再版。

(3)大美聯邦志略：美人高理文撰，上下二冊，咸豐十一年滬邑墨海書館刊。該書爲美理哥合衆國志略的修正版，內容較前完備，章節劃分亦較明白。前有金陵宋子宋叙，後有梁植跋。按高氏尚有聯邦志略一書，二卷，同治元年（1862）刊。惟書內仍題爲大美聯邦志略，故知其爲該書之重刊本。

(4)外國地理備考（Geography of Foriegn Nations）十卷，葡人瑪吉士（Machis）撰，道光廿七年（1847）廣東潘氏刊（見海山

仙館叢書二四—二八冊）內容計有地論、地球論、地球循環論、地球時刻通論等二十項，並附有地球循環圖、四季寒暑圖、經緯二度圖、赤道圖、黃道圖、午線圖、五道圖、日月地球各星環道全圖等十六幅。全係自然地理。魏源於此書最加稱道，謂該書綱舉目張，包羅宏富，誠欲擴知識而裨人生，則必讀是書。引稱瑪吉士爲「域內之良友」、「瀛寰之奇士」⑮。

(5)萬國綱鑑：麥嘉締培端（Davis BETTUNE mccarte）撰，一三二頁，道光三十年（1850）刊。該書係修定郭實獵之古今萬國綱鑑而成。內言地球，天時、氣候、潮汐、曆法等。

(6)平安通書：美培端撰，見魏源海國圖志卷九十六。

(7)地球推方圓說：美培端撰，見小方壺輿地叢鈔再編第補一帙。

(8)地理全志，上下二編各五卷，英人慕維廉（Williaum Mrhead）撰，咸豐八年（1858）刊。書內將自然地理與人文地理合併叙述，頗具近代地理學特色。見小方壺再補編第十二帙。

(9)大英國志：四冊，英人慕維廉撰；咸豐六年（1856）上海墨海書院刊。書內介紹英國歷史國情，並言英國富強之狀。如云：「大英帝國聲名洋溢，日長炎炎，其工作之精勤，商賈之富庶，甲於天下。市舶揚旗，出行四海。政敎之美，爲東西兩洲冠。民風物產，遍布列邦，可謂全盛之國矣。」（見慕維廉自序）

(10)地球說略（Illustrated Ggography），三卷三冊，美禕理哲（Richard QuartermanWay）撰，豐年六年（1856）寧波刊，內容計有地球圓體說、地球輪轉說、地球圖說、大洲圖說、大洋圖說等。次爲亞細亞大洲圖說、亞美利駕大洲圖說等。其他尙附有東西兩半球圖、各洲地圖，以及人物、動物、名勝、古蹟等插圖，海國圖志曾加引用。小方壺齋重刊（見輿地叢鈔再補

編第十二帙）。

(11)航海金針：三卷一冊，美人瑪高溫（D.J.Macgowan）編譯，咸豐三年正月，中國華愛堂刊。本書係以談氣象為主之自然地理。卷一包括推原、論氣、論風、觀兆、審方、趨避等七條。卷二包括颶風圖說，颶風分十六角圖說（表附）、戒詞、記事等四條。卷三包括地球總論、海上測船所在法、量天氣法、量水程法、西洋羅盤圖說、雜說等六條。卷尾並附有二十幅參考圖（如琉球、台灣、朝鮮、菲律賓、日本等圖均在內⑯。

(12)智環啓蒙塾課，一冊，英理雅格（James Legge）撰。該書類似西洋新學入門，或百科辭典。漢英對照，共分二百課。其中之第十二篇包抱地面分形論、土之分形論、水匯論、地之質體論、天氣諸天論、宇宙論、地極論、地之運動論、地球分域論、四分論、赤道及五帶論等，特重自然地理知識之介紹⑭。

　(b)期刊：

(1)遐邇貫珍（Chinese Serial）麥都思、奚禮爾（C.B Hillier）理雅各（James Legge）先後主編，咸豐三年至六年（1853 - 1856）刊於香港。

(2)中外新報（Chinese and Gazette）由瑪高溫（D.J.Macgowan）及應思理（E.B.Inslee）先後主編，咸豐四年至十年（1854 - 1860）刊於寧波。所載為新聞、宗教、科學與文學。

(3)六合叢談（Shanghai Miscellany）由偉烈亞力（Alezander Wylie）主編，咸豐七年（1857）刊於上海。所載為宗教、科學、文學、新聞等。次年遷至日本，不久停刊。

乙、中國人士的活動

　十九世紀開始以後，適西方傳教士介紹西方史地知識的同

時，國人之中具有遠見的人士也展開了同樣的活動。一以經世之學抬頭，學者講求邊疆地理者漸多；一以嘉道年間，廣東方面華洋貿易時有齟齬，中英衝突與日俱增，英人時而強佔澳門，時而船隻北駛，態度愈形桀驁。加以夷債的糾紛，審判的爭執，鴉片的問題等，益使中西關係日趨惡化。至道光十四年，律勞卑（Lord Napier）事件發生，情形更為嚴重。因此眼光遠大之士，咸以海氛不靖而深懷隱憂，一時訪求域外情勢而加以記述者頗不乏人。雖其所述不免簡略錯誤，可是就國人企圖瞭解外在世界一事而論，卻顯示出一個新的傾向。及南京條約訂立，隨著客觀形勢的改變，在知識份子群中具有新的覺悟者更日益增加。他們或以不識外情為非計，或以制夷而講求對策，或慮開港後中外行將多事，無不感到追求西方知識，撐開眼光看世界，為當前的要圖。於是一變消極無為的態度，而採取積極主動的努力，搜集中外資料，有系統有計劃的將世界史地等知識向國人介紹。不僅在內容上，力求客觀正確，一掃過去模糊影響之談，而且在份量上，也力求充實豐富，圖表並茂。出現數十卷乃至一百卷的巨帙。計此二期之內的著述，約有以下多種：

(A)鴉片戰前時期（1806－1840）

(1)海夷逸志：六卷四冊，王大海撰，嘉慶十一年（1806）刊。大海字碧卿，福建漳州人。乾隆四十八年以文戰不勝，往遊荷屬東印度群島，周歷噶留巴、三寶瓏、萬丹、葛剌巴等地，數年始返。書中所記多荷蘭風俗、宗教、貿易、物產，如量天尺、千里鏡、火輪船、和蘭醫等。除原書外，尚見小方壺齋輿地叢鈔初編。至海外番夷錄本所錄者則僅為摘略，共四十餘條。

(2)海錄：謝清高口述，楊炳南筆錄。清高廣東嘉應州（梅縣）

人，幼時隨人經商南洋，遇風沈船，爲番舶所救，在番舶工作
十四年，後以目盲返國，流落澳門爲通譯。嘉慶廿五年，其同
鄉楊炳南（秋衡）遊澳門，偶與淸高相遇，始知其曾周歷海
國，無所不到。特就其口述，加以筆錄，撰成是書。書中所
記，有西南海、南海及西北海三大部份。西南海（上卷）包括
越南、暹邏、呂宋卡、麻六呷、咭嘌丹、舊柔佛、新埠、曼噠
喇、孟婆羅、孟買、小西洋等三十五國，大約相當於今之中南
半島及印度一帶。南海（中卷）包括舊港（三佛齊）、噶喇叭、
萬丹、文來、地問、蘇祿、小呂宋等三十三國，大約爲今之印
尼及菲律賓等南洋各地。西北海（下卷）包括大西洋、大呂
宋、佛朗機、嗬嘌、單鷹、雙鷹、唉咭喇、綏亦咕、埔魯寫、
亞哶里干隔、哶里等廿七國，即今之歐美各國。以往國人之志
外國者，大多得之傳聞。由於海外荒遠，無可徵驗，而文人復
施以渲染，故多華而尟實，本書所記皆淸高曾親歷其地，且其
言詞亦樸拙無華，故其價值駕於他書（見楊炳南序）。

(3)海錄：一卷，謝淸高口述，吳蘭修（石華）筆錄。該書今已不
存，僅據李兆洛所記而知有此書（見養一齋文集，卷一，海國
紀聞序）。惟該書旣係淸高口述，且亦名爲海錄，其內容與楊
柄南所記者自當不致有太大的出入。李兆洛嘗描述此書云：
「所言具有條理，於洪濤巨浸，茫忽數萬里中，指數如視堂奧。
又於紅毛荷蘭諸國呑倂濱海小邦，要隘處，輒留兵戍守，皆一
一能詳，尤深得要領者也。」（海國紀聞序）按楊錄噶喇叭、小
呂宋等條亦有類似記載。

(4)海國紀聞：卷數不詳，李兆洛撰，兆洛字申耆，江蘇陽湖人，
嘉慶十年進士，初任安徽鳳台知縣，後主講江陰書院，治學無

不通，尤長於輿地。道光廿一年卒，年七十三。著有養一齋文集廿卷，並輯有地理韻編廿一卷，歷代沿革圖、天文圖、近南北極星圖等。該書係就海錄所記各國，整比次弟，略加條定而成。「疑者缺之，約其所言，別列地圖於首。」（見養一齋文集，卷二，海國紀聞序）惜該書今已不傳，故不能與海錄加以比較。

(5)海國集覽：卷不詳，李兆洛撰，兆洛於撰海國紀聞外，復就海錄所記各國，參以史乘，及海國紀載諸書，摘其有關考證者，輯錄之。惟聞清高死，未能卒業，僅將所錄；附諸清高所言之後（見養一齋文集，卷二，海國集覽序）。

(6)呂宋紀略：一卷，黃可垂撰。可垂字章夫，號毅軒，漳州人。嘗至西屬呂宋貿易。文內記呂宋西班牙之商業、宗教及華僑貿易等，僅四頁。見海外番夷錄下冊。

(7)英吉利國夷情紀略：二卷，葉鍾進撰，約道光十三、四年刊，鍾進字蓉塘，安徽歙縣人，但客粵甚久，亦為早期留意外事者。著有寄味山房雜記，該記即其中之一。上篇，記歐洲各國之夷情大略，下篇，記英國在南洋活動及東印度公司對華貿易情形。見海國圖志五二及小方壺齋輿地叢鈔初編第十一帙。

(8)南洋蠡測：一頁，顏斯綜撰，斯綜廣東南海人。著有海防餘論，見海國圖志卷五二，小方壺齋輿地鈔再補編第十至十一帙。文中對西人在南洋活動頗引為慮。嘗言：「馭夷必先得其情，而後消其桀驁之氣，折衝於萬里之外。」於此可知其著述大旨。

(9)記英吉利：一卷，約道光十三、四年刊，蕭令裕撰。令裕字枚生，江蘇淮陰（清河）人。曾入兩廣總督阮元幕，兼辦粵海關

事務數年，故熟悉粵東中外貿易情形。又著有粵東市舶考，二書記中英貿易及鴉片走私情形頗詳，載於海國圖志卷五三。引見小方壺齋輿地叢鈔第九帙。

⑽盾墨：四卷，道光十四年刊，湯彝撰。彝字幼尊，湖善化人。嘗居兩廣總督盧坤幕。書內於征台灣、平海盜、越南內訌、防邊諸役，均記其始末。又著有柚村文六卷，內有嘆咭唎兵船記、市舶考、絕嘆咭唎互市論等文，亦時人之留心外事者。

⑾英夷說：一頁，何大庚撰。約嘉道年間所撰。內言「英吉利者，昔以其國在西北數萬里外，距粵海極遠，似非中國切膚之患。今則駸駸而南，凡南洋瀕海各國，遠若明呀喇、曼噠喇薩、孟買等國，近若吉蘭丹、丁加羅、柔佛、烏士國、，以及海中三佛齋、葛留巴、婆羅諸島，皆爲其所脅服，而供其賦稅。其勢日南，其心日侈，豈有厭足之心哉！」由此可知其遠識。

⑿癸巳存稿：十五卷，道光十三年撰，俞正燮撰，正燮字理初，安徽黟縣人，博學能文，精於輿地。書內於俄羅斯佐領、羅刹、荷蘭（卷六）鴉片煙、天主教（卷十五）皆有記載。惟多偏於文字的考訂，缺乏新的材料。其他尚有蓋地論一文，記地球爲圓形及自轉之理，以及地表分布，日月蝕等（卷九）。

⒀）月齋文集，八卷，張穆撰，穆字石舟，山西平定人。爲一地理學家，著有蒙古游牧記。道光十九年，嫌俞正燮所撰俄羅斯事輯顛末多誤，乃據松筠之綏服紀略圖詩注，撰「俄羅斯事輯補」一文，長約十餘頁（見月齋文集卷二）。

⒁廣東通志：二三〇卷，阮元等修，道光二年（1822）刊，其中市舶一項即記外事者（見卷一八〇）。

(15)廣東海防彙覽，四二卷，梁廷枏撰，道光十六年（1836）。

(16)粵海關志：一二〇卷，梁廷枏撰，道光十八年（1838）刊，見卷二一一二四，貢舶、市舶等。

(B)鴉片戰後時期（1840－1861）

(1)四洲志：一卷，林則徐譯，道光廿十年（1841）廣東刊。該書為林氏在廣東禁煙時飭人迻譯。所據者為穆勒（Marray）之「地理叢書」（Cyclopedia Ggography）。譯筆多出於袁德輝之手，而由林氏潤色。書內簡介亞細亞、歐羅巴、阿末利加（非）、亞墨利加、（美）四洲各國歷史地理，該書為國人所譯西洋地理之先驅，後魏源將此書擴大而成海國圖志。原刊本今已不存，惟王氏小方壺齋叢鈔內尚保留其原文。共四十九頁（見再補編第十二帙）。

(2)英吉利小記：一冊，魏源撰。魏源字默深，湖南邵陽人，道光廿五年進士，官至高郵知州。留心時務。講求經世之學，道光廿一年（1841）八月，英兵犯浙江海面，以不熟地理，其船擱淺，軍官安突德（P. Antrather）等被俘。源應友人之邀，前往寧波軍營觀審。該篇即係根據安突德供辭，復採以他聞而成。文殊簡略，僅一卷，見海國圖志卷五三。

(3)嘆咭唎紀略：一冊，陳逢衡撰，道光廿一年（1841）刊。逢衡字履長，江都文士。該書亦係根據安突德之供辭所纂，計七千餘字，態度頗為客觀。內記英國地理歷史、風俗、物產、政治、宗教、文學等，較魏源英吉利小記為詳。原刊本似已佚，今所見者為日本嘉永六年（1853）之訓點本。日人於此書頗為推重，謂：「自嘆國最古至今日，地勢險易，分合顛尾。設官立學之制，逮言辭、物產、舩製之細，羅述無遺，可謂悉矣。

苟欲知悉彼國情態，莫詳於此書。」（見荒木謇自序）

⑷紅毛番暎咭唎考略：一卷，汪文泰（1796－1844）撰，道光廿
一年（1841）刊。文泰字南士，又號碧山學士。安徽黟縣人。
廩生。著述頗豐，該書乃以鴉片戰爭時英軍屢犯沿海，憤國人
不識夷情所輯。自注云：「辛丑（按即道光廿一年）春二月，
英吉利犯廣東虎門，夷氛甚勁。傳者不識夷情，務爲夸護。因
檢案頭書旄采輯之。事皆實徵，詞非己出，典申同仇之志，庶
遠罪言之嫌。知囿于見聞，必多疏漏，然其要領略具矣。」該
書係雜採各書而成，所據有李兆洛海國紀聞，何大庚之英夷
說，陳倫炯之海國聞見錄，王大海之海島逸志，以及道光廿年
由英人宴士打剌拉厘之供詞等之二十餘種，見海外番夷錄第二
冊。

⑸英吉利圖說：一卷。姚瑩撰，瑩字石甫，安徽桐城人。嘉慶十
三年進士，官至廣西按察使。鴉片戰爭時，任台灣兵備道。該
篇即係姚氏根據道光廿二年（1842）台灣所浮英官顛林供辭所
撰。見中復堂全集及海國圖志，卷五三。

⑹海國圖志：一百卷，魏源撰，魏氏憤中國之戰敗，深感國人昧
于識夷，不能知己知彼。故據林譯四洲志而加以擴大，撰成此
書。該書曾經三次修訂，歷時十年。初版僅五十卷，道光廿二
年（1842）揚州刊。再版六十卷，道光廿七年（1847）蘇州
刊，三版一〇〇卷，咸豐二年（1852）高郵刊。實爲近代初期
國人所撰之第一部最詳備的世界地理歷史。內容除介紹四大洲
各國的地理分佈、歷史沿革、政治、宗教、風俗、文物外，並
附有西洋技藝雜述、夷情備采、澳門月報、火器、輪船、水
雷、槍礮模型圖、中西紀年通表、中西曆法異同表、南洋西洋

各國教門表、鴉片歷年輸入中國數值表等。幾可謂洋洋大觀，應有盡有。計其所用之參考書籍，西人所著者十餘種，國人所著七十餘種，合計共百餘種。所附圖表計有各洲、各國總圖分圖七十五幅，輪船、火器、戰船、水雷等圖八十八幅。統計表九張。由此可知其資料的豐富。至其書中所倡之以「夷制夷以夷攻夷，師夷長技以制夷之」海防三大政策（見卷一、卷二籌海篇），尤爲膾炙人口，影響於淸末的變法運動與日本的明治維新者甚大⑰。該書風行一時，版本甚多計不下五、六種。

(7)海外番夷錄：二卷。王蘊香輯，道光廿四年（1844）刊。鴉片戰爭發生之後，鑒於烽煙告警，有志者莫不抱漆室憂葵之念，存中流擊楫之思。因之，乃於外洋輿地加以講求，蘊香輯此書，動機亦在於此，該書所輯者多爲前人有關西南洋史地之作，計共十一篇，主要者爲海錄、海島逸志、紅毛番嘆咭唎考略等。

(8)海國四說：十四卷。梁廷枏撰，廷枏字章冉，號藤花亭主人，廣東順德人，博學多聞，富經世思想。輯有粵海關志三十卷、廣東海防彙覽四十二卷，夷氛紀聞五卷等共三十五種，該書即爲其中之一。其中包括「耶穌敎難入中國說」一卷，「粵道貢國說」六卷，「合省國說」三卷，以上皆道光廿四年（1844）刊，「蘭崙偶說」四卷，道光廿六年（1846）刊。「耶穌敎難入中國」書內「先詳彼敎之妄曲，而折衷之以聖道，並其所習聞之說，考證之而明其所出焉。」粵道貢國說一書，內記淸代外夷暹邏、荷蘭、葡萄牙、嘆咭唎等西洋各國及南洋各國入貢道路。「合省國說」書內：卷首列五大洲名稱及位置。卷二言英國設公司爲貿易而征稅極重，茶尤甚。卷三記合省國人奉耶穌

敎，用英吉利文，通行新聞紙、衣、食、禮節、婚姻、音樂、繪畫、機器、紡織等，而於其民選政制，尤交口稱讚。惜該書今已不見，僅可由冼玉清所著的梁廷枏著述考一文內，窺其大略⑱。

(9)浪跡叢談：十一卷。梁章鉅撰，道光廿五年（1845）刊。章鉅字茞鄰，號退庵，福建長樂人。嘉慶七年進士，官至江蘇巡撫。道光廿一年以病歸，江寧條約訂立，福州開港，章鉅嘗致書閩撫劉鴻翱表示異議，未果。該書爲梁氏筆記三種之一，中文雜記唉夷（卷五），天主敎、水雷、砲考（卷十一）等。並無系統。

(10)康輶紀行：十六卷。姚瑩撰，道光廿七年（1847）刊。該書爲姚氏道光廿四年至廿六年之間出使康藏筆記。其中包括歷史掌故、康藏風俗、中藏關係、英俄爭執、宗敎政事等，尤多西北地理考訂。姚氏此書，乃係受鴉片戰爭失敗之刺激，發憤之作。嘗致書友人，表明著此書的動機說：「英夷及西洋人士每笑中國無人留心海外事者，其笑固宜。有志之士烏可不一雪此言哉⑲。」另於該書自序中也說：「天下有道，守在四夷，豈可茫然而不論乎？瑩自嘉慶中，每聞外夷桀驁，竊深憂慮，頗留心茲事，攷其大略……然僅詳西北陸路，其西南海外者未詳也。及予備兵台灣，有事英夷，欽奉上諭英夷情事。當時弟就夷酋顚林所言繪陳圖說，而俄羅斯距英地遠近，莫能明焉，深以爲恨。乃更勤求訪問，……就藏人訪西事，旣得聞所未聞，且於英人近俄、西藏之地，及五印度、俄羅斯之詳，益有徵焉。」其用心於此可見。有關西事的重要記載，有英、俄二夷搆兵（卷三），外夷形勢當攷圖（卷五），俄羅斯方域二條（卷

十）印度（卷十）英吉利（卷十一）四大洲（卷十一）等。最後一卷且附有中外四海地圖，夷酋顓林所繪地圖，今定中外四海圖等十三幅。頗有參攷價值。

⑾瀛環志略。十卷、徐繼畬撰，道光廿八年（1948）刊，繼畬字健男，號松龕，山西五台人，道光六年進士，官至福建汀漳龍道，目睹廈門失守情況，極表憤慨，因此，蓄意留心外事。次年，因公駐廈門，由美傳敎士雅裨理（David Abeel）處，獲西洋地圖一張，次年，復購地圖二冊，較雅裨理冊子尤爲詳密，因特搜集群書，詳加攷訂，歷時五載，稿凡數十易，始成定稿，卷一，載地球及亞洲、東洋、南洋各國。卷二，載亞洲南洋各島，東南洋、大洋海各島。卷三，載亞洲，五印度、西南亞回國及西域回部。卷四，載歐洲、俄羅斯、瑞國、璉國。卷五，載奧地利亞、普魯士、日耳曼列國、瑞士、。卷六，載土耳其、希臘、意大利里、荷蘭、比利時。卷七，載佛蘭西、西班牙、葡萄牙、英吉利。卷八，載阿非利加各國。卷九，載北墨利加各國。卷十，載南墨利加各國，地理之外兼述歷史、宗敎、風土、政治，書內並附有各洲，各國地圖四十五幅。該書與海國圖志同爲我國晚淸時代介紹西洋史地之先驅，海國圖志較爲博雜，此書較爲精密，各有所長，由於風行一時，故版本不止一種。後傳至日本，於幕末之地理學，頗有影響。

⑿中西紀事：二十四卷，夏燮撰，夏燮字懈甫，安徽當塗人，嘗入曾國蕃幕，官至臨城訓導。夏氏爲一留心時務之學者。該書撰於道光三十年，咸豐九年復加修訂，至同治四年始刊行。雖非專門介紹西方史地之書，但書內言及西事與中西通商之事者頗不少，如通番之始（卷一），猾夏之漸（卷二），互市檔案

（卷三）等皆是。惟所據者多係檔案，故史料價值不高。

(13)朔方備乘：八十五卷，何秋濤撰，光緒七年（1881）刊。秋濤字願船，福建光澤人。官至刑部主事，究心時務，博極覽書。以俄東環中國，西接歐洲，自康熙立界後，著錄之家，雖事纂輯，未有專書。乃本欽定之書，旁及中西人之所著，詳加攷訂，撰成是書。雖止北徼一隅，其意義頗為重大，為近代中國介紹俄國的第一部大書。其書約撰於咸豐四、五年之間，初成北徼彙編六卷，後復增編圖說，合約八十五卷，而於咸豐八年告成。咸豐九年以大臣之薦，進呈文宗御覽。次年，御賜今名。惟以他故，直至光緒七年始由李鴻章命黃彭年等整理刊出。書中所載包括俄國史地、制度沿革、中俄關係，其他並附有諸書正辨，北徼事蹟表（上起清太祖天命元年，下至道光三十年）、北徼沿革表、北徼地名異同表、俄羅斯境內分部表、北徼頭目表等五張。中俄交界圖、地球東半圖、地球西半圖、地理沿革圖等廿五幅。最後且附有光緒七年蓮池居士（黃彭年）所繪之巨幅地圖兩張：一為俄國全圖，一為西伯利亞及中俄交界圖，頗有參攷價值。

(14)英志:? 卷。蔣敦復撰，咸豐十年刊（?）。敦復字劍人，號麗農山人，江蘇寶山人。諸生，工於詩文，留心時務。太平軍之亂時，流寓上海，因緣得識英譯員威妥瑪（Thomas F. Wade），該書係參攷威氏所賈之英國史記所撰。原書已不見，今嘯古堂文集中僅存一序（卷七）。敦復以英不過歐羅巴洲西北一島國，恃其富強，舳舳周行地球，乘利伺便，侵蝕他國。其史不可不知。序內於其巴力門（Parliament）特加稱述。惟本中國傳統「天下有道，庶人不議」之古訓，則認為不可行於

中國。

(15)他山之石：五冊。作者不詳，該書係根據魏源之聖武記，汪文泰之英吉利玫，楊炳南之海錄，以及西洋人蔣友仁譯，何國宗、錢大昕潤色之地球圖說等，取捨纂輯而成，原書今已不見，惟以咸豐五年（1855）傳入日本，今尚存有翻刻本㉑

四、西方史地知識介紹的影響

綜觀上述五十餘年中世界史地知識介紹的概況，可知其成績相當可觀。西人所辦的期刊不計，僅中外人士的著述，已有五十餘種。不只數量方面非明末清初時期所可比擬，即內容方面也遠較前一時期為豐富。風行所及，國人眼光因而擴大，觀感亦為之一新。影響之大，自待不言。茲特撮取數端，分述於後。

㈠史地知識的增進：由於清代封關禁海政策的影響。國人不聞外事者已有百餘年之久，故於世界情勢，所知寥寥。經此介紹，方才漸改舊觀。地理知識如天文、氣象、世界各國之地理位置、山川形勢、交通物產。歷史知識如各國的起源，歷史的演變、政治制度、宗教信仰、風俗、民情、學校教育、商業活動、國際間之戰爭交涉、分析離合等，幾如百花齊放，紛呈眼前。其增進國人之世界知識，自可概見。

㈡新時代的瞭解：歐人自十六、七世紀以來，即已展開海上活動，通商、傳教、殖民，無遠弗屆。凡商舶所過之處，無不置兵戍守，據海口，立砲台，設市埠。或佔領其土地，驅使其人民；或奪人家國，陰謀潛伏於無形。至十九世紀，其勢遂遍於全球。其中尤以英人最為強盛。似此情形，魏源即早看得很明白。如謂：英國「不務行教而專行賈，且佐行賈以行兵，兵賈相資，

逐雄島夷㉑。」徐繼畬也有同樣的觀感，指出：英國「以巨艦涉
海巡行，西闢亞墨利加全土，東得印度南洋諸國，聲勢逐縱橫於
四海㉒。」基於此一瞭解，逐使他們意識到在西力浸浸東漸之下，
中國已經臨著一個史所未有的世界新形勢。所謂「三千年來一大
變局」。他們已早有預感了㉓。

　　㈢科學工藝的認情：十八、十九世紀之頃，爲西方歷史演變
最劇烈的時代，科學的發達，工業的進步，皆爲日新月異。大者
如火車、輪船、鎗砲、紡紗織布軋棉；小者如鐘表、攝影機、望
遠鏡等，均使國人深感驚異，而加以留意。如徐繼畬即曾讚美英
人「性情縝密，善於運思，長於制器，金木之工，精巧不可思
議；運用水火，尤爲奇妙。」「火器創自中國，彼土倣而爲之，益
加精妙；鑄造之工，施放之敏，殆所專擅。造舟尤極奧妙，蓬索
器具，無一不精。測量海道，處處誌其淺深，不失尺寸。越七萬
而通於中土，非偶然也。」又言其國「織布者四十九萬餘人，其
機以鐵爲之，激以火輪，關捩自能運動，故工省而價廉，每年用
棉花四十餘萬擔㉔。」魏源也有類似的記載，言美國「火輪車可
住千人，一時能行百八十里，故國內多造轆轆之路。在水則有火
輪船，往來紛紜，較他國更繁盛㉕。」

　　㈣西方政制的觀感：中西歷史發展不同，文化亦異，故西洋
的政治制度，國人也特別注意。俄國的君主專制，英國的巴力門
（Parliament），美國的民主政治，均有簡略的介紹。尤以美國的
民主政治，最爲引起一般學者的嚮往，如魏源即曾說：「墨利加
北洲，以部落代表君長，其章程可垂奕百世而無弊㉖。」梁廷柟
也說：「余觀米利堅之合衆爲國，行之久而不變，然後知古者可
畏非民之未爲虛語也㉗。」徐繼畬也有類似的看法說：「米利堅合

衆國以爲國，幅員萬里，而不設五候之號，不循世及之規，公論
付之公決，即古今未有之局，一何奇也。」對於華盛頓（George
Wash-ington）功成不居，以天下爲公的精神，徐氏尤備加稱道，
如言：「華盛頓異人也，……開疆萬里，乃不僭位號，不傳子
孫，，而爲推舉之法，幾於天下爲公，駸駸乎三代之遺意。嗚呼，
可謂人傑矣⊗。」

　　㈤對於自強思想之啓示：鴉片戰爭之後，西力日益東迫，海
防亦漸多事。加以太平軍、捻、苗、回諸亂叢生，外患內憂，大
難方殷，當政者及有識之士身其中，殊感徬徨卻顧，莫知所措。
適於此獲得此種新知識，自有助於彼等對於世界形勢的瞭解，同
時亦予彼等以借法自強的啓示。於是，林則徐、魏源、馮桂芬等
倡言「師夷長技以制夷」於前，曾國藩、左宗棠、李鴻章等推行
「洋務運動」於後。北京之同文館、福建之造船廠、上海之江南
製造局，先後設立，變法自強遂蔚爲風氣。雖以彼等認知所限，
措施大多偏於西洋器物的模倣，而未及於制度與思想。然中國的
近代化實肇基於此時。

五、結　論

　　十九世紀西方史地知識的介紹，可說是明末清初時期之繼
續。也可以說是近代新思想的先驅。惟以此期與前期比較，二者
亦顯有不同。其一，十六、七世紀之間、西學的介紹以耶穌會爲
主，十九世紀來，則英美國新教徒貢獻爲多，他們雖然均以介紹
實學爲佈道的手段，但耶穌會士僅知著書，新教徒除著書外，兼
知出報，故更能收到介紹新知之效。其二，明末清初時期，中國
曆法舛誤，內外多故，爲應修曆與國防需要，故西學的輸以天

文、曆算與火器爲主。近代以來，西方入侵，海防多故，世界地理歷史以及輪船鎗砲的知識，倍感急迫，故西學的介紹，也以此數者爲多。至於算學的研究，亦非爲曆法的修改，而係輪船大砲的製造。其三，明末清初時期，士大夫之愛好西學，乃以好奇的成份居多，當時講求實學者尙係少數。近代以來，由於外患的影響，有識之士莫不以研究西學，瞭悉外情相激勵，故對於新知識的追求，也較以往猛勇而積極。雖不免有人以講求西學爲可恥，動輒非議，但大勢所趨，卒無如何。終於「中西文化融和之機大啓，開千古未有之創局㉙。」

不過，如作進一步的探討，此一時期西學的介紹，亦有美中不足之處。其一，由於西方敎士以傳敎爲主，國人又不諳外文，故當時所介紹者，類多通論之作，不脫常識範圍。至於專門性的或學理性的著作，並不多覯，至於西方最新的學術發展，則更無人會加注意，舉例言之，如德人洪保德（Alexander Hombolst 1769－1859）之於自然地理的研究，李戴爾（Karl Ritter, 1779－1859）之於人文地理的研究㉚，此等科學的地理學，即未見有人介紹。其二，由於中國的敎育制度未曾改變，攷試仍爲小楷與八股，治學依然以攷據與訓詁爲主，故新知識雖不斷地介紹，但是卻終未能普遍而深入。不僅一般守舊之徒固步自封，以西學爲不屑講求，即號稱爲維新人士，也大多「非失之迂，即失之固㉛。」以西學爲沽名之具，時髦之舉，根本即缺乏深刻的理解㉜。其三，如以同一時，我國與日本相較，則我國之吸收新學實不彼邦之熱烈而積極。在一八五四年日本開國之初，爲明瞭世界形勢，尙將我國之海國圖志及瀛環志略作爲其史地敎本。但十年之後，其翻刻翻譯訓點之西方書籍圖表即達百餘種之多㉝。其數量

遠超過我國之上。這種保守與進步的不同態度，關係於兩國日後之盛衰者甚鉅。善於讀史者實不可不於此處多爲留意。

【註　釋】

①史學雜誌四卷七、八期合刊，頁十六至十七，鄭鶴聲「明季西洋學術思想之輸入」。方豪「中西交通史」（中華文化出版事業委員會出版，現代國民基本知識叢書第二輯）第四冊，第六章，地理學上，第七章地理學下。

②明史列傳二一四，外國傳，意大利亞國。

③Feld M. Keesing, Cultural Anthropology P 384.

④如梁啓超即曾指出清代地理學者所受攷據學風之影響（見中國近三百年近三百年學術史頁三三〇）。

⑤參攷 C.P Fitz Gerald: The Third China. P 120；又郭廷以近代中國史上冊，頁二〇四：「乾隆五年（1740）荷人於巴達維亞一次屠殺華僑萬餘人，所謂「紅河之役」。清帝知而不問。」

⑥如雍正年間陳倫炯之「海國紀聞」及乾隆年間印光任與張汝霖合輯之「澳門紀略」。

⑦鹽谷世弘：宕陰存稿卷四，翻海國圖志序。

⑧重野安譯：岡本監輔「萬國史記」序。

⑨魏源：海國圖志（光緒二十四戊戌刊本）卷八一，澳門月報，論中國。

⑩傅恆監修：皇清職貢國，卷一，頁四六，英吉利國。

⑪如道光廿年三月庚午，清廷即曾諭浙東欽差大臣奕經：向所俘英國軍官峽布爾詢問英國：「距離內地水程」，及「來華途中共經幾國」？同年四月甲申，又諭台灣總兵達洪阿及台灣道姚瑩：詢問英國「所屬國

共有若干?」及嘆咭唎至回疆有無旱路可通?」……（見道光朝籌辦夷務始末，卷四十六、四十七）。

⑫海國圖志，卷二，籌海篇。

⑬如一八一八年馬禮遜等所設的「英華書院」（The Anglo Chinese College）。一八二〇—五〇年間英美傳教士在澳門廣州等地所設的病院藥局，以及馬禮遜所譯中文本新舊約等均是。參看大陸雜志四卷一期，郭廷以「近代科學與民主思想的輸入」（上）；現代學苑一卷七期，王樹槐「衛三畏與中華叢刊」。

⑭戈公振：中國報學史，頁六八。中央圖書館刊一卷，四期，頁二七至四〇，蔡武「談談察世俗每月統計傳—現代中文期刊第一種」。

⑮海國圖志，卷七十六：西洋人瑪吉士地理備攷序。

⑯鮎澤信太郎：鎖國時代日本人海外知識，頁一五二——五三。

⑰王家儉：魏源對西方的認識及其海防思想，頁一六一——六二；一六六——七四。

⑱嶺南學報，四卷，一期，頁一四一——一四九。冼玉清、梁廷枏著述攷。

⑲姚瑩：東溟文後集，卷八：與余小坡論西事書。

⑳鎖國時代日本人海外知識，頁一五三。

㉑海國圖志，卷三十七：大西洋歐羅巴洲各國序。

㉒瀛環志略，卷四：歐羅巴。

㉓魏源以爲明末以後，「紅夷東駛之舶，過岸爭岸，過洲據洲。立城埠，設兵防。凡南洋要地，已盡爲西洋之都會。」實爲天時人事之大變（見海國圖志，卷五，東南洋各國叙）。徐繼畬亦言：歐羅巴諸國之來，先由大西洋，而至小西洋。建置埔頭，漸及南洋諸島。然後內嚮，而集於粵東。萌芽於明中，濫觴於明季。至今日而往七萬里，遂

如一葦之航。天地之氣，由西北而通於東南，倘亦運會使然耶！」

（見瀛環志略，卷四，歐羅巴。）

㉔瀛環志略：卷四，頁八：歐羅巴。卷七，頁四四：英吉利國。

㉕海國圖志，卷五九：外大西洋墨利加洲總記。

㉖海國圖志後序。

㉗梁廷枏：合省誌序。

㉘瀛環志略：卷九，頁十六；廿五：米利堅國。

㉙中國報學史，頁二二。

㉚法人馬東男（Enmde Martoune）歐洲地理學發達史，頁八一一〇（見張其昀編：新地理學，民國二十二年南京刊）。

㉛薛福成：萬國通政攷略序。

㉜鮎澤信太郎輯鎖國時代日本人海外知識，頁四七四—四八二。

　　（原刊於《大陸雜誌》38：6，台北。）

晚清時期我國科技發展的鳥瞰

一、前　言

　　科技的發展，常與一國的文化演進亦步亦趨，而具有非常密切的關係。我國歷史源遠流長，先民對於科學與技術的發明創造，史不絕書。不論在天文、曆算、氣象、物理、化學、土木、機械、農業、水利、造船、採礦、冶金、紡織、印刷、醫學等方面，都有許多光輝燦爛的成就，爲中國乃至爲世界人類增添無數的便利與福祉。以往由於史事不彰，中外人士對此所知者甚鮮。近年以來，由於英人李約瑟 (Joseph Needham) 教授的大著「中國之科學與文明」(Science and Civilisation In China) 問世，世人方爲之一改舊觀，而瞭悉中國人在科技方面的偉大貢獻，並爲之驚歎不已。①

　　根據李約瑟教授的研究，中國人在古代曾經有過很多的發明與創造，並且領先於世界各國。惜自十六世紀以降，此種發明與創造的活動以及科技的更新，卻有江河日下之勢。相反地，原較中國落後的歐洲科學，卻從同一時期起，不斷地向前躍進，終於十八、十九世紀以其現代科學凌駕於全球之上，奠定了現代歐洲社會秩序的廣泛基礎。②李約瑟的此種觀察固然相當的深刻，值得吾人多加反省與探討，但也未盡符合事實。因爲，我國於十六、十七世紀之間，在科學的研究方面，仍有相當可觀的成就。

如李時珍（1516－1593）的「本草綱目」，宋應星（1587－？）的「天工開物」，徐光啟（1562－1633）的「農政全書」，朱載堉（1563－1610）的「律學新說」，徐宏祖（1586－1641）的地理學新著——「徐霞客遊記」。另外還有王錫闡（1628－1682）及梅文鼎（1633－1721）二人，對於天文學及曆算學方面也有很多著述（例如，王著「曉庵新法」及梅著「勿庵曆算全書」）；而吳有性（1592－1672）及葉桂（1667－1746）的「溫病論」及「溫熱論」（皆瘟疫病之研究），陳寅初（1555－1636）的「外科正宗」等，也都可以與他們同時的西方科學家相提並論，不謀而合。③兼以自十六世紀以後，歐洲的耶穌會教士之東來，恆以科技知識的介紹作為其在華佈道的媒介。因而更使中西的科學相得益彰，不論在天文、曆數、地理、農學、砲學等等方面知識與技術，都獲得許多借鑑與參考。

嚴格地說來，我國的科技發展真正進入冬眠狀態，恐怕還是在清初之後。因為自此時期，除去康熙年間黃履莊等極少數的人士，對於科學方面有著述之外，其餘的奇器作者殆幾寥寥可數有如鳳毛麟角。④不錯，在西方治學方法的影響之下，乾嘉時期在聲韻學、訓詁學、校勘學以及歷史學的考訂方面，也曾經創造過不少優良的成果。並且其中最精密的部分，也可以稱之為「科學的」；而當時著名的學者如錢大昕、戴震、崔述、王念孫、王引之、嚴可均等人也都可以稱之為「科學的學者」。可是，由於他們所用的材料及方法與西方科學家所用的不同，因之乃於不知不覺中走向一條與西方科學發展迥然相異的道路。誠如胡適之先生所指出的那樣——考證學家所用的方法雖是科學的，但因他們的材料都是死的文字。所以，他們只能跟著材料走。這就與伽利略

(Galileo, 1564－1642) 等西方的科學家從大自然的實物方面著手，不斷地從事於觀察實驗及研究，造成科學文明與工業世界，在結果上不可同日而語。胡適之先生所說的這種中西治學方法的差異，乃是提指從梅鷟（字鳴岐，號致齋或平埜，生於1513年，安徽旌德人）的「古文尚書考異」（約成於1543年），到顧頡剛的「古史辨」（民國15年刊出第一冊，以後陸續出版，至民國28年止共出了七冊）；從陳第（字秀立，號一齋，1541－1617，福建連江人）的「毛詩古音考（約刊於1606），到章炳麟的文始（約刊於1910年以前）而言的。④這一段時間正值從明末到民國初年的時期，前後約有三百餘年⑤。雖然在若干方面，胡氏所說的大體正確；然而在科技發展方面，從鴉片戰爭以至民初的70年間，我國仍有不少的人，從死文字的藝術之宮與古書的象牙之塔，走向近代西方觀察實驗與研究的現代科學道路。儘管他們的成績，並未在我國的科學園地上綻開太多的奇花異葩，而引人入勝。但是，在導致中國科技的革新與發展上，卻仍應視為難能可貴，而為我國工業近代化奠定了一個初步的基礎。

二、晚清科技發展的三個階段

從鴉片戰爭到辛亥革命的 70 年間 (1842－1911)，我國科技的發展約可分為三個階段。第一個階段在鴉片戰爭及英法聯軍之間 (1839－1858)。是時，由於受到戰敗的刺激，國人震於西人的船堅砲利，有識之士莫不痛感我國科技之落後，而以努力改良軍器為急務。因此，他們的活動乃以船砲的改進為鵠的。

㈠在製砲方面：根據德國名物理學家波因（Max Born）教授的研究，人類的歷史可以依照其能量的應用而劃分為：火器的

出現、蒸汽機的發明與原子能反應器的完成三個階段。而火器的發明則為人類踏進科學時的第一步⑥。在我國，火器的起源本來最早，自南宋時虞允文發明霹靂砲起，以後波斯人所製的波斯砲及葡萄牙人所製的佛郎機砲，相繼於元、明二代傳入中國，皆曾對當代的歷史發生過極大的影響。至於清初康熙年間所發生的三藩之亂，亦得到比利時傳敎士南懷仁（Ferdnand Verbiest 1659－1688）所製的神武砲之力甚鉅⑦。惟以這些武器的製造技術陳陳相因，一直沒有多大的改進，以致日久「利器」變為「鈍器」實屬可惜。這可能與硝石、硫磺等爆炸性藥物被政府視為違禁品而加以嚴格管制，僅允民間製造煙火、爆竹、花筒、沖天砲等娛樂性的玩物有關。亦可能由於缺乏外來的比較與刺激，因而導致國人的保守與自滿。及至鴉片戰爭期間，我國東南沿海各省，（包括廣東、福建、浙江、江蘇四省）所擁有的大砲（包括舊有新製的），其數目雖在二千尊以上，但卻未派上任何用場。除因其陳舊腐朽不堪一用之外，最大的原因便是這些武器的本身，存在著許多嚴重的缺點。一是砲身太重，平均在三、五千斤以上，甚至有八、九千斤乃至萬餘斤者。二是轉動不靈，運用不便，調整砲位角度至為困難。三是威力太小，所用者為火藥而非砲彈。四是射程過短，普通僅及一、二華里，遠者亦不過二、三華里，無法命中及遠。五是瞄準設備缺乏，全準砲手目力，而測量之法又極落後。這些問題一經實際戰爭的考驗，缺點立即暴露。特別是與英人的現代武器比較時，更是顯得相形見絀，一無是處⑧。

　　針對上述的缺點，當時乃有兩大中心在求研究改進。一在浙東的寧波，由龔振麟與汪仲洋等人主其事。龔振麟字士振，福建光澤人，監生，時任浙江嘉興縣丞。汪仲洋字少海，四川成都

人，舉人，時官餘姚知縣。另外，林則徐也因禁煙獲罪，以四品
卿銜發往浙東軍營效力，而參與此項工作，與他們共同研究。
龔、汪兩人，雖爲行政官吏，但均長於巧思，富有科學研究精
神。龔振麟尤以精通泰西測量見稱。他們所據以改進砲術的藍
本，便是日耳曼傳敎士湯若望（Joannes Adam Schnel Von Bell
1622－1666）的「則克錄」一書。至於，他們在改進砲術方面所
作的貢獻，則可分爲以下數點：其一是砲身重量的減輕，並減少
砲膛因熱爆裂的現象。採用精鍊之法，去除鋼鐵中的雜質，而使
之成爲熟鐵（鋼）。並將靑銅加錫鎔解，然後再按西砲推放斜兩
尺寸之法，增加一或兩倍，作模試鑄。結果，一、二千斤之新
砲，居然可抵舊砲五千斤及至八千斤之用。計先共鑄大、小銅砲
一百二十餘門，因而使定海與寧波的防務大爲加強。其二是鑄砲
模型的更新。以往鑄砲皆用土模，缺點甚多，一是費時，經旬累
月，始成一模；二是浪費，一鑄即廢，而不可復用；三是緩慢，
如遇雨雪連綿，鑄尤不易。經過龔振麟及其子龔格棠的研究，決
定採用一突破式的改革。揚棄了沿用已久的傳統土模，而代之以
新的鐵模。由於其法甚簡，應用最便，結果不僅一工收數百工之
利，一砲省數十倍之貲。且能旋鑄旋出，絲毫不延時日。並且光
滑精細，而無土模粗糙之弊，一舉而使造砲的速度增加數倍。此
種鐵模製砲的方法，較之西方尙早數年，實爲龔振麟父子的一大
貢獻。⑨其三是砲位靈活度的調整。舊式砲架非常笨重，僅能直
擊，推拽進退，極感不便。振麟等乃發明一種磨盤砲車，將砲架
改爲兩層。上層照常安輪，下層中心以鐵椿貫之。砲耳以後，仍
列梯級。而其機巧所在，則是一機心二滑車。結果，雖四、五千
斤之砲，祇須以一、二人撥之，即可旋轉輕捷，而隨意所向。至

於砲體重在五千斤以內的，則可使用四輛砲車，以輔軸承轅木處為砲之重心。無論推挽縱橫，停車施放，均無欹斜之弊。其四是砲身構造的講求。西方之砲各部輕重厚薄均有一定比例，設如鑄造得法，不特運用輕捷，俯仰如意，更無縱跳傾欹之虞，對於命中致遠大有關係。振麟於此頗有心得，故於膛口空徑的大小，砲牆近尾之厚薄，藥膛火門的遠近等等，都有相當精密細心的研究，對於製砲的技術大有改進。

另一中心則在廣州。主其事者為丁拱辰。拱辰字星南，福建泉州人，監生，曾往澳門，南洋各地遊歷。對於西洋砲術非常留意。鴉片戰爭時，鑒於海防告警，他乃前往廣州奕山（靖逆將軍）軍營投效。並呈獻其所製之象限儀，演砲圖說等。奉旨賞給六品軍功頂帶，幫辦軍務。戰後，他在廣州主持砲局數年，成為有名的製砲專家。丁拱辰的最大貢獻，便是照西法，將我國的砲術加以改良。除創製車絞架、旋轉活動架以及輪車架、舉重機等增加砲身的機動性及靈活性之外，更介紹西方象限儀的使用與測量瞄準之法。另外，他對於砲台的修建，也提出許多寶貴的改進意見。而於火藥的泡製，則尤為重視。認為槍砲的利與不利，全在製藥的精或不精。若拘於定法常規，不求精製，不但有炸裂之虞，且亦施放不能得力。又認為西人的砲火特別強烈，即以其用藥極為精細。故「其力足以擊遠，其煙多係白色。」我但加料製造，即可抵彼之洋藥。當時，在廣州曾經精製火藥數千斤，「煙亦白色，見火即燃，毫無質滓」，幾與洋藥的威力相等，即係根據丁拱辰的指導，對於命中擊遠，頗為得用。⑪太平軍亂起，他因戶部員外郎丁守存之薦，曾前往廣西砲局任職，但以時局變化，不久即還故里。遺著有「演砲圖說」，「初學指南」及「增補

則克錄」等。

除了浙東與廣州之外，在鴉片戰爭以後，從事於砲術之改良的，還有一位江蘇侯補知府黃冕（1796－1871）。黃冕字南陂，湖南長沙人。道光25年（1845）隨林則徐前往青海剿番。一面仿照洋砲之法，改製大砲，推輪運送；一面參照英人空心砲子之法，製成橢圓形的炸砲。結果，「其彈炸裂，所至盡焚。邊民聚觀，無不駭異。且其彈用鐵鑄就，較之洋人飛彈用兩瓣合成者，更爲圓巧適用。」⑫這種新式砲彈的發明，使我國在製砲的技術方面，向前邁進了一大步。惜乎黃氏卒後，其法竟無人繼續研究。炸砲之外，黃氏對於地雷的製法，也有興趣作過研究，並有「地雷圖說」傳世。

黃冕之外，潘仕成也是當時熱心於武器革新的人士之一。仕成廣東番禺人，出身舉人，後官廣東候補道。他是粵東鹽茶的鉅子。鴉片戰爭期間，曾經數度捐貲改良船砲，並以萬金重價僱用美國軍官壬雷斯（Drazeere）製造水雷，經過實驗之後，證明有效。「須臾，機發如迅雷驚霆，煙燄燒空，木植飛騰折裂，屢試屢驗。⑬道光二十三年（1843）八月，奉旨以二十具進呈，派人於天津試演，效果如前。中國自此學會製造攻船防海的利器。潘仕成雖非科學家，但其貢獻實不可沒。

約與南方製成水雷的同時，道光二十二年（1843）八月，遠在北京的戶部主事丁守存，也完成了地雷與自來水炸砲、噴筒等的研究。守存字心齋，山東日照人，道光十五年（1835）進士。通曉天文曆算，善於製器。與福建的丁拱辰合稱爲「二丁」。太平軍起，他曾參賽尚阿軍，創用石砲、石雷殺敵。著有「丙丁秘籥」、「造化究原」、「新火器說」等書，惜皆不傳。⑭

㈡在造船方面：我國造船的技術，遠在宋代已達到相當的水準。宋、元之間，外商來華貿易者，多喜乘坐中國商船，遠及南洋及印度洋各地。明初，鄭和下西洋，所率船隊，大者長四十四丈四尺，闊一十八丈；中者長三十七丈，闊十五丈；小者長一十八丈，闊六丈八尺。廿餘年間（1405-1433），先後出使西洋七次，縱橫於西太平洋及北印度洋之間，造成中國航海史上空前未有的盛況。⑮清初，因防明鄭反攻，詔令片板不准出海，自此造船及航海技術日益退步。到鴉片戰爭時，沿海戰船，小者固不必論，即使大者也不過長十一丈九尺，闊二丈二尺，與當時的英國長三十二丈五尺，寬六丈，高三、四層，可容納七百餘人的艨艟巨艦比較起來，眞是不啻小巫見大巫。因此，當時江、浙、閩、粵四省的綠營水師，雖然坐擁大、小戰船數百艘，可是卻無法與數十艘的敵艦對抗。中國戰船除體型較小以外，尚有其他很多的缺點。諸如，製造不堅，難於耐久；行駛不速，僅憑人力風帆；載重量不足，無法容納大量的人員與武器等，都難與英船並駕齊驅。⑯爲了改進造船問題，當時在上海、寧波與廣州各地，都有不少科技人員在試驗與研究，以期能克服上述各種的落後狀態，並且獲得相當成就。

在寧波，主其事者仍爲龔振麟。他在道光二十年（1840）六月東調，前往寧波軍營督造軍器。眼見英國輪船的迅速便捷，深受刺激，於是乃決心加以仿造。初成小式者一艘，試航於湖上，甚爲迅捷。其後，浙撫劉韻珂命他依照前式製造大船，雖云「駛海甚便」，但因僅匝月即成，可以想見其工程並無可觀。直到次年三月，兩廣總督林則徐因禁煙啓釁，觸犯道光皇帝之怒，罰以四品卿銜前往浙東軍營效力，情形方有改善。則徐鑒於英人船堅

砲利，亟思有以抵抗。在粵東時，即曾計劃改良我國的船式。一面將洋商購買之甘必治號（Cambridge）小輪加以研究，一面搜集我國舊有戰船圖式加以比較。經過他與龔振麟、汪仲洋等人商議的結果，認為模仿英人的蒸氣機船，一時難以辦到。惟有參酌我國傳統的造船原理及技術經驗，製成速度較快的車輪船若干艘，藉以應付當時緊急的需要。不意，是年八月，寧波與鎮海先後淪陷，工未成而全入英人之手。根據海國圖志一書之中所保存的模型圖樣，大致可知此種改良式的戰船，前後各裝有車輪二輛，每輪六齒，齒與船底相平，車心六角，車艙長三尺，船內兩人齊肩，把條用力，攀轉，則輪齒激水，其走如飛。或用腳踏轉，如車水一般。船身長一丈七尺五寸，船艙肚闊五尺，船邊護木離船一尺一寸，船的頭尾均用木蓬，中用竹蓬，船蓬至底，高六尺餘，一半入水。如船輕，則可以石壓之，藉使重心平穩，並使齒輪容易得力。[17]又據英人所記，一八四一年十月（道光廿一年八月），英軍在鎮海所鹵獲之此類輪船共有四艘。其艙內有「兩長軸，連至槳輪，輪為硬木製成，徑約十二呎。」惟尚有若干堅木齒輪尚未完工。[18]又有人以為此小型車船，可能於其完成之後，「企圖在艙底中裝煙以驅動，但因試驗無效，故仍不得不藉人力，分批操作之。[19]依據英人的觀察，此種新式船隻，係模仿英國輪船無疑。實則係揣測之詞，對於中國之歷史文化殊欠了解。李約瑟以為龔振麟「既熟知其祖國文化過去之成就（而）對西方現代技術亦深感興趣。」故能有所成就，其論實較為公允。[20]

上海方面，主其事者不知為誰？其改良戰船之活動，幾與浙東同時，而且出於同一動機。根據英人的記載，一八四二年六月

間，英人曾於吳淞海戰中俘獲中國新式戰船五隻，該批船隻乃係由游擊劉長清所率領者（英人誤稱劉爲海軍司令）。其構造甚至比浙東所造者尚爲進步，每船裝有四個槳輪，直徑各爲五呎，用車軸之兩曲柄操作之，橫裝船之前部及後部，兩旁並安有大砲，以其所使用者爲轆轤及手搖桿，經由直交齒輪而連至槳輪軸，故可以手臂之力代替足力來供給動力，使其速率較足踏者高出四、五倍，並可以藉齒輪之調節而獲得機械利益。⑳

廣東爲中國沿海首要之區，且以鴉片戰爭導源地，受患尤深，故對於改良戰船之事更是不遺餘力。戶部員外郎許祥光、廣州知府易長華、兵部郎中潘仕成以及批驗所大使長慶、水師提督吳建勳等，都曾先後按照英美船式加以仿造。大體言之，許祥光及長慶所承造之船著重於速度的增加，除於兩舷各安飛槳三十六隻以外，並於船艙之內設置兩輪，用以激水。潘仕成及吳建勳所造之船則著重於洋式戰船的仿製，擴充砲位，使其可載砲四十餘門。擴充其容量，使其可以容納兵員三百餘人。而在堅固性方面，亦加以注意，不僅木料板片力求堅實，而船底亦全裹以銅片，以防腐蝕。易長華所造之船則比照原來之米艇加大，工價雖然加倍，但木料之堅固則不一致。由此可知，這些戰船不論在度、堅實度、載重量、武力方面都較以前大有改進。惟以設備技術不足，其缺點也不在少數。而最困難的則是動力問題無法解決。直至鴉片戰爭末期，方由紳士潘世榮僱用洋匠製成用蒸汽機推動的小火輪一艘，但因放入內河不甚靈便，沒有再繼續發展。⑫但適於此時，中國自己的兩位科學家，卻在蒸汽機的改進方面研究成功。一位是丁守存，而另一便是鄭復光。復光字沉香，安徽歙縣人，監生，知名度頗高，與當時的文人何紹基、曲燮、張

穆、魏源、包世臣都有交往。不過，他的興趣都與上述諸人不
同，而對於數學及物理則特別地愛好。故丁可守存、丁振辰合稱
「二丁一鄭」。關於光學方面，他則著有「鏡鏡詅癡」五卷，凡關
望遠鏡、放大鏡及各種靈司（lens）之製造、應用及其原理，皆
有詳細的說明，幾可謂集當時西方所已輸入及我國舊有光學知識
的大成。「又有費隱與知錄」二卷、凡天地、日月、星辰、風雪、
雷雨、霜雲、寒暑、潮汐、水天、水炭、飲、衣服、器皿、鳥
獸、蟲魚、草木之理，怪怪奇奇，都推究其本，明白坦易，如指
諸掌。㉓至其「火輪船圖說」，則成於道光二十七年（1847）二
月以前，該圖乃係參照當時傳「西洋火輪圖說」，並加以悉心之
研究而成。繪畢後，與丁守存聯合推敲，並加訂補。圖中分為
架、輪、柱、外輪套、鍋竈、桅、絕梯、破風三角帆、破風立板
等十六部門，皆於附文之內有所解釋，最後並就全圖加以說明。
在這十六部門裡面，最值得吾人注處的地方，即其第三「柱」及
第六「鍋竈」。以火蒸水，由水化汽，積汽成力，然後用之推動
機器。「下上甚速，靈動微妙，不可思議。」這正是蒸汽機的原
理。這一次技術性的大突破，不僅使他成為我國瞭解西方汽船之
構造的第一人，也使他的「火輪圖說」成為我國之第一部蒸汽機
圖說，意義至為重大。計當其初圖完成之時，僅距英人倍爾
（Herry Bell）所發明的實用汽船不過二十五年㉔

　　第二個階段約自英法聯軍至中法戰爭之間（1860－1884）。
鴉片戰爭失敗的刺激，對於中國的社會雖如平靜的湖面上投下一
顆石子，引起一陣改良船砲的漣漪。但以主政者的缺乏遠識，官
僚的不願多事，故不久此種改良的熱潮即歸於沈寂。㉕直到中國
再度的經過一次內憂（太平天國之亂），和一次外患（英法聯軍）

的更大危機時，方才痛定思痛而採取若干自強措施。如同北京同文館、上海廣方言館、廣州同文館、江南製造局、福州造船廠，都在此一時期設立。而江南製造局與福州造船廠，實可稱之為我國近代工業的嚆矢。不過，由於製品本於工藝專門之學，於是為探索泰西製器之學而翻譯其有用之書，並將西方的「典工文化」輸入中國，對於我國民族步入新的科學時代，殊有裨益。故譯介西方的有關論著，實為此一階段我國科技發展的特色。

在當時，譯介西方科學知識最多的便是江南製造局所附設的譯書館。該館於同治六年（1867）開始翻譯格致化學製造各書，至光緒初年（1876）所譯之書已有九十八種。其中有關自然科學者約有四十七種；有關軍事者約有四十五種。其後更為持續進行。除軍事、技術之類者外，並及於天文、算學、工業技藝、地質礦冶、物理化學、醫藥衛生等，計至光緒三十一年（1905）止，共得一六八種。㉖負責譯事者，西洋方面則有偉烈亞力（Alexander A Wylic），傅蘭雅（John Fryer）及林樂知（Y.J.Allen）等人；中國方面則有徐壽、徐建寅、華蘅芳、王德均、汪振聲、王汝騑、徐兆熊、趙元益等人。惟其中貢獻最大的卻是徐壽與徐建寅父子兩人。徐壽（1818－1884），字雪材（邨），江蘇無錫人，時居曾國藩幕府，翻譯西書之議，即為其所首倡，江南製造局譯書館即歸其主持。他是著名的化學家，經其譯述的西書頗多，計有「西藝知新」及續編十五冊，「化學鑑原」及續補編十六冊，「化學考質」六冊、「化學求數」十四冊、「物體遇熱改易說」二冊、「蒸汽發軔」四冊、「寶藏興馬十六冊，並曾發明製造鏹水、棉藥、汞藥之法，在近代中國化學史上，的確可謂為一偉大的先驅。㉖徐建寅（－1901），字仲虎，為徐壽之

次子。對於理化及工程之學，都有濃厚的興趣。及長，隨父親襄贊江南製造局務。時該局除製造軍火武器外，並模仿西法製造新式輪船。先後造成惠吉、操江、測海、澄慶、馭遠等號，均曾經由他們策劃與協助。在譯書方面，他曾與傅蘭雅、金楷理合作，譯出「化學分原」、「汽機尺寸」、「器象顯眞」、「造鐵全法」、「汽機必以」、「造硫强水法」、「汽機新制」以及有聲學、電學與「水師操法」、「輪船布陣」等書多種。不論西士傅蘭雅及蘇松太道馮竹儒都對他極爲推服。同治十三年（1874）他曾奉調天津機器局製造强水，次年（光緒元年）又爲山東巡撫所延出任魯機器局總辦。光緒三年（1877）轉任駐德參贊，乘機歷遊英法諸國，所見更廣。六年（1880），以其嫻於工程，奉命監督北洋於德國訂造定遠、鎮遠二鐵甲戰艦及濟遠穹甲快船。十年（1884）由德返國，奉旨以知府分發直隸，旋以丁憂回籍。十二年（1886）服闋，時以北洋修築旅順軍港，用非得人，李鴻章推薦建寅爲工程局總辦未果。乃爲兩江總督曾國荃所延，會辦金陵機器局。二十一年冬（1895）特旨召見，奉派查驗天津威海船械。越明年，派充福建船政提調，旣而爲湖廣總督張之洞奏留湖北總辦全省營務，兼任吏館武備總敎習。旋又命他督辦保安火藥局，兼任漢陽鋼棉廠。二十七年（1901）二月十二日，以試驗棉質火藥發生爆炸，身受重傷不治而卒。同殉者尙有其他員工六人。在我國科學史上，因實驗而犧牲的科學家，建寅實爲第一人。㉗徐氏對於西方化學知識的翻譯與介紹，對於我國之科學發展，無疑地留下不可磨滅的影響。他們除將許多化學原理原則，用一種簡單明瞭的文字，予以清晰流暢的說明外，並把一大堆複雜難懂的化學元素，賦以中文名稱。在徐壽所譯的「化學鑑原」一書內，已知的

元素共有六十四個，徐氏都按照「採取西方名字第一音節製造新字命名的原則」，分別予以鈉、錳、鎳、鈷、鋅、鈣、鎂等的新名，此一原則爲後來的化學界所接受，一直沿用至今仍未改變。⑳此外，徐壽在科學精神的倡導方面也相當令人歎服。爲了袪除神秘主義的思想，他從來不談「星命風水」、「巫覡讖諱」。對於「五行生剋之說」和「理氣膚淺之言」，他也絕口不提。甚至於連婚喪之類的人生大事，他也擺脫世俗的約束，而不用陰陽擇日之法。㉙此種理性的科學精神，實爲我國日後的科學界樹立了一良好的模範。

在物理學方面，遠在明末清初時期，西方的力學知識即經傳入中國。在王徵與日耳曼傳敎士鄧玉涵（John Terreny）合編的「遠西奇器圖說」一書中，已有「力藝」、「重學」等名稱，對於重心、槓桿、滑車、斜面等有所介紹。至十九世紀下半，李善蘭又與艾約瑟（J Edkins）合譯「重學」，將牛頓的力學三大定律第一次介紹到中國。另外，李善蘭尚且將牛頓的名著「自然哲學的數學原理」（Philosophial Naturalis principal Mathematica）譯介過來，可惜未能完成。他如美國傳敎士丁韙良（W.A.P.Martin）也曾在北京同文館中出版了一本「力學測算」，用微積分來叙述落體，求重心等各種力學問題，堪補李善蘭譯重學的不足。電學方面，當時所有的介紹，大都屬於電報、電話等電器設備的電工學，而且多係十年以前的舊說，無甚可取。聲學光聲和熱學方面，雖然也有一些書籍翻譯出版，但也與電學一樣，極爲幼稚。惟於X射線和鐳的發現之介紹，較爲新穎。光緒廿七年（1903）十月周樹人特作「說鈾（鐳）一文，將法國居里夫人於二八九八年所發現的鐳加以介紹。因此，引起不少人的注視。至於國人在

光學方面加以研究的則有鄒伯奇與鄭復光二人。鄒伯奇（1819－1869），廣東南海人，原爲一數學家。著有「對數表」，並曾從事過地圖的測繪。他在光學方面的著作是「格術補」。用數學的方法叙述平面鏡、透鏡、透鏡組等成像的規律；又對眼鏡、望遠鏡等光學儀器的原理，也有所闡釋。此外，他對於天文儀器與照像術也都具有濃厚的興趣，並肯用心地加以研究；且認爲「西學之精，惟在製器。」、「西法皆爲我國自古所已有」。鄭復光字沉香，安徽歙縣人，性好實學，喜算學製造，曾於廣州見顯微鏡、望遠鏡，引起他的好奇心，自是留心西洋事物。曾著「鏡鏡詅癡」一書，有系統而又詳細地叙述各種透鏡和其成影的原理。在當時，可以說是一部比較完整的光學方面的著作。㉚

　　數學爲科學技藝之母，如無數學作基礎，一切的科學研究即難有所開展。我國數學起源甚早，也曾有過輝煌的成就。嗣以政府不加重視，其學漸次沒落。明代中葉時期，西方數學傳入中國，引起學者的廣泛興趣。徐光啓與利瑪竇合譯歐幾里德的「幾何學原本」（僅成上半六卷）；李之藻與利瑪竇合譯「同文指算」，於是西方的幾何、三角、代數、比例、開方、對數之法，始爲中國人所知曉。至清初康熙年間，復命儒臣編纂「數理精蘊」一書，計五十三卷，「辨定古今之長短，貫通中西之異同。」一時成爲學者習算的圭臬。其中尤以王錫闡（1628－2682）與梅文鼎（1633－1721）在天文與數學方面的研究爲最可觀。王錫闡是江蘇吳江人，字寅旭，號曉庵，著有「曉庵新法」；梅文鼎，安徽宣城人，字定九，號勿庵，著有「勿庵曆算全書」。他們兩人都對中西之學，採取去僞存眞的科學態度，而主張「去中西之見」、「務集衆長以觀其會通，毋拘名目而取其精粹。」。以爲「數者所

以合理也，曆者所以順天也，法有可採，何論東西；理所發明，何分新舊」至於梅文鼎之孫梅瑴成（字循齋 1681－1763），也是一位名噪一時的大數學家。除了對中國傳統的數學具有深刻的造詣，且能通曉西法兼採其長。因此，深爲清聖祖所器重。此一曆算研究並爲後日乾嘉的樸學家所繼承，如載震、焦循等人皆有著述。③五口通商之後，西方的數學輸入又趨高潮。一方面是西方敎士團體如上海的墨海書院、登州的文會館、廣州的博濟醫院等的翻譯介紹；一方面是中國政府的主動提倡。如北京同文館內添設天文算學館，聘問中西學者任敎。並於上海廣方言館（後倂入江南製造局譯書館）內請人翻譯西方數學的名著。因此，在這一時期之內，著名的數學家頗多，其中最能會通中西而卓然有成的大數學家便是李善蘭（1811－1882）。李善蘭，浙江海寧人，字壬叔，號秋韌，曾居曾國藩幕府，並出任北京同文館天文算學館總敎習。著有「則古昔齋算學」。李善蘭在數學方面的最大貢獻有三：一是近代西方先進數學知識之介紹。從十九世紀的五〇年代開始，他即與偉烈亞力（Alexander Wylier, 1815－1887）合作，將「幾何原本」的後九卷及「代數學」、「代微積拾級」等翻譯成中文，不僅使明末清初傳入我國前六卷的古希臘數學名著歐幾里德的「幾何原本」有一較完整的中文譯本，而且也使西方近代的符號代數學與解析幾何和微分第一次傳入中國。同時，他所創用的許多數學名詞，如同代數、微分、積分，以及他所直接引用的西方數學符號，也一直沿用至今。二是他在數學上的特殊成就。在他所著的「則古昔齋算學」之內，其有關數學之作計十三種。其中「方圓闡幽」、「弧矢啓秘」、「對數探源」皆爲冪級數展開式方面的研究。同時，他還創造一種「尖錐術」，以尖錐的面

積表示 X, 來求緒尖錐之和。並使用此法, 以解決各種數學的問題。雖然, 他創造尖錐術還沒有接觸微積分, 可是他已經在實際上得出了有關定積分的公式, 並將之用於對數函數的冪級數展開。此種運用中國人自己獨特思想方式表達微積分的方法, 以及由此完成由初等數學到高等數學的轉變, 殊堪令人稱道。李善蘭另一獨具特別的著作是「垛積比例」。其內容是高階等差級數求面積的問題。不但把由宋代沈括開始到元末朱世傑所研究的「垛積問題」發展推廣到幾個方面去, 並且還利用和「開方作法本源圖」相類似的數表, 列出一系列的高階等差級數求和的公式, 而成為國際數學界所感興趣的「李善蘭恆等式」。三是他對於世界著名數理的「費爾瑪定理」證明。在他於北京同文館任教時所發表的「考數根法」一文之內, 即證明根即指素數, 考數根法即判定素數的方法。㉜

李善蘭之外, 華蘅芳 (1820－1902), 對於近代西方數學的引介之功亦不可沒。華蘅芳是江蘇金匱人, 字若汀, 博學廣識, 於經史、詞章、輿地、音律、理化、醫學、工藝製造, 無不「游其涯涘, 抉其精微。」他在科學研究方面, 尤可稱為近代的先驅。舉凡代數、微積、聲光、化電、熱力之學, 都加提倡不遺餘力。華蘅芳也與徐壽一樣, 曾經一度為曾國藩所延入居其幕府。並曾在安慶軍營之內繪圖測算, 其所創製的黃鵠號, 即為中國自製的第一艘輪船。其後江南製造局的設立及譯書館的創建, 也多是經由他的策劃。在譯書館中, 他與徐壽分門筆述, 而自任算學地質諸類, 計與傅蘭雅曾合譯新書共有十二種一百六十餘卷。其中如「代數術」(1873)、「微積溯源」(1878)、「代數難題」(1883)、「決疑數學」(1880)、「合數術」(1888)。「合數術」是關於對數

表的造法;「決疑數學」是介紹新數學的分支概率論，由於其文筆通暢易懂，故其影響也較大。

　　天文學：天文學在我國起源甚早，遠在殷商時代的甲骨文中即有此類的記載。其後，經過歷代的改良與增進，達到相當高的水準。明末清初之際，西方天文學知識傳入中國，耶穌會士並與中國的天文學者合作，修訂中國的曆法而成「崇禎曆書」（即後之時憲曆）。再加上望遠鏡的介紹，計算方法的改進，以及「哥白尼地中心說」（heliocentric theory）的輸入（約在乾隆年間）。因此，使中國的天文學大受影響。著名的天文學家王錫闡與梅定九，都對西方的曆算非常重視。且能客觀地比較中西的優劣而予以公正的評價。（參看王錫闡的「曉庵新法」）及至乾嘉時代，由於考證學的發達，學者多以曆算爲治經的工具，於是講求天算者頗不乏人。江永著「曆學補論」、「中西合法擬草」；戴震著「象學」、「續天文略」、「古曆考」、「曆問」；李兆洛著「赤道經緯圖」、「恆星圖」；鄒伯奇著「甲寅恆星表」、「赤道星圖」、「黃道星圖」等等皆其著者。此外，製器測天，改造天文儀器者亦爲不斷。梅文鼎製「月道儀」、「撥日器」；張裕葉製「濕度計」；許宗彥製「渾金球」；李兆洛製「天球銅儀」、「日月行變銅儀」；劉衡製測量用「句股尺」及製晷用算尺；馮桂芬製「定向尺」、「反羅經」；鄒伯奇製「渾儀」等都是此類的表現。㉞他如李銳、焦循、汪日楨等不僅將明末清初的曆法加以研究整理，並且還發現了中國古代編製曆法時所採用的計算方法（特別是高次內插法）。可惜由於若干乾嘉的學者，輕易地否認西方科學的成果，因而影響了學術研究的客觀態度。鴉片戰爭以後，哥白尼學說（Copernican theory）獲得更進一步的傳播。魏源於其海國圖志之中，首

先曾加介紹（卷七十二，中西曆法異同表）。其後，李善蘭又將英國著名天文學家約翰．赫歇爾的名著「天文學綱要」（The outlines of Astronomy）譯出，定名爲「談天」。該書於一八五九年在上海刊出，十五年後，徐建寅又把一八七一年以後的最新天文學成果補入，而於一八七四年出版，是爲「談天」的增訂版。「談天」一書，除介紹太陽系的結構和行星的運動之外，尚包括萬有引力定律、光行差、太陽黑子理論、行星攝動的理論、彗星軌道理論等知識。對於恆星系之變星、雙星、星團、星雲等都有說明。因此，十九世紀六十年代的西方近代天文學知識，遂爲我國的學者所知曉。此外，李善蘭還用恆星光行差和地道平徑視差等理論來證明地球繞日運動；用礦井墜井的理論證明地球自轉；用慧星軌道及雙星相繞運動等證明行星軌道確爲橢圓等。由於他的繼續不斷努力，因而使從哥白尼（Nicholous Copernicus, 1473–1543）至牛頓（Issac Newton, 1542–1727）所完成的西方近代天文學知識有系統的傳入中國。後來一些著名的改良主義者如康有爲、嚴復、譚嗣同等人，都曾利用哥白尼的日心說和康德（Immanuel Kant, 1725–1804）；拉普拉斯（Laplace 1749–1847）的天體演化學說作爲其思想的武器，並爲當時的革新變法製造輿論。㉟

　　第三階段約自中法戰爭以至辛亥革命（1885–1911）。中法戰爭，中國雖非戰敗國家，且未割地賠款。但馬尾船廠被燬、福建艦隊被沈、基隆、澎湖被陷、安南藩邦拱手讓人，對中國而言，仍然創痛鉅深。兼以此時派赴歐美的學生先後回華，各類政府及民營業的日漸萌芽。結果，在基礎理論的科學知識輸入的同時，各種應用科學技術也陸續傳入中國，不論造船、製砲、開

礦、冶金、紡紗、織布、航運、電信等方面，都呈現出一番新貌。不過，論此一時間的成就，仍以兵工業與造船業爲最高。

以新興的兵工業而論：在晚清五十年間，各地設立的兵工廠計有二十三所。其中尤以江南製造局、天津機械局及漢陽兵工廠爲最重要。其次，金陵機器局、廣州機器和四川機器局（宣統二年改設爲四川兵工廠）也都具有相當的規模。雖就國防效力而言，未能盡合理想，但在新式的兵工業方面，已經奠定了相當的基礎。不僅新製槍械、子彈、炸彈、砲等方面多供全國各軍使用，而海軍所需的砲械彈藥，江防海防所建的砲台，乃至南北洋艦隊所需的船隻，也有部份爲滬局所製造（計有操江、測海、保民、澄海等十四艘。）在這些兵工廠中，最初之時尙須外國工程師作技術性的指導。但隨著時間經驗的積累，中國本身也逐漸培養出一批優秀的兵工人才。如上海製造局的沈保靖、廣州火藥局的潘霖、山東機器局的徐建寅（後任漢陽槍砲廠監工）、湖南機器局的韓殿甲、四川機器局的曾昭言、吉林機器局的宋春鰲、漢陽兵工廠蔡琦、徐家寶，都是歷經磨練而成兵工專家。㊱除此之外，即使一般的技術工人，也能很快地適應於各種新式工作。誠如一西方觀察家所指出：「中國的工人，不但願意學習，而且他們過去所受過的本地手工業的訓練，使他們極適宜於工作。……中國人也同時擅長幾種行業，並且能夠很容易的轉行。……這種天才，使他們能夠適應各種細緻而複雜的工廠工作。據說，一個工人，無論用那一樣機器，都一樣容易。」㊲

就新式的造船業而論：自鴉片戰爭後，國人因感於西人的船堅砲利、海防危機，先後展開造船運動：希冀採借西法，建造新式的輪船，但卻未能成功。同治四年（1865），兩江總督曾國藩

於上海虹口創設製造局，倣造船砲。次年，閩浙總督左宗棠議興船政，於福州馬尾設立造船廠，是爲我國近代最早的兩所造船廠。其後，江南製造局因於同治十三年（1874）試造小鐵船不能出海，砲位佈置亦不合法。雖說該局機器略備，而無精熟此道之員，而於西洋新式隔閡尚多，因此奉命停造。⑱自此馬尾遂成爲清末中國唯一的造船廠。該廠因法國精於製造，聘請法國人爲工程師；英國人精於船學，聘請英國人充教習，對英法兩國的特長，共同組織，努力製造，進步非常迅速。由於，該處具有模型廠、鑄鐵廠、造船廠、鐵脅廠、拉鐵廠、輪機廠、鍋爐廠、帆纜廠、儲砲廠及大小船塢等設備相當完善，故新船多能如期完成。計自同治八年（1868）八月第一號萬年靑輪下水，到同治十二年（1873）爲止，共成大小兵輪及商船十五號。其中且有三號爲華工獨立所完成，（按即藝新、登瀛洲與泰安三艦）。中法戰爭時期，馬尾船廠雖曾被創，但因派赴法國學習製造的船政學生返國，船廠不久即告修復，且能建造開濟、橫海、鏡淸等十餘號的鐵脅大船。⑲光緒十五年（1889），船政又有一項光榮的成就，由國人自造的鋼甲船平遠號下水。以前船政所造者多爲木殼鐵脅，平遠輪則爲雙機鋼甲快船，船身長十九丈七尺，喫水深十丈三尺二寸，全船載重二千一百噸，馬力二千四百匹，速率十一海浬。此一國人自造的鐵甲快船，隨即撥入北洋艦服役，後來並參加了中日甲午海戰。⑳在馬尾船廠中，貢獻最大的工作人員爲曾經留法學習製造的吳德章、李壽田、楊廉臣、魏瀚、陳兆鏘與鄭淸濂等人，民國成立以後，陳兆鏘與魏瀚曾經分別出任江南造船所（江南製造局）的所長及福州船政局局長。㉑

就築路工程而言：中國的鐵路建築起步較晚，直到西方鐵路

築成後的半個世紀（1876），方由英商在上海與吳淞之間修築了一條吳淞鐵路，全長僅有二十公里，而且於不久之後又被滿清政府收回拆除。一八八一年，為了海軍用煤，北洋大臣李鴻章又於唐山到胥各莊之間，築了一條長達十公里的小鐵路。一八八七年，台灣巡撫劉銘傳，利用原淞滬路的器材，在台北與新竹之間築了一條九十六里半的鐵路。自後各國紛紛在中國組織公司，修築鐵路。至一九一一年辛亥革命發生前後，全國已經築成鐵路九千六百餘公里。我國著名的鐵路幹線如京瀋線（即後之北寧路，由北京至瀋陽）、京漢路（北京至漢口）、津浦路（天津至浦口）、京綏路──京張線（北平至張家口）、東清路（滿州里至綏芬河）、哈大路（哈爾濱至大連）等，大多興建或完成於此時。惟以其中絕大部分皆為外國工程專家所修築，只有京張鐵路為例外。該路全長二百餘公里，中隔高山峻嶺，石土橋樑最多，路險工艱為他處所未有。特別是居庸關、八達嶺、層巒疊嶂，石峭灣多，工程最為艱鉅。由於中國科技落後，人才缺乏，在外國人看來，自非延聘西方技術人員不能為功。不意此一鐵路卻由我國留美學生一手承擔，並且順利地完成，而使外國的工程學家們為之張目結舌，另眼相看。㊷

詹天佑（1861－1919），原籍安徽，出生於廣東南海縣。十二歲便以幼童留美深造，而於一八七八年進入耶魯大學土木工程系進修，對於鐵路工程尤具濃厚的興趣。一八八一年返國，旋入福建海軍服務。一八八四年，參加馬江之役，與法國作戰。一八八八年奉派調入唐津鐵路工作。1894年，以修建灤河大橋馳名全國，而為英國工程師學會選為會員。詹氏對於京張路的最大貢獻有三：一是路線的選定，即今南居庸關及八達嶺的現行路線。二

是沿線隧道的縮減，比英國工程師金達（C.W.Knider）所設計者減少了二千米。計居庸關、八達嶺、五掛頭、石佛寺等四大隧道工程總長一六四五米，其中尤以八達嶺及居庸關爲最長。前者全長一〇九一米，後者則長三六七米。工程都艱苦萬狀。中經滲水、坍方、通風困難，卒能在外國人的諷刺及干擾下，逐一完成。其精神與毅力，由此可見。三是人字形爬坡路線的設計。爲了減少沿線的坡度與山澗長度，詹氏特於靑龍橋東淸之段，採取人字形爬坡路線，用二台大馬力機車調頭互相推挽，以解決坡度大機車牽引力不足的問題。結果，效果非常良好。四是以石橋代替鐵橋，不僅可以就地取材，用自製的水泥和當地的石料，以代替鋼料，且可使鐵路的成本大爲降低，而爲國家節省了許多的經費，實爲一舉而兩得。五是築路時間的縮短。計該路於1905年九月動工，至1909年八月完成。合共僅四年之久。較比預定的工程提前了兩年，而工程費也結餘了白銀二十八萬兩。合計總額僅及外國承包商所索取的五分之一。六是技術人員的培養。詹氏於修路期間，經常不辭勞苦，率領他的學生和一些年靑的工程人員，跋山涉水，往返測量，並與之互相研究討論。此種以野外代替課，以實習代替理論的方式，實爲一種最實際又有效的教育方式。因此，使那些跟隨他工作的後輩們，很快地獲得許多新的經驗，掌握許多實用的技巧，而成爲了一批後起的優秀幹部。㊸

三、結 論

我國近代的科技，發展雖然遲緩；但仍有相當的進步與成就。一是軍器的改良，如丁拱辰、龔振麟、黃冕、丁守存之於製砲；汪仲洋、鄭復光之於造船。憑藉著他們的熱情和毅力，終於

使我國落伍的軍器獲致長足的改進。二是西法的引介。一方面由本土的科學家與外來的傳教士合作，將西方的天文、數學、物理、化學、開礦、冶鐵等的知識廣泛譯介；一方面設立船廠砲局，聘請外國的專業技師輸入西方的科技。同時，更進而派遣大批留學生前往歐美各國，從事於直接的學習，一時頗能使人耳目觀感為之一新。如徐壽、徐建寅父子，華蘅芳、華世芳兄弟，以及李善蘭等都是這一方面的功臣。三是自力更生，經由一段時期的吸收與模仿，逐漸地產生中國自己的工程專家，若干方面已可自行設計建造，不需仰仗外人的鼻息。如造船工程的鄭清濂、魏瀚，築路工程的詹天佑等，便是此一趨勢的代表。

　　不過，鑒於十九世紀中葉以後，世界科學與工業技術的高速進展，以及中國當時所處內外環境的險惡，以區區上述的科技成就，殊覺微不足道。以之作為自強立憲的基礎，尤覺得過於薄弱。不用說與歐美先進國家有如小巫見大巫，無法望其項背；即與我國同時的東亞之鄰邦日本相較，也是遙遠地落於其後。甲午戰爭的敗北，不僅是軍事的失敗，也是工業科學的大不如人。

　　自鴉片戰爭以迄辛亥革命的七十餘年之間，中國工業與科技的發展，一直未曾受到應有的重視。雖有少數開明遠見的地方大吏為之倡導，也得不到政府及社會的支持。這是清末科技落後的最大原因；又科技的發展必須要與教育配合，然後才能奠定知識的基礎，培養專門的人才。可是，清廷卻見不及此，僅於北京、上海及廣州三地設立同文館，而未及時進行近代教育。雖然，科舉制度於光緒三十一年（1905）正式廢除，建立了各級的新式學校。在時間上已浪費了半個世紀，起步也嫌太遲。故清廷未能早日廢科舉立學校，實為清末科技不振的第二個原因。再者，科

技的發展，必須與社會各方面密切配合，而政治一環尤為重要。由於，當時各新式工業科技部門中，大多為官僚政客所把持，以外行而領導內行；因之癱瘓腐化，幾無效率之可言。故官僚政治，可以說是清末科技難以進步的第三個原因。萬事非錢莫辦，發展科技，尤須充裕的經費支持。可是，一則當時的中國仍係農業國家，生產落後，政府稅收，異常有限。一則滿清時代缺乏健全的財政制度，各省動輒拖欠截留，以致辦起事來，既無有貝之財（金錢）；又乏無貝之才（人材），困難萬端。故經費不足，財政困難，實可說是清末科技難以發達的第四個原因。當然，清末科技的進步遲緩，原因並不止上述數端，但即此數項已可概見一斑了。㊹

【註　釋】

①參看陳立夫「中國之科學與文明」漢譯本（民國 60 年 12 月，台北商務印書館刊）前言。

②參看黃文山「中國之科學與文明」漢譯本，頁 14－15，譯者導言。

③參看台北木鐸書局刊「中國科學文明史」，頁569－570。

④參考張蔭麟「中國歷史奇器及其作者」（燕京學報第三期），頁380－387。

⑤胡適，「胡適文選」（民國 42 年 6 月，香港現代書局刊），頁108－119。「治學的方法與材料」。

⑥林致平等著：「中國科學史論集」㈠（民國 47 年 7 月，台北中華文化出版事業委員會刊，共三冊），頁 43，酈堃厚，「江南製造局與中國現代化學」。

⑦按蒙古對南宋的重要戰役、襄樊之戰，即受波斯人所造大砲之影響。

襄樊堅守五年，終為新砲所攻陷；而南宋亦因為失去長江中游的屏障而滅亡。(參見馮承鈞譯，台灣印書館刊「多桑蒙古史」上冊，頁417－418)，葡萄牙人所製之佛郎機砲為明人在東北造成寧遠及錦寧二項大捷，阻止清人對明之進攻達數年之久。(參考方豪著，台灣商務印書館刊「李之藻研究」，頁162－163)；關於南懷仁所造之神武砲，對於平定三藩之亂之影響，可以參見蕭一山著，台灣商務印書館刊「清代通史第一冊」，(頁676「砲銃之鑄造」及682南懷仁之任事」)。

⑧參看拙著「魏源對西方的認識及其海防思想」(民國52年，台大文史叢刊；民國72年9月，台北大立出版社重刊)，頁105，鴉片戰爭期，中英船砲的比較。

⑨陳陸「鴉片戰爭與中國軍器」中和月刊一卷八期 (民國29年刊)，頁76－92。

⑩魏源「海國圖志」卷八七，頁1：汪仲洋「鑄砲說」。

⑪魏源「海國圖志」卷九一，頁3－4：丁拱辰「演砲圖說」。

⑫魏源「海國圖志」卷八七，頁2－3：黃冕「炸彈飛砲輕砲說」。

⑬魏源「海國圖志」卷九二，頁1，潘世成「攻船水雷圖說」。

⑭魏源「海國圖志」卷九一，頁1－2：丁守存「西洋自來水銃製法」。

⑮明史 (商務刊百納本廿四史本) 卷三，四，鄭和傳。

⑯參看拙著「魏源對西方的認識及其海防思想」，頁104－105。

⑰參看李約瑟「中國之科學與文明」(商務刊漢譯本」第九冊，頁221。

⑱同前書，頁218。

⑲同前書，頁219－220。

⑳同前書，頁220。

㉑同前書，頁219。

㉒參看呂實強「中國早期的輪船經營」(中央研究院近史研究所專刊)，

頁 11－12。

㉓包世臣「小倦遊閣文存卷下，頁 4－5，「鄭原甫復光與知錄序」。

㉔魏源，「海國圖志」卷八五，頁 1－2，鄭復光「火輪船圖說」。

㉕關於鴉片戰爭後我國造船運動的停止，呂實強敎授曾有頗爲精闢的分析，參看，氏著「中國早期的輪船經營」，頁 16－21。

㉖郭廷以「近代西洋文化之輸入及其認識」（載於大陸雜誌三卷七期。有關徐壽、徐建寅父子及華蘅芳、華世芳兄弟的生平世蹟。可參看台北世界書局刊「洋務運動」第十二冊，頁 13－40，楊模編「錫金四哲事實彙存」。

㉗張之洞「張文襄公全集」，（台北文海書局影印本）第二冊奏議，頁 937－938，光緒廿七年三月廿五日奏，「爲徐建寅等請恤摺」。

㉘酈堃厚，「江南製造局與中國現代化學」（中國科學史論集㈠），頁 49－56。

㉙中國科學文明史，頁673。

㉚同前書，頁668－670。

㉛王萍：「西方曆算之輸入」（中央研究院近代史研究所專刊⒄），頁 69－97。

㉜同前書，頁144－165；「中國科學文明史」，頁663－668；Arthur Hummel ed；：Eniment chinese of the ching periodpp. 479－480, Li Shan－lan.

㉝楊模編「錫金四哲事實彙存」。

㉞王萍「淸代曆算學的傳承蛻變」，中央研究院近代史研究所刊，「近世中國經世思想研討會論文集」，頁494－500。

㉟中國科學文明史，頁674－676。

㊱王爾敏「淸季兵工業的興起」（中央研究院近史所專刊），頁150－

151。

㊲洋務運動第十二冊，頁429高斯特（Herald E Gorst）著，張雁水譯，
「中國在進步中」，（China in Progress）。

㊳李鴻章，「李文忠公全集」奏摺三九，「覆梅啓照條陳」。

㊴際唐，「馬尾船廠述要」原載「福建文化」第二卷第十五期，此處引
自洋務運動第十二冊附錄。

㊵李文忠公奏摺六五，「查驗平遠兵船摺」。

㊶際唐，「馬尾船廠述要」，洋務運動第十二冊附錄，頁39。

㊷中國科學文明史，頁686－692。

㊸參看，凌鴻勛、高宗魯合編：「詹天佑與中國鐵路」，（中央研究院近
代所）「史科叢刊」⑷，頁34－38。

㊹按討論中國科技落後原因之作甚多，有關論文及專書不擬於此一一列
舉。而作者之意見亦極爲紛歧，見仁見智，說法各異。可參考「中國
科學文明史」（木鐸刊），頁701－706；李約瑟「大滴定」（The Grand
Citration）范庭育譯（帕米爾書店刊），頁27－33；34－36；36－39。
筆者於此僅就個人所見，指出清末時期中國科技發展緩慢之原因；與
李約瑟氏在「大滴定」一書之內所論之一般的原因略有不同。

（原刊於國立台灣師範大學《師大學報》第三十期，民國74.6.
台北。）

崑山三徐與清初政治

一、前　言

　　中國的社會結構自古即以家族爲中心，而與政治具有極其密切的關系，因而政治倫理化乃成爲我國政治文化的基本特色，家族、政治、倫理結成三位一體，而難以密嚴的區分。在這個三位一體的大架構內，出身於家族而又是構成官僚體系主要成員的士大夫階級，尤其居於舉足輕重的地位。自西漢中葉之後，士大夫階級已漸得以參與政權，而構成帝國政治勢力的社會基礎。①其後，隨著科舉制度的實施，士大夫更是構成政府各級官僚組織的主體，而形成爲士大夫與帝王共天下之局。②對於一個由邊族入主中國所建的「征服王朝」（Dynasty of Conquest）而言，其能否長期統治中原，亦視其能否爭取中原士大夫的合作與支持。如蒙元之享國不及百年，即因其種族觀念太重，中期之後；一意推行「內北國而疏中國；內北人色目而外漢人南人」的政策太重，以致造成中原士大夫的離心離德。一旦禍事發生，即告分崩離析無法收拾。③可是，滿人卻不如是，他們懲於歷史的前車之鑑，避免重蹈蒙元的覆轍，乃轉而採取滿漢一家的政策，自入關之後即結合大批漢族的士大夫輔助其統治。他們固仍難免懷有種族之見，然而卻能使之不爲已甚，故漢族的士大夫亦樂於爲其所用，以維繫其家族的利益與光榮。尤其是康熙年間，清廷對於江南一

帶菁英分子的利用最為成功。匪僅儒化政策大力推行，且使文教大盛，學術文化放一異彩。關於此一問題，所牽涉的層面相當的複雜，非本文所能多作討論。此處僅以「崑山三徐」為例，作一「個案的研究」（Case Studies），藉期探討近代初期中國家族與政治之間的互動關係，以及其所發生的影響。

二、滿人對關內政策三階段的演變

滿族在入關前後，對於中原漢族所採取的政策，前後頗有不同，其間大體可以分為三個階段。當其未入關前，因為其本身的生產落後，與明之互市停頓，民用及軍需物資均告缺乏，因之乃採取「剝掠政策」。自1634年至1642年之間，乘著中原內亂的機會，曾經四次毀關入塞，擾及直隸、山西、山東各州縣。每次都掠獲大量的人口，奪取巨額的金銀財寶、食糧衣物、牛馬豬羊等飽揚而去。其中尤以第三次及第四次為甚。④及至定鼎燕京，深知馬上得之，不能馬上治之。於是乃改採「撫綏政策」，推行安民之政，一面引用大量的前明降臣，以為輔佐，革除明末的各種積弊，恢復社會的秩序；一面依照中原的傳統，開科取士，對士大夫階級施以牢籠。因之一時頗為呈現一種除舊佈新的氣象。不過，由於當時江南尚未全定，滿人所統治的地區大致尚以北直、山東、山西及河南四省為限，所以其所選用的士大夫也以上述北方四省之人為多，至於江南之人，則比較地居於少數。而且由於南人與北人之間常存地區的成見，再加以晚明黨爭的影響，很快地又形成為「南黨」與「北黨」對立的局面。北黨以北直的涿州人馮銓為首，同黨有李若琳、孫之獬等人；南黨以江南的溧陽人陳名夏為首，同黨有陳之遴、金之俊、龔鼎孳等人。他如錢謙

益、吳偉業與李雯等江南名士，也是江南士族中的主要成員，但
因未受清廷重用，故在政壇上並不活躍。南北朝臣互相攻訐，黨
同伐異。初則南黨對於北黨的馮銓施以彈劾；繼之，北黨對於南
黨的陳名夏等予以反擊。但因攝政王多爾袞調停其間，軟硬兼
施，馮銓雖然得寵，陳名夏亦獲重用，故雙方尚得相安無事。⑤
可是等到攝政王逝世（1650），順治帝親政，情形卻大為改變。
一則因為江南雖下，民心並未歸附，忠明抗清時有所聞，引起滿
人的反感。再則北黨人士亦乘勢搆煽，於是江南士族遂飽受摧
殘。⑥順治十一年（1654）三月陳名夏首以交結內侍為大學士寧
完我所劾被誅。逾年，陳之遴亦以結黨營私，有違禁令，遭受放
逐的命運。雖然北方的馮銓亦於同時被迫致仕，表示順治帝對於
南北人結黨的厭惡。並且特發上諭，聲明「立賢無方，不分南
北。近日處分各官，雖多南人，皆以事情論，非以地方。」⑦但
以朋黨之故而遭罷黜的大臣要以南人為多，卻是一個不爭的事
實。而且問題尚不止於此，其後幾乎愈演愈烈，繼順治十五年
（1658）江南科場案之後，緊接著又有順治末年的通海案、哭廟
案，尤以順治十八年（1661）的「江南奏銷案（或逋賦案）為禍
最烈，因抗糧逃稅罪名而被革的士紳竟多達一萬三千五百十七
人。官吏的追呼，縉紳的戮辱，仕籍學校，幾為一空」，對於江
南士族實為一大致命傷害。⑧直到1669年５月極端的輔政大臣被
誅，而由年輕的康熙皇帝親政，江南士大夫的命運方才日漸好
轉，重與政治發生密切的關係。蓋以此時在客觀方面：滿人已將
征服中國的大業徹底的完成，其在中原的統治已日益鞏固。而在
主觀方面，則以康熙帝雄才大略，兼具有一崇高的政治理想，其
宏偉的政治目光已由政治的撫綏，更進而推向於文教的建設，學

術的發展，因而遂予以經史文學見長的江南知識分子一個嶄露頭角的機會。

三、康熙時期儒術與政治的結合

中國是一個以小農經濟爲主的國家，農業生產經不起長期的戰亂，否則即將會使整個的國家陷於崩潰。故每當一段時期的動亂之後，即會有一個安定的局面出現，而文教的發展，亦因之而展現出新的契機。康熙年間出現儒術與政治結合之局，固然是由於時勢的推移，但也與康熙皇帝個人的性格、思想乃至其政治理念密切相關。

康熙皇帝（1662－1772）匪僅在清代歷史上，即是在整個中國歷史上都可以稱之爲一位偉大的帝王而無愧。他不但具有治國的才幹，以清明的理智、開明的作風，躬行節儉，勤政愛民，將儒家那一套的政治學說，諸如減刑罰，薄稅歛，重禮樂，廣教化，關心民隱民瘼等政策，次第地付諸實踐，在軍事上與外交上，他也以平定三藩之亂，收降臺灣，親征準噶爾，撫綏西藏、青海，阻止俄羅斯的南侵，與朝鮮在長白山劃界等，而有卓越的表現。至於在文教方面，基於他自身對於學術文化的愛好，而於天文、地理、曆算、聲律、文學、藝術、乃至西洋的科學等都有廣泛的興趣與修養，且以時常舉行經筵之故，而嫻熟於中國傳統的經史之學。⑨因此於其在位的半個多世紀之內，非但以學術教化的倡導者自居，且亦成爲文學藝術的保護者。除了重視人才的鼓勵之外，更進而將中國散亂的典籍大加整理與編纂。根據近人的統計，順治時代欽定之書尚僅有《民倣心錄》、《易經通注》、《孝經衍義》、《資政要覽》、《內則衍義》等數種。可是至康熙年

間，所敕撰者卻有《周易折中》、《性理精義》、《朱子全書》、《歷象集成》、《律呂正義》、《淵鑑類函》等三十三種，四千三百餘卷，幾乎爲其父時代的二十倍。而範圍之廣，目光之遠，也非順治朝所可比擬。⑩除此之外，他還敕修《明史》、《大清會典及一統志》、《續資治通鑑長編》及《古今圖書集成》；命西方傳敎士出掌欽天監，改良天文學的設備，測量全國地形，繪成《皇輿全覽圖》，凡此均可見其眼光與氣魄，非歷代的一般帝王之所能及。似此類大規模的文化重建工程，自非大批的智識分子，特別是江南各地的菁英予以資助，勢必難以完成。如果說，乾嘉時代的考證學可以稱之爲「中國的文藝復興」，⑪則康熙時代的文化重整與革新事業，已爲其後的學術發展奠定了一個寬廣的基礎。

　　尤其值得吾人注意的，是即康熙所推行的尊孔重儒，表彰理學政策，以及他之基於儒學所懷持的「天命觀」思想。在他看來，帝王旣然受命於天，以統治萬民，則當具有一種神聖的使命感。一切大政設施均當依循天道而行，方不致與天命相違。而此種天道思想，「道統在是，治統亦在是」。爲帝王者，惟有尊崇聖敎，承天治民，始可使其國家臻於郅治。⑫康熙帝之所以特尊孔子，敬禮朱熹，並非出之於偶然的行動。對孔子他則數度前往曲阜，拜謁聖廟，親行三跪九叩大禮；對朱子他則提高其在孔廟的地位，將之列於十哲之次。這些不尋常的表現，自然含有極其深刻的用意在內，是即處處表示他爲儒家所理想的聖王，他的政權乃是建立於中國道統與治統合一的意識型態之上。⑬滿人自入關之初即曾一再宣稱其「得國之正」，以示其爲帝王法統的繼承者，至康熙又取得道統的繼承地位，復加以其個人的威望與才華，因之遂使韋伯（Max Weber）所謂的三種類型的權威：正統

（legitimacy）、傳統（tradition）以及政治家風範（cnarisma）集於一身，而使滿族的統治在法理上更趨鞏固。⑭

四、崑山三徐之政治活動

　　江南地區自隋唐時期即已相當的開發，經濟繁榮，人文蔚起，至明清時期更佔全國之冠。可是在政治地位方面，江南人卻因種種複雜的歷史因素，而恆遭貶抑。蒙元時期南人屈居蒙古、色目、漢人之下，固毌庸論。明初江南人所受的待遇仍無多大的改進。太祖與成祖兩朝均曾對江南的地主及士族一再地打擊。⑮清初時期，由於南明政權的關係，清廷對於江南的士大夫亦曾一再地採取高壓政策，而使之無法抬頭。直到康熙年間方才對之大施籠絡，或以科舉取士，或以博學鴻詞，加以拉攏，江南士大夫至是方得再度地揚眉吐氣。康熙前期，江南人進入政府身居要職而受清廷所重用者頗多，其中尤以「崑山三徐」，最堪引人注意。

　　所謂「崑山三徐」，即指江蘇省崑山縣的徐乾學（字原一，號健庵、玉峰，1631－1694），徐秉義（字彥和，號果亭，1633－1710）與徐元文（字公肅，號立齋，1634－1691）三兄弟而言。在傳統中國，功名及仕進即是財富與榮耀的象徵，而士子的才華與風采又爲學者所樂道。徐氏三兄弟於上述二者兼而有之，因此「三徐」之名遂艷稱一時。非僅文人雅士時有記載，即其舅氏顧炎武亦曾在其文集之內使用「三徐」一詞。⑯「三徐」一詞之外，有的人且對其事跡略作介紹：朱彝尊（1629－1709）與徐氏兄弟關係甚密，相從最洽，認爲三徐兄弟非其他江南名士可以比擬：

　　　　三吳兄弟，才名之盛，諺稱「四皇甫」、「三張」，而「無

錫三王」俱入翰林，然不盡以科名顯，至科名顯者又未能
悉登上第。且文采或不表見。至三徐而始克兼之。蓋自三
徐登進之後，而文治日新。立齋即網羅三秦之彥登之天
府，而成均冑子受甄綜者數千人。又教庶吉士以勵相國
家。而健庵總裁北闈時，秀俊多為所拔。果亭復初命浙東
南，竹箭之美，必無遺才可信也。三徐進而海內之才士靡
不登進。非三徐無以博攬海內之才。⑰

仁和名士王晫（丹麓，松溪子）也於其《今世說》內對「三徐」
大為稱贊：

徐健庵負俊才，好交樂善。於士類尤極推獎，宇內之人群
歸之，如百川之赴巨海。乾學（健庵）字原一，康熙庚戌
探花及第，官贊善，與弟果亭、立齋並以文學顯於世，時
號「三徐」。學博才雄，與之遊，怐怐謙謹，言論所及，
為藝林所宗。⑱

清末，徐珂於其《清稗類鈔》中置徐秉義於不論，僅云：

國初崑山三徐，名位資望均相埒。文學稱健庵尚書；而風
節操持當首推立齋相國。⑲

以上各記，雖不免對徐氏兄弟有溢美之詞，但亦不盡屬無稽之
譚，而確有若干的事實。

三徐之獲有盛名，亦與其良好的家世有關。根據其傳記資
料，可見徐家原為常熟縣人，自其九世祖徐良始於明代初年遷居
於崑山的溢瀆村，起初四代都是「力農成家」，純為農家平民。
直到其第五世祖徐申方才於明弘治十七年（1504）考中舉人，官
至刑部主事，而進入仕宦之途。並於其後的百餘年間，先後為宦
者不斷。茲由下表，可資證明。

世系	姓名	字號	事　　蹟	備　　註
九世祖	徐良	樸庵	於明初自常熟遷崑山力田務農	資料來源：徐乾學自撰：《先考坦齋府君行述》
五世祖	徐申	南川	明弘治 17 年甲子科舉人官刑部主事	
四世祖	徐一元	在川	官交河主簿	
高祖	徐汝龍	鳳池		生卒：1552－1615
曾祖	徐應聘	伯衡	萬曆 11 年進士官至太僕寺少卿	又號端銘，其他尚曾官翰林院檢討
祖父	徐永美	含孺	萬曆 43 年乙卯副貢生：太學生	
父	徐開法	坦齋	崇禎元年戊辰科貢生：太學生	生卒：1614－1666

當三徐兄弟年幼之時，正值明清鼎革之際，且家道已中衰，但以其父母注意子女的教育，嚴加管教，因之學問仍能日益長進。根據乾學自述，可知其父開法時常伴隨諸兒讀書，每至夜分未嘗先臥。又選古文辭，手自繕寫，令之誦習，遇有作文，必先呈閱，「稍不當意，即加撻伐，不少寬貸。」如赴小試，即候於棘門之外。出即令誦所作，「未甚舛繆，即為心喜；否則對眾呵責」。自數齡以至成人未嘗稍離。⑳其母顧夫人，對於三徐教之尤嚴。顧氏出身名門，是大儒顧炎武的五妹，自幼曾經受過良好的教養。知書明禮，性情賢孝，除悉經史，且通內典。雖家道中衰，仍為其子延師課讀。對其所讀之書，必令反覆背誦。丙夜未嘗先寢。

遇師他出，即親教授，爲之講說書史及士人立身行己之大節。又嘗命乾學兄弟寢共一榻，而於戶外詗聽，若談論經書文藝則色喜。或聞語博塞遊戲即怒甚，召起切責，或加夏楚。㉑似此教育方式，在今日容或以爲太過而不取。但以父母望子成龍，用心亦爲良苦。朱彝尊嘗聞徐氏兄弟道及此事，謂其成就，實得力於母教，似亦非爲過譽。㉒

至於徐氏兄弟與其舅父顧炎武（1613－1681）的關係，自亦不應加以忽視。三徐之母爲亭林先生的五妹，當其年幼時兩家曾經毗鄰而居，以中國傳統對於親族之重視，兼以甥舅之誼的密切關係，則亭林的人格、氣節、學問、思想，對於三徐自然會發生直接直間接的潛移默化作用，固不待言。觀其日後亭林數度至北京均居住於其外家，文集中又常有書扎往還，足示其甥舅關係之不比尋常。比較起來，三甥元文似所受其舅經世思想啓迪較多，爲人端正有大志，立朝有大臣之風，而亭林亦恆以政治家期勉之。嘗於《與公肅甥書》云：

> 所謂大臣者，以道事君。吾甥宜三復斯言，不貽譏於後世，則衰朽與有榮施矣。

又謂：

> 誠欲正朝廷以正百官，當以激濁揚清爲第一義，而其本在於養廉。㉓

秉義雅重文學，亭林則勖以注釋「先正文字」以示北方學者，兼救近科杜撰不根之弊。㉔

乾學兼長文學經史考據，所受亭林影響尤深，沈德潛曾經指出此點，謂：

> 崑山顧亭林先生融貫古今，學人非詩人也。而其詩醇雅可

傳。徐尚書原一爲亭林外甥，熟於朝章國故之大，盈廷議
禮，必折衷焉。及發言爲詩，亦復諸體愜當，藝林謂酷似
其舅，信然。㉕

俞曲園於《重刊儋園集序》內，亦云：

健庵徐公，先生（按指亭林）之甥也，其所學一出於先
生。其論學宗旨與亭林同。

並言由乾學《儋園集》中之〈修明史條例〉、及〈修大清一統志
條例〉「可知國初大著作體裁皆公所定，亭林先生窮老著書不獲
見用於世，而公則遭逢盛時，從容申論，出其所學以潤色皇猷，
此乃時爲之。而公與先生之學固不以是爲優劣也。」㉖他如《清
儒學案》的編者，也引用《亭林年譜》之言，謂乾學之學乃係淵
源於舅氏。同時並於〈健庵學案〉按語中指出乾學之學與清代考
證之學的關係，以見亭林之學的間接影響，殊爲具有深義：

康熙朝文治昌明，儒臣承流宣化。其最著者：提倡理學則
有熊孝感（按即熊賜履）；薈纂群經則有李安溪（李光
地）。而健庵博識，多近史學與地禮制掌故，延納眾長，
規模宏大，乾嘉學派之先聲於此肇焉。㉗

　　就「三徐」與清初的政治關係而論，由於他們都出身高第，
徐元文爲狀元，徐乾學與徐秉義同爲探花，故除於順康之際因受
江南逋賦案的牽累一度被抑之外，宦途皆極順利，而且因爲清帝
的激賞躋於高位。元文累官國子監祭酒、翰林院掌院學士、都察
院左都御史、刑部及戶部尚書、文華殿大學士，官位最顯。乾學
官至翰林院編修、侍讀學士、詹事府詹事、內閣學士、都御史、
刑部尚書，亦居要津。秉義歷官翰林院編修、侍講、詹事、禮部
及戶部侍郎、內閣學士，成就雖不如其兄乾學及其弟元文，但亦

非一般人所能及。眞可以說是「一門鼎貴」,「位極人臣」。不過,從他們兄弟做官的歷程來看,亦可知他所任者皆爲中央之官,而且多與文教有關。又因他們皆以文學侍從之臣,或者充任日講起居注官;或者入值南書房,不時得與皇帝接近,故對政治上有所獻替,亦常易爲皇帝所嘉納。除一般的庶政諸如吏治、政風、錢糧、河務、教育等方面之外,有時且兼能影響清帝的政治理念。如元文爲經筵講官時,即因「閒雅方重,音吐宏暢」,動輒稱旨。又嘗爲帝解《朱子綱目》,「擇其事之繫主德,裨治道者,採取先儒之說,參以臆斷,演繹發揮,按期進講。」亦使帝得以瞭解歷代的興衰,作爲施政參考。㉘至於乾學聯合其弟元文所上的「文治四事疏」,關係尤爲重大,堪爲史家所注意。該疏載於徐乾學的《憺園集》內。估計當上於康熙十四年(1675)。是時乾學雖爲翰林院編修,而元文卻爲翰林院學士兼充日講起居注官:疏內所說:「臣等躬際熙朝,職居禁近」,殆即指元文而言。疏文雖不及千言(計約915字),但所涉及的層面卻相當的廣泛,且所論者多屬重要問題,不可不於此一提:

㈠是詹事府的復設:詹事府是掌管東宮庶政之官。順治元年(1644)詔設,旋併入內三院。九年(1644)復置,十五年(1659)又省。康熙十四年(1675)徐氏兄弟以爲詹事府重要,乃於疏內弟一條即以「國家聯常,綦備端尹,率更之司,豈宜獨闕」爲由,議請「幸降德音,(恢)復舊制」,庶幾「官常以全,國體以重。」適以是年十二月詔立允礽爲皇太子,而詹事府則於十一月間復置,與徐氏之疏似非偶合。㉙

㈡是南書房的設置:南書房爲清初內廷的一個重要機構,匪僅與康熙朝政治之前期發展及雍正朝軍機處之設置有密切之關

係，且亦為康熙帝推行儒化政策的幕僚中心。㉚關於南書房的設立，蔣氏《東華錄》及王氏《東華錄》皆記載於康熙十六年（1677）之冬，《清史稿》〈職官志〉沿之，並於〈翰林院〉下云：「十六年命侍講學士張英入直南書房，先是詔冊諭命，多由院擬，至是始為西清（南書房）專職」（原注：「後改為軍機處」）。㉛可是吳秀良及孟昭信卻以為南書房早在康熙十年（1671）即已設立。他們的根據即是：在康熙十年已有授沈荃為侍講入直南書房的記載。㉜然而問題卻在，以徐元文「職居禁近」為帝之日講起居注官，如有南書房的存在，似無不知之理，何以還會在此疏之內引用明臣張居正「請如唐宋故事，令翰林官分番入直，奉侍清燕，陳說治理。」以及順治年間「特命于景運門內蓋造直房，令翰林官分班直宿，以備顧問」的前例，議請康熙帝「踵而行之」，「匪獨親儒之盛事，亦覯揚光烈之大端也。」㉝豈非令人可疑。由此可知十六年之「南書房」與十年之「南書房」並不相同，即使為同一處所，在性質及職能方面亦有很大的差異，此殆可以斷言。由於此時三藩之亂（1673－1681）方熾，軍書旁午，康熙雖然未能很快地採納此一建議，可是迨至兩年之後，軍事稍定，仍然將此議付諸實現。十六年十月癸亥（二十日）正式諭令設立「南書房」，原因是帝「不時觀書寫字，近侍內並無博學善書者，以致講論不能應對。」而其辦法則是「今欲於翰林內挑選二員，常侍左右，講究文義：」㉞故知「南書房」的設置實與徐氏之「文治四事」一疏，具有相當的關係。

　　㈢是文獻的搜求與保存：明末以來，戰亂頻仍。滿人入關後，軍事活動仍未中斷。兵馬倥傯，文物大受破壞，對於學術的發展，影響殊鉅。故徐疏之內弟三事即是籲請清帝倣照漢唐宋明

故事，訪求遺書，藏諸內府，以備施政之參考。如言：「國朝人文蔚興，幾于彬郁。然而蘭臺石室，墳牒蕩然。一旦朝廷有事於述作，詔稽古儒林、載筆石渠，蒐討掌乘，以潤色皇猷，其亦何以資繙閱，備參考乎?」㉟關于此點，似亦爲康熙帝所延納。其後曾經數度下詔搜求遺書，充實內府，對於散亂的典籍之保存與整理，乃至文獻之研究與編纂關係至鉅。

　　㈣是明史的修纂：甲申之變（1644）明人已有「天崩地裂」之痛，然以有南明在，猶私存中興之望，及至永曆十六年（1645）由明帝櫚爲吳三桂在昆明所害，此一復興之望始告完全破滅。情不得已，乃轉而寄望于明史之修，藉以聊慰故國之思。清人定鼎之後，雖曾一度於順治二年（1645）設局，詔修明史。然以諸事未備，「而發凡起例尙未之講」，即告陷於停頓。及至此時，徐氏兄弟方對明史纂修之事重提。謂：「勝國之史，成于昭代，以鑒隆汙，以垂法戒，所關至鉅。世祖時有詔開局纂修，而發凡起例，尙未之講。近者天啓、崇禎二朝邸報及稗乘可備采錄者亦旣漸集闕下矣，恐久之卷軸磨滅，文獻凋零，世遠蹟湮，無從考究。（故）請敕館閣儒臣，發金匱之藏，分科簪筆，仍旁稽軼籍，廣辟宿耆，詳愼編摹，勒成信史，斯一代之盛典，光千秋之金鏡備矣。」㊱是疏非僅昌言纂明史之重要意義，指出工作之方法，並暗示要「廣群宿耆」，徵求大批的人材，這些都與日後的開局、修史、詔開博學鴻儒科有關。但以茲事體大，非倉促可成，且因三藩之亂未平，時間仍須有待，故延至三年之後，康熙帝方才採取行動，十七年（1678）正月，首開博學鴻儒科，招攬文史人才，作爲準備。次年三月，公布錄取人名單，計分二等，共取彭孫遹、王瑣齡、陳維崧、朱彝尊、湯斌、汪琬、潘耒、施

閣章等五十名,「俱著纂修明史」。接著,遂於同年五月二十六日正式詔設「明史館」,任命內閣學士徐元文為明史監修總裁官,掌院學士葉方藹、右庶子張玉書為總裁官。繼而元文於是年十二月薦舉翰林院侍讀學士傅臘塔、侍讀王鴻緒、編修翁叔元、檢討徐潮等十餘人分任提調官及纂修官。十九年(1680)二月又薦黃宗羲、姜宸英、黃虞稷等七人參與明史的修纂,㉟黃宗羲雖然未曾應徵,而其子百家及其弟子萬斯同卻曾參與其事,甚至梨洲個人亦曾移書史局有所獻替。㊳至于徐乾學雖於二十一年(1682)七月方才奉命以左贊善官充纂修明史總裁官,可是從其文集中所載的〈條陳明史事宜疏〉及所附書目即知早已協其徐元文參與乃至主持此項工作。議論的精闢,識見的閎遠,規劃的周詳,非熟悉經史考據者不克臻此。㊴值得注意的是顧炎武,當明史開局後,亦曾為總裁官葉方藹(訒庵)所薦,可是因其矢志不事二姓,卻以死相拒,終未入史局。不過,此並不表示亭林與明史之修纂毫無關係。由於他與元文及乾學之甥舅關係,以及其對於明史的熟悉,他對此項工作自不能不表示相當的關切,觀其文集中所載之〈與史館諸君書〉以及與元文、乾學書內屢次論及修史之事,即可證明他在幕後仍曾提供不少的寶貴意見。㊵

尤其值得注意的是徐乾學所扮演的角色。由於他學識通達,於義理則宗程朱而黜陸王;於訓詁則宗古注而亦不廢宋元經說;於詞章則主變化日新而不可以格調拘,以時代限,皆與其舅氏顧炎武為近。故國家有大編述,輒令他發凡起例,以總其成。《明史》之外,如《大清會典一統志》、《續資治通鑑長編》及《讀禮通考》、《御製古今淵鑑》等,皆非深明乎著作體要,而有別擇去取之識者不克充任。故連康熙皇帝亦深讚其「學問淹博,總裁各

館書史，著有勤勞。」㊶尤其在禮制方面，他更詳熟。據云當康熙的祖母孝莊太皇后之喪時（康熙22年12月），乾學即奉命主持其事，自初喪至啓殯，禮無鉅細，天子均惟乾學是咨。而乾學則酌古今之宜，以附中使入奏，「悉中條理」。徐氏兄弟於條議明史時，已經引進了大批的江南知識份子參與工作，㊷及修《大清會典一統志》時，又延攬了一批著名的學者爲之輔助，如胡渭（朏明，1633－1714）、閻若璩（百詩，1636－1704）、黃虞稷（俞邰，1629－1691）等都是著名的考據學派的先驅人物，聯同史館的學者，眞可說是極一時之盛。姚名達於朱筠年譜之內稱譽朱筠「是乾嘉樸學的開國元勳，是乾嘉學家的領袖。」實則早在康熙間徐氏兄弟已爲乾隆時的朱筠招攬江南人才編修《四庫全書》開創了一個先例，並爲日後的考證學之發展奠定了一個基礎。㊸

五、三徐與清初的黨爭

士大夫是構成官僚體系的主體，而官僚又以政治爲生命。爲了鞏固其在政府中的職位，維持及擴大自己的權勢，則互以利害相結合而形成不同的政治集體，自爲官僚群常見的現象。滿人於關外時期不論，入關之後即有黨爭不斷。滿族則有攝政王多爾袞黨及鄭親王濟爾哈朗黨對立；漢人則有南黨與北黨的爭執。及至康熙前期，又有索額圖黨及明珠黨的出現，眞可說是一波未平，另波又起。

索額圖爲滿洲正黃旗人，乃聖祖元配孝誠皇后的叔父，又是輔政大臣索尼的次子；明珠亦爲滿洲正黃旗人，出身於勳臣之家。索額圖累官國史院大學士、內大臣、議政大臣，以椒房之親而官居一品；明珠累官弘文院學士、刑部尙書、都察院都御史，

亦以獲帝信任而位極人臣。因此同柄朝政，互植私黨。索黨則有麻爾圖、額庫禮、溫代、邵甘、佟寶等人；明黨則有馬齊、佛倫、傅臘塔、錫珠、余國柱等人。彼此互相傾軋，作風迥異。「索額圖生而貴盛，性倨肆，有不附己者，常面折顯斥之；明珠則與其黨深相結，異己者陰謀陷之。而務謙和，輕財好施，以招徠新進及海內知名士。」㊹在政見上彼此亦常不同：明珠（時為兵部尚書）附和米思翰（戶部尚書）及莫洛（刑部尚書）力主撤除三藩，而索額圖（時為保和殿大學士）則持異議；索額圖善事皇太子（允礽），而明珠則反之。朝士有侍皇太子者，皆陰斥去。㊺在此兩黨激烈的競爭之下，除了少數幾位理學名臣如湯斌、魏象樞、徐元夢、德格勒等還稍持中立之外，其他大多的朝士大夫「非陰自託，各有主張，官（即）不得遂。」㊻至於南方等地的知識份子由於此時力量不足，自為無法與之抗衡，而不得不利用滿人的拉攏而虛與委蛇以求自固。索額圖則獨親李光地；明珠與徐乾學相結。㊼直至康熙十九年（1680）八月索額圖受挫於明珠而失勢，形勢方才改變。索黨失勢之後，明珠已成獨大之勢。可是以徐乾學及高士奇為首的江南士大夫卻又脫離明珠而形成一新的政治集團，並且與之對抗，當時稱之為「南北黨」。此一江南政團之中除了徐乾學與高士奇之外，尚有王綽、王頊齡兄弟、葉方藹、韓菼以及陳元龍等，一時京師稱余國柱、徐乾學、翁叔元、王鴻緒為「四大縴」；趙吉士為「小縴」。㊽由此可知此一政團的主要成員皆為江浙地區的知名人士，他們非獨以同鄉的關係互相援引，且進而結成姻親成為通家之好。而徐乾學則無疑地成為其中的靈魂人物。一則因為他以文學侍從之臣被知於皇帝，再則亦由於其才華出眾而為知識份子所悅服。兼之以他個性豪放，「頗

招權利」，而其記憶力又特強，「凡與有一面之緣者終身不忘。無才藝不入門下。」㊾這些條件都構成了他的政治本錢，而使之在政壇上大肆活躍。初諷御史郭琇劾明珠而去之（1687），繼又以王鴻緒與之爭利，再使郭參之。㊿意氣風發，盛極一時。

　　論及徐乾學與明珠的交惡，亦可謂相當複雜，表面上是因政策的爭執導致雙方的交惡。在治河方面，康熙24年（1685）帝以江南下河諸州縣久被水，敕議疏濬，靳輔主於上游築隄束水並議開中河；于成龍主疏濬海口及下河水道而反對開中河。帝命下廷臣議，以靳輔依附明珠，故獲得明珠、佛倫、馬齊等人的支持，而主輔議。可是徐乾學與張玉書等卻加以反對，力言屯田擾民。而江寧巡撫湯斌亦主濬下河如成龍議，其後御史郭琇且疏劾靳輔治河無功，偏聽幕客陳潢，阻濬下河。㉛在朱子等從祀方面：康熙二十五年（1686）七月以江南學政李振裕及御史許三禮先後條奏「先賢先儒從祀位次」兩疏，前議周敦頤、程顥、程頤、邵雍、張載、朱熹應在先儒之上，左丘明之下；後議應照世序定位次。帝命九卿廷臣會議討論。明珠議持兩端而無定見。其黨余國柱則是許三禮，而主依世次定位；可是徐乾學等卻對許三禮及余國柱之議加以駁斥，而認為應論其道德品行之優劣以為坐次之上下，而不應依其世序。結果，帝採納了前議而否決了後議，因而使三禮及余國柱等對徐大為不快。㉜不過，從實際上看來，上述政策性的爭議尚屬次要問題，最主要的癥結還是在於人事的糾紛，而其關鍵人物則為湯斌。湯斌（1627－1687），字孔伯，號潛庵，河南睢州人，為康熙朝的理學名臣。為人正直，居官清廉，於江寧巡撫任內尤有惠聲，而為江南士庶所敬重。但因余國柱為明珠向之索賄，為斌所拒，於是遂加搆陷。初以太子出閣，

薦授禮部尚書管詹事府事，使之調離江南。次年（康熙26年）五月，復以天久不雨，靈臺郎董漢臣上書指斥時事，語侵執政而獲罪。湯斌爲漢臣辯護，而觸怒明珠及國柱。於是乃劾斌在蘇時文告有「愛民有心，救民無術」，乃係誹謗；上謂斌於議漢臣時嘗言「大臣不能言而小臣言之」，係訾「朝多弊政」⑤，因之乃使湯斌去職而鬱鬱以歿。湯斌於康熙十七年曾爲魏象樞所薦與修明史，因之與徐氏弟有舊；乾學對之尤爲推崇，尊之爲前輩，並謂其爲「蓄道德而能文章者」⑭。對於明珠黨人之排斥湯氏自爲不能容忍。復加姜宸英（1628－1699）此時在明史館任修纂，以其善詩古文辭，故與秀水朱彝尊（1629－1709）、無錫嚴繩孫（1623－1702）號爲江南三布衣，因而爲明珠所重而令其子納蘭性德以師事之。並欲援之登朝。可是宸英卻以明珠與翁叔元二人狼狽爲奸，排擠湯斌，不爲所動，於是又增加明珠對乾學的誤解。⑮由此可見明珠與徐乾學積怨日深。適康熙二十六年（1687）八月乾學遷升左都御史並擢刑部尚書，於是乃對明珠黨展開攻擊。首先劾罷明珠羽翼江西巡撫安世鼎（同年十一月），繼又利用郭琇劾罷明珠及佛倫（27年2月）。不過由於明珠之黨布於中外，其勢依然炙手可熱，兼以乾學黨人又在科舉方面舞弊，操守亦不夠謹嚴，遂予明珠餘黨以反撲之機。首于康熙二十七年五月利用明珠黨人湖廣巡撫張汧被參行賄一案，誣及乾學，使乾學不自安，上疏申辯，不請求「放歸田里」。帝詔許以原官解任，仍領修書總裁事。⑯不過，其弟元文卻未涉及，而且官運亨通，由都察院左都御史先後調爲刑部尚書、戶部尚書（27年12月），且於次年五月晉陞爲文華殿大學士。而乾學亦以奉命修書，仍留京師，可知其影響尚不甚大。不料，是年九月卻有郭琇奏參

高士奇、王鴻緒、陳元龍等自立門戶，結黨攬權之事（據云可能
為乾學所使），結果高、王、陳等悉遭罷斥，使浙人受一重挫。
⑤可是，緊接著徐乾學亦於十月間為左都御史許三禮所劾，謂乾
學革職之後留戀長安，以修書為名，與高士奇招搖納賄，其子徐
樹穀又違例考選御史。帝命乾學回奏答辯，結果為帝採信，反指
三禮所奏不實，罰降二級留任。⑱三禮不服，再度上章對乾學論
劾，計共七款，除斥其擅舞弊，紊亂國制之外；並控其貪賄營
利，包庇私屬。此外還引民謠：「去了余秦檜（按指余國柱），來
了徐嚴嵩。乾學似龐涓，是他（按指高士奇）大長兄」。以及
「五方寶物歸東海（按指乾學），萬國金珠貢澹人（高士奇之
字）」，以為佐證，不僅語意激切，且將其弟元文，其子樹穀、樹
屏、樹聲，乃至高士奇等亦牽涉在內，足示問題的嚴重。不過，
由於康熙對徐氏兄弟有所偏愛，非特未對乾學等有所處罰，且還
對三禮予以責斥：得旨，「許三禮身為言官，凡有糾參，自應據
實指陳。前參徐乾學奏內，不一併指出，乃於覆議奏處之後，復
行列款具奏，明係圖己罪。著嚴飭，行該部知道。」⑲事雖如此，
然乾學亦不自安，深感樹大招風，如此並非長久之策，為自全之
謀，莫如早作歸計，於是乃於十一月間上章請准返鄉省墓。並請
以奉旨校讎之《御選古文》、《會典》、《明史》及《一統志》諸書
帶歸編輯，帝旋亦詔准。二十九年（1690）春，陛辭，帝且特賜
御書（〔光啟萬丈〕）榜額，以示恩寵。⑳乾學雖然歸里，離開北
京的黨爭是非之地，然而他的政敵卻仍不肯放過他，隨時伺機對
之報復。果然是年六月明珠黨江南江西總督傅臘塔又對徐氏採取
行動。疏參大學士徐元文、原任刑部尚書徐乾學縱放子姪家人等
招搖納賄，爭利害民，所行劣蹟共十五款。又劾江蘇巡撫洪之傑

趨時獻媚，未對徐氏施以奏劾，輕法溺職。結果，帝雖令所參各款，從寬不究，但卻命元文休致回籍，以示薄懲。⑪不意，禍不單行，次年（康熙30年，1691）朱敦厚事件又告發生，而與徐乾學具有關連，朱敦厚為一吏部主事，曾於出任山東濰縣知縣時，婪贓四萬餘兩，至是為革職縣丞譚明命告發。旨下山東巡撫佛倫鞠勘，詞連乾學。佛倫為明珠同黨，自然不會坐失良機，於是乃將其事上聞。言朱敦厚加派婪贓，原經前任巡撫錢珏鞠審已得實據，嗣因朱向徐乾學求助，由徐致書錢珏疏通，因之錢乃徇情檄行布政使衛既齊銷案。故而特請皇帝，將徐乾學等下部議。經吏部及三法司會議商討，徐乾學與錢珏俱令革職。⑫至此，徐氏兄弟的政治生涯遂告式微，其後雖然秉義還曾在朝任官，但三徐昔日的官場光輝已經不復存在。

六、三徐鄉居的善行與劣蹟

徐氏兄弟雖在政治上失勢，但因其曾任高官顯宦，故雖退居鄉紳，其社會的潛勢力依然甚大。以財產而論，僅土地一項已遍布於江南的無錫、蘇州、太倉、長洲、常熟、吳縣、吳江等州縣（無錫一地即有一萬煩），其他尚有揚州的鹽行，北京的當舖，其數量之龐大已可想見。⑬以其家族的勢力而論，三徐共有子女十四人：秉義僅子一人；元文有子二人；以乾學之子女最多，計子五人、女六人（包括養女三人），其中計有進士六名；舉人二名；庠生二名；例貢生及監生各一名。曾任翰林院編修及庶吉士者三人；監察御史者二人；學政、教諭、郎中、典簿者各一人；知府者二人，官雖不大，但亦可謂滿門華貴。至於姻親關係，亦散布崑山、武進、仁和、太倉、華亭乃至益都各地，而且有許多是達

官貴人，如葉方藹、高士奇、馮溥、王鴻緒，皆爲一時的知名人物（詳見附表）。至於生活的享受也異於常人，不但高門大宅，僕從成群，而且每人都擁有華麗的苑囿別墅。徐家初僅有「太史第」及「拂石軒」一所，乃其曾祖徐應聘的宅第，後來家世落，宅第亦頹。至三徐時，家風重振，秉義所居者爲「吏部侍郎第」，在富春橋西，並築有「培林堂」及「耘圃」；元文所居者爲「大學士第」，在半山橋東，內有「慶堂」及「含經堂」，得樹園；徐乾學所居者名「尚書第」，在半山橋西，建有「冠山堂」及「傳是樓」。後又在馬鞍山北麓構築「遂園」（憺園）一所，規模閎肆，曲水流觴，常爲徐氏與江南文士雅集之處，甚至康熙帝巡遊江南之時（44年3月）亦曾駐蹕於此，一時傳爲佳話。⑥乾學酷愛藏書，時以明末喪亂，故家藏書多爲散佚，乾學窮搜博討，購集宋元刊本達萬卷尤多，並編有「傳是樓書目」，堪與范氏之天一閣、黃氏之千頃堂、吳氏之拜經樓之藏書齊名。

　　比較起來，三徐兄弟，秉義爲人和易，性較長厚，除喜與文人論學與搜購古書外，並不好多事；元文性剛正，謹禮法，爲官清介，門庭肅然，又爲先卒。只有乾學較爲活躍，性豪放，好交遊，又能急人之難，獎進人才，因此最爲江南人士所稱道。⑥同時在生活方面亦不免較爲豪奢。康熙二十九年爲許三禮劾歸時，請准以書局自隨，於是，「一時金匱石室之秘笈，職方圖冊之彙，不憚數千里，攜載以歸。」已足引人注目。繼而又題請姜宸英及黃虞稷襄助，延訪四方耆儒名宿入局。又特僦位於洞庭東山之麓的「橘園」作爲局址，由同人分居之。計胡渭、顧祖禹、黃虞英、閻若璩、黃儀、唐孫華、陶元淳等名學者皆曾躬與其盛。此外尚有供事之員、善書之士及奔走使命之役三、四十人。場面之

壯觀，可以想見。他們除了修書論學之外，又經常舉行文酒之會，「憑眺湖山，寄情魚鳥，作爲詩歌，共相唱和。」⑥歷經年餘，至康熙三十一年（1692）方因朱敦厚事件，而使乾學落職，書局亦撤。其後乾學雖改傲郡西華山之鳳村繼續其未成之業，但作風卻仍未大變，乾學之所爲，恆爲其舅氏亭林所不謂然，數度作書與弟子潘次耕（耒，1646－1708）對之表示不滿。初則謂乾學「坐館（按指翰林院）連年，遂忘其先人之訓，作書來薊，干祿之願，幾於熱中。」繼則責其交游太濫，「世風日下，人情日諂，而彼之官彌貴，客彌多，便佞者留，剛房者去。今且欲延一二學問之士，以蓋其群陋，不知薰蕕不同器而藏也。」甚至乃進而憤言：「吾以六十四之舅氏，主於其家，見彼蛇營蟻附之流，駭人耳目，至於徵色發聲而拒之，乃得自完而已。」結果匪僅顧氏個人婉拒其二甥迎其南下頤養之意，且致書次耕勿受乾學修書之招，以示恥與同坐。⑥。

徐氏兄弟在崑山一帶固然做有不少的善行，留心桑梓，捐穀救災，設立世德倉（社倉）、廣孝阡（社田）、育嬰堂、同善會之類的慈善組織，以期惠顧鄉里。但由於對於子弟家僕約束不嚴，亦有若干的失德敗行，而爲人所詬病。甚至連章累牘告將官去，成爲其政敵施以報復的藉口。依據現存故宮「懋勤殿洪字八〇八號檔箱」所藏康熙二十八年至三十一年江南各地士庶控告本地巨紳狀紙，內中除常熟翁叔元、太倉王掞、泰州宮夢仁之外，實以三徐兄弟爲最多。計共十三件：徐秉義一，最少；徐元文三，次之；徐乾學九，居首。案情大多爲惡少豪僕欺凌良家妻女，侵佔小民田產，勾結官府，倚勢欺人。呈控之民遍及崑山、太倉、常州、嘉定、嘉興各州縣，⑥仕紳之虐民，於茲可見一斑。

徐乾學子女及其姻親略表

	姓名	出身	最高官職	婚姻關係	附註
長子	徐樹毅	進士	山東道監察御史	妻葉氏，太常寺少卿葉重華孫女太學士葉方藹之女（崑山人）	
次子	徐炯	舉人	直隸巡道	妻莊氏，河南學政莊潮生之女（武進人）	
三子	徐樹敏	進士	河南鄉試同考官	妻黃氏，候選州同知黃魯望之女（常州人）	
四子	徐樹屏	進士	廣西學政	妻蔣氏，候選知縣蔣之遠之女（吳縣人）	
五子	徐駿	進士	翰林院庶吉士	妻顧氏，常州府教授顧嗣庸之女（元和人）	側室子，原妻錢塘高士奇女，未娶。
	夫婿	出身	最高官職	夫家背景	
長女	張介眉		工部郎中	夫父張濟臣，漢陽知縣（太倉人）	
次女	李邦靖	庠生		夫祖李可汧，湖廣學使	
三女	葛世隆	例貢生	銅陵縣教諭	夫父葛敬升，候選州同知	
養女	馮協一		江西信廣府知府	夫父馮溥，文華殿大學士、刑部尚書（益都人）	
養女	季達孫	監生		夫父季仁山，兵部主事（大興人）	
養女	王于桓	進士		夫父王鴻緒，戶部尚書（華亭人）	

徐秉義、徐元文子嗣及其姻親略表

	姓名	出身	最高官職	婚姻關係	附註
子	徐樹閱	庠生	景東府同知	妻柴氏，江南道監察御史柴謙之女（仁和）	秉義側室生子
子	徐樹聲	舉人	候補國子監典簿	妻李氏，庠生李思贊之女（崑山人）	元文長子
子	徐樹本	進士	翰林院編修	妻宋氏，廕蔭生宋泰淵之女（松江人）	元文次子

資料來源：《徐乾學家譜》

七、結 論

基於上述，可知三徐與清初政治依然不脫士大夫與帝王共治天下的傳統。由於明清時代的士大夫皆經科舉選拔而產生，亦可說他們參與政權的形式與同一時期仍以封建貴族爲主體的西方國家頗爲不同，其一是參與的層面較爲擴大，不僅貴族，平民亦可參加。其二是錄取任官皆有一定之客觀標準，政權的參與依賴個人的才能而不依賴血統。其三是參與政治者大多爲儒家的知識份子，他們旣具有做官的專業知識，亦懷持崇高的治國理想。比較西方的貴族政治，實可謂相當地進步。

自十七世紀中葉，中國的歷史出現另一個征服王朝，在一心嚮往儒家政治理念的滿族皇帝康熙大帝與嫻熟儒家治國經典的中原士大夫結合之下，大力推展儒化政策，使教化大行，古學復興，尤爲富有歷史意義。在此一儒化運動過程之中，參與的知識份子固然遍及全國，但財富發達，人文蔚起的江南，則無疑地扮演一個重要角色。如本文中之三徐，即爲其中的佼佼者。

三徐出身於一個沒落的仕宦之家，依靠著個人的優異稟賦，

嚴謹的家庭教育，兼以其母舅顧炎武的影響，因之乃得通過科舉高第，以文學見知於帝。復以文學侍從之臣，屢膺政府的要職，並對清初的政給文教提供不少的助力。在滿人儒化政策方面，實有不少的貢獻。

　　三徐既入宦途，久之自不免捲入官僚之間的黨爭旋渦。起初滿人勢大，而有索額圖及明珠二黨的對立，漢籍朝臣非依附於一方殆難立足，故徐氏較與明珠之黨稍為接近。及至索額圖失勢，明珠一黨獨大，於是乾學亦聯江南朝臣而與之對抗，因而又有所謂的「徐乾學黨」出現。雙方鬥爭的結果，雖然明珠黨暫時挫敗，但徐黨內部亦以江浙人不和而分裂。終於因為行為不檢，操守不嚴，致為明珠餘黨所乘，而走下了政治的舞臺。

　　三徐雖於政治方面失勢，但在崑山故居卻為巨紳，非但生活享受異於常人，且其社會地位亦仍煊赫。雖以急公好義、關心桑梓，作出不少善行，但亦以約束不嚴，而有其家人欺壓善良的劣蹟。由康熙皇帝在其即位二十六年七月間所發布的一道上諭，即知仕宦鄉紳之虐民，實為一種普遍的現象，彼等「縱暴恣行，武斷鄉曲。有司畏威而不問，大吏徇隱而不能糾。」⑥雖一令五申，終莫能改，三徐之家，殆亦雖免蹈其覆轍，此亦說明仕紳行為之具有兩面性，不能僅從某一方面著眼。對於前人之於士紳階級（gentry class）的研究，吾人似應可以再作評估。⑦

【註　釋】

①參看：楊聯陞：〈東漢的豪族〉，《清華學報》11：4，1936；余英時：〈東漢政權之建立與士族大姓之關係〉，《新亞學報》1：2（香港，1956），頁 259－261；許倬雲：〈西漢政權與社會勢力的交互作用〉，

《求古編》（臺北，聯經，1982），頁 1007－1063；毛漢光；〈三國政權的社會基礎〉，《中央研究院歷史語言研究所集刊46本（臺北，民國77年 4 月），頁 1－30。

②宋·李燾：《續資治通鑑長編》卷 221（世界書局刊新定本），神宗熙寧 4 年（1071）3 月戊子，文彥博奏對語。

③清·魏源：〈擬進呈新元史新編〉自序，《古微堂外集》（臺北，文海書局，民國 53 年）〈外集〉，卷 3，頁 15 上。

④參看《清史》（臺北，國防研究院刊，1961）冊 1，頁 10－31〈清太宗本紀〉。

⑤參看周遠廉、趙世瑜合著：《皇父攝政王多爾袞全傳》（吉林文史版社，1986,7，頁 358－368。

⑥參看朱希祖：《順治元年內外官署疏》（北平，1931,4 序。

⑦參看《大清世祖章皇帝實錄》（臺北，華文書局，1961），卷 98，頁 14－15，順治 13 年 3 月癸卯上諭。

⑧蕭一山：《清代通史》第 1 冊（臺北，商務書局 1963），頁 425－429。按關於江南奏銷一案，清人筆記野史記載頗多，本文不擬於此多加徵引。

⑨參看孟昭信：《康熙大帝全傳》（長春，吉林文史出版社，1987），頁 475－520；呂實強；〈從起居注看康熙帝對經史的研習〉，《近代中國初期歷史研究會論文集》（臺北，中研院近代史所刊，1989），上冊，頁 439－465。

⑩蕭一山：《清代通史》冊 1 頁 781－784 。

⑪文藝復興（renaissance）一詞，國人所指中國古學復興之時期頗為不定。有指乾嘉之考證學而言；有指今文學之復興而言；有合二者為一而言，本文亦泛指後者。

⑫道統治統合一之論見康熙帝《御製文集》（臺北，學生書局，1966 年 5 月據臺大藏本影印）卷 19，頁 6－7，〈日講四書解序〉。

⑬黃進興：〈清初政權意識型態之探究〉，《中研院史語所集刊》58 本，第 1 分冊（臺北，1987），頁 105－131。

⑭韋伯所謂之「三種權威類型」可參看：Max Weber, Eonomy and Society: An outline of Interpretive Socielogy, Editerd By Guenther Roth and Cloas Wittech, University of California Press, Berkeley, Los-Angeles, London, 1978. Vol. pp. 215－216.。

⑮鄭克晟：《明代政爭探源》（天津，天津古籍出版社，1988），頁 28－36；65－67。

⑯顧炎武：《亭林詩文集》（中華書局，民國 74 年 4 月臺 3 版），〈亭林餘集〉，頁 24 下。

⑰朱彝尊：《曝書亭集外文》，卷 8，頁 1－3，〈徐母顧太君壽序〉。

⑱王焯：《今世說》（康熙 22 年刊本），卷 8，頁 77，〈企羨〉。

⑲徐珂：《清稗類鈔》（臺北，商務書局，民國 6 年 11 月初版，72 年 10 月二版），卷 3，稗 32，頁 9。

⑳徐乾學《憺園集》（康熙間刊本），卷 33，頁 35－44，〈先考坦齋府君行述〉。

㉑《憺園集》，卷 33，頁 45－52，〈先妣顧太夫人行述〉。

㉒《曝書亭集外文》，〈徐母顧太君壽序〉。

㉓顧炎武：《亭林詩文集》（中華四庫備要本，1982 年臺 3 版），卷 3，頁 14 上。

㉔見前引書，卷 3，頁 15－16，〈與彥和甥書〉。

㉕沈德潛：《國朝詩別裁集》（清乾隆 26 年刊本），卷 9，〈乾學小傳〉。

㉖俞越：〈重刻憺園文集序〉，見光緒 9 年 6 月崑山縣刻《憺園集》重刻

本卷首。

㉗徐世昌輯：《清儒學案》（臺北，燕京文化事業股份有限公司，民國 65 年 6 月初版），卷 33，頁 1，〈健庵學案〉。

㉘《清史》卷 251，列傳 37，〈徐元文本傳〉。

㉙徐乾學：《憺園集》，卷 10，頁 6，〈文治四事疏〉。

㉚參考吳秀良：〈南書房之設置及其前期之發展〉，《思與言》雙月 5：6（臺北，民國 57 年 3 月），頁 6。

㉛《清史》卷 116〈職官志〉2，頁 1375，〈翰林院〉。

㉜徐秀良文，頁 6；孟昭信：《康熙大帝全傳》，頁 56。

㉝徐乾學：〈文治四事疏〉，《憺園集》，卷 10，頁 6-7。

㉞見《清聖祖仁皇帝實錄》，卷 69，頁 25，10 月癸亥（甲辰朔）上諭。

㉟見前引書，頁 7-8。

㊱見前引書，頁 8。

㊲分見《聖祖實錄》，卷 81，頁，8，五月（甲午朔）己未諭；卷 87，頁 9-11，康熙 18 年 12 月（壬戌朔）乙亥諭，19 月 2 月（辛酉朔）吏部議覆內閣學士兼修明史徐元文疏。

㊳黃宗羲：《南雷文定》（臺北，世界書局，民國 53 年），卷 4，頁 63-66〈移史館論不宜立理學傳書〉；卷 9，頁 139-143，〈移史館熊公雨新行狀〉；頁 143-147，〈移史館吏部左侍郎章格庵先生行狀〉；頁 147-150，〈移史館姚太夫人事略〉。按黃氏且曾對於徐元文將其母之事蹟列入〈列女傳〉，表示感謝：「監修徐立齋先生為之特傳於列女，是吾母屈於生，顧得伸於死，子孫當世世不忘也。」（同書，卷 9，頁 150）。

㊴徐乾學所擬之〈條陳明史事宜疏〉24 條，見其所著之《憺園集》，卷 10〈奏疏〉，頁 1-6。

㊵顧炎武有關明史之意見可參考《亭林詩文集》內之〈文集〉，卷 3，頁

11，〈答湯荊峴書〉；頁12，〈與葉訒庵書〉；頁12下－13上，〈與史館諸君書〉；頁13下－14上，〈與公肅甥書〉；卷6，頁16上－17上，〈答徐甥公肅書〉。

⑪徐乾學：《憺園集》，卷10，頁17，〈備陳修書事宜疏〉。

⑫朱彝尊：《曝書亭集》，卷34，頁9－10，〈讀記通考序〉。

⑬姚名達：《朱筠年譜》（上海，商務，民國19年）自序。蕭一山先生甚至謂徐乾學已早於朱筠而有修纂四庫之議（參見氏著《清代通史》，第2冊，頁46－47）。

⑭方苞：〈徐元夢傳〉，清李世桓輯：《國朝耆獻類徵初編》（文海影印本），卷12，頁12（文海刊本第4冊頁2398）。

⑮見《清史》，卷270，〈列傳〉56，明珠本傳。

⑯參見方苞撰：〈徐元夢傳〉。

⑰參看《清史》，明珠傳。

⑱索額圖為左都御史魏象樞所劾一度被罷，後又復職，但終以黨太子而被誅，見《清史》270索額圖傳。「四大纘」之稱見陸隴其《五魚堂日記》（上海，商務書局，叢書集成本，民54年年臺1版），頁132，康熙28年11月9日記。趙吉士字天羽，休寧人，任交城平賊有功，而晉陞朝官。

⑲徐珂：《清稗類鈔》，卷7，稗60，頁14，「虜異類」。

⑳徐氏示意郭琇之劾明珠見彭紹升所撰〈徐元文事狀〉，文載《國朝耆獻類徵初編》，卷8，頁51，內有：「而僉都御史之劾明珠也，原一實陰之。」實則郭琇為湯斌所拔擢，明珠排湯斌，郭亦係為湯報復。又，關於徐欲郭琇劾王鴻緒一事可參考陸隴其之《三魚堂日記》，卷下，頁140，康熙30年4月23日記。

㉑《清史》，271，〈徐乾學本傳〉。

㉒此事《實錄》所記極爲簡略，且不清楚，詳情可參考徐乾學：《憺園集》，卷35，頁11-14。惟據陸隴其《五魚堂日記》所記，則知此次辯論結果乃採調停之法；「太學程朱列邱明之上；州縣學則仍在下」，康熙29年12月11日記。

㉓《清史》，265，〈湯斌傳〉。

㉔徐乾學：《憺園集》，卷20，頁12-13，〈黃庭表文集序〉。

㉕姜宸英因在明史局與徐氏關係較密，故明珠以爲其不附己可能爲徐氏所阻，事見全祖望：《鮚埼亭集》（臺北，華世出版社，民國65年），卷16，頁1-4，〈翰林院編修湛園姜先生墓表〉。

㉖《清聖祖實錄》，卷135，頁17，康熙27年5月（壬申朔）己卯條。

㉗郭琇奏參高士奇、王鴻緒事見《清聖祖實錄》，卷142，頁6-7，康熙28年9月（甲午朔）壬子上諭。郭爲徐使之事見陸隴其《三魚堂日記》頁140，康熙29年4月23日記。

㉘許三禮第一次疏劾徐乾學事見《清聖祖實錄》，卷142，頁16-17，康熙28年11月（甲子朔）辛未吏部議覆條。

㉙許三禮第二次疏劾徐乾學之事，《實錄》不載，事見《康熙朝東華錄》，卷10，頁33，康熙28年10月壬午條。

㉚《清史》，〈徐乾學傳〉。

㉛《清聖祖實錄》，卷146，頁13，康熙29年6月（庚申朔）壬申條。

㉜《清聖祖實錄》，卷151，頁30，康熙30年4月（丙辰朔）戊午條。

㉝俱見前引許三禮第二次奏劾徐乾學疏。

㉞分見清金吳瀾等修：《江蘇省崑新兩縣續修合志》（敦善堂刊本，光緒6年崑山），卷13，頁20-23，〈第宅園亭〉。

㉟分見《崑新縣續志》，卷24，列傳，頁26-30，徐元文傳；頁32-35，徐乾學傳；頁35-36，徐秉義傳。

⑥參看夏定域撰：《清初胡朏明先生渭年譜》（臺北，商務書局，民 67 年 7 月初版），頁 13，康熙 30 年（1961）59 歲條。

⑥分見《亭林詩文集》〈亭林餘集〉，頁 23〈與潘次耕書〉之 2，頁 24〈與潘次耕書〉之 3。

⑥參看故宮文獻館：《文獻編》（北平，1930－1942），冊上，頁 112－127，〈徐乾學等被劾狀〉。

⑥《清聖祖實錄》，卷 103，頁 10－11，康熙 21 年 7 月（丙午朔）己酉諭吏部。

⑦近人有關士紳階級之研究，似多從好的方面著眼，而忽略其不良的方面，此類著述甚多，不遑一一枚舉，茲特從略。

（原刊於中央研究院近代史研究所、美國戴維斯加州大學合刊《近世家族與政治比較歷史研討會論文集》，民國 81.2. 台北。）

北洋武備學堂的創設及其影響

一、前 言

隨著世界科學與工業的日新月異，使西方的軍事演變也達到了一個嶄新的境地，不論在武器；編制與訓練等方面，都為之面貌一新，而與昔日之傳統者大異其趣。此一軍事上的新發展，無疑地，使十九世紀正在積極擴張的西方勢力大大地為之增強；同時，也使列強在歷次對華的交涉與戰爭中獲得了許多顯著的利益。為了對抗西方軍事力量的壓迫，自鴉片戰爭以來，朝野上下有識之士，無不視模仿西法，練兵自強為急務。於是，設船廠、建砲局、開礦產、築鐵路、架電線、各種措施，不一而足。其中尤其值得吾人注意的，便是自強運動期間各種軍事學校的設立，像是福州船政學堂、北洋水師學堂、天津陸軍武備學堂、廣東水陸學堂等，皆為此一時期所創辦。及至甲午以後，一方面受到戰敗刺激，一方面由於國事日非，此類的軍事學校，更是巨量的增加而遍及全國各地，諸如陸軍部速成學堂，陸軍貴冑學堂，北洋陸軍學堂，北洋將弁學堂，南洋武備學堂，湖北武備學堂，湖北將弁學堂，湖南將弁學堂，廣東將弁學堂，保定軍官學校，東北講武學堂，雲南講武學堂，江西講武學堂，山東武備學堂，山西武備學堂，陝西武備學堂，安徽武備學堂，伊犁武備學堂，四川高等軍事研究所，雲南兵事究所等，蓬蓬勃勃幾如雨後春筍。①

根據美國學者鮑威爾氏（Ralph L. Powell）的統計，截至光緒三十二年（1906）爲止，在中國的軍事學校起碼亦有三十五所，受訓的學生最少也有二千零七十二人，其他尚有四所海軍學校以及五所軍醫學校未曾計算在內。②似此情形，不僅爲我國歷史上任何時代所未有，且亦爲教育史上一大奇跡。這些學校畢業的學生，早在清末時期，嶄露頭角者已不乏人。及至民國時代，活躍於政壇與軍界者更屬比比皆是，盛極一時。不論對於當時的社會、政治、國計民生都發生了深切著明的的影響。故欲瞭解民初的歷史，對於清末軍事教育的研究，實有特殊的意義。

二、創設的經過

在清末創設的許多新式陸軍學校裏，實以北洋武備學堂爲嚆矢。該校乃係北洋大臣李鴻章所手創，以其位於天津，故亦稱之爲天津武備學堂。上承淮軍舊部的餘緒，下開北洋新軍的端倪，終而形成民初軍閥的骨幹。關係於現代歷史的發展至深且鉅。

論及鴻章創設武備學堂的動機，可謂相當錯綜複雜，而淮軍本身的蛻化與鴻章個人練軍思想的轉變，尤宜多加瞭解。以淮軍而論，自其於咸豐十一年（1861）成立之後，至中法戰爭時期，已有二十餘年的歷史，中經平吳，剿捻諸役，精銳漸失，寖假已呈衰老凋零之象。爲了延續其繼起的生命，注入回春的新血輪，藉以發生新陳代謝的作用，後起材武之士的培養，實爲刻不容緩。其次，淮軍爲我國第一支的近代化陸軍，於其成立之初，即以其領導人的勇敢與卓識，而採用了新式的器械，在其與太平軍作戰期間，軍中便已大部份使用洋槍炸砲。③光緒初年，又增建新式砲隊十九營，採取德式的武器。十年（1884），鑒於西人所

製的後膛槍砲日新月異，「其速率之猛，準頭之遠，幾於無堅不摧。」於是，鴻章乃決定將天津淮練各營所使用的舊式前膛槍砲，一律改換新式，仿照西法加以操練。藉期「步伍取準，精益求精。」④爲了傳授新知，練軍自同治十一年（1872）底，已有每營增設正教習一名及幫教習四名之規定，⑤及至此時，爲了武器的使用與保養，自須擴大辦理，訓練更多的新式幹部，使之遍及於淮練各營。淮軍本身的蛻化既如以上所述，而鴻章個人練軍思想的轉變，亦堪耐人尋味。首先爲其對於西方軍事教育價值的日益重視。他已認識到西方軍事科學教育大有可取之處。嘗言：「泰西各國，皆設有武備學院，專習各項軍器水陸兵法，與夫格致製造繪圖測量諸書，無不精心研究。遇有軍事，即由武學院內考取優等者選充裨將，加以歷練而爲大將。所有行軍用器悉準定法，無或參差。其造就人材洵稱法良意美。」⑥又以爲中西用兵之法大略相同，「惟中國選將必多臨敵而後得，西國選將必以學堂爲根基；中國器械不求甚精，操法不求甚嚴；而西國則一以精嚴爲主，」實爲二者基本相異之處。故歐洲將弁靡不文武兼資，而中土武夫則率多無文之譏，其主要的原因殆皆由此。⑦及光緒十一年（1885）五月，在他所上的籌設「武備學堂」一摺內，則更加明白地指出：學堂爲培養將才之本，泰西水陸將弁無不由武備學院造就而出，故能素習韜略，視戰陣攻取爲身心性命之學。「故居今日而言武備，當以其人之道還治其人之身。若僅憑血氣之勇，麤疏之才，以與強敵從事，終恐難操勝算。」⑧其已認識軍事爲一專門之學，惟有學堂始可造就將才，至此已極明顯。其次是鴻章的練軍理想的轉變。吾人已知淮軍於用西式的洋槍炸砲初期，原延英法軍官爲之教習：⑨可是自從他出鎭北洋之後，卻

對德國的裝配與訓練，逐漸地發生了興趣，而決心要將他的淮軍訓練成一支德式的「鴨步軍隊」。⑩這實在是淮軍練兵史上一個重大的轉捩點。窺以鴻章舍英法之式而採取德式的原因，可能有以下三點。其一為鴻章對德之好感，認為其國自一八七一年統一之後，已躍居為歐洲的頭等強國，而其陸軍則以「精強」著稱於時，堪以為淮練各軍的模範。嘗言：「該國近來發奮為雄，其軍政修明，船械精利，實與英俄各邦並峙。」⑪又言：「查德國陸軍槍砲操法最為擅長，近年水師鐵甲兵船亦以日新月異與英相埒。」⑫其欽慕之情於此可以概見。德國的陸軍既然優異如此，那末，將淮練各軍倣照德式訓練自為順理成章之舉。同時鴻章之訓練北洋海軍，特延英員為之訓練，亦可謂採取同一原則。其二為德國駐華公使巴蘭德（M. Von Brandt）的蓄意聯絡，以及德籍天津稅務司德璀琳（G. Detring 的暗中活動。彼等說服鴻章的最大藉口即是：德國距離中國較遠，既無邊界毗連，又無傳教販毒的糾紛，兩國可以永久和好。⑬鴻章頗為其言所動，由其日後常將此意形諸於奏牘，即可想見其所受的影響。其三為延聘德國教習較易，且較為聽從中國指揮。北洋最初所聘的幾位德國軍官，如在天津各營教習克鹿卜（Krupp），後膛鋼砲的李勱協（Lehmayer，在威海衛教習魚雷的哈孫以及在旅順口修建砲台的漢納根（Von Hanneken 等都能盡忠職守，勇於負責，而予李鴻章以良好的印象。⑭

至於武備學堂的開設，遠在光緒元年（1875）九月間鴻章即以美國提督額伯敦的勸告，而一度加以考慮。惟以「事理重大，需費浩繁，未敢遽請仿辦。」⑮光緒六年（1880），英將戈登（Charles Gordon）應邀來華，復於其臨別贈言之內，諄諄以整頓

陸軍相勸告。⑯因循數載，依然未能下定決心。及至中法戰爭結束，一以清廷決定將海陸各軍大加整頓，鴻章坐鎮北洋，扼守京津門戶，責無旁貸。再以天津水師學堂早於光緒六年七月開辦，北洋海軍人材已有培養之所，爲了訓練淮練各軍的陸軍幹部，武備學堂的創設殊有必要。加以光緒十年（1884）中法交涉瀕於破裂之際，清廷曾命駐德公使李鳳苞在德選募一批官軍以俾斯麥使團（Bismarck's, Missioniers）的名義來華協助操防。⑰中法戰爭既已過去，此批軍官已無所用。彼等「或熟精槍砲陣式，或諳習砲台營壘作法，皆由該國武備書院讀書出身，技藝優良，堪充學堂教習之選者頗不乏人」，因之正好可以移作軍事教育之資。基於以上數點，故當其部下的盛軍將領周盛傳與周盛波兄弟二人將此建議提出之時，鴻章隨即應允。⑱並命天津海關道周馥著手籌備。周氏爲鴻章的得力助手，而以穩健幹練著稱。奉命之後，當即展開經營，舉凡購地建堂，延聘洋員，選派各營弁到堂肄業，以及一切考課獎懲章程的制定，無不出於其手。⑲光緒十年底，籌備工作粗爲就緒。次年正月，由淮練各營挑選而來的弁兵也陸續到達天津。再經過一番嚴格地甄試，方才挑出「精悍靈敏」，「粗識文字」的一百餘人，准其入學，分班上課。至是，此一近代中國的第一所陸軍士官學校始告產生。

　　該校於成立之初，因其所需廠房甚多，用費頗鉅，一時修建不及，不得已暫借天津水師公所上課。次年（1886）紫竹林天津租界對面的校區落成，方才遷入新址，計有房舍五百二十九間，四周以圍牆、濠溝，並建有磚木橋五道，遠遠望去，儼然有一座中古時代的城堡。堂中除辦公室、教室、講堂、飯廳、宿舍、操場以外，尚有圖書館、實驗室、模型室、標本室、繪圖室、印刷

室以及氫氣球陳列館等，規模閎肆，設備新穎，一時頗爲贏得外人的好評，謂：「該校若與法德各國的來栖安（Lyceum），俄國的士官團（Cadet Corps），英國的沙哈斯（Sandhurst，美國的西點軍校（West point）相比，固不免遠爲遜色，然而在中國，卻毫無疑問地已爲此類學校開創一個最佳的先例。」⑳

三、組織，人事與經費

㈠組織：在清季所設的軍事學校中，福州船政學堂可以說是最早的一個。故在組織與制度上遂成爲日後所設各校的模範，如北洋水師學堂即係模倣船政學堂而設。武備學堂雖與船政學堂及北洋水師學堂在性質上有所不同，然而在組織方面卻也保持若干共同的色彩。計其所設部門約如以下所述：

(1)行政部門：置總辦一員以爲之長，其下置幫辦一員，監督及提調各一員，共同負責管理全堂事務。

(2)教務部門：分置漢文正教習一員及教習若干員；洋總教習一員及教習若干員；翻譯若干員；操練教官若干員，負責教習與訓練事宜。

(3)庶務部門：分置司事一員，文案一員，醫官一員，配藥員一名，書識二名，洋號手二名，洋鼓手二名，親兵十名，夫役人等若干名，負責雜務事項。

㈡人事：由於資料不足，對於該校的人事異動概況，已難獲其全貌。依據現有資料，則知其總辦一職例由道員級之官出任。首任總辦爲湖北試用道楊宗濂（1834－1901），宗濂字藝芳，江蘇無錫人，監生出身，髮捻之亂時，曾從鴻章辦理前敵營務處，秉帶濂字營。其後以功升署道員。同治十年（1871），署荊宜道。

光緒元年（1875），督辦新關竹木稅務，旋以收多報少被劾革職。十一年（1885），復爲鴻章奏留北洋總理營務，繼又委辦武備學堂。㉑楊氏爲一舊式官僚，雖然鴻章歷稱其能，謂其「督率肄業兵弁，懲勸多方，同有進境，各營統領無不心服。其駕馭西洋敎習，亦頗得法。……」㉒其實這些都是官樣文章。因爲他是淮軍中的前輩，弁兵對於他有幾分畏服，比較聽從他的管束，這倒可能是事實。但是論及他與洋敎習方面的關係，卻並非如此愉快。不僅常爲洋員所輕，戲呼之爲「黃河道台（Yellow River Taotai），以示學堂不吉之兆。㉓且每爲外報譏諷，謂：「中國欲求革新軍事，模倣西方的科學敎育，可是卻任命一位不懂軍事科學的主持其事，實不啻與其初衷背道而馳。」㉔再加上他個性偏狹傲慢，遇事大權獨攬，不論學生的管理與課程的編排均不與洋員商量，因此，更引起德國敎習的不滿。開學之後不久，即有楊氏故意排擠德國敎習的傳聞。及至光緒十五年（1889），德國總敎習黎熙德（Major Richter）又因與他不睦，憤而辭職，以致引起軒然大波。後以德國署使克林德（Frecherr Ketteler）與總署一再交涉，方才平息了這場糾紛。㉕自此楊氏遂不安於其位，藉口省親請假南歸，離開學堂數月。次年九月經鴻章奏保爲直隸通永道，方才正式辭職。其後總辦一職因無適當的人選，幾乎一直虛懸，中間雖曾一度由聯芳管理，但直至甲午戰後方爲廕昌所眞除。

　　幫辦一職亦由道員級之官出任。首任幫辦爲道員用江蘇候補知府柯銘。柯字受舟，廣東人，曾任職於北洋機器局。光緒十三年，雖以「督課盡心」爲北洋所奏獎，但其人似乎並未久任。其繼任者計有廕昌、聯芳等人。（1856－－？）聯芳字春卿，滿人。出身於同文館，初任駐法使館譯員。光緒七年八月，經駐英法公

使曾紀澤奏保爲候選知府，十一月署駐俄參贊。十三年爲鴻章奏留北洋當差，旋派充武備學堂監督兼翻譯。十六年楊宗濂去職，遂由他負起管理學堂之責。㉖惟以其尚須經常幫辦北洋外交，故實際上堂內事務，多由另一滿人廕昌所主持。廕昌（1859——1928）字午樓（或五樓），滿洲正白旗人，亦爲北京同文館畢業。初任出使德國隨員。光緒十一年爲鴻章奏留北洋，派充武備學堂監督兼翻譯。據云，他曾參加德奧兵隊而與德王同學，實則並不確實。惟其熟習德語及曾在德研習西房的槍砲軍事之學則爲事實。甲午戰後，歷充幫辦，總辦之職，在堂先後十有餘年，對於該校的教育與訓練貢獻甚鉅。㉗

監督一職例由知府級之官出任。已知者計有廕昌、聯芳等人。㉘

提調一職例由知縣級之官出任，已知者爲余思詒，曾任出使英法隨員、主事。

漢文教習人數頗多，已知有吳榮（歲貢生）、史悠祥（廩貢生）、姚錫光（舉人）、沈亦鑒（監生）等人。㉙

洋教習方面，可謂全爲德國軍官所包辦，計先後有李寶（MajorPualihe 或譯作李保、包烈）、崔發祿、哲寧、那珀、博郎、闓士（或坤士），巴恩壬、艾德（Lieut.Hecht）黎熙德（Major Richter 或譯作李希德、李喜脫）、敖耳（Capt. on Aver）、高恩慈等人。其中總教習（Head Master）一職原由李寶所充任，嗣以彼與德使巴蘭德（M. Von Brandt）及天津總領事樊某不睦，乃於光緒十三年改聘黎熙德繼任。黎氏登任此職共達八年之久，至光緒二十年七月始行返國。㉚此外，該校尚有鐵路教習二人，一爲包爾（Mr.Bor），原爲德國工程師，後爲克鹿卜（Krupp）

廠派爲駐華代表，任職鐵路總敎習三年（光緒十六年至十九年）。一爲瞿恩圖，任鐵路敎習四年（光緒十六年至二十年）。二人對於敎學均甚熱心，並曾爲鴻章所奏獎。㉛

翻譯人員多由北京同文館及總理衙門或駐外使館等處調取而來，計先後有德海、景啓、陳應宗等人。

操練敎習則調淮練軍各營將弁充任，計有補用副將侯德勝、趙建臣，參將賈天成，儘先參將錢正貴，儘先守備胡光華，儘先千總衛本宏、武炳修（留德學生）等人。

至於畢業生以成績優秀而獲保奏留校者則有祖繩武、張興仁、陶鼎、商德正、馮國璋、朱振文、劉紹瀛、滕毓華、王世珍等人。㉜

㈢經費：光緒十一年五月，鴻章於其奏設武備學堂一摺之內，即經首先聲明：「天津仿照西法創設武備學堂，擬由海防經費內核實開支。」依據光緒十一、十二、十三年北洋海防報銷，約略可知其開辦經費爲八萬餘兩，常年經費約爲五萬餘兩。㉝計自光緒十一年（1885）武備學堂開辦至光緒二十六年（1900 庚子事變該校被燬，十六年之間所用經費當在八十萬至一百萬兩之譜。不過，如果再加上學員的薪餉，家屬的津貼，洋敎習的薪資、路費、以及派遣學生出國學習等項費用，實際上恐怕並不止於此數。

四、學生的來源及敎育概況

㈠學生來源：北洋武備學堂學生的來源可以分爲以下三類。一爲淮練各營挑選而來，根據鴻章的奏報，知第一次派送學生入堂肄業的計有如下各軍：（甲）直隸提督李長樂部，（乙）廣東水

師提督曹克忠部，（丙）署廣西提督唐仁廉部，（丁）四川提督宋慶部，（戊）總統銘軍記名提督劉盛休部，（己）正定鎮總兵葉志超部，（庚）通永鎮總兵吳育仁部，（辛）大名鎮總兵徐黎奎部，（壬）皖南鎮總兵史宏祖部。至於其入選的條件，則以「精健聰穎，略通文義」為原則。此外，又規定「凡文職人員而願武事者」，亦可併為錄取。㉞一般而論，學生的年齡多在十八歲至三十六歲之間。人數初僅一百五十名，後以獲得醇親王的贊助與支持，始加擴充而達二五〇至三〇〇人。㉟學生在受訓間，除了享受全部公費待遇之外，每月並發給零用金四至八兩。有眷者尚可領取贍家費，此類學生實可視為構成武備學堂的主體。他們的畢業時間均限於兩年，除少數特優者酌予保獎留校服務之外，絕大多數均經發回原屬各營，而由統隊官量材授事，藉將所獲新知轉相傳授。以每期二百五十人計，十五年間該校畢業學生約有一千五百人。設於回營之後，皆能發揮所學，無疑地將可為暮氣已深的淮練各營增添不少的活力。不過，事與願違，當那些畢業生回營後，根本即不為各營的統領所重視。他們的職務祗不過是軍營中的教習。既無指揮軍隊之權，也無人事賞罰之權。不僅此也，且以「日聒於其側」而「大為軍中所排斥」。㊱新的血輪既為舊的機體所排拒，則祗有任其衰朽，而日趨於老邁，鴻章的淮軍回春理想至此遂不能不大打折扣。二為招募而來：由各營輪番挑選而來的學生年齡大多偏高，而且知識水準不夠，不論學習西文或軍事科學均屬不易。為了培養高級將材，從第二年開始，又添設了一個幼童班，年齡以十三歲至十六歲為限，且規定體格強健、身家清白者始能入選。人數計四十名，修業期限則為五年。前三年研讀中國歷史、經典、數學、外國語文、天文、地理、繪圖及

自然史；後二年研究鎗砲武器、兵法、戰術、戰略、建臺、築壘
等學。畢業後或志願入伍，或繼續深造，悉聽其便。㊲三為滿族
子弟班，甲午戰後，爲了培養滿族將材，乃由醇王及慶王聯同軍
機大臣合奏，命廕昌挑選八旗精壯子弟，附入天津武備學堂。其
中來自世宦之家者不乏人，實爲淸末旗兵學堂及陸軍貴冑學堂的
先驅。㊳除此而外，聶士成還在山海關防營設立分堂一所威，海
衞也有隨營武備學堂一所，實可稱之爲天津武備學堂的分部。㊴

　㈡教育槪況：武備學堂於創設之初原分砲隊、步隊、騎隊及
工程營四科。自光緒十六年（1890）起，爲建築蘆漢路及關東路
需才孔亟，又增設鐵路一科，全班共有二十人。㊵以今日之眼光
來看，殊覺不倫不類。然而在當時則因鐵路與軍事相關，並不以
爲異。至於由該科畢業的學生究有若干，今日已無法知曉，不過
根據1925年的名人錄，其中最少已有三位鐵路工程師自稱爲該校
畢業生。㊶在教育內容方面，主要的分爲內堂與外堂二種。內堂
在明理，所習者爲學科，計有本國經史、天文、地輿、格致、測
繪、算學、化學、以及戰術戰略、鎗砲武器諸學。外堂在盡其
用，所習者爲術科，計有馬步砲隊操演陣式、鎗砲技藝，以及營
壘工程等學，此外，該校並經常派遣學生前往旅順口、山海關等
地軍營砲台實習，規定每人應於七月派赴旅順兩月，練習指揮，
演習技藝。以八日習步兵，八日習野戰砲，八日習砲台砲位，另
一月則用以練習測量及繪圖等野外工作。㊷當光緒十七年熱河朝
陽敎亂發生時，天津與山海關二校且曾一度遴派學生馳赴前敵各
營參加實地作戰，藉以考證所學。結果，「屢獲勝仗，頗著成
效。」㊸至於該校學生派往國外深造的，所知則僅有一次，時在
光緒十五年（1889）所派者計有段祺瑞、吳鼎元、商德全、孔慶

唐、滕毓藻等五人。他們由旅順砲台德籍教習瑞乃爾（Mr. Schnell）率領，於是年五月由天津出發前往柏林。初入德國軍校見習，繼入埃森（Essen）之克鹿卜砲廠（Krupp Work）接受砲術講習及構築砲台工程訓練，經十二月期滿返國。在此五人之中，最有成就的即為段祺瑞。㊹

㈢教育之困難及缺點：從上述武備學堂的課程看來，可知北洋當局確實也曾花過一番斟酌取捨的功夫，企圖將傳統與近代聯為一體。一方面注重於操場野外的訓練，戰陣技術的熟習，而同時也未忽略各種學科的教育，藉以加強學生對於軍事科學知識的瞭解；一方面接受西方近代軍事科學的洗禮，但同時又強調學生人格的陶冶，規定他們必須「兼習經史，以充根柢」。設使此種教育順利完成，則其結果或可造就一批中西兼通，文武合一的軍事人才，一掃我國傳統軍人無文之譏，與不解西學之弊。不過，現實與理想之間總有段差距，而要想使理想化為現實卻又必然經過許多的困難與挫折，並不如想像的那麼容易，此殆為一定之理。因此武備學堂在教育過程中必然會遭遇到許多難題，毋寧是當然的。其中最顯著的計有以下各點：

⑴主持人選的問題：如上所述，已知中國政府為了行政權的完整，不願將學堂交與外人代辦，而將總辦一職委一道員充任。可是有此資格者並不一定有此能力，而有此能力者卻又不定有此資歷。像楊宗濂之屢為外人所輕，彼此之間，齟齬時生，即是因為楊氏不懂軍事科學而起。楊氏去職以後，學堂由聯芳管理，聯芳雖懂外語，但其所長則為外交而非軍事，亦非最佳人選。比較起來，廕昌對於軍事方面還算有些瞭解，可是由於資歷的限制，其繼任總辦已在甲午之後。似此以非專門的人材而辦理專門的事

務，對於教育的實施與發展自有相當的妨礙。

　　⑵洋教習問題：洋教習的傲慢與跋扈，也是一個令人頭痛的問題。武備學堂設立的目的，乃在學習西方的近代軍事科學。因為中國方面無人能夠教導，惟有延聘洋人為之教習。對於這批洋教習，中國政府對之真可以說是優禮備至。以待遇而論，該校的監督兼翻譯，每月的薪金也不過白銀一百兩，提調只有五十兩，漢文教習只有二十兩。可是一位洋教習的月薪最低卻有一百二十兩，高的則有二百五十兩至三百餘兩。比較中國的官員及教習竟高出數倍至十數倍。此外，他們往返的路費也要由中國負責，如有良好的表現，中國政府還要有各種特別的獎勵。可是，儘管如此，那些洋教習卻依然不知感激。一般而論他們的態度都非常的傲慢，認為中國科技落後，非賴他們教導不可。他們既不肯聽從學堂官員的約束，也不願在教學上多所負責。按照合同規定，洋教習每天本應到堂六點鐘。但是他們卻僅到堂四點鐘，而且在上課時，也還是馬馬虎虎，只求應付。這對於學生的課業而論，當然影響極大。可是外報對於此種情形卻大多不甚瞭解，每遇總辦與洋教習發生爭執，總將責任加於華人身上，殊欠公允。㊺

　　⑶學生的問題：學生程度的參差不齊，在教學上也是一個很大的難題。武備學堂的學生，原由淮練各營挑選而來，雖說大多略通文義，然而畢竟程度太低，對於堂中所授的天文、地理、格致、測繪、算學、化學等科無法接受。再加上語言的不通，更使各科教學的進度大受阻礙。美國駐華署理公使何天爵氏（Chester Hollcomkr）於論及自強運動期間中國陸海軍進步的情況時，曾經特別強調依靠外國教習訓練的不易，認為：「任何技術性的教育，幾乎是不可能通過通譯進行的」。㊻這種意見雖說不免過分著重

語言的因素。但在天津武備學堂中，語言的問題的確成爲一大難題。這一點我們只要看當時曾在北洋水師學堂擔任漢文教習多年的何熙年所說的一段話，即可瞭解，他說：

查北洋授課，大率三人到堂。洋人主之，翻譯述之，漢文教習錄之。每日不過三四百字，臨事倉猝，多所牴牾。故除「毛瑟鎗圖說」，「氣球述略」稍有條理，餘均未足編纂也。由是易一教習，而所講如前；易一學生，而所講又如前。瞻時費日，獲益幾何？適以糜帑項耳。㊼

由於語文不通，每次上課必須有賴於翻譯才能進行（按武備學堂中所使用的語言爲英文與德文二種）。如遇專門名詞。譯員不懂，必須請教習反覆解說，雙方比手畫腳，結果，往往浪費了許多時間，依然毫無結果，教學進度自然因之延誤。其後，學堂方面鑒於同文館學生對於所譯名目多未通曉，傳譯常爲不備，以致漢文教習無從取錄。於是乃改變辦法，決定將譯事改由既懂德語又悉軍事的幫辦廕昌一人辦理。不意，廕昌雖通德文，但卻拘於洋文語氣，且於上海製造局所譯諸書多未寓目。因此「名目互異，文法倒置諸弊，時所不免」。常使學生撲朔迷離，摸不清頭腦。學科的教育如此，術科的進行也是徒具形式。每遇外場操練，「步伐不外大排隊，小排隊。年終派員校閱，則爲兩軍相攻之狀，而再以奇兵抄之」。數年之間，「千篇雷同，如出一轍。」㊽似此訓練還談什麼戰術戰略！內堂的教育與外堂的訓練既有名無實，那麼各種的考試自流於形式。依照學堂的規定，每年本有月試及季試兩種，甚至鴻章本人有時也親臨巡視。可是，由於學堂當局不喜多事，居然每歲僅考二次。而即此二次，也還常受洋教習的杯葛。每每一拖再拖，不知何時方能考畢。「凡遇考期，除試漢文

一日外，洋教習必命題考試，或三日，或四日，雖總辦亦不知何日竣事。」又因學生不能洋文，洋人不通漢語，每遇校閱之際，大抵不外「翻譯讀之，洋人聽之，以定甲乙」。以致評分去取，常無固定標準。此外，在學堂之中，還有一種惡習，便是常有學生求人代考之事發生。每到考試期間，動輒有人請求程度較優的同學充當槍手。在人情難卻的情形之下，能者只有「預演一草，來則示之」。考試結果「遂至一堂之卷，雷同大半。」閱卷的人雖然明知有弊，然亦無可如何！㊾

⑷設備問題：設備方面的不如理想，也是構成教學困難的原因之一。諸如器械方面，則五花八門，種類不一。步隊用毛瑟槍（Mauser）；砲隊用克鹿伯（Krupp），馬隊用哈乞開（Hotdhkiss）。馬隊方面，則僅有額設戰馬三十匹，除「總辦之廝養乘之，督操之委員乘之」外，所餘者已屬無幾。再加以缺乏專門教習，無人訓練。故所謂馬隊也者，祇不過擇駑下之馬十餘騎，每隔數日在操場上馳騁數周而已。以致學生直至畢業之時，尚無人能在馬上放槍，其他可想而知。㊿

⑸精神教育問題：尤其值得注意的，還是經史課程之爲人忽視。鴻章於創立武備學堂之初，原期以中學爲體，西學爲用，藉使該校學生成爲中西會通，文武兼資的高級將才。故特一再地強調學生於學習天文、地輿、格致、測繪、算化諸學、砲台、營壘新法，馬隊、步隊、砲隊及行軍布陣，分合諸式外，「仍須兼習經史，以充根柢。」(51)不意，由於種種的原因，他在這一方面的希望，卻也遭遇了挫折。一則由於學生崇洋心理，對於洋人則「尊之若神明，奉之若徒隸。」而對「中國志士仁人，奇謀壯節」，卻充耳不聞。一則由於總辦學務者大多「粗知洋語，毫無遠略。」

以為「既崇西學，安用漢文？」如此一來，漢文教習的地位自然大為降低。他們非僅得不到學生應有的尊敬，反而受盡了奚落。結果授課變成為具文，或者「一二人在家內辦理」；或者「到堂錄授」，以致「洋人目為書手，學生視若鈔胥。」漢文教習至此遂成為毫不足數的「懸疣附贅」，岌岌焉難以自保。影響所及，「讀書功課則刪減之；能文學生則斥革之。」卒至學生僅知「請安叩頭，應聲即是。」而於人格操守，大法大節卻置諸腦後。難怪要有人慨歎地說：似此「節義之不講，廉恥之不知，而欲其忠勇奮發，凌厲無前，或求斷脛決腹，有一瞑不視之志，豈可得乎！」⑤

五、武備學生與民初政局

武備學堂自光緒十一年（1885）首創，至光緒二十六年（1900）被燬，立校雖僅短短的十五、六年，可是對於清末民初時代卻有相當重大的影響。以軍事教育而論，由於該校成立較早，且其畢業學生分派其他軍校充當教習者頗多，故不論其法規制度、教育訓練，均為其他軍校所效尤。其次為其所採用的德式訓練，在清末民初時期，也是風行一時。致使外人批評中國具有一種「強烈的親德意向」（A. Strong Pro-German teror）。⑤

武備學堂另一值得注意之處，即為其畢業學生對於清末民初的影響。前已言之，該校原為李鴻章培養淮軍幹部而設。惟自甲午戰後，淮軍潰敗，該校畢業生的出路遂成問題。在當時的將領之中，能用此批學生的僅有聶士成的武毅軍及袁世凱的新建陸軍。聶、袁二人皆為淮軍舊屬，其所部實可視為淮軍的支派，自為順理成章之舉。及聶士成於庚子拳亂時戰死，這一批武備學生

方才全歸於袁世凱，如段祺瑞、馮國璋、陳光遠、王占元、張懷芝、陸建章、曹錕、段芝貴人等人皆集於袁氏的麾下。[54]雖然袁氏軍事中尙有若干行伍出身的舊式軍人如姜桂題、孟恩遠、張勳之類。但形成日後北洋派之主體的卻爲此批武備出身的「士官系」人物。[55]關於此點，大凡留心北洋軍史事者類多能言之，丁文江在追溯北洋軍形成的歷史時，曾謂：

> 甲午之役，湘淮軍潰敗，始議練新軍，於是胡燏棻奉命練兵，成定武軍十營於天津。光緒二十一年冬，以袁世凱統之，增募爲七千人，號新建軍，駐兵于天津南之小站。以武備學堂畢業生爲軍官，兵制悉仿德人，是爲北洋派軍隊之原始。[56]

他如蔣百里、陶菊隱、李廉方等也有類似的意見。[57]其後，隨著時局的演變，袁氏的地位愈來愈爲重要，於是這批武備學生也隨之扶搖直上，由偏裨晉升爲將校，而成爲袁氏的政治資本。舉凡逼迫清廷遜位，竊奪革命成果，擊敗二次革命，種種不法之舉，殆無不以之爲其工具。及至洪憲帝制失敗，袁氏憤死，這一批軍閥在群龍無首的情況之下，乃益發肆無忌憚。一方面破壞約法，解散國會，不惜與革命軍爲敵；一方面因爲利害關係，由士官派而復分爲「皖系」與「直系」，控制政府，爭奪地盤，不惜殘民以逞。此一軍閥禍國的史實，已爲一般人所熟稔，故可毋庸多贅。茲特將清末民初由武備出身的人物，就目前所知者，表列於后，藉以瞭解其在政治與軍事方面所佔的地位，以及其對政局的影響。[58]

姓 名	籍貫	別號	畢業期別	最 高 經 歷	備 註
丁效蘭		香濤	不詳	旅長	
王子培	安徽		不詳	馬隊營長	
王世珍	直隸正定	聘卿	第一期	陸軍總長，代理內閣總理	生 1861 卒 1930
王占元	山東冠縣	子春	第一期	湖北督軍、省長、兩湖巡閱使	生 1861 卒?
王汝賢	直隸密雲		不詳		師長、參軍、保定軍校校長
王汝勤	直隸密雲	幼甫	不詳	旅長、師長、長江下游司令	
王金鏡	山東武城	耀庭	不詳	旅長、師長、將軍府將軍	生 1661 卒?
王廷楨	直隸天津	子明 (子銘)	不詳	師長、天津江寧鎮守使	原宋慶部後留學日本
王承傳	安徽桐城		幼童班第一期畢業	天ELQ旂兵學堂教習、出使德國隨員	廕昌選拔
王承斌	奉天興城	孝伯	不詳	旅長師長、直隸省長	
王維城	直隸任邱		不詳	師長、天津鎮守使	王承斌部、出身武舉
王英楷	奉天		不詳	北洋第五師長	
王懷慶	直隸寧晉	懋宣	第二期	熱河都統、熱察綏巡閱使	
孔令侶	山東曲阜	靈叔	不詳	不詳	孔子七十六世孫、曾留學日本
孔慶唐		文池	第一期	不詳	光緒十五年派赴德國留學

孔繁錦	安徽合肥	華清	不詳	隴南鎮守使、陝甘巡邊督辦	
田中玉	直隸臨榆		不詳	陸軍部次長、山東督軍、省長	生?卒1935
李長泰	直隸武清		不詳	師長、北京步軍統領	生一八六三卒?
李純	直隸天津	秀珊	第二期	江西、江蘇督軍、蘇皖贛巡閱使	生一八六八卒一九二〇卒
李恩榮	直隸寧河	俊卿	不詳	混成旅團長、冀南鎮守使	
言敦源	江蘇常熟	仲遠	不詳	陸軍部侍郎、內務部次長	
阮忠樞	安徽		不詳	隨營學堂總辦、總統府內史	
何宗蓮	山東平陰		不詳	陸軍部長、察哈爾都統	
金大廷			第三期	武備學堂助教	光緒十八年北洋奏留
吳金彪	江蘇武進		不詳	江西贛北鎮守使	生一八六一卒?
吳鼎元		子標	第一期光緒十五年派赴德國留學		
祖繩武			第一期	武備學堂助教	光緒十三年北洋奏留
俞人鳳	直隸天津	翽梧	鐵路科畢業		
段芝貴	安徽合肥	秀岩	不詳	黑龍江巡撫、奉天將軍	生一八六八卒一九二五
段祺瑞	仝上	芝泉	砲兵科第一期	督軍、陸軍總長、內閣總理、執政府執政	生一八六五卒一九三六
施從濱	安徽桐城	漢亭	不詳	混成旅長、濟南鎮守使	生?卒一九二五

馬良	直隸清苑	子貞	不詳	旅長、民國十七年濟南鎭守使	
殷貴	直隸天津		不詳	熱河朝陽鎭守使，廈門要塞司令	生一八九六卒？
唐國謨	安徽合肥	子猷	不詳	旅團長（辛亥在馬廠響應革命。二次革命時率所屬李厚基部駐江南製造局響應陳其美）	
高全忠	江蘇銅山	孝忱	不詳	旅長兼閩浙軍援粤左翼前敵司令（段祺瑞部）	
高峻峰	直隸天津	秀山	不詳	混成旅長、步兵團長	生一八一一卒？
陶鼎			第一期	武備學堂助教	光緒十二年北洋奏留
曹錕	直隸天津	仲珊	不詳	直隸督軍、直魯豫三省巡閲使、大總統（一九二三、一、二十四）	生一八六一卒一九三九
曹鍈	直隸天津	子振	第一期	旅長、師長、測量學校校長	
陸建章	安徽蒙城	朗齋	不詳	陝西都督，內閣總理	生？卒一九一八
薝德正	直隸天津		不詳	甲午戰爭時定邊軍總教習	
薝德全	仝上	子純	第一期	直隸陸軍第五混成旅長	生一八六三卒？
陳光遠	直隸武清		不詳	赤峰鎭守使、江西督軍	生一八六三卒？
陳調元	直隸安新	雪軒	不詳	江蘇憲兵司令、省長	生？卒一九四三
張興祖			幼童班第一期畢業	出使德國隨員	臨昌選拔
張懷芝	山東東河	子志	不詳	山東督軍，湘贛巡閲使	生一八六三卒？

馮國璋	直隸河間	華甫	步兵科第一期	直隸、江蘇督軍、副總統、代理大總統	生一八五八卒一九一九
雷振春	安徽合肥	朝彥	不詳	軍事執法處長、陸軍部尚書	
楊善德	安徽懷寧		不詳	淞滬護軍使、浙江督軍	生？卒一九一九
趙倜	河南汝陽	周人	不詳	河南督軍、省長	
裴其勳	河南光山	堯田	第一期	旅長、吉林鎮守使	
閻相文	直隸保定		不詳	陝西督軍	生？卒一九二一
齊星棟	直隸蠡縣	序東	不詳	輜軍兵中校科長	
齊振林	仝上	曉山	不詳	陸軍部次長、憲法起草委員會委員	
劉永慶	河南		不詳	第一任江北提督	
劉武訓	直隸南皮	嗣春	鐵路科畢業	津浦路濟南辦事處長、京張、張綏路局長、交通部唐山大學校長	
劉恩源	直隸河間	文泉	不詳	貴冑學堂監督、陸軍參事、張紹曾內閣財政總長	留學德國。
劉鴻恩	直隸大城	錫三	不詳	標統、民國十年奉軍駐東辦事處處長	
梁華殿			第一期	小站練兵時右翼三營統領	光緒二十二年演習淹死
膝毓藻			第一期		光緒十五年派赴德留學
鮑貴卿	奉天海城		不詳	黑龍江將軍、陸軍總長	生一八六六卒？
羅友聲	湖南衡山	子先	不詳	審計院院長、湖南督府參謀長	

盧永	山東濟寧	子嘉	山海關武備分堂畢業	浙江督軍	
聶汝成	安徽合肥	海臣	不詳	協統（聶士成部）	生一八五九卒？
聶汝清	仝上		不詳		生一八五九卒？

上表所列僅有六十五人，與武備學堂實際畢業的人數相較，相差遠甚。由於資料不足，實亦無可如何。不過，從此一表裏，我們也可以有如下幾點的發現：

㈠以他們的籍貫而論，來自於直隸（河北）者實居絕大多數，計有廿七人，約佔該表人數的百分之四十。這自然是因為近水樓台，武備學堂設於天津之故（其中天津籍者有九人，約佔河北人的三分之一）。次為安徽人，計有十三名，約佔百分之二十。武備學堂學生多由淮練各營將弁子弟保送及挑選而來，其中安徽籍者自然甚多，故其人數亦僅次於河北而佔第二多數。該校學生既以直隸與安徽籍者為最多，而中國人的鄉土觀念又非常濃厚，故其後由北洋派而復分為直、皖二系，自不足為怪。再次為山東，河南及奉天三個與河北鄰近的省分。計山東籍者六人，約佔百分之九；河南與奉天籍者各三人，分佔百分之四點五，其他尚有江蘇籍者三人，湖南籍者一人，不明籍貫者九人。可見該校學生實以北人為最多，南人根本即為少數而無多大的影響。

㈡以武備學生於民初軍政各界所居的地位而論，其勢力之大也非常令人矚目，計其中曾任總統、副總統及執政府之執政者三人；曾任內閣總理或代內閣總理者三人；曾任部會首長或副首長者七人；曾任各地督軍、省長、巡閱使、將軍、鎮守使者二十二人，曾任軍事院校長者三人；曾任師長、旅長者十人。其他尚有

畢業於鐵路科而於民初出任鐵路局長者二人，畢業於幼童班以德文程度優秀而爲出使德國大臣廕昌選爲隨員者二人。惟其中值得注意者，即於辛亥革命之後起而嚮應者亦有一人（唐國謨）實可謂爲其中的一個例外。

六、民初軍閥及其形成的背景

十九世紀中葉，西力東漸，我國首當其衝，所受的壓力以軍事爲最嚴重。李鴻章思想銳敏，鑒於西人「器械之鮮明，隊伍之雄整」，深以中國軍器遠遜外洋爲可恥。於是乃毅然決然「虛心忍辱」，首先採用西方新式的訓練與裝備，使其淮軍成爲我國第一支近代化的陸軍勁旅。其後對於平定髮捻，保衛海疆，貢獻甚鉅。中法戰後，爲了培養後起之秀，替淮軍注入新血輪，復於天津創辦武備學堂，延聘德員爲之敎習。原冀由此訓練一批中西會通，文武兼資，保國衛民的高級將領。不料，其後反而產生不少禍國殃民的軍閥，實非鴻章初料之所及。武備學生之所以成爲軍閥，則其早期所受敎育的不健全可能是一項主要的原因。我們知道，一個人早年所受的敎育，印象最爲深刻，往往對其一生都有重大的影響。以清末的武備學堂而論，在敎育上的最大缺點便是僅重西方技術的訓練而忽略基本人格思想的陶冶。此一缺點，早於清末時期學者沈毓桂即曾指出過。謂：「惟偏於西學而不以中學鍊其才識，生其尊君親上之心，則所謂西學者有所益亦必有所損，有所利亦必有其弊。」[59]梁啓超於論及清末洋務運動時，也曾加以嚴厲的批評。謂其所行者皆爲「補苴罅漏，彌縫蟻穴」的政策，而非眞正的變法。至於當時所設的同文館，廣方言館、水師學堂、武備學堂、實學館之類，亦非敎育人材之所。蓋以：

「言藝之事多，言政與教之事少」。而「其所謂藝者，又不過語言文字之淺，兵學之末。」似此教育，「不務其他，不揣其本，即盡其道，所成已無幾矣。」⑥更何況所習者又大多為西學的皮毛！普通的技術人員缺乏基本的精神訓練，關係猶輕。可是，如果那些手執干戈衛社稷的軍人，不注重於精神訓練，其影響即將非同小可。因為軍人道德不僅為軍隊的核心，同時也是兵士的靈魂。軍人道德昂揚，將士始可以忠勇奮發，保國衛民。否則必將怯於公敵而勇於私鬥，只知自私自利而置國家民族於不顧，其結果往往成為官僚爭權奪利的工具。關於此點，我國著名軍事學家蔣百里先生曾作一精闢的解析。他說：「軍人道德者，軍隊之核心，不存在，則僅藉舊有官僚系統以相維繫。官僚系統者何？功名利祿以相指揮之謂也。社會無結構，而官長之黨派乃日出而不窮。……於是小範圍內之縱橫捭闔無暇及於外矣，此兵禍之所以繼續連年而不能自止也。」⑥其次，袁世凱對於他們也有很大的影響。武備學生在校期間的精神教育既被忽視，設使在他們畢業以後，能夠遇到一位光明磊落，志節高潔的長官為之駕馭。潛移默化，身教言教。那麼，他們或亦可能受其忠誠謀國偉大人格的感召，而走上向善之途。不幸他們的長官卻竟是那位虛偽奸詐，善於投機取巧的袁世凱。袁氏的惡劣作風，毫無疑問地對他的部下產生一種示範作用，而使武備學生蒙受一種不良的影響。⑥

不過，如果將民初軍閥的產生全部歸咎於袁氏一人，顯然亦非公正之論。蓋當時的軍閥幾乎遍於全國，實亦並非北洋一派。他如東北的張作霖，雲南的唐繼堯，廣西的陸榮廷，廣東的陳炯明等，均不屬於北洋系統，然其所作所為卻與北洋軍閥完全一樣。可見這種以整個國家為範疇而又具有共同背景的軍閥割據之

局，惟有擴大眼界而從政治、社會、經濟等方面加以解釋，方可
說明其眞象。其一，在政治方面，當滿淸政府被推翻以後，一個
統一的中央政府已經解體。袁世凱時代雖然表面上一度出現統
一，可是當洪憲帝制失敗後，這表面的統一遂即遭受破壞。其後
十餘年間，不論北方的軍閥以及南方的革命黨，都沒有一個統攝
全國的力量。因此，正如歷史上的漢唐末葉一樣，地方勢力乃大
爲抬頭，出現一個地方分權的紛亂之局。再加以文治政府不足以
應付這種群雄兼併的環境，於是軍人獨裁遂成爲必然的趨勢。⑬
其二，在社會方面，依照文化學者的見解，一個人的人格形成，
往往與其所生存的社會與文化背景有著密切而不可分離的關係。
⑭以當時的中國而論，以血緣爲中心的家族，仍爲社會的核心，
傳統的家族觀念依然深植人心。蓋以我國「自周以降，迄前淸末
葉，歷數千年，幾全受封建勢力之支配，而家族社會逐盤根錯
節，幾成不可動搖之勢。」⑮家族觀念過份發達的結果，勢必因
一家一族的利益而超過其他家族或國家的利益；甚至於爲了保護
自己家族的利益而危害國家的利益，亦在所不惜。這在民初的兩
群軍人官僚之中，幾乎是屢見所不鮮的事情，絲毫不足爲異。嚴
復對於此類軍閥的行徑，曾有沈痛的指責，斥之爲「不義之徒，
而操殺人之器。」他說：武人當令，則民不聊生，乃歷史上之事
實。近數十年憤於對外之累敗，由是項城諸公得利用之，起而效
東西尙武之習。雖然武則武矣，而教育不先，風氣未改，所謂新
式軍人，新於服制已耳。而其爲不義之徒，操殺人之器自若也。」
不僅如此，且因中國重文輕武之習甚深，軍人多非受教育者出
身，「故一旦得志，則其驕傲跋扈，奢侈享樂，恣肆自爲，」反而
更甚於常人。⑯證之於民初軍閥，馮國璋出身於琴師，曹錕出身

於小販，張懷芝出身於苦力，王占元出身於牧童，張勳、孟恩遠出身於行伍，張作霖出身鬍匪……⑥可知嚴氏所言之不誣。其三，在經濟方面，由於近百年來，帝國主義之侵略，造成我國生產之落後，農村之殘破，以致傭兵遊民過多。於是軍閥、買辦、官僚遂群起角逐，縱橫捭闔，以爲其圖利之工具。其中原因，李劍農於其所著的「最近三十年政治史」一書之內，說得頗爲明白。他說：「中國三十年來的革命，不能從帝國主義的壓迫下面解放出來，（乃）是因爲資本窮乏，生產落後的原故。因爲資本窮乏，生產落後，才不能發生有力的政黨，使政治走上正軌；因爲資本窮乏，生產落後，才釀成軍閥割據的混亂局面。到了後來，更成爲一種循環性。就是內部的混亂越延長，生產力就越減低，失業的遊民越增加，帝國主義的資本勢力越擴大。」⑧這個解釋，實可謂一針見血，決非泛泛之論。

七、結　論

由上所述，可知武備學堂於其成立之初，在教育上的確遭遇過不少的困難，而在制度上也有許多不完備之處，東西歷史文化不同，軍事傳統自有極大的差異，這在我國進行軍事教育近代化之初，與其說是意外，毋寧是當然的。如果因爲具有一些缺點而即否認其進步的價值，實在是不公平的。

武備學堂原爲培養淮軍幹部而設，可是結果卻並未發揮更新淮軍的功能。一般人多將其中的原因歸咎於淮軍老將的排斥。實則李鴻章的支持不夠積極，也有相當的關係。而李鴻章之不能大力的持，使武備學生在淮軍之內發生一定的進步作用，則又與淮軍的本質不能分開。蓋以淮軍的組成在本質上即是一種私人的武

力，故在先天上即具有一種強烈的排他性。其將帥之不願軍權落於他人之手，自然是可以想像的。

　　至於若干武備學生，日後演變爲民國時代的軍閥，其中的原因可以說極爲錯綜複雜，最主要的乃是由於時代背景以及中國社會文化傳統的影響，而武備學堂在教育上的缺陷，亦不遇負一部份的責任而已。

【註　釋】

①參考光緒三十三—三十四年「諭摺彙存」及「政治官報」。

② Sell,Ralph L,Powell,The,Rise of Chinses Military Powres,1895 – 1912,p.p.235 – 236.

③參看王爾敏：淮軍志，頁二九一—三〇一。

④見李文忠公奏稿（以下簡稱爲奏稿）四九，頁四—五，光緒十年正月十七日，「借款購備鎗砲摺」。按此次負責購買武器者爲駐德公使李鳳苞及德商斯米德。所購者計有：德國克鹿卜（Krupp）過山鋼砲一〇二尊；美國哈乞開司（Hoschkiss）六響後膛快鎗五千支；毛瑟（Mauses）後膛步鎗五千支。合共費銀四十萬餘兩，統於出使經費項下支付。

⑤奏稿二〇，頁四六，同治十一年十二月十九日，「練軍酌添洋鎗教習摺」。

⑥李文忠公譯署函稿（以下簡稱函稿）四，頁三九—四〇，光緒二年三月四日，「議派武弁赴德學習」。

⑦奏稿三五，頁三三，光緒五年十月廿八日，「武弁回華教練摺」。

⑧奏稿五三，頁四二—四三，光緒十一年五月初五日，「創設武備學堂摺」。

⑨淮軍砲隊初期曾用常勝軍洋弁十餘人。另程學啓部則有英人備雷 (Barley) 幫同教習；劉銘傳部則有畢乃爾（Penell）幫同教練。李文忠公奏稿六，頁五九一六〇，同治三年五月十七日，「請俟湖州光復再協攻金陵片」。

⑩德式訓練，因精于「直腳正步」及「擺演」，故俗稱爲「鴨步」。見張蔭麟文集，頁五六七，「泰萊甲午中日海戰見聞記。」又淮軍之採用德式訓練自可能因其用德國克鹿卜廠所製之鎗砲有關。李鴻章除不斷延聘德國敎習外，並於光緒二年（1867）派遣淮軍軍官卞長勝等五人前往德國留學（閱奏稿廿七，頁四）；光緒五年（1879）赴德留學之袁雨春、查連標、劉芳圃三人回華，李氏又特別挑選親軍營一哨，倣照德國一哨之制，交由袁等依法敎練並令漢納根（Von Hanneken）察看，俾於學成之後分派各營充當敎練（閱奏稿卅五，頁三三— 三四）。及光緒七年（1882）二月王德勝由德回華，又委之管帶親兵營，「倣照德國軍營陣法，嚴勤操練，認眞傳習」（奏稿四一，頁廿三）。

⑪奏稿廿七，頁四，光緒二年三月廿六日，「卞長勝赴德學習片」。

⑫函稿四，頁三九— 四〇，光緒二年三月四日，「議派弁赴德學習」。

⑬關于德使巴蘭德游說李鴻章之事，可參看奏稿廿五，頁廿三。至于德璀琳在天津多年，則尤爲李氏所信任。

⑭參見奏稿廿七，頁四；五八，頁四。電稿六，頁十三，李勱協來華敎習約在同治十二年（1873）三月間，聘期爲三年，於光緒二年（1876）返國。哈孫來華時間約在光緒八年（1882）、光緒十二年九月返國。漢納根於光緒五年（1880）來華，甲午戰後返國。

⑮函稿四，頁三九，「議派員赴德學習」。

⑯函稿十一，頁二五--二八，戈登贈言。

⑰ See, The Chinses Times, 1887, APril 23. P.384, The Tientsin Military

School 。又據李文忠公電稿三，頁五三一五四，光緒十年八月二十一日李鳳苞電，則知是年九月中到津之被聘德國軍官有總兵萬里城，翻譯博郎，台工副將哲寧，步守備愛弗諼，千總施本格，砲千總陸伯德及赫力士、永雷千總金美及施密士、水雷弁樨朗客、軍醫巴珥。十月中到者有砲台參將李寶、砲弁艾德及削爾、步副將崔發祿、步守備屯士基及那珀、陸砲千總康喇脫、砲線千總美克、陸砲守備李曼、浮橋千總巴恩士、砲台弁勞蓋及貝阿荷，砲弁貝根，共二十四人。

⑱天津武備學堂之設立，爲周盛傳與周盛波所建議，事見李文忠公奏稿五三一一「創設武備學堂摺」。另周馥於其自訂年譜內亦云：「其議發自周武壯薪如盛傳提軍」。而嚴復卻另有一種說法，謂：「曩者法越之爭，北洋延募德酋數十人。泊條約旣成，無所用之，乃遣各營以爲教習。彼見吾軍事多不可者，時請更張。各統帥惡其害已也，群然譁而逐之。上游籌慰安此數十人者，於是乎有武備學堂之設。（見嚴著「救亡決論」一文，此處轉引自周振甫嚴復思想述評，頁四七一四八，中華書局出版）。嚴氏當時在北洋水師學堂執教，對于周氏建議創設武備學堂之內情，可能並不瞭解。根據周盛傳向李鴻章的報告，則知周氏思想並不保守，對于德式訓練亦未反對。所爭者僅爲訓練之方式問題，因與德員所議不合故有設學堂之議（見周武壯公遺集卷四，頁三三一三四）。惟無論如何，陸軍將材之培養至爲需要亦爲事實。一位英國觀察者在北洋魚雷學堂設立之初（約光緒四年）機曾預言其爲將來中國設立作戰學堂的第一步（Marks Bill, Ⅱ, P.10）

⑲見周馥自訂年譜卷一，頁廿二，按鴻章所奏「剙設武備學堂」一摺即爲周馥所起草（見周愨愼公全集，奏稿五，頁十四）。惟鴻章於光緒十三年十月所上奏獎楊宗濂一片內，卻又言：學堂之始，一切章程本係該員一手釐訂」。可見周氏至少亦曾徵詢楊氏及德國教習的意見。

⑳據英文天津時報（The Chinese Times, P.334.3rd April.1887）所載，
該校佔地六〇〇平方公尺，其中包括有各式各樣的官員房屋，學校宿
舍以及接待室等，另有大教室四間，大廳二所，模型室一座，汽球
（Ballon）即陳列於其內。同時在那裏且可以玩軍棋（Kriegspiel），其
他尚有照像，印刷與化學物理的實驗室等。疑六〇〇平方公尺可能有
誤。

㉑參看海軍部舊檔，軍學類編譯三六一號，李照恆等撰「天津水師學堂
事略稿」，李文忠公奏稿六三，頁五七——五八；故宮博物院藏軍機
處月摺檔冊，光緒十三年三月份，十六年三月份及十八年五月份月摺
檔，李鴻章奏獎武備學堂人員名單。惟據光緒十一年正月廿七日新加
坡叻報社論，則言：根據申報所載，「武備學堂因爲學生不遵管教，
以致乃有總辦馬翰卿及洋教習那珀辭職之事」。頗疑在楊宗濂前尚有
一馬姓總辦。

㉒見軍機處光緒十三年十月份月摺，李鴻章請獎楊宗濂片。

㉓See, The Chinese Times Sept.13.1888 P.558

㉔同右。

㉕見李文忠公譯署函稿十九，頁二十八，論德教習辭差。

㉖聯芳管理學堂之事見奏稿七十一，頁二；五十九，頁三十及英文天津
時報（The Chinese Times, P.739, Nov.22/90 Notes），按聯芳曾於清
末出任外務部左侍郎，民國後隱居不出，曾經一度被選爲參政院參
政，卒年不祥

㉗參見光緒十三年三月軍機處月摺，李鴻章摺及中央研究院近史所藏清
代總理衙門清檔，A-10-3. 以及翁同龢翁文恭公日記，光緒廿三年
十二月二日記，王闓運湘綺樓日記，甲寅五月廿七日記。按廕昌於庚
子亂後曾以副督統的資格隨同醇王載灃赴德謝罪。其後先後二次出任

中國駐德公使，清末累任陸軍部侍郎，尙書以及軍諮大臣等顯秩，爲
滿清重要人物之一。民國後隱居不出，十七年卒，年七十。

㉘據一八九〇年九月十三日英文天津時報，繼聯芳爲監督者尙有曾紀澤
之隨員劉某（Lieu Tsz-Chun，惟遍查曾惠敏公遺集，並無此人之對
音，不知爲誰？

㉙姚錫光字石泉，江蘇丹徒人，舉人，後曾留學日本，歸國後爲兩湖總
督張之洞所延，考察長江砲台，辦陸軍學堂，清末任陸軍部右丞，署
右侍郎，民國後任蒙藏事務局副總裁。

㉚關于德籍洋敎習之人名，中西文頗難發現對音。李鴻章於光緒十一年
五月摺內所列者爲李寶、崔發祿、哲寧那、博郎、闓士等四人（見奏
稿五三，頁四三），十三年李鳳苞又增聘李喜脫（Major richter）及敖
耳（Capt. Von Aver）二員，十四年八月摺內奏獎者爲李寶、那珀、巴
恩壬、坤（闓）士、艾德（艾德在堂最久，教授幼生西國語言文字及
一切鎗砲技藝測算繪圖各學）。但據光緒十三年四月之英文天津日報
則有：general Pauli, Lieut. Von Aer Goltx（artillwey），Lieut Von Gluse-
napp（infantry），Lieut. Hecht.（enginering）；Nan-Commissroned
officers, O. Kuntjsch,（artillery）；M. Ernecke「（artillery. Photo--grapher）
, Reisig（See, The Chinese Timese Times P. 386, 1887, April 23）等人。
除李寶可以確定爲 Mayor Pauli，艾德疑爲 Hecht，那珀可能爲 Glase-
napp 以外，其他均無法確定爲誰？李喜脫後譯爲黎熙德（Mayor
Richter），於光緒十三年來華，二十年返國，庚子拳亂後醇親王赴德
謝罪，曾一度聘之爲顧問。敖耳（Capt. Von Aver）光緒十三年來華，
十七年（1891）返國，另外尙有一位 Von Briwen 任期不詳。

㉛包爾受聘爲武備鐵路部敎習事，見 The Chinese Times. P. 739 Nov. 22
1892，包爾及瞿思圖二人期滿返國時，鴻章均曾奏獎，見奏稿七七，

頁八；卷七九，頁十四。

㉜分見光緒十三、十六、十八年軍機處月摺檔，李鴻章奏摺。

㉝參見奏稿六三、六四、七十、七十一等卷，北洋海防經費報表，武備學與水師學堂全年經費相同，每年約五萬兩。

㉞奏稿五十三，頁四三，創設武備學堂摺。

㉟The Chinese Times, April 23. 1877.

㊱蔣方震於其「中國五十年來軍事變遷史」一文之內論及淮軍之蛻變云：「先是李鴻章與戈登善，光緒六年應聘來中國，及其將歸，乃再三以陸軍不整頓則水師無根據爲言，乃有聘德國軍官以練陸軍之議。德員既至，而練軍之議復寢。蓋是時淮軍將帥既積高資，雅不欲進取。而新立一軍歸外人統率若常勝軍者，承平時，更是資曲學者駭怪也。遂于天津設武備學堂，然學生畢業，無指揮軍校之權，僅僅當軍營之教習，賞罰不屬，而日眎于其側，大爲軍中所排斥。故甲午以前學生無能用者，甚哉蛻化之難也。」。（民國十一年申報館刊「最近之五十年第二編」）。周馥亦言武備學生分發回營後，「各老將視之不重」（自訂年譜卷上，頁二二）。

㊲據奏稿六十五，頁十七，知該批幼童每期爲四十名，其招生辦法見北華捷報所譯申報（North Chinese Herald, April 11 1887. The New Militasy College at Tientsin.

㊳見沈祖憲等輯容庵弟子記（文星書店刊，吳相湘主編中國現代史科叢書第一輯），卷二，頁七。翁文恭公日記，光緒廿三年十二月二日記。

㊴聶士成在山海關所辦之武備學堂李文忠公奏稿七四，頁二五，光緒十八年四月廿七日「武備學堂請獎摺」，威海衛隨營武備學堂見吳廷燮編：「合肥段執政年譜」，段氏嘗於光緒十七年擔任該校教習。

㊵See, The Chinese Times Nov. 22, 1890 notes,

㊶See, 1925 Whos' Who in China, also See, Knight Biggerstaff, The Earliest Modern Government school in China, Cornell University Press New York, 1961, P276

㊷See, The Chinese Times. April 23, 1887.

㊸奏稿七四，頁廿五，光緒十八年四月廿七日，「武備學堂請獎摺」。

㊹參看吳廷燮「合肥段執政年譜」，光緒十四年條及 The Chinese Times Feb. 29. 1891. P. 91. 按此次留德學生之派遣乃係出於瑞乃爾的提議並徵得戴宗騫及劉含芳的同意，然後始電鴻章批准。初擬派商德金及段祺瑞二人，後鴻章又命添派「聰明肯用心者」一二人。最後始決定爲五人。（見李文忠公電稿十一、頁十三，光緒十五年三月十七日「劉道含芳來電」，及光緒十五年三月十七日「覆旅順劉道」）。

㊺See, The Chinese Times, Sept. 15 1833 及譯者函稿十九，頁廿八，論德教習辭差。

㊻見洋務運動第八冊，頁四七一，何天爵（Chester Holcomke）著，張雁深摘譯「中國的海陸軍」（The Chinese Army and Navy in the Rial Chinese Question）。

㊼見麥仲華輯，皇朝經世文新編卷十四，兵政，頁一至四，何熙年上張香濤言武備學堂事宜書。

㊽同右。

㊾同右。

㊿同右。

(51)奏稿五三，剏設武備學堂摺。

(52)何熙年上張香濤論武備學堂事宜書。

(53)關於德國軍事訓練對於中國的影響，可參看：Powell, The Rise of Chinese Military Powers. P. 41, 55, 62, 67, 96 236, 281。「強烈的親德意向」

乃美國駐華公使田貝（Charles Denby）語（見 Powell, P.97. notes）。

(54)見容庵弟子記卷二，頁七下。

(55)見陶菊隱：蔣百里先生傳（民國三十七年元旦自序，六十四年台北文海影印），頁一〇六。

(56)見文獻會編：中華民國開國五十年文獻第二編第一冊，「武昌首義」，頁四四四，丁文江：民國軍事追記（民國十五年上海商務刊）── 北洋派之歷史。

(57)蔣百里、陶菊隱書見前。中華局編，袁世凱盜國記。李廉方：辛亥武昌首義記二四，與陽戰爭有關之重要人物。

(58)該項名單乃係參考以下各書作成：⑴楊家駱編：民國名人圖傳（民國廿六年正月辭典館初版。⑵日本東亞同文會調查部發行，外務省情報部編：改訂現代支那人名錄（昭和三年十月出版）。⑶田原楨次郎編：「清末民初中國官紳人名錄（民國七年刊）。⑷李文忠公全集。⑸劉鳳翰：新建陸軍（中研院近史所專刊（20）。⑹Powell, The Rise of Chinese Military Powers 1895－1912.⑺Biggerstaff, The Earliest Modern government School in China。惟此處所據之名人錄，亦並非完全可靠，可能會有少數錯誤，但其中絕大部份應屬正確。

(59)見萬國公報廿八期，頁五六一六〇，沈毓桂「論西學爲當務之急」。

(60)見梁啓超：飲冰室文集第一冊，頁十九，變法通議，「論變法不知本原之害」。

(61)見蔣方震：中國五十年事變遷史，頁五。

(62)關於袁世凱之爲人，論者陶菊隱即有極其生動之描寫，見其所著之蔣百里先生傳。（民三七年元旦自序六四年台北文海影印）。

(63)參看 Powell P.P.338－342，

(64)參看 Anthony F.C. Wallace, Culture and Personality, P.P.85－120，及蔡

勇美譯文化人類學——　人格的文化背景（R. Linton, The Background of Personality）頁七‖廿七，（民國六十四年六月，高雄三信出版社刊）。

㋕見何聯奎，中國禮俗研究（六二年一月台北中華書局），頁四十。

㋖見學術十八期文錄，頁五，嚴幾道與熊純如書扎節鈔之五七。

㋗See, Powell, P80－81.

㋘見李劍農，中國近三十年政治史，頁七三。

（原刊於國立台灣師範大學《歷史學報》第四期，民國 65.4. 台北。）

廣東的機器繅絲工業與
近代中國第一次反機器風潮

一、前　言

　　我國爲世界產絲最早的國家，自古即以「絲國」馳名於世。民國十五年十月，李濟與袁復禮兩位教授曾於山西省夏縣西陰村的彩陶文化遺址中發現半隻蠶繭，證明其爲新石器末期的遺物。①更爲我國是蠶絲之發源地增加一項鐵證。

　　依據史籍所載，可知我國往昔蠶絲的主要產地，大都分布於長江上游的巴蜀、下游的江浙，黃河流域的山東、河北、河南一帶，如江蘇的南京、蘇州、盛澤，浙江的杭州、湖州、嘉興，四川的成都、嘉定、順慶、保寧、重慶，山東的昌邑、棲霞、牟平等處都以產絲而負盛名。其他像馳譽全球的蜀錦、湖綢（山東牟平）也都來自上述地區。至於廣東省所產的蠶絲，較他地爲晚，一直要到清末方才爲人所注意。②

二、廣東傳統的繅絲業

　　廣東蠶絲以「南綆」（Nanken）而馳名遐邇，其主要產區包括珠江三角洲的順德、南海、番禺、新會各地。珠江三角洲之所以成爲我國南方的蠶絲中心，與其自然環境有很大的關係。在氣候方面：蠶性屬陽，喜燥惡溼；珠江三角洲位於北緯二十二度至二十四度之間，恰居赤道北端的邊緣，加以海洋的調劑，故氣候

非常良好。大抵一年之內三冬多煖，僅有春初二、三日的短暫冬寒。由於「煖者嶺南之常，寒者嶺南之變」，所以「陽氣常舒，南風常盛」。隆冬祇如北地十月；盛夏亦僅日間稍熱，而始終保持著「四時皆是夏，一雨便成秋」的氣溫，最有利於幼蠶的生長。③

珠江三角洲的蠶，主要計有下列三種：一是烏歸蠶，因其係由浙江的烏程與歸安二地移植而來，故而得名；一是金繭，又名大青；一是銀繭。烏歸蠶體型較大，所以又叫大蠶。大蠶之中又可分為黃蠶、烏貓（亦名黑貓公）二類。此類的蠶大抵食桑至二十日即熟。大蠶，食桑量多，所結的繭也比金、銀蠶繭大上一倍。惟其性愛涼，祇有頭造可養，其後即不適宜，金繭色黃，銀繭色白，金種粗生，最易飼養。但因銀繭絲多，且甚為洋人喜愛，故仍以飼養銀蠶之家為最多。④

養蠶需要桑葉作為飼料，所以桑樹的栽植也是異常普遍，彌望之處，皆為桑園。珠江三角洲因在北回歸線以南。氣候炎熱，雨量又多，故桑園四時常綠，蠶隻可以周年飼育；加以珠江流域一帶多為沖積流沙形成，適於桑樹生長，因而廣州以下的南海、順德等縣，滿目桑畑，一鎮一鄉無不植桑飼蠶，並以之為農家的正業，耕漁反而變成副業。⑤珠江三角洲的桑園多為「四水六基式」的構造，即將桑作土地的百分之四十挖掘成為池塘，其餘的百分之六十則以所掘之土堆高，以種植桑樹。如此，不僅可使桑葉的生產不致受水旱的影響而供應不足，且可利用池塘養魚，做為田主的副業，真可謂一舉而數得。⑥珠江三角洲的桑樹向來有魯桑和荊桑之分：魯桑甚小而葉圓，肥大而豐厚；荊桑甚多而葉小，其狀有如鋸齒。桑葉以幼嫩者為貴，每年冬至後必將舊枝斫

去，以便再生新枝。桑葉的生長，每年有六造，六造完後，則爲寒造，俗稱桑花。產量多寡不一，每畝多則四五十斤，少則二三十斤。咸同以前，絲業未盛，飼養寒造之蠶的人家較少，又桑花多任人採取，田主亦不加過問。但自光緒中葉以後，洋絲盛行，繭價日昂，農人養寒造蠶者日多，因而對桑葉也特別愛惜，禁人摘取。絲有絲行、桑有桑市。爲了爭桑花，曾經引起一連串械鬥與爭訟，造成民間的許多糾紛。⑦

　　珠江三角洲的絲織品以「粵緞」號爲上乘，粵緞質密而勻美，色澤光輝而滑潤。但必用吳蠶之絲始能織成，若用本地的土絲則大爲遜色。其次是「綿紬」，爲順德人模仿湖州綿紬而成，又名「順德紬」再次是「廣州娩綢」，爲野蠶絲所織。此外尚有象眼紬及繭紬，也很有名。象眼紬爲土絲所織，曾經作爲貢品，出於閣貝（鄉），其中又常分爲兩種：一名玉階、一名椰葉（即斜紋布）。繭紬以絲骨（繭殼）織成，出於官田、海口等地。其他在粵東的嘉應州還有一種叫做「羅浮蝴蝶」的絲綢，以野蠶絲織成。其蠶狀如蝴蝶，五色絢爛，甚爲美觀。因其產地主要在河田與興寧鄉之交界處，故業者也以興寧人爲多。至於蠶繭則以程鄉最佳，向爲嶺南所貴，其繭質厚而有皺紋，堅韌而又結實，製爲袍服之後可穿用數十年而不壞。文昌繭及新興繭次之，南海官窯、順德龍江之繭則較劣。⑧

　　養蠶製絲原是一種農村的家庭副業，可是由於其後絲業日盛，絲廠日多，故絲產也日趨於專業化。因爲絲廠大多座落於鄉間各地，而此等之工作又特別適合於婦女，所以製絲工人幾全爲婦女所包辦。他們的年齡小者十二三歲；長者四五十歲。早出晚歸，每日工作十一至十二小時，生活雖然相當辛苦，但也解決不

少農村婦女就業問題，增加家庭的收入。⑨

三、廣東機器繅絲之由來

在繅絲的技術方面，珠江三角洲地區也隨著絲業的發展而不斷地改進。咸同時期（1851－1874）絲業不盛，鄉間繅絲尚多循用舊法，而使用「手機」或「短工機」，俗稱「手繳機」或「七星絲」。光緒初又改用「足機」，俗稱「踹絲」或「括絲」。手機成本雖輕，而起絲亦少。足機起絲雖多，而其絲較粗，品質亦較劣，每年出口者祇不過萬包左右，爲數甚爲有限。⑩直至咸豐十年（1860）之後，情形方才逐漸好轉。是時由於歐洲的法國與義大利發生微粒子蠶病，生絲的供應不足，乃開始自東方輸入生絲以爲彌補。而美國方面也因絲織業的日益勃興，對於中國生絲的需求量急增。因此傳統廣東絲織業中心的珠江三洲角也繼上海之後，因爲銷路的刺激，而有機器繅絲廠出現。不過廣東卻與上海有所不同：上海之機器繅絲工廠多由外國人投資經營，其效果頗爲不彰；而廣東的機器繅絲工廠，卻全由我國人所自營，其成績亦較爲卓著。二者之間，恰巧成爲一個有趣的對比。⑪

論及廣東的機器繅絲，實與一位傳奇人物陳啓沅的事蹟有莫大的關係。陳啓沅字芷馨，廣東南海縣簡村堡簡村鄉人。少孤貧篤學，不論諸子百家、星相輿地諸書，他都廣泛地閱讀，尤其對於易理，更有研究。其爲人，天性穎悟，而目力尤稱絕倫。常能於深夜之處或暗室之中辨別五色。又長於精細的雕刻，曾在一粒麻子上刻下百餘字。又善細物，工於繪畫蝴蝶，其狀「飛躍傳神」，以顯微鏡窺之，則蝶之兩鬚乃兩絕句綴成；其裙翅亦皆爲韻語。嘗自刻小章，徑僅二分，中容百餘字，見者無不歎其多

才。可是啓沅卻胸懷大志，並不以此雕蟲小技自滿，而常思發奮有爲，做出一番事業。適以咸同年間，楊洪亂作（1850－1864），啓沅目擊中國大亂，深感四方多故，內訌外侮相逼而來，天下非十數年不能大定。因念民生凋敝，不忍坐視。「運籌帷幄，決勝疆場，既非吾所長，亦非吾所志。惟天既生我於中國，睹此干戈擾攘，戰爭未息，豈可跼蹐鄉關，以流離轉徙，了此餘生乎？」⑫於是乃決計遠遊，以求有所得而「還哺祖國」。從咸豐四年甲寅（1854）開始，赴南洋遍遊各埠，考求機器之學，經歷十八年，至同治十一年壬申（1872）方才返回廣東。陳啓沅此行最大的收穫，便是他在海外考察粵絲的銷路之後把「法國式蒸汽機製絲法」引進中國。⑬

　　關於陳啓沅之回國設廠一事，南海與順德兩種縣志所記載的頗有差異。續修南海縣志「陳啓沅傳」謂啓沅：

　　　壬申歲返粵，在簡村鄉創設繅絲廠，名曰「繼昌」。隆容女工六七百人，出絲精美，行銷於歐美兩洲，價值之高，倍於從前，遂獲厚利。⑭

可是順德縣續志所記卻言啓沅具有新思想。遊歷外國考察粵絲銷流狀況，歸國後，一本其所得「於光緒初年創辦機器繅絲廠」，「用蒸汽以發動機製作。」⑮同時並引龍山鄉志云：

　　　鄉之有機器繅絲廠，始於同治甲戌（按即同治十三年，公元1874）。其時風氣未開，咸加誹謗。陳（啓沅）遂設廠澳門試辦。製出之絲，別爲兩種：一曰「四角絲」，運銷美國；一曰「六角絲」，運銷歐洲。成效漸著，繼續設廠於南海西樵，爲內地倡。⑯

由此可見陳啓沅在返國後，引進西方的新式繅絲技術。一開始並

不順利。但經一段時期的奮鬥之後，此種新的機器繅絲之利，終於爲人所知曉。於是各處聞風興起，紛向南海、順德產絲地方，競相設廠，而使桑蠶區域大爲擴充。然而，由於機器的使用，造成大量傳統手工業工人的失業，卻於光緒七年（1881）引發了南海縣一場反機器繅絲的暴動，成爲我國近代史上第一次的反機器風潮。

四、南海縣學堂鄉的反機器繅絲暴動

　　陳啓沅在南海簡村堡所創設的機器繅絲，當時名之爲「絲偈」或「鬼緶」，又稱爲「鬼護」。自開創之後，由於「期年而獲重利」，因之三、四年間，南海、順德各處倣者四起，僅南海縣的學堂鄉與吉水鄉附近這二、三十里間，即有裕厚昌、繼昌、隆經、和昌四家，擁有機器十一座。每廠所用男女工人四、五百名（其中女工約四百名，男工約一百人），合計共有工人四千四百餘名。⑰其法乃係以機器轉動各輪，輪下設有絲斛，由女工數百列坐斛前，用斛撥動蠶繭，挑起絲查，上輪聽其旋轉，使之成絲。計每一絲工可抵十餘人（手機）之工作，每日可繅絲四、五十斤。這種機器的效率自非手緶絲之所能及。因之機器絲日多，手緶絲日少。而手緶絲之銷路亦大半爲機器絲所奪。再加以光緒七年（辛巳，1881）蠶桑歉收，手緶絲益寡，市上幾乎無絲可買。以致機工紛紛失業，生活陷於困境。新式工廠久已爲手緶工人所嫉忌，至此乃益發對之憤恨。於是遂倡建「錦綸堂」作爲號召，起而與之爲敵，並對各機器繅絲廠展開報復性的攻擊。

　　這一次的暴動發生於光緒七年（1881）的八月。十三日（十月五日）適爲機戶先師神誕，於是乃有機工二三千人在大同墟先

峰廟飲酒集會。並於午後兩點鐘前往學堂鄉襲擊裕厚昌工廠。除將機器搗毀，掠去絲料一萬餘斤之外，並乘機搶奪銀錢衣物，因而與該廠的員工發生衝突。結果，裕厚昌雖有絲工二、三人受傷，但卻當場扭獲機工三人，將之解交於海口營法辦。當衝突發生後，裕厚昌廠方亦曾報請官府派兵彈壓。⑱南海知縣徐廣陞聞報之後，認為事體嚴重，乃一面稟報大憲，會同廣州協統親往查勘，一面出示勒令鬼護各廠一律剋日停工，聽候處理。同時並派員追拿首謀，以為懲處。⑲不料，至十八日（十月十日）機工人等又聚一、二千人，持械操旗，再度攻擊學堂村。官兵往壓，竟與對抗。徐廣陞雖曾再度出示勸告，可是依然無效。二十四日（十月十六日），機工一、二千人第三次前往學堂鄉尋仇，嗣經官兵鎮壓方才解散。九月十日（十月二十二日），機工又到處張貼長紅（通告），向各機器工廠公開勒索，每機科銀二錢，合約千餘金。分採軍火，截奪絲艇以及各廠所購的防禦武器槍砲。十七日（十月二十六日），機工千餘人復行集合，結隊攻擊學堂鄉，意欲一舉而將該處四廠的機器廠房全數燒毀。而學堂鄉廠亦紛紛糾眾防衛，眼看一場大規模的衝突即將爆發，幸經官兵即時趕到，方才得以避免。

　　情形演變至此，似乎愈來愈為惡化。一以南海所屬之江浦、九江、西樵一帶，機工已不下萬餘人，如果再與附近的佛山、三水、順德等地的機工聯為一氣。則聲勢更為浩大。再以廣東民情浮動，在此以前早已恃眾橫滋，時常生事。同治五年（1866）曾經糾眾包圍撫衙，勒免抽厘；光緒元年（1875）又曾抗官購辦，相沿成風，尤以華夏、華浦兩鄉最為獷悍。知縣徐廣陞有鑒於此，因特派兵將著名「匪首」馮亞敬、馮兆炳、馮亞韋、馮近發

等拿獲。又嚴定章程，規定各局機工七人設立工頭一人；一鄉設
立禡首一人，非經機店及禡首結保，不准工作。並於每月首日造
冊送交公局，由紳加結送縣稽查。平時則層遞管束，遇事則責成
綑交。至此，南海各鄉的秩序方得逐漸恢復。⑳

五、機器繅絲廠的停工與復工

學堂鄉的反機器風潮雖成過去，可是學堂鄉的四家機器繅絲
工廠，卻因而遭受官方的封閉，而一時不准開工。根據南海縣知
縣徐廣陞的通告，吾人可知其所持的理由如下：

其一：裕厚昌擅製機器繅絲，又未曾稟明立案，以致引起失業傭
　　　眾、藉端肇釁。故應對此次暴動負有相當的責任。

其二：根據政府的規定：沿海各省製造機器均係由官設局，奏明
　　　辦理，平民不得私擅購買。諸如長江之輪船往來，招商局
　　　及洋商貿易，均無由地方商人置用貿易之事，即可證明。

其三：根據廣東省定章：除捕盜緝私外，不得以輪船販運貨物，
　　　渡搭客人，即官用之船，亦須稟明立案。今裕厚昌並未立
　　　案，顯屬違法。

其四：地方官為民之父母，固不可庇奸民而縱其為暴；亦不能袒
　　　富民而任其壟登。地方之莠頑固當究治，而小民之生計亦
　　　應兼籌。是以，「今以一家射利，而使千百窮黎失其　業，
　　　其必起而爭者勢也。若以此事稍從寬貸，而使千百無賴漫
　　　長刁風，遂至目無法紀者亦勢也。勢既兩端，理又各絀，
　　　自應嚴杜專利，以遂民生；更應嚴治首謀，以挽風氣。」
　　　㉑

於此可見其態度的開明公正，確亦於情理法三者皆能兼顧。同時

吾人也可由此看出，儒家民本思想對於滿清政府的現代化政策，的確產生相當大的影響。是即：在中國接受西方機器文明影響之過程中，固然要顧及到商民的利益，但也更應注意到一般平民的生活。否則的話，則寧可犧牲機器之利益，以求平民生活之有所保障。由上南海知縣徐廣陞所言之四點理由中，吾人即不難知曉，不論滿清之中央政府，以及廣東之地方當局，皆曾對於民間之私用機器，嚴格設限，其原因殆即為此。可是此一僅允官方經營或官督官辦的政策，顯亦阻礙了民間企業的自由發展與活動，而對中國的現代化產生許多不利的後果。

　　然而，不論如何，學堂鄉的機器繅絲工廠終於在停頓一年多之後，又得政府的解禁，而重行復工。這固然是由於各廠紳的不甘長期損失，而一再地向政府請願。但也以南海、順德其他同類的工廠，仍然照常工作，如對學堂鄉各廠長期封禁，亦為顯屬不公。尤其最引人注目的是，陳啓沅因鑒於機器繅絲為眾所忌，而機工失業又造成嚴重的社會問題，於是乃又改創一種繅絲的小機，方便於小資本家的經營，其功用非僅與大機器無異，而其利且較大機器尤溥，因之風氣日開，南、順各屬紛紛採用。婦女之借是營生者高達數十萬人。廣東之出口本以絲茶為大宗，此時之土絲出口，更超過於茶葉之上，至宣統之初，每年竟然高達四千餘萬元。挽回利權，培植國脈，啓迪之功，實不可沒。㉒至於絲織品的種類，也在此時日益翻新，花樣百出。計有粵緞、錦紬、雲紗、花縐、素縐、竹紗、牛郎、官紗、天鵝絨等，但因織造多用土絲，與出口的車絲，卻仍有不同。㉓

六、結　論

廣東地狹民稠，力穡者罕，逐末者十之六七，因而市舶之利獨鉅。㉔蠶絲一項，原本出產不多，惟以自然環境優異，適於蠶隻的飼養，故在珠江流域乃漸由家庭副業而趨於專業化。不過由於繅絲技術僅知使用手緝，致其所產之七里絲在咸同年間出口，每年只達萬斤左右，數量殊為有限。自同治十一年（1872）南海實業家陳啓沅從南洋攜回法國蒸汽機製絲法，生產量方大為提高。但以機器的使用，也對傳統手工業者造成許多不利的影響，不僅搶奪其銷路，且也造成機工大量的失業。以當時南海學堂鄉與吉水鄉的四家工廠（裕厚昌、繼昌、經隆、和昌）而論，其所傭用的工人即有四千四百人，由於使用機器，可以一抵十，造成四萬四千人的失業，似此情形自然相當的嚴重。光緒七年（1881）八至九月的反機器風潮，殆即因此而起。幸經南海知縣徐廣陞的適當處理，而陳啓沅又特為改創繅絲小機，方將此一困境突破。此後廣東的生絲出口日增，直至清末民初皆可稱為黃金時代。證明此一純由民間的企業發展，反而較之其他官督商辦的事業，更為活躍而有成就。

關於廣東的繅絲業發展，可由南海與順德二縣概見一斑。以南海而論：從前絲廠以順德為多，南海次之。自光緒以來，工廠日多，大者絲工八、九百人，小者四、五百人，規模較前已經逐漸擴大。資金方面，從前絲廠合資多在一萬五千兩之譜，但至光宣之際，卻增至兩萬兩以上。生產方面，各廠均用女工，每日可繅絲約二至三兩，工費則視多少粗細而定，自一毫至三毫不等。出口方面，每年旺季約二百萬勆。為運輸方便，產絲各鄉大多備有「綢艇」，艇小而堅，城鄉來往，結幫而行，艣槳齊轉，槍砲迭發，彼此互為聲援，夕發朝至，殊為便捷。㉓以順德而論：順

德絲產爲珠江三角洲之冠。自改用機器以來，廠數日多，自同治（1872）起，三、四年間，增至百數十家。大者女工六、七百人，小者二、三百人，每日每工得絲約三、四兩不等。計每絲偈以五百人爲率，每年即發出工銀二萬七千餘元，貧家婦女均蒙其利；又以小機的普遍使用，可以推展至每一家庭，故其得利更溥，除大機與小機外，當時還流行一種中型的腳機（即踎機），適用於規模較小的工廠，女工多則百十人，少則六、七人，其所產的絲稱爲「孖括絲」，也與「車絲」並行銷售歐美，輸出額約占粵絲的三分之一。㉔

　　尤其值得注意的是，廣東的機器繰絲工業，也漸引起粵省大吏的興趣。光緒十二年（1885），兩廣總督張之洞，曾經奏以銀四萬兩，在粵設置繰絲廠，惟以其在所購之新機運粵以前，張氏已經調任湖廣，以致功敗垂成。㉕清末時期，以日人用複繰機繰絲較爲精美，美國絲業團體來粵考察，勸中國人倣之。順德人岑某首先倣效，增設複繰工廠，一時同業風靡。至此昔日之四角絲乃一變而爲複繰式之六角絲。產量日增，銷路日暢，至光緒三十二年（1906），廣東生絲的輸出額，居然達二〇、三三六、七七六海關兩，約爲中國機械絲總輸出值二九、四八五、四八一海關兩的百分之六十九。㉖由此可知，光緒七年（1881）的反機器繰絲風潮，只不過是廣東繰絲機械化過程中的一個小小插曲，對於其後該一地區的絲業生產，並無多大的不良影響。

【註　釋】

①參看李濟「西陰村史前的遺存」（民國十六年刊）及陳小凌：「西陰村蠶繭」：民國七十二年木鐸出版社刊）頁十九，「蠶絲的開始利用和原

始紡織技術」。

②參考錢天達著，中國蠶絲問題（民國二十五年上海黎明書局）；朱楚章，中國的絲蠶業（民國二十五年上海生活書局）。

③見周廷幹等修，重修龍山鄉志，卷二，頁三四「粵東氣候」。

④同上。

⑤參考大正六年東亞同文館編，支那省別全誌—— 廣東省，頁六八七。

⑥參考民國七十三年八月中央研究院近代史研究所舉辦之「抗戰前十年國家建設史研討會」中陳慈玉「抗戰前夕廣東省的機器製絲業」論文抽印本，頁二八一二九。

⑦見何藻翔等修，順德縣續志，卷一，頁二三一二四。

⑧同上，卷一頁二三一二四；溫仲和等，修光緒嘉應州志，卷六，頁一二，「物產」。

⑨陳慈玉：「抗戰前夕廣東省的機械製絲業」，頁二五。

⑩順德縣續志，卷一，頁二六。

⑪陳慈玉，前引文，頁二一三。按上海使用機器繅絲最早，同治元年（1862）英國的怡和洋行（Jardine Matheson & Co.）首在上海創建百部機器繅絲工廠。然旋於同治五年（1688）關閉。同年，又有人在上海設立十部機器繅絲工廠，但亦僅數月而失敗。直到光緒四年（1878）美國的旗昌洋行（Russell & Co.）開設二百機的繅絲工廠——寶昌行：聘請法國繅絲技術專家卜魯約（Poul Brunal）為顧問，引進法國生產優良絲的進步技術，方始獲有成效，此後設立者亦漸多。參考龔俊編，中國新工業發展史大綱，頁二七；陳慈玉，「近代江南機械製造業之發展」，民國七十二年九月，中央研究經濟研究所，經濟論文期刊，第十一卷，第二期，頁六五一六六。

⑫庚戌（宣統二年）續修南海縣志，卷二一，頁四一六，「陳啓沅傳」。

⑬陳慈玉，「抗戰前夕廣東省的機械製絲業」，頁三。

⑭續修南海志「陳啓沅傳」。按順德縣續志則云啓沅初設廠於西樵村而非簡村堡。至於機器製絲之售價則較以前貴達三分之一。（見南海縣庚戌續志，卷二六，頁五六—五七，引據「採訪冊」）。

⑮見庚戌（宣統二年，1910年）續修南海縣志，卷二一，頁四—六，陳傳。又按同書卷二六，頁五六「機器繅絲」記載，謂「售價貴三分之一」。

⑯順德縣續志，卷一，頁二六，「機器繅絲」。

⑰宣統續修南海縣志，卷二六，頁五六—五七，「機器繅絲」。按裕厚昌乃南海舉人陳植榘、陳植恕等於光緒五年集資興辦。計共有四廠，合計傭工四千四百餘人，此一數字，可奪四萬四千人之生計。

⑱徐廣陞，不慊齋漫存（光緒八年南海官署刊本），卷五，頁二五，「禁止絲揭曉諭工示」⑲同上，頁二六。

⑳同上，卷六，頁二—三，「辦理學堂鄉情形第二稟」。

㉑同上，卷五，頁二五—二六；卷六，頁二—三。

㉒「陳啓沅傳」。

㉓續修南海縣志，卷五，頁一四。

㉔順德縣續志卷一，頁二六，卷二四；頁二八；卷二六，頁三七。

㉕張之洞在粵督任內議購機器繅絲之事張文襄奏稿不載，此據龔俊中國新工業發展史大綱，頁二七所引陳友琴，現代中國經濟史大綱，民國十七年元月刊。

㉖陳慈玉「抗戰前夕廣東省的機械製絲業」，頁八。

（原刊於《食貨》復刊號 15：3，民國 74.7. 台北。）

醇親王與晚清政局

一、前　言

醇親王「用人行政敬陳管見」一摺，見之於清德宗景皇帝實錄卷二五九。光緒十四年九月庚戌條下有云：

> 皇太后懿旨，醇親王奕譞奏，用人行政敬陳管見一摺，著依議交軍機處存案。①

此一記載又見於清史列傳一，后妃，孝欽皇后傳。②不過、其內容卻與實錄同樣的簡略。因之，史家可能以其無關宏旨而加以忽視。然而此一文獻對於晚清的政局而言，其關係卻非常的重要。當醇親王提出此一奏摺的時候，正值清廷忙於籌備光緒帝的結婚大典，而慈禧太后又適於此時宣稱她將於明年退出政壇，結束訓政。這兩件事的同時觸發，可謂不謀而合，關聯微妙，決非偶然。

二、親政與訓政

先是，遠在光緒十二年的六月間（1886、7），慈禧太后即聲言將要撤簾「歸政」。她所提出的表面理由是：㈠前因皇帝沖齡踐阼，一切用人行政，王大臣等不能無所稟承，故不能不允廷臣之請，垂簾聽政。㈡當時嘗附帶聲明：「俟皇帝典學有成，即行親政。」十餘年來，皇帝已經德業日新，「近來披閱章奏，論斷

古今，亦能判決是非，權衡允當。」故應及時歸政，以踐前言。③以太后平日之耽於權力，此舉顯係一種態勢，而非出於眞心，殆可斷言。因此醇親王遂乘此聯合禮親王世鐸，管理神機營事務伯彥訥謨祜等六部九卿大臣以「時事多艱，萬幾繁鉅」不能無其領導爲詞，再三請其收回成命，而皇帝也於聞諭之後「長跪懇辭」。但慈禧卻依然故示不肯，傳諭欽天監於明年正月「擇吉親政」。④醇親王不得已，乃再次發動大規模的請願，紛紛以「籲請體會時艱，俯允訓政」；「合詞籲請訓政數年」；「籲請從緩歸政，以懋聖學」爲言。可是，他們所得的答覆卻仍爲「均毋庸議」。⑤話雖如此說，然在同一懿旨之內，卻約略地透露出一點消息。如言：

> 至醇親王摺內所稱：「宮廷政治內外並重，歸政後當永承現制，凡宮中一切事宜，先請懿旨，再於皇帝前奏聞，俾皇帝專心大政」等語。念自皇帝沖齡嗣統，撫育教誨深衷，十餘年如一日。而親政後，此念亦不容釋，著即照所請行。本日欽天監遵旨選擇吉期一摺，皇帝親政典禮，著於明年正月十五日舉行，著該衙門敬謹預備。⑥

言外之意即是說，親政之事雖毋庸議但訓政之事卻可考慮。果然在三天之後，當醇親王等又第三次地以訓政上奏的時候，她便毫不客氣的允其所請。同月庚辰太后懿旨：

> 醇親王奏：「重申愚悃，請勉允訓政」；禮親王世鐸等奏：「再行瀝誠，籲懇訓政數年」；錫珍等奏：「揆時度勢，親政尚宜稍緩」；貴賢奏：「舉行親政關係綦重」各一摺。數日以來，皇帝宮中定省時時以多聆慈訓俾有稟承，再四懇求，情詞肫摯。……既據該王大臣等再三瀝懇，何敢固持

一己守經之義，致違天下眾論之公。勉允所請，於皇帝親
政後再行訓政數年。⑦

由上所述，可知慈禧雖於表面上讓帝「親裁大政」，實際上
卻仍以訓政為名而總攬大權，較之從前並無二致。不過到了光緒
十四年（1888），此種關係卻又有了改變。第一、皇帝即將舉行
大婚，按照中國社會的禮俗，已算長大成人，訓政之舉似已不容
繼續。其次，根據光緒十二年所發佈的太后懿旨，是時皇帝已經
「典學有成，德業日新。」披閱章奏，論斷古今，亦能「判決是
非，權衡允當。」可見新帝的智慧過人，足可獨當一面。再加上
兩年的親政經驗，親裁大政更無問題。基於此一形勢，慈禧乃不
得不於光緒十四年六月十九日毅然以結束訓政宣示中外：

前因皇帝甫經親政，決疑定策。不能不遇事提撕，勉允臣
工之請，訓政數年。兩年以來，皇帝幾餘典學，益臻精
進。於軍國大小事務，均 能隨時部決，措置合宜，深宮
甚為欣慰。明年正月大婚禮成，應即親裁大政，以慰天下
臣民之望。著欽天監於明年二月內敬謹選擇歸政吉期具
奏。⑧

此旨發佈的同日，皇帝也下了一道上諭，表示祗遵慈訓。並命軍
機處等衙門將歸政一切應行典禮事宜，敬謹酌議。略言：

朕自沖齡踐阼，仰蒙慈禧端祐康頤昭豫莊誠皇太后垂簾聽
政，豐功偉烈，震古鑠今，宵旰勤劬，數十年如一日。迄
十二年六月，令朕親裁大政，猶復曲垂慈愛，特允訓政之
請。勞心庶務，又及兩年。茲奉懿旨，於明年二月歸政，
朕仰體慈躬敬慎謙抑之本懷，並敬念三十年來我聖母為天
下憂勞況瘁，幾無暇刻可以稍資休息，撫衷循省，感悚交

深。茲復特沛溫綸，重申前命，朕敢不祗遵慈訓，於一切
幾務兢兢業業，盡心經理，以冀仰酬我聖母撫育教誨有加
無己之深恩。爲念現在時事孔艱，嗣後仔肩益重，爾中外
大小臣功，尤當體朕夙夜祗懼之誠，各矢公忠，共襄治
理，朕實有厚望焉。⑨

三、皇家憲章

不過，無論這些官樣文章說的是多麼的冠冕堂皇，然以慈禧
掌握政權三十餘年，食髓知味，其不會眞正的退處林園而自甘寂
寞，實可想像而知。醇親王察顏觀色，對於慈禧之爲人深爲明
白。故在其訓政尚未結束之前，特別提出此摺，即是針對其心理
而發。醇親王的這個摺子是在光緒十四年九月二日，提出的，內
容共分六條：

一、凡遇軍國重大事件，皇帝恭請皇太后裁奪，再諭軍機大
臣遵辦。

二、臣工封奏除尋常事件皇帝發下現辦外，其關繫緊要者，
皇帝恭呈皇太后慈覽畢，於次日召見軍機大臣時指示遵行。

三、升調中外大員，京官文職管理宗人府王公、大學士、尚
書、侍郎，內務府大臣；武職領侍衛內大臣、都統、步軍統領；
外官文職總督、巡撫，武職將軍、都統等缺及御前大臣、軍機大
臣、毓慶宮行走、總理各國事務臣、南北洋大臣等要差，由軍機
大臣請旨裁定，皇帝奏明皇太后，次日再諭旨。

四、每日部院摺件，皇帝披閱傳旨後，發交軍機處，另繕清
單恭呈慈覽。

五、每日外省摺報，硃批發下後，由軍機大臣摘錄事由，及

所奉批旨，另繕清單，恭呈慈覽。

　　六、凡遇明發字寄、電寄諭旨及各處電奏，皇帝隨時斟酌恭呈慈覽。⑩

據醇親王言，這個奏摺是他與軍機大臣世鐸等「公同商酌，意見相同」而後提出來的，並不完全是他個人的主張。因此一旦經過皇太后的認可，「發交軍機處存案」，自然具有特別的權威。因為它不僅是皇帝與其母后之間的一個契約，並且也可以看成為一個指導皇室關係的憲章。從這個六條奏摺裏面，我們可以很清楚地看出以下數點；㈠慈禧太后於結束訓政後，依然掌握著帝國最高的權力不但軍國重大事件，皇帝要恭請皇太后裁奪；就是連臣工的封奏，遇有關繫緊要者，皇帝也要先呈皇太后慈覽。㈡不論內廷、外廷以及地方二品以上大員的任用，皇帝都無權決定。必須先奏明皇太后經其認可，始能佈達人事命令。㈢皇帝所能辦理的祇限於一些「尋常事件」，或「例行公務」。但即使如此，凡是經他批閱的「每日部院摺件」及「每日外省摺報」還要發交軍機處另行繕謄清單，「恭呈慈覽」。此外，還有一件值得重視的事，即醇親王於其原摺之內，本有希望慈禧指定一個限期結束此種特殊情況之意。如謂：「至何時停止，敬侯慈諭遵行」。但是慈禧卻在其九月庚戌所下的懿旨內，將此事略而不提。僅命將此摺「依議交軍機處存案」而已。此舉自在使其特權得以無限期的延長。

四、難解之結

　　縱覽清代歷史，幼帝即位的例子並不止一個。順治即位時不過六歲，康熙即位的年齡是八歲，同治即位時也是六歲。當其幼齡其間，或由親王攝政，或由大臣輔佐，或由母后垂簾聽政，情

形雖云不同，但一朝親裁大政，廷臣即無異議，尚無一再請求延長歸政或繼續訓政的前例。⑪然而何以光緒時期卻大為不同呢？這自然與慈禧之貪權戀位有關。而光緒帝（德宗）並非太后之親子而為繼子，也是一個很大的原因。因為兒子不是親生的，所以寡婦繼母便不免產生了種種不正常的心理：㈠根本缺乏親切溫馨的慈母之愛，其冷酷的程度常使幼帝望而生畏。⑫㈡不使孩子與其本生父母接近，恐怕產生一種離心傾向。⑬㈢緊把持著大權而不願釋放，以免幼帝獲權後不再服從或對之背叛。慈禧太后既然具有此種心理，而廷臣的是非其間，也更加重了此種猜嫌。如內閣侍讀學士廣安即曾於光緒元年正月（1875、2）、奏請頒立鐵券，保證德宗將來生有皇子時必須繼承穆宗為嗣為帝。⑭光緒五年六月（1879、7）、吏部主事吳可讀更以死諫。泣請太后預為穆宗立嗣，以定大統之歸。⑮雖然前者奉旨申飭，後者予以駁回，但若謂對於太后心理並無絲毫影響，亦恐不近情理。

以醇親王而論，他的處境也是相當的艱難。首先，其子載湉的入繼大統，即非其所願。當慈禧突然宣佈此一消息時，他甚至「大驚，哭失聲，伏地暈絕。」最後還觸犯了肝病，幾乎委頓成廢。⑯其內心的痛苦已可想見。其次，由於他是皇帝的本生之父，本即易生猜嫌，再加上這位嫂后的多疑善忌，因此，更使他處處都得謹小慎微，以免引起不必要的疑慮。如在光緒即位後不久，他即提出杜妄論一摺，聲明將來皇帝親政後，於本身父母不得援引宋英宗（治平）及明世宗（嘉靖）的先例，追加任何的封號。對於一切政府的差使如管理神機營及海軍衙門等，他都一再地懇辭。就是對於皇太后的許多恩賞，他也經常惴惴過慮的不敢輕易接受。⑰光緒十二年奉命巡閱北洋海防，他甚至還特別請求

太后允其親信太監李蓮英隨行，以求自固。⑱此外，爲了取悅於慈禧，他還不惜到處張羅鉅款，犧牲海軍；而爲其興修三海與頤和園，⑲以便這位皇太后得以悠遊林下，頤養天年。雖云他有不得已的苦衷，但也使他在歷史上惡名昭彰，評價不及其兄恭親王。再次，父母對於子女的愛護與關懷，大概全世界都是一樣。所謂「天下父母心」，醇親王自亦不能例外。以一個純潔善良毫無經驗的十多歲青年皇帝，要想與一位陰狠毒辣老於世故的皇太后爭權奪勢，較量高低，事實上根本即是不可能的事，這一點醇親王當然明白。因此，爲了這位兒皇帝的安全，他便不得不一再地請求將歸政的時間延長，或藉母后訓政的方式使幼帝得以保全。惜乎醇親王死的過早（光緒十六年十二月）以致幼帝無人暗中爲之維護。不過，假如他能堅決的繼續忍耐下去，或者尙不致與慈禧引起正面的衝突；如果他不急於變成爲一位中國的彼得大帝或明治天皇，也許不會引起瀛台之囚與殺身之禍。可惜他未能體會其老父愛子的苦心，後來始有如此可悲的結局！

五、結　論

　　權力鬥爭（Power Struggle）是一種常見的歷史現象，不論任何時代，任何國家都不可能避免。在有清一代的歷史上情形也是一樣。清太宗時代的繼承糾紛，清世宗時代的慘酷奪位，已經是人所共知的事實，毋庸再加多論。⑳到了晚清時期，清廷的權位爭奪又以另一種形態出現。其中慈禧太后自然爲一中心人物，但慈安太后，恭親王奕訢及醇親王奕譞，乃至德宗光緒皇帝也是幾個主角。正如史實所展示的：同治元，慈禧首先與恭親王聯合，擊敗了襄贊政團的端華、載垣與肅順等人而取得了第一個回

合的勝利。光緒六年，她又謀殺了慈安太后而獨擅大權㉑。光緒十年，她更利用醇親王驅逐了恭親王。但由於載湉嗣統的問題，他與醇親王之間也充滿了矛盾，因此雙方經常鉤心鬥角，時起猜嫌。醇親王去世以後，幼帝日益成長，於是母子間的衝突又逐漸趨於尖銳，終於爆發了戊戌政變的悲劇。結果雖說慈安太后、恭親王、醇親王、載湉一個個地都倒下去了，祇有老奸巨滑的慈禧太后是惟一的勝利者；可是，不久她與她的帝國也隨著辛亥革命的洪流沖刷以去。

　　晚清時代是一個劇變的時代，在西潮猛烈的激盪之下，近代化（Modernization）已成為國家民族所遭遇的第一號難題。平心而論，在當時滿族統治級層裏，並非沒有眼光遠大、思想開明的領袖人物。論才能，論識見，恭親王都可稱得上一位大政治家，固不用論；就拿醇親王來說。他的才具雖不及恭親王，但於中法戰後，倡修鐵路、整頓海軍，也頗雄心勃勃，想有一番作為。至於德宗，也並不像一般人所想像的那樣多病懦弱，戊戌變法時他的英明果決表現，即為最佳的明證。不料由於慈禧太后的弄權，他們竟完全成為權力爭奪下的犧牲者，而未能施展其抱負。這不僅對於滿族為一不幸，即是對於整個中國而言也是一大悲劇。

【註　釋】

①見大清德宗景皇帝實錄（以下簡稱德宗實錄），卷二五九，頁二。

②見清史列傳一，后妃、赴欽顯皇后傳。

③見德宗實錄卷二二九、頁四，光緒十二年六月壬申慈禧太后懿旨。

④同上。

⑤見前引書卷二二九、頁七－－八，光緒十二年六月丙子懿旨。

⑥同上。

⑦同上卷二二九、頁十二，光緒十二年六月庚辰懿旨。

⑧見故宮博物院藏清代檔案月摺檔，光緒十四年七月下。

⑨同上。

⑩光緒十四年月摺檔九月上、頁五－七。

⑪按清世祖初由和碩鄭親王濟爾哈朗及和碩睿親王多爾袞輔政，入關後以多爾袞爲攝政王，尤掌大權。順治七年多爾袞卒，帝始親政，年僅十二（見清史卷四－五，世祖本紀）。聖祖初即位時由索、蘇克薩哈、遏必隆、鼇拜輔政，康熙八年始親政，年僅十五（見清史卷六、聖祖本紀）。穆宗即位後初由載垣、端華、肅順等八人爲贊襄大臣，旋由慈安與慈禧太后垂簾聽政，同治十二年始行親政，時年十八歲（見清史卷廿一、穆宗本紀）。

⑫關於此事，傳說甚多，此處可參看惲毓鼎崇陵傳信錄並序（文載左舜生選輯：中國近百年史資料初編、頁四五四）。

⑬如光緒十三年醇親王生病數月，帝均不親臨探視。每遣人去，歸必覆太后。及王病劇，帝垂淚以告翁同龢。慶親王奕劻亦恐啓嫌疑不敢奏帝往省視（見郭廷以近代中國史事日記、下冊、頁八一五、光緒十三年十月十六日（1887、2、30 ）。

⑭廣安奏摺見朱壽彭纂光緒朝東華續錄卷一、頁十五～十六。光緒元年正月癸丑上諭；羅惇融：德宗繼統私紀（見左編中國近百年史資料初編頁四三二～四三四。）

⑮吳可讀遺摺見光緒朝東華續錄卷二七、頁十三～十四。光緒五年閏三月己丑諭：羅惇融：德宗繼統私記。

⑯見羅惇融：德宗繼統私記。

⑰醇親王杜妄論一摺實錄及東華續錄均不載，詳見光緒政要卷一，頁一

二。又清史列傳二三七，吳大澂傳亦可參考。懇辭差使事可分見東華續錄光緒元年十二月，請開去一切差使及光緒十四年九月辭去神機營及海軍衙門等條。懇辭恩賞可分見東華續錄卷一、頁五，同治十三年十二月甲申，「請辭世襲罔替親王」；卷七五，頁七，光緒十二年二日癸丑，「懇辭收回成命賞坐杏黃轎」及卷九十一，頁一，光緒十四年九月己酉、「請遷出賜邸」等條。

⑱李蓮英隨行事見東華續錄卷七八，頁六－七，光緒十二年八月庚辰諭；李慈銘荀學齋日記，光緒十二年八月二十日記。

⑲當時三海工程及頤和園工程均為醇親王主持，其所張羅之款計可分為(1)借洋債，(2)督撫報效及(3)動用海防經費等多項。可參考，吳相湘「清季園苑建築與海軍經費」（見吳著近代史事論叢，頁一五一～一七〇）及包遵彭「清季海軍經費考實」（見中國歷史學會刊史學集刊第一期頁一七～五六）等文。

⑳關於此一問題，可參看李學智「清太祖時期建儲問題的分析」（思與言雙月刊八卷二期；李光濤「清太宗奪位考」（大陸雜誌六卷一期）；王鍾翰「清世宗奪嫡考實」（燕京學報二六期）等文。

㉑惲毓鼎「崇陵傳信錄：於此事言之甚詳，似可置信。（左編中國近百年史資料初編，頁四五七）士林對慈安之記載頗多。咸謂其能守家法、知大體。惲記之外，薛福成庸盦筆記頁二〇，「慈安皇太后聖德」亦足參考。

（原刊於國立台灣師範大學《師大學報》第十八期，民國 62.6. 台北。〔本文原題為〈論醇親王與「用人行敬陳管見」一摺所展示的晚清政局〉讀此文當知戊戌變法時慈禧手握大權之法源〕）

是清朝的忠臣
還是民國的罪人？
——對於末仕甘新巡撫袁大化的歷史評價

一、前 言

袁大化（1852－1939）由一名普通的廩生而洊任至封疆大吏，是一位經由辦理實業起家的官僚。由於他在總辦漠河金礦任內的突出表現，深得北洋大臣李鴻章的賞識，因而使他與在朝鮮辦理外交的袁世凱，合稱為李氏手下的「二袁」。甲午戰後，李鴻章雖然離開北洋，使之失去有力的奧援，但因他與袁世凱、周馥，乃至清室權貴慶親王奕劻等建有良好的關係，仍能在政壇上繼續活躍，青雲直上，先出任山東、新疆巡撫。辛亥革命期間，各省次第光復，可是他仍忠於清廷，以新疆一隅而與革命常黨人頑抗，甚至傳聞他欲聯合伊犁將軍志銳、陝督長庚、宗室載瀾等計議遷都庫倫，以西北為基地，造成清廷的偏安之局。以今日的眼光看來，固然相當地頑固保守，不識時務。但從其出身背景及其所持的儒家忠君思想而論，自亦有他個人的立場理念，似亦難以「民國的罪人」而加諸其人之身。關於袁大化的生平事蹟，迄今尚未見有人進行研究，甚至也未見有任何的專門傳記。即使偶有「小傳」之類之記述也是錯誤百出。①值此社會發展多元化，新史學的研究不以少數的英雄偉人為限的時候，擴大吾人的視野，對於那些沈沒在歷史表面以下的人物，加以發掘探究，看看

他們如何思想？如何活動？或有助於吾人對歷史的全面瞭解。

二、由輩綏軍到吉林墾務局

　　袁大化字行南，安徽省渦陽縣殷廟集東二里大袁家人。幼時家境清寒，依母舅王者福教養成人。後以諸生投入吳大澂所創的輩綏軍。光緒六年（1880）以中俄伊犁條約決裂，西北與東北同時告警，清廷特命吳大澂三品卿銜前往吉林幫辦一切事務。大化亦隨軍前往，並得與戴宗騫、李金鏞等結識。②次年二至六月，他奉命查勘吉林沿邊形勢。先後到達黑河口、三姓各地；並查探太平溝金廠。繼又泛舟伯力（俄稱哈巴邊羅福斯克 Khabarousk），偵探敵情，以該地區為俄東西伯利亞總駐紮之地，自巴彥匯防營惟松花江一水可達，計一百六十餘里，恐遇不測，特留其姪孫廣雨於中途，以便向吳大澂及戴宗騫報告。旋又轉赴甯古塔、琿春等勘設站道。游歷海參崴、岩杵河、雙城子，然後由三倉口回三姓。歸後特以觀感所及，獻策當局，主張多練鄉兵，「以吉省之利，養吉省之兵，守吉省之土，消強敵之侵陵。」國境廓清，異日則有益於國計民生甚巨。」③其後《清史》〈吳大澂傳〉謂「大澂閱歷要隘，始知琿春黑頂子地久為俄人侵占。」因依舊約將之收回，殆皆與大化的此次查勘有關。④伊犁條約改訂之後，朝廷復命吳大澂由練兵兼屯務。於是大化又協助李金鏞等參與開墾屯田，安撫流民等工作，而成為李氏的得力助手。在吳大澂、戴宗騫、李金鏞及大化等人的併力經營下，吉林邊務乃大有起色。次年（光緒八年，1882）吉林將軍銘安遂先後奏請升吉林廳為府，於通州置雙城廳。並請添設三姓廳、合蘭廳、綏芬廳、琿春及甯古塔巡道。⑤這些成績都不是偶然的。

三、總辦漠河金礦及其業績

漠河金礦爲清季官辦礦業之一，也是袁大化一生事業發跡之所。由於漠河位黑龍江地方的北部，隔江與俄國爲界，邊地苦寒，距離黑吉二地的政治中心甚爲遼遠，兼以其地富於金苗，故常爲盜匪屯聚之處，而時爲俄人之所覬覦。因此漠河金礦的開採，「重在邊防，兼籌利國。」實具有國防與經濟的雙重意義，而與內地之純爲經濟的礦業有所不同。⑥

開採漠河金礦的倡議者爲出使英法公使劉瑞芬，時爲光緒十二年（1886）。⑦嗣經總署王大臣慶郡王奕劻、黑龍江將軍恭鏜及北洋大臣李鴻章等往返函商，始決定遵奉光緒十三年十二月廿八日的上諭，派員查勘，籌議辦法。旋以恭鏜自覺「素絀理財，又於礦務毫無閱歷」，奏請李鴻章「力加扶持」，所以結果責任還是落在李鴻章身上。丁文江氏嘗謂清季官辦礦業多與鴻章有關，漠河金礦亦不例外。並言：「雖其成敗不一，廢款不貲，而得風氣之先，開革新之局，文忠之功固不可沒也。」自亦爲事實。⑧

不過論及創設漠河金礦的關鍵人物，則應當首推李金鏞氏（－1890）。金鏞江蘇無錫人，於同治三年（1864）投效淮軍，隨鴻章有年。光緒六年（1880）以東北事急，爲吉林將軍銘安奏調，辦理琿春墾務，兼理中俄交涉事宜。後補吉林知府。至是遂爲鴻章推薦擔任漠河金礦的籌劃事宜。由於其勇於任事，不避艱險，舉凡用人、籌款、雇工、購械、設廠、制定章程等，無不經其一手策劃。計自光緒十三年（1887）奉命勘查，十四年（1888）督辦礦務，十五年（1889）十二月十三日正式開工，⑨至十六年（1890）八月病逝，僕僕風塵，艱苦備嘗，終於爲漠河

金礦的創設奠定一堅實的基礎，其功實有足多者。袁大化本在吉林隨同金鏞工作，漠河礦廠開辦後，又爲金鏞調爲金廠提調，成爲第二號的領袖人物。金鏞生病期間，且由其代理總辦職務。迨金鏞逝世，鴻章遂命其繼承金鋪辦理漠河礦務，實爲順理成章之舉。⑩

　　大化原由秀才出身，後雖因功積資爲被選知縣，官位仍甚卑微，以之總辦廠務，在資格上實爲不合。設非李鴻章的大力支持，殊難有此機會。鴻章於聞悉李金鏞病逝後，即電令袁大化「妥爲代理」。並令其注重人才，苦心經營，清查出入帳目，認眞整頓廠務，設法招徠，無循礦丁，「踴躍從事，勿任廢輟。」繼又先致電大化勉以「該員熟悉情形，認眞籌辦，籠絡人心，勿稍諉沮」；「款難周轉，得省即省」；「趕做木機器，明春改用，（節）省人力，甚妥。內外局員司太多，擇妥酌留，其營私不得力者，逐漸裁減，以省糜費。……望堅忍耐勞怨，勿萌退志。」⑪同時，又致電黑龍江將軍依克唐阿，大力推薦，謂：「袁大化籌辦礦務，甚有條理」，並以「勢處極難」，請其「極力扶持」，甚至連依克唐阿所推薦前往該廠會辦的參領綽哈布，亦恐其對大化掣肘，而婉諷依氏將其撤回。嗣以大化慮及江礦必有江人同辦，方無嫌疑，爲之上請，綽哈布方得留任。⑫於此可見鴻章維護漠河之苦心，及對大化之信任。可是由於大化僅爲臨時代理，兼以任重位卑，終恐難以服衆，因而乃再電鴻章請求速派大員前來接辦，「以保危局」。至是，鴻章始決計上奏朝廷，謂大化耐苦耐勞，結實可靠，膽識俱優，足任艱鉅，且曾擔任提調，代理局務，熟悉中外情形，揆以當時人材，「竟無出其右者」，請准其暫行接辦漠河礦務，以爲責成。清廷旋亦超准。⑬至此，大化遂得肩負漠河

金礦的重任，而放手一搏。

大化出任漠河金礦總辦前後六載（1890－1895），於該礦歷屆總辦中爲時最久，而其成績亦爲最優。⑭自接任總辦之後，首重人事的和諧。除對廠內員工盡量安撫之外，而於黑龍江將軍所派之將領如綽哈布、鎮邊軍將領慶祺等亦多方籠絡，「和衷共濟，事無大小，無不熟商妥籌，以期善後。」⑮其次是擴大招徠。漠河金礦名爲官督商辦，實則倣照西方近代公司，集股經營。開辦之初，原擬章程招股二十萬兩。但以商人認識不足，認股並不踴躍，數年之間，僅得二萬九千餘兩。嗣經大化先後登報，刊印賬目，將公司收益及股友紅利，廣事宣傳，方又添招一萬二千餘兩，合爲四萬餘兩。⑯再次爲改用機器代人工生產。據宋小濂的記載，可知此種倣自俄國的木機，較諸人工淘金，收效殊大。「機器之靈捷，悉借水力，不費人工。所用之人，不過挖沙、拉沙、監工，計二百餘名，拉沙之馬十匹，每日辛工食用及草料等費均需百金上下，而所得之金，即可（抵）千百人挖磺、淘洗之數。計費省而獲利厚，用力少而成功多，誠良法也。」⑰由於大化的辦事認眞，力任勞怨，故不久之後，成績即爲卓著，三年之間計得金砂六萬二千兩。非但將前借之黑龍江及天津之款大部歸還，且還提出紋銀九千兩交與黑龍江作爲軍餉。同時該廠所屬之總分各局十餘處，在事員司數百人，以及所有勇夫餉械，糧運各局經費，亦可自足而不再需公家供給。至於邊防各地，除漠河各廠商民聚居日多，蔚成都邑之外，其他上自奇乾河，下至瑗琿，沿江二千餘里，員弁丁夫，亦爲來往不絕。而所募護礦營沿邊卡倫，亦儼然可與黑龍江之俄人對抗，有益於國計民生，非同淺鮮。因此，李鴻章特於光緒十八年（1892），以三年特殊勞績代

爲大化請獎，請旨將之「免選本班，以道員不論雙單月遇缺儘先即選，並加二品銜，以示鼓勵。」先是大化已於接辦金礦之初，捐貲爲知府，至此連升三級，成爲二品的大員。⑱其後雖然大化督辦漠河金礦，繼續著有成效，承辦六年所出金砂，除礦丁分成、局用股利等項之外，並效軍餉八十餘萬兩。收效之大「爲各省礦務所未有」。⑲不過，樹大招風，他所處的地位也愈爲動搖。其一是人多視之爲肥缺，謀求代之者甚衆，大化雖欲引退，卻以深得李鴻章的信任而未果。鴻章嘗以大化（行）南病已漸癒，即當銷假，自李秋亭（金鏞）時已在廠幫同辦理，情形最熟，接辦後支持危局，尤能力任其難。該廠關係重要，必須責成始終經理，雖欲引退，斷難准行。近來謀代二袁者竿牘頗多，實皆不能遽易也。」⑳其次是他爲金廠報銷問題與戶部的長期不和。大化擬照公司處理，認爲「事關商人集腋，處處敷實經理，毫無弊混。」報銷之事，僅向戶部簡略報備即可。因本非奏定章程，戶部似乎「未使以文牘苛求」。可是戶部卻堅持金廠照政府一般機關行事，而將每年所產金砂數目，每金砂一兩出金若干，每金一兩易銀若干，開具四聯清單，詳爲報部。結果大化雖然略作改善，但仍未依照部定辦理，因此引起戶部的不滿。非但一再催報，且將北洋代爲該廠人員請獎之事長期擱置。㉑特別是觀音山金礦問題，造成他與欽差大臣延茂的嚴重衝突。延茂見漠廠獲金日豐，乃於光緒廿一年（1895）奏將觀音山金礦歸黑龍江辦理，以免東北之利權外溢。是時適以大化生病離廠，乃囑俄文譯員李家鏊上書總署力爭。認爲漠河金礦出金本來不旺，一向全賴奇乾河一廠勉爲支持，自近年觀音山礦官辦，必致漠礦受損，礦曲日衰而坐以待斃，不可不愼。因之延茂的計劃未克實現，於是乃歸

罪於大化，而於大化因病卸任之後對之參劾，並使大化遭革職處分。㉒

四、參與實際地方行政事務

大化之為延茂所參，固因觀音山金礦問題引起爭執，但亦因李鴻章離開北洋而使他失去護持。據傳延茂之意不僅在使大化丟官，且欲使之充軍伊犁。設非及時申辯，且得王文韶的辨白，大禍幾不能免。故大化恆引以為奇冤。㉓延茂參奏大化的罪狀主要有三：一為未將餘利多濟餉需；二為對於軍士施用酷刑，剁去礦營勇丁雙手；三為縱令其弟袁大傑捲款潛逃。嗣經北洋大臣王文韶與黑龍江將軍恩澤之調查，證明第一款乃係根據奏定章程辦理，大化並不與自主。第二款乃係該營丁砍傷本營哨官，依照軍法行事。第三款僅係出自傳聞，並無實據。同時，文韶也力言大化並無「貪婪劣跡」。至於朝追繳之二十一年花紅銀三萬六千兩，乃係該員照章應得之款，「並非無故擅取」，其後且經各員司代為繳出。故其結語則是：「其情不無可原，而其力實有足錄。」並且奏請朝廷珍惜人材，而允將大化「送部引見」。㉔至是，此一風波方才告一段落，使他脫離實業，走向地方行政的宦途。

大化於光緒廿二年（1896）被參革官，逾年（1897）再出復職，改授為直隸委用道，調查山左河工。廿四年（1898）故鄉渦陽飢荒，乃請款七千兩攜歸，予以救濟。不意行至鄰縣永城，即聞渦陽發生土匪劉疙瘩之亂。於是乃親率騎兵數十人，配合官兵將亂剿平。廿五年（1899）奉命署理直隸清河道。次年，拳亂大起，以地方官守土有責，於地方治安盡量設法維護。廿七年（1901）八月兩宮自西安回鑾，十一月廿四日行抵保定，廿六日

大化隨同省垣大吏前往迎扈，並蒙召見。廿八年（1902）直隸廣宗縣因賠償教難加稅引起景廷賓之亂，大化以定亂有功，補授奉天東邊道（駐鳳凰城）。至是始獲正式的道職。㉕二十九年（1903）調補福建興泉永道。旋以安徽創設全省礦務總局，大學士孫家鼐等奏請大化前往辦理。並獲朝廷的批准。觀孫氏摺內之所言，即知對大化能力之肯定：

> 查有二品銜福建興泉永道袁大化，安徽渦陽人，才識出眾，經猷卓越，素爲同鄉所推重。尤爲原任大學士李鴻章所倚重。薦保道局，辦理黑龍江漠河金礦。歲增課稅幾至百萬。該地毗連俄境，幅員數千里，皆由礦局籌備防務，不糜國帑一錢。當時各股東坐享利益，敬服不置，是從前辦礦成效昭然可見者也。若以辦安徽全省礦務，福關桑梓，信從者眾，必能聯絡紳民，籌集巨款，無事借資洋股，而收效可期。㉖

不過由於外部已與英商訂約，允其開發安徽銅礦，兼以籌款不易，大化出任斯職並不順手，因而乃於不久之後辭去，改任江蘇徐州道，且於光緒三十二年（1906）四月升授爲山東按察使，同年十一月，又調升爲河南布政使，且於次年三月一度護理河南巡撫。

大化出任河南藩司計共一年另三個月，除注意興利剔弊，推行一般性的政令之外，並且獎勵紳士辦理學堂，贊助地方人士集股自辦河南全省鐵路。尤其根據個人的經驗，對於實業大力提倡。在其「興辦實業社會，創設省城游民教養局，飭屬仿辦，以厚民生，而重本計」一摺內，他曾感慨係之地指出：

> 臣維居今日輪軌交馳，利權外溢，中國民窮財盡，每思將

來，時切殷憂。若不從吏治民生加意講求，則無以靖內
訌，即無以消外患。況河南地瘠民貧，每件進款僅恃丁
漕。故論理財於今日，豫省較他省爲尤難；亦較他省爲尤
急。

又言：

總之，大河南北，古稱土厚水深，迄於今（日），百廢待
興，礦產正在開辦，鐵路甫議舉行。目前切要之圖，無過
於成物各盡其土宜，失業亦得所工作。但使官斯土者實心
實力，隨時倡導，不至作輒相仍，空文掩飾，則未有爲其
事而無其功者。

因此，他特手訂「實業社會章程」計劃推行開渠、種樹、修道、
養蠶、墾荒、開礦、興工藝、辦漁業各項政策。並聲明：「一切
用款，槪由招役商捐，不動官項。」並要求朝廷准其「實用實銷，
免其造報。」然後經由巡撫張人駿的同意，責成各地管道府官，
認眞籌辦，派員周歷考查，嚴定功過，以憑黜陟。藉期「多盡一
分心力，即多籌一分生計。將來風氣大開，自然之利日增，輸入
之貨漸少，（庶）財用不匱，民力益強。」㊱

在此同時，他並且還命令詳符知縣於省城（開封）周圍大力
推行植樹造林運動，以防風沙。又於省城創設游民教養局、普育
堂，前者收集乞丐流民六百人，敎以細工、粗工，化無用爲有
用。准於藝成之後，不拘年限，聽其出局營業，續招新丐以補其
缺。後者收養婦女、老弱、廢疾之民，施以社會救濟，使其免於
飢寒流離。皆可謂至有意氣之舉。故淸廷遂於光緒三十四年
(1908) 二月，將之拔擢爲署理山東巡撫。惟以不久丁父憂，回
籍守制，使其政治生涯又告中輟。㊲

五、受命甘新巡撫及其政治理念

大化於宣統二年七月服滿，初八日入朝請安。時以皖北一帶水災嚴重，飢民遍野兩江總督張人駿、安徽巡撫朱家寶紛紛電請救濟，編修袁勵準亦爲之上請。朝廷雖然先後撥銀六萬兩，派遣馮煦爲救災大臣前往災區查賑，但仍效果不彰。於是大化也因關懷桑梓，而在是年九月間以「皖北災情奇重，民困已深」，奏請「籌款賑濟」。清廷乃令戶部議奏，戶部則仍遲遲未採行動。官僚政治之腐敗，於茲可見一斑。㉘十月大化以前昔爲官迄有表現，清廷乃對之再加重用，欽授甘肅新疆巡撫，因之遂有西北萬里之行。惟以除夕之前，連日大雪，洛陽以西硤道積深數尺未消，別處又無路可繞，延至宣統三年正月廿八日始由開封首途西上，沿路參觀考察，至五月十五日始抵迪化任所，計歷時凡三月有餘。㉙不虞，至八月十九日，武昌革命即告爆發，政局爲之大變，大化竟成爲清代甘新最後一任巡撫，亦使其一生的政治生涯告一終結。

大化接任甘新巡撫時間雖然僅有數月，但論其施政方針，卻甚具有務實作風，如對於伊新全局的籌劃，即爲一個例證。時以新疆行政系統不一，權責劃分混淆。巡撫雖有統治全疆之責，然而將軍參贊卻有專理蒙哈部落之權。以致「人民既判，土地遂分，而政事亦因之阻格」；「文武有兩姑爲婦之難，地方生政出多門之弊。」以致曾任西北軍政長官者均覺不便，而有改革之議。烏魯雅蘇台將軍馬亮（光緒 31－34 年任）首提「伊新設官統治條陳」，伊犁將軍長庚（光緒 31－宣統元年任，後調陝甘總督）、陝甘總督升允（光緒 31－宣統元年任）、甘新巡撫聯魁（光緒 31

－宣統二年任）等亦有「電奏說帖」加以討論。馬亮、長庚主張改設總督，統一事權；升允、聯魁則主甘新聯爲一氣，以關內控制關外，無取乎更張。宣統二年（1910）十一月廿八日，清廷特命大化覆議。大化權衡二說，深以爲馬亮、長庚均兢兢以意見掣肘爲慮，老謀深算，具有苦衷；升允、聯魁稱新疆以甘肅爲堂奧，甘肅以新疆爲藩籬，亦爲不刊之論。二說固有其利，然亦有其弊。蓋以不設總督則一國三公，雖有賢者不能自行其志，而外患孔棘，內政不修，決非所以圖自立之道。然而一旦改制之後，則又必將使新疆脫離甘肅而獨立。亦恐徵兵籌餉，呼應不靈，而非所以謀萬全之策。故乃主張折衷二說，於變更舊制之中，權爲兩利俱全之道，將伊犁將軍、塔城參贊大臣、甘肅新疆巡撫三缺一併裁撤，倣照盛京，設新疆總督，兼管巡撫事務。仍以迪化爲治所。旗漢兼用。凡滿蒙旗皆歸伊犁、塔爾巴哈台副都統管理，仍受總督之節制。至於甘新兩省之關繫，則新疆總督與甘肅總督雖然平行不分軒輊，但爲維持舊章，則不妨仍令新省提鎮司道以下文武各員，兼隸甘督轄屬，以示聯絡一氣，而藉收輔車唇齒之利。㉚雖以此摺上於宣統三年閏六月，清廷未能立即採行，但內閣大臣卻曾認眞考慮，而且於民國初年終爲其部下楊增新所付諸實行。㉛

　　再如他修陝甘新鐵路，貫穿東西交通之議，也極具有遠識。他認爲中國大勢數十年來僅祇偏重海防，今後由於鐵路漸通，勢將趨重於邊防。欲重邊防，則當以貫通東西兩端爲最急。蓋東則以日俄交侵，蠶食鯨吞，東三省主權已漸喪失。唯有退保蒙古，以內蒙古之東四盟、外蒙古之車臣汗爲最先著手之地，及早經營，以防西侵之路，則庶幾京師之後路可以鞏固。西則英俄二國

相持於喀什噶爾，一則擬由西藏而侵我青海，絕我甘涼肅安四郡之路；一則擬由荷母斯、塔什干傍我西邊，而窺伺我新疆。設非經營西域，即無法捍衛中原。因此他乃於抵達新疆之後，逐向清廷提出修築陝甘新三省鐵路之議。主張先修陝甘新三省鐵路，連接中俄邊境路段，將來東西大通，路近天暖，環球既以此路為樞紐，人貨自無不出於途，南洋之航路、西伯利亞之鐵路，其利權皆可安坐而奪之。數十年之所失，無難取償於一旦。非僅我之經營甘新藏青四省可以朝發而夕至，即遷民實邊，籌款練兵，亦可操縱自如。故為今日之計，欲保全中國領土，轉弱為強，（實）莫急於此矣。至於修路所需之經費，依他估計，大約總在一萬四千餘萬兩。如果政府財政拮据，一時無法籌出此項鉅款，則可採取兩項辦法：一於新政之中，擇其不急之務，暫緩辦理，騰出鉅款，移緩就急，如此則權自我操，實為計之善者。一則向美國貸款，以現有之路利保息，以擬辦之路作押，俟將來路成之後再為歸還。同時，他並推薦郵傳大臣盛宣懷，負責借款監修事宜，如有必要可由陝甘新疆相協助。計由潼關長安沿渭河而上至渭源狹道，過山至蘭州三百里為一段；由蘭州渡黃，順溝出北山至古浪境又三百里為一段；由涼州至迪化則為最後之一段。然後再由迪化分修支線，西至伊犁，南通喀什。或由吐魯番分途，一出迪化、伊犁，一出焉耆、疏勒，以接俄路，形成一個鐵路網。倘能經營得法，必於軍事商務均有裨益；若遲久不修，則必有出而要求者，一旦落入外人之手，則將來實不堪設想。按照大化自言，此一主張乃係由其受命出關以來，留心察看，日睹甘新空虛及戈壁險遠，遇事萬難應急，並密訪英俄近來布置，日事侵陵，日夜苦思而提出者，決非一般地泛泛而論。觀於今日隴海鐵路之延展

至中俄邊境，而與俄路相接，發展而成為全長一萬零八百公里，輻射達三十餘國之「新亞歐大陸橋」的事實，即可見其眼光的宏遠。㉜

至於他對新疆憲政的推展，也有其與衆不同的做法。在他看來，新疆情形特殊，與內地各省不同。因此在推行憲政時，亦應採取特別的措施，切實籌辦，而不可粉飾誇張，徒具形式。其一是地廣人稀、民族複雜。新省面積五百五十一萬方里有奇，而漢民不滿三十萬人，加以旗哈蒙回七十萬，南路纏民一百萬，通計不過二百萬。連同老弱婦孺計算在內，每兩方里半亦不合一人，較之內省人稠之地每方里三百人計之，尙不到七百分之一。至於行政區劃，則其府廳州縣合共縣丞亦不過四十三缺，荒涼僻遠可想而知。其次是經費奇絀，籌款困難。新省歲入協餉二百四十萬兩，實解僅一百四十八萬餘兩，另加本省正雜各款一百四十餘萬兩，合共不過二百八十餘萬兩，而目前用款已達三百八十餘萬之多，如此鉅虧，籌補已屬匪易，倘再續增開支，財源實難增闢。再次以前辦理憲政大多有名無實，非特無益，且又害之。以學堂為例，纏回哈蒙宗教不同，語文互異，強迫其子弟入漢人之學堂，其父兄不以為善，反以為苦，於是多有集貲覓丐以為充差者。再加以一所學堂動輒數萬，概須籌之本地民，每戶攤費約須五十餘兩，以致人民多視興學為虐政，而有被迫改投英籍者。甚至英國領事亦以「目擊學務，纏民怨苦」，慮有動亂相告。為害之深，可以想見。學堂如此，其他巡警、審判廳，乃至諮議局等憲政設施，亦莫不弊病百出。針對新疆特殊的形勢，大化乃毅然奏報朝廷，請准仿照外洋治邊之策，另籌特別變通辦法。在學堂方面，他則規定按照缺分繁簡，酌定學費多寡，比類籌措，量力

推廣。設立簡易學塾，附習漢語。以鄉鎮學堂併入當地之纏民私塾，加派教員，限半日專習漢字漢語，半日仍習纏文，漢纏並教。在警務方面，他則請緩設巡警道，由巡防隊五十九營中抽出六營，分作全省巡警兵。在司法方法，他則建議提法使暫由鎮迪道兼攝，而審判及檢查廳亦不宜多設，可先令省城試辦，俟有的款，再行相機推廣。甚至連勸業道一職，也力主暫爲緩設，以省經費。他如選擇、自治二項，他雖知其爲「憲法緊要之論」，可是卻也以爲：「新疆向無紳士，亦乏土著，不惟無可選舉之人，亦並無選舉人」。前撫聯魁雖曾勉設諮議局，實則皆以本省候補府廳州縣充當議長、議員，「以行政官而兼議事之權，於原設諮議局之議名實實不相符」，而視之爲「徒費無益之舉」。凡此均可見其爲政務實之風。㉝

　　尤其值得注意的是，大化以開發實業爲治理新疆的政治理想。大化早年曾在東北追隨李金鏞辦理屯務、墾務，其後又繼之主持漠河金礦，故深知興辦實業，不僅可以福國亦可以利民。至新疆之後，到處留心觀察，多方研究，深感新疆雖居西北上游，然地大物博，自古即爲農牧之國而富礦產之利，倘能大力開發，實在大有可爲。於是乃詳加規劃，諸如星星峽一帶的金礦煤礦，哈密一帶的曠土荒田，鄯善、奇台、阜康各地的水地建設，迪化以西精河以東以及南疆東路各處的農地開發，他都曾全面的注意。爲慮經費龐大，他且主張仿照東三省辦法，招集南洋華僑，設立公司，墾礦兼營。又主仿照奉天大凌河天一公司，創辦墾牧機構，鼓勵新疆文武各員，集股創辦，有能獨立開荒千頃至數千頃，或獨立或集股創辦大公司，資本數萬至數十萬以上，無論墾牧礦工，確有成績者，均准專摺奏請，分別獎叙。破除以往任官

省分不准置買產業之例。㉔於此可見其企業的精神。嘗總結其理
想，即是模仿日本治理北海道的辦法，在新疆推行三大政策，
「以鐵路爲命脈，以殖民爲政策，以實業爲急務。」他認爲祇有如
此，新疆方能「人聚地闢，貨財充裕」，然後再依次及於軍政、
學務、巡警、審判、選舉、自治等憲政措施，始能「款集事舉」，
較爲實際。㉟大化所擬的治新三大政策，不論在當時具有相當的
意義，即令今日看來亦仍不失其價值。

　　此外，大化對於《新疆圖志》修纂之重視，亦頗具有意義。
新疆雖於光緒十年（1884）設省，但至清末，三十餘年之間，尚
無一部完整的通志出現，雖有《西陲總統事略》、《欽定新疆識
略》及《回疆通志》之作，但不失於蕪雜，即是失於簡略。光緒
末年，厲行新政，設官置吏，號令棼如，非資其政治原委，無由
考鏡。於是始令各省設通志局。首任其事者爲新疆布政使王樹
柟，嗣以樹柟緣事解任，聽侯查辦，事又中輟，僅成宋伯魯之
《新疆建置志》四卷傳世。大化至新之後，特命侯選道文水王學
曾將之續成，並親爲之序行。該書共爲志二十九種，計有一百一
十六卷，二百餘萬言，不僅重於志而且重於圖，甄風考俗，無不
證諸前史，非目有所見者不爲列入。又徵引前說，必注明出處。
風格頗爲特殊，成爲研究新疆史者所不可或缺的珍貴文獻。㊱

六、辛亥革時期的應變措施

　　大化履任後三個月，武昌革命即告爆發，而川亂亦隨之更擴
大，局面一發而不可收拾。清廷一時慌亂，幾乎不知所措。於是
大化乃急電清廷，建議派遣近畿可靠軍隊，水陸南下，「順火車
直抵漢口，先顧北路；乘輪船直入長江，分布要害。」清廷以爲

「所籌甚是」，旋即派陸軍大臣廕昌督兵南下；海軍加派兵輪，飭薩鎮冰督率前進，並飭程允和率長江水師即日赴援。㊲由此可知清廷的此一決策，乃係採取大化的奏請。以當時的形勢而論，實爲相當的正確，故很快地爲清廷所接受。設非袁世凱的態度轉變，對於革命的發展，恐將遭遇不少困難。

　　大化除奏請清廷分遣水陸南下之外，對於新疆的防務也力加佈置。一面設立衛隊，改巡防營；一面向清廷請求增撥軍餉。同時又與陝甘總督長庚聯絡，嚴守潼關商州一帶，對革命軍加以圍堵。㊳甚至傳言他曾與伊犁將軍志銳、甘肅總督長庚、宗室載瀾等聯合，「密電計議，力主遷都大庫倫，請宣統遷都，聯合內外蒙古及甘新軍民」，形成偏安之局。㊴實則檢閱當日大化的公私史料，並無此項記載。由於大化防範甚嚴，使革命份子一直無機可乘。直至是年十月九日，劉先俊始得聯合協營軍警及會黨，於迪化起事。但旋即爲大化挑調陸軍圍攻，將之敉平。不過，在十天之後，亦即十一月十九日的伊犁起事，革命卻告成功，而使新疆局勢大爲改觀。伊犁起事之後，乃由馮特民、楊纘緒等組織軍政府，推戴前任將軍廣福爲臨時都督，致電大化籲其歸順，且願以都督相讓。可是大化卻毫不爲動，反而稟承清廷旨意，命其取消共和。同時且揮軍北上，欲以武力相逼，因之伊新（迪化）戰爭遂告發生，而成爲南北對峙之局。雙方先後於精河縣、大河沿、古爾等地激戰，不分勝負、嗣以同年十二月二十五日（1912.2.12）清帝退位，不久袁世凱出任爲民國第二任大總統（12月28日），致電大化令其罷戰言和。大化見大勢已去，又與袁世凱有舊，至是遂亦宣布承認共和，服從民國政府，而放棄對清廷的支持（宣統三年12月23日）。袁世凱初任大化爲新疆都督，可

是大化卻以病辭，轉而電薦喀什噶爾道袁鴻祐為都督，嗣袁鴻祐為會黨所戕，南疆陷於混亂，於是袁世凱乃再電大化，令其督辦南疆事宜，所有省垣及南疆軍隊均准其節制調遣，會同新督楊增新辦理。不意如此卻又造成大化與楊增新之間的衝突。增新原為新疆按察使，頗得大化的信任，命其統帶新設的協防營，因而勢力日大，而為袁世凱任為新疆都督。因見大化在新，對其權勢具有不利的影響，於是乃揚言大化在新不利於和平統一，且將擾亂社會治安。以致大化外迫於伊犁，內迫於增新，不得不於四月二十日（1912.6.5）離新東還。㊵

七、民國以後的退隱生活

大化於東歸之後即定居於天津的梁園（法國租界），度其滿清遺老生活。由於昔日在漠河數年積受寒毒，腿痛時作，故亦甚少活動。僅於民國六年七月一日張勳復辟時，一度為清帝任命為議政大臣。民國十三年十二月五日又以馮玉祥派遣鹿鍾麟等逼迫宣統出宮，前清遺老在天津開會，大化又與鐵良、升允、羅振玉等被推為代表，以為違反民國對清室的優待條款，而提出抗議。此後即沒沒無聞。㊶抗日戰爭發生，天津淪陷（民國 26 年 7 月 30 日），日人利用漢奸組織治安委員會，以大化為滿清遺老，擬請其參與，為大化拒絕。逾年以老病卒，年八十八，著有《東遊日記》、《撫新紀程》、《治新奏議》、《壬子回程記》。㊷

八、結　論

袁大化以一介書生，投身軍旅，初為吳大澂所識拔，帶往東北辦理勘界、屯田、招墾事宜。繼與李金鏞相善，引為漠河金廠

的提調，成爲其得力助手。旋爲李鴻章所激賞，奏保其爲漠河金廠總辦。最後復獲得清廷的信任，先後授爲河南布政使、山東巡撫及甘新巡撫。由一名沒沒無聞的秀才，一躍而成一品的封疆大吏，在非科甲出身的疆吏之中，實可稱爲一位佼佼者。

大化總辦漠河金廠前後六年，在位最久，成績最優。對其一生影響殊鉅，僅養成其苦幹、負責、務實、認眞的態度，且亦使其熟悉近代西方公司，招股集資、經營管理的技巧。尤其是對交通、工礦、實業的重要，獲得極爲深刻的認識，視之爲中國轉弱爲強、反貧爲富、救國救民的不二法門，並以之爲終生努力的志業，所到之處，恆以築鐵路、興實業爲己任。在河南布政使任內，他則力助豫紳翰林院編修王安瀾、蔣良、前直隸布政使王廉等組織鐵路公司，繼京漠路，續修「擬辦及未辦」各幹線及支線。㊸手訂實業社會章程，提倡開渠、種樹、修道、養蠶、墾荒、開礦、興工藝、辦漁業。在新疆巡撫任內，則主張認清新疆的特殊環境，倣照外國治理邊地辦法，實施鐵路、殖民、實業三大政策，有計劃地實施墾荒、開礦、屯田、築路諸大政，將天山南北加以開發，而使之成爲中國在西北的一塊樂土。㊹凡此皆可見其理想與氣魄。在晚清龐大的官僚群中，尙不多見。

不過，他在辛亥革命時期的所作所爲，卻常爲人所詬病。由於他堅持對於清廷效忠的態度，因此革命黨則常採取鎮壓的措施，除在迪化平定劉先俊之變之外，復對伊犁的軍政府兵戎相見。以致在當時幾爲人視之爲革命的罪人、國民的公敵，甚至詈之爲「執迷不悟、甘爲滿奴」。㊺實際上以今日的觀點看來，其行爲亦非偶然。其一，大化以秀才出身，深受儒學教育的薰陶，故其忠君思想較爲濃厚。其二，其一生服官在北方，風氣未開，

亦少受革命思想影響。其三，其生平志業，與滿清的關係較深，而與革命黨則無任何的淵源。故而晚年寧願以滿清的遺老自居，而不願改變其原有的立場。由此可知其爲人頗有原則與抱負，亦有其特殊的風骨，比起一般隨風轉舵的官僚政客，實不可同日而語。

【註　釋】

①目前所見之袁大化小傳，計有㈠費行簡之《近代名人小傳》（文海書局刊）頁281－282〈袁大化〉，謂袁爲「皖人」，州縣則不詳。惟言其「起家牧令」，則與事實不符，實則袁氏並未曾做過牧令（知府、知州或知縣之官），其他所記尚屬正確。至謂，大化於新撫任內「欲擴張，竟不果行」，則亦爲事實。㈡日人田原楨次郎編《清末民初中國官紳人名錄》（1918年大連中國研究會刊）頁333〈袁大化〉，謂袁爲「安徽舒城縣人」，「前清進士，江西九江道六年，嗣署江西按察使……」，簡直是一片胡言。唯謂其爲「宗室黨」，擁護復辟，亦可接近事實。㈢民國六年《中國年鑑》，〈人名錄〉，〈袁大化〉，亦謂袁氏爲舒城人，進士出身，其錯誤與田原之書相同，不過謂袁氏是年 65 歲，現住天津（梁園），均爲事實。本文於袁氏生平，即依據此項記載。至於其卒年則係根據幼時在故鄉之聞，是否正確，尚待進一步的考證。

②綏翼軍爲吳大澂所練，共有馬步砲兵 13 營。光緒 12 年吳大澂升爲廣東巡撫，其軍移交李鴻章接受，命綏軍將領戴宗騫兼統翼軍駐紮山東之威海衛辦理防務。甲午戰時，戴氏殉職，其軍亦潰。

③以上所引均見袁大化早年所作的《東遊日記》三卷一冊，己酉（宣統元年）重印於天津之梁園。起光緒 7 年 2 月 28 日迄同年 9 月 20 日。當光緒 6 年吳大澂奉命前往吉林時，特調戴宗騫、李金鏞等佐助，駐

軍於巴彥匯防營，因得彼此相識。當時統領綏軍者爲戴宗騫，統領鞏軍者則可能爲吳氏本人。此處所議乃明顯地模仿明將袁崇煥「以遼人守遼土，以遼土養遼人」口氣。

④《清史》卷 451，列傳 237《吳大澂傳》。國防研院刊本第 6 冊頁 40750。

⑤參看郭廷以師《近代中國史事日誌》第 1 冊，頁 664－681。

⑥楊家駱主編：《洋務運動彙編》㈦〈漠河金礦〉頁 315－317，光緒 13 年 9 月 25 日黑龍江將軍恭鏜奏摺。

⑦按劉瑞芬開採漠河金確之議，《劉中丞（芝田）奏稿》未載，此處見《洋務運動文獻彙編》㈦〈漠河金礦〉頁 313，光緒 12 年 12 月 15 日，黑龍江將軍恭鏜等摺內所引總理衙門大臣函。惟宋小濂《北徼紀遊》則說是駐德俄公使洪紱（文卿星使）的建議（頁 32，1984 年哈爾濱黑龍江人民出版社刊本）。

⑧丁文江〈五十年來中國之礦業〉，文載申報館刊《最新之五十年》二編。

⑨漠河金礦開工日期宋小濂記爲光緒 15 年 2 月 13 日（見《北徼紀遊》頁 33）。光緒 18 年 9 月 29 日，直隸總督李鴻章摺。按 14 年 2 月開工可能爲試挖日期，宋小濂《北徼紀遊》頁 34。謂是年「由璦琿招募礦工二百餘名，到廠試挖，每日只得金數分或數錢不等。李公日夜經營，寢瞶不暇，直至十五年春始有起色。然而心力已爲交瘁矣。」當可證明。

⑩關於李金鏞對於開辦漠河金礦之貢獻，宋小濂於《北徼紀遊》內曾有詳細的叙述，頗有價值。另尙可參考《師大歷史學報》第 12 期 (1984)，頁 329－333, Shiow－jyu Liu, The Moho Gold Mines, 1850－1910。The Period of Li Chin－yung's Management of Bureau of The Moho Gold Mines，(1887－1890)。按此時袁大化曾爲吳大澂所調赴鄭州河差（見袁氏「撫新紀程」)，文海影印本，頁 2。

⑪分見《李文忠公電稿》12 頁 36、37、45，〈致漠河金廠袁令〉。

⑫同上頁 36、45，〈覆黑龍江依將軍〉；頁 46，〈袁令來電〉。

⑬見《李文忠公奏稿》卷 69，頁 43，光緒 16 年 11 月 16 日〈袁大化接辦漠河礦務片〉。按大化接辦礦務後，以任重位卑，難孚人望，因特納貲加捐知府，庶可「內足鎮壓夫群情，外不見輕於鄰國也」(宋子濂頁 62)。

⑭見前引 Shiow－jyu Liu（盧秀菊）文，李金鏞時期（1887－1890），袁大化時期（1890－1895），周冕時期（1895－1898），孫傑時期（1898－1900），錢鑅時期（1901－1902），劉焌時期（1906－1910）。其中以大化任期爲最久，成績最優。

⑮宋小濂，頁 60。

⑯分見中央研究近史所刊《中國近代史料彙編》〈礦務檔〉《漠河金礦〉頁 2064，光緒 18 年 5 月 20 日「北洋大臣李鴻章文」。又見《皇朝經世文新續集》卷 24，袁大化刊「漠河礦務公司啓事」。按據此啓事得知公司截至十八年，計前後添招天津佳水公記借款作股共 989 股。

⑰宋小濂頁 64－65。按此聶士成於參觀該廠時，也曾對此機有如下記載:「老溝金廠設施利一機器，一雙二面，設天橋盤運河水，其用法，將挖出之金沙運機器上灌入斗內，一面運水下沖，開動機器則下面水與沙各分一筒溜出，金分一筒溜出，較省人力。然不能隨處安設。零星處仍用人力爲之。」。又云:「其金沙在地內深六七尺，四五十尺不等，先須刨去浮面黃土，此時地凍幾八九尺，非設法融化不能刨挖。各處均加大木晝夜燃燒，夏季亦如之。」於此可知其工之艱辛。參看榮孟源、章福鈺主編，四川人民出版社 1984 年刊，《近代稗海》第 1

輯，聶士成〈東遊紀程〉頁 142，光緒 18 年 11 月 15 日記。

⑱分見《李文化函稿》75，頁 19-21，光緒 18 年 9 月 29 日〈漠河金廠請獎摺〉〈礦務檔〉頁 4486-4487，No.2604 號文，光緒 18 年 5 月 20 日「北洋大臣李鴻章文」。按此時所歸還之借款，計黑龍江軍餉銀 30,000 兩，全部清還。至天津佳水公記之 100,000 兩，則僅歸還 30,000 兩，見前引之〈礦務檔〉2604 號文。又按此時漠河礦廠計有三處即漠河、洛古河及奇乾河，所謂漠、奇、洛三廠，其中以奇乾河廠之北溝出金最旺，計礦丁千餘名，每日得金百五六十兩及兩百兩上下不等，甚至尚有七、八天得金三十兩者。（宋小濂，頁 62）其他二廠則所得者甚屬寥寥。

⑲參看〈礦務檔〉頁 4608，2662 號文，光緒 23 年 5 月 22 日「北洋大臣王文韶文」。按據王文韶之奏摺，可知此時該廠礦丁數已逾萬人（頁 2608），足見其規模頗爲可觀，與之剛開辦時之 200 人多達 50 餘倍。

⑳于式枚輯《李文忠公尺牘》卷 24，頁 30 上〈復蓮池書院山長吳摯甫〉（光緒 19 年 1 月 20 日），按鴻章於〈復前河台吳清卿（大澂）書內亦曾論及此事，謂：「漠河金廠，李秋廷（金鏞）締造，中途而歿，至可痛惜。袁大化接辦以來，累加收束，力汰浮費，現在出金不減於昔，亦能聯絡俄人，可望支持危局。察其籌布，尚稱妥協，但能自立不敗以待擴充，即邊計之幸也。」

㉑分見〈礦務檔〉頁 4573，2604、2605、2607、2609、2610、2611、2612、2613、2614、2615、2617、2618、2623、2624、2625、2626 號文及北洋等之換文。按當時戶部尚書福琨（光緒 14-19 年任），熙敬（光緒 18-21 年任）。

㉒參看〈礦務檔〉頁 4571，光緒 2112 月 18 日 2635 號文「李家鏊函」。

㉓參看袁大化《壬子回程記》（民國元年北洋印刷局刊）頁 5-6，賦詩

自注，謂：「當延氏冤參時意在至輕發我新疆也，後十餘年竟有新疆之行（按指出任新撫），亦曲成延公之志耳。」又同書頁 13 復記云：「近數十年冤案有三：四川鹽案、漠河礦案、綏遠荒案，亦不平事。皆清之所以速亡也。」

㉔參看〈礦務檔〉頁 2607，2662 號文，光緒 23 年 5 月 22 日「北洋大臣王文韶文」。按延茂於奏請觀音山金礦改歸黑龍江官辦未成之後，又曾於光緒 22 年奏請變通漠河金礦章程，令漠廠報效六成，觀廠報效八成。（參看〈礦務檔〉頁 4583，2651 號文）

㉕關於大化助平渦陽劉疙瘩之亂，可參看黃佩蘭、王佩箴修《渦陽縣志》民國 14 年鉛印冊 2 卷 15 頁 21〈兵事〉。廣宗縣教民之亂可參考姜檻榮等修《河北廣宗縣志》（民國 22 年鉛印成文影印）卷 1 頁 12〈大事記〉所引「袁世凱奏」。迎駕之事，可看吳綸《吳摯甫尺牘》頁12，辛丑九月廿七日〈答袁行南觀察〉；「聞吾公方有迎扈之役」。召見之事見林樂知等刊《萬國公報》卷 157 頁 23，〈迎鸞續記〉，聖駕 11月 24 日抵保定省城，26 日召見大化等人。

㉖孫家鼐奏章見光緒 30 年 6 月 25 日《東方雜誌》第 6 期頁 65－66〈實業〉；清廷之批准，見《德宗實錄》卷 530，頁 2，光緒 30 年甲辰 5 月辛巳（3 日）條：「大學士孫家鼐等奏，皖省自行籌款興辦礦務，謹舉熟習礦務大員，請旨飭派，得旨：興泉永道袁大化著發生往安徽辦理全省礦務，欽此。」

㉖分見故宮博物院刊《宮中檔光緒朝奏摺》第 23 輯，頁 673、716、719、725、726，袁氏所上各摺。

㉗分見《宮中檔光緒朝奏摺》第 23 輯，頁 275－276，336，《宮中檔光緒朝奏摺》第 24 輯 000079－000080 袁氏摺；《政治官報》126 號頁 2〈諭〉，光緒 34 年 2 月初 3 日內閣奉上諭，「山東巡撫著袁大化署理」。

㉘分見《大淸宣統政紀實錄》卷 38，頁 39－40；卷 39，頁 10；卷 42，頁 2－3；大化之奏見同書卷 42 頁 36，宣統 2 年 9 月甲子諭。奏報則載《政治官報》1135 卷，宣統 2 年 11 月號。

㉙參看《宣統政紀實錄》卷 43，頁 26，宣統 2 年 10 月壬午：以「前山東巡撫袁大化爲甘肅新疆巡撫」。西行之事參看大化自著：《撫新紀程》頁 1。又大化之得撫新，有人認爲其屬於攝政王系有關。（見日人松島宗衞《淸朝末路》大正十四年東京，頁 251，袁大化，攝政王系之督撫。）不過此事可能爲臆測之詞，不足置信。

㉚見袁大化創修《新疆圖志》，民國十二年天津東方學會增補校正本，奏議卷 16〈國朝，袁大化〉，頁 13－15。馬良等任期可參考魏秀梅《淸季職官表》（下）頁 1005、1008、539、657。

㉛見宣統 3 年 7 月 6 日《順天時報》及王樹枏《陶廬文集》卷 11 頁 23，《補過齋文牘序》爲統一事權，楊增新乃將伊犁將軍改爲鎭守使，又改塔城參贊，阿山長官爲道尹，均爲新疆轄治。

㉜見前引書，頁 2－3，宣統三年五月十五日袁大化奏：〈請借款修通東西鐵路以保西域而固全局摺〉；頁 3－4〈附件〉。又按大化之考察而向淸廷提出修築陝甘新鐵路的建議，可參看前書頁 2－3。按隴海鐵路雖於光緒末借比款修築，1905 年始修汴路段，1912－1915 完成州至觀音堂段，1926 年方由海州之大浦修至陝西之靈寶，戰後始再修至蘭州、迪化，1990 年 9 月 12 日終在新疆之阿拉山口與俄之鐵路接軌，並於 1992 年 12 月 1 日正式通車營運（參看張玉法《中國現代史》（東華書局），頁 533，「交通建設」，及民國 81 年 11 月 30 日《中國時報》第 11 版〈大陸兩岸關係新聞〉）。

㉝參見《新疆圖》〈奏議〉16，頁 5－9，「邊省款絀人稀，宜先其所急以固根本摺」；頁 12，「巡警勸業兩道請緩設片」。

㉞同上書頁 9，「請開荒辦礦工藝牧養片」；頁 12－13，「開闢利源以實邊圉摺」。

㉟同上書頁 9。

㊱參看宋伯魯《新疆建置志》，新疆叢刊第九種（商務印書館，54 年，台二版），民國 52 年 2 月袁同禮序，袁大化序於宣統 3 年。見民國 12 年東方學會據志局本重校正增補，天津博愛印刷局刊本《新疆圖志》卷首。惟王樹柟則認爲《新疆圖志》之修選乃由他所首倡，於新藩任內，「集三五博雅同文」所分纂。（見氏著《陶廬文集》癸丑，〈新疆備乘叙〉）

㊲《宣統政紀》卷 61，頁 41，宣統 3 年 8 月丁巳（21 日）上諭：「又諭，電寄袁大化，據電奏，現在武昌失守，宜派近畿可靠軍隊……所籌甚是，現已有旨……即日赴援矣。」

㊳分見《政治官報》，宣統 3 年 12 月 13 日第 161 號〈摺奏〉；《新疆圖志》卷 106，頁 11－12；《宣統政紀》卷 57，頁 4；卷 61，頁 90；卷 63，頁 14；卷 63，頁 19；卷 65，頁 57；卷 67，頁 1－2。

㊴此類說法甚多，屢見革命黨人反袁之文件。分見《開國文獻》第 23 章，新疆光復〉：㈠楊纘緒「馮特民報告伊犁光復經過電」；㈡「新疆全體公民指責國務院電」；㈢萬象春、鄧祥麟「伊犁革命史略」；㈣萬象春「新伊犁革命略史」。

㊵關於劉先俊迪化起義及馮特民伊犁起義的記載，正反兩面均有記載，而且因而立場不同，而互異其詞。本文爲字數所限不擬於此多加分析。正方面的記載有：萬象春、鄧祥麟「伊犁革命史略」，萬象春「伊犁革命略史」，林競「伊犁革命始末記」，沈翅祥「伊犁辛亥革命史」。（分見《開國文獻》第 23 章，〈新疆光復〉，壹，「光復之，經過」另尙有當時之通電史料，如：㈠馮特民、郝可權報告伊犁反正致

鄂政府電㈡楊纘緒、馮特民報告伊犁光復電，㈢黎元洪爲伊事致袁世凱電及覆電，㈣伊犁各界反對新撫袁大化電，㈤伊犁代表賀家棟電，㈥新疆全體公民指責國務院電。（分見《開國文獻》）第 23 章〈新疆光復〉，貳，「重要電文」。負面的記載則有各類官方文獻，及張開枚輯《辛亥新疆伊犁亂事本末》，鍾廣生《辛亥定亂紀略》。前者謂袁大化所撰，殊誤。二作皆見沈雲龍主文海書局刊「近代中國史料叢刊續編」第 65 輯，頁。

㊶分見《天津大公報》民國 6 年 7 月 2 日「共和從此告終矣」，任命京官之種種上諭，那志良「撫今憶往話國寶」，文載《故官五十年〉民 73.8，香港。又可參看郭廷以師《中華民國史事日誌》第 1 冊，民國 68 年 7 月中研院近史所刊，頁 311、839。

㊷按筆者與大化爲同里，其母王太夫人即爲筆者之族人，故幼時頗得父老傳聞，文中若干史事，即有採之傳聞者，庶不一一注出。

㊸見《宮中檔光緒朝奏摺》第 23 輯頁 719，袁大化奏。按當時聯名呈者有豫紳 40 餘人，並由大化保薦劉果、袁克定、王祖同等爲總理及協理。

㊹據張開枚〈辛亥新疆伊犁亂事本末〉一文可知大化在哈密曾經沙親王定約開渠百里，漑地萬頃；於迪化設墾礦局，於迪化數百里開闢渠數道，放荒二千餘頃，悉成膏腴。

㊺《中華民國開國五十年文獻》，第 23 章，頁 426，萬象春：〈新伊犁革命略史〉。

（原刊於中央研究院近代史研究所《近代中國歷史人物學術研討會論文集》，民國 82.2. 台北。）

近六十年來
清史之研究與回顧
——開國與建制

一、前　言

　　清史的範圍可以分爲關外與關內兩大時期：關外時期計有二帝二十八年（1616－1643）；關內時期計有十帝二百七十六年（1644－1911）。而關內時期則大體又可以分爲三個階段：一爲清初的盛世階段（1644－1795），二爲中期的守成階段（1795－1840），三爲清季的式微階段（0841－1911）。本文因內容所限，主要的偏重於關外及清初二個階段，其他時期不擬涉及。

　　關於清史的研究，民初時期因受革命排滿思想的影響，兼以有關史料多未開放，故從事者如鳳毛麟角。因之反使日人之作如增田貢的《皇朝政典舉要》、《清史覽要》；稻葉君山的《清朝全史》（但燾譯，1914，中華書局刊），著我先鞭。抗戰前雖有蕭一山、孟心史、吳宗慈、陳訓慈、鄭天挺諸先生從事於清史的教學與研究，然以時局不定，成績仍無可觀。其後抗戰及戡亂連續發生，更使清史的研究工作幾乎陷於停頓。直至最近三、四十年來，方才呈現出一片新氣象。一因史料層出不窮，檔案、官書、公私著述、外國史料，使研究者有所取資，①二因研究範圍日漸擴大，政治、軍事、外交、邊防、社會、經濟、教育、學術、民族、宗教、法律，幾乎觸及到歷史的每一層面。三因研究方法的

日新月異，不斷地進步，由傳統的考據、詮釋、綜合、分析、比較，到近代的心理、量化等各種社會科學理論和方法；都爲學者所採用。四因國內外專門研究機構的設立日多，並且發行通訊、學報交換心得，切磋觀摩。②五因國內外大學史系所之中，不斷有年輕新秀投入清史的陣營，因而使清史的研究又增加一批新的生力軍。

二、清史的編撰與著述

自《清史稿》於民國十六年（1927）問世，曾經引起學術界甚多的批評，③但因時局不靖，且以茲事體大，修訂工作殊非易事。直至最近二、三十年間，方才引起有心人士的興趣，爲之翻刻、訂正整理，使學者於應用時頗爲稱便。

㈠爲清史之出版：該書爲張其昀、蕭一山、彭國棟等人於1959年，據清史稿略加修訂與補充而成，計補入「南明記」五卷、「明遺民列傳」二卷、「鄭成功載記」二卷、「洪秀全載記」八卷、「革命黨人傳」四卷，外附簡單索引，合爲五五○卷，都八巨冊。刪去「稿」字而名《清史》，列於中國史二十五史之後，合爲「二十六史」，而於1961年由國防研究院出版。其後臺北成文出版社復據該書之鉛印本訂正影印，因之流傳頗廣。唯以該書乃據《清史稿》而成，絕大部分均原封未動，而其所增入者又多爲常識性之史料，故並不爲學者所重視。

㈡爲清史稿之整理與重刊：比較起來，清史稿之價值依然爲人所肯定。但史稿亦非完整無缺，故近年來，有心人士特爲之修訂整理，以便學者參考。㈠爲大陸中華書局之「標點本」。該局除將異文分別作註之外，同時對於脫、誤、衍、倒、及異體古體

文字，亦作全面的校對，分爲四十八冊，於1977年在北京出版。④㈡爲臺灣國史館之「校註本」，該館鑒於《清史稿》之取材、撰寫、校印等方面有待於檢校、查考、補註、訂正之處甚多。爰於民國六十七年（1978）十月與故宮博物院簽訂「執行清史稿校註纂修計畫合約」，有計畫地對於《清史稿》作一全面性的校註。此項工作歷時六年而於民國七十三年（1984）十月告竣，復經聘請專家學者分別審訂，終於次年十一月陸續出版，精裝爲十五鉅冊，期於民國七十六年（1987）六月全部出齊。⑤對於清史之研究，二者均有相當之貢獻。此外，許師愼所輯之有關《清史稿》編印經過及各方意見彙編上下二冊，中華民國研究中心出版，（1978臺北），亦可參考。

　　關於清代通史之撰述，近年以來雖有數種，但其學術價值並不太高。比較受人重視者計有下列數種：

　　㈠孟森之《清代史》，該書初成於民國二十六年（1937）之夏，嗣以抗戰發生未及出版。至民國四十九年（1960）十月，始由其弟子吳相湘氏整理，交由臺北正中書局刊行。內容計分總論、各論二編，分爲清史在史學上之位置，清史之體例，清代帝王世系，以及八旗制度等九章，外附「清代三大疑案考實」，「海寧陳家」、「香妃考實」三篇，考證翔實，富有識見，而非一般泛泛之論可比。⑥

　　㈡蕭一山之《清代通史》及《清史》：前者刊於民國十二年（1923）僅有二冊，且自清初至乾嘉爲止。直至民國五十二年（1963）方將乾嘉以後陸續完成，計共五鉅冊，4,000,000餘萬言，該書以受近代西方史學之影響，不按中國傳統正史紀傳表志之體例，而採新的記事本末體的寫法，在清史的撰述方面實爲一

大創舉。書中除正文以外，且於書末附有「清代大事年表」、「清帝愛新覺羅氏世系表」、「清代宰輔表」、「清代軍機大臣表」、「清代督撫表」、「清代學者著述表」、「清代外交約章表」等，（1963，臺北商務印書館），頗便於學者檢閱。後者又名《清史大綱》，僅有一冊，二二一面，（民國四十一年，十二月臺北中華文化出版事業委員會刊）。但以民族革命史觀，駁斥唯物史觀之非。強調文化、政治不純受經濟之支配，而必將經濟、文化與政治三者「均衡詮叙之」，雖受大陸學者所抨擊，然仍不失其特殊之見⑦。

　　㈡戴逸之《簡明清史》，分上下二冊，上冊四二九面，下冊五五〇面，1980 年北京人民出版社刊。該書內容計分下列各章：①清之興起及後金汗國之建立。②滿人之入關與漢人之反抗。③清國之建立及統治。④十七世紀半唯物進步思想。⑤中央集權統治及政權機構。⑥農業經濟及封建租賦制度，⑦手工業與商業發展，⑧清代階級結構及十八世紀前期之階級，⑨沙俄早期對中國之侵略及中國之反侵略鬥爭，⑩邊疆少數民族地區之征服與多數民族國家之鞏固發展。⑪清代文化政策和漢學發展。⑫清代前期的文學藝術和科技術、⑬社會矛盾激化及統治階級日趨腐朽。⑭以白蓮教為主的各族人民起義。⑮十九世紀前期的社會思潮。⑯資本主義國家對中國的侵略。文字之外，並附有插圖多幀，可見其頗能面面俱到，實為近年大陸所刊之清代通史中之不可多得。

三、滿人建國前之歷史 （1368－1616）

　　明代對於東北之經營，其成績遠在漢唐之上。尤其是在元代蒙古大帝國瓦解以後，歐亞局勢為之一變。非但蒙古所征服之諸國得以獨立，而俄國亦因之崛起於北土。及建州繼明而起，併吞

蒙古，俺有華夏，阻止沙俄之南侵，關係尤為重大。故明代對於遼東建州之設施實為吾人所當注意。⑧關於東北史地的研究，遠自十六世紀之時俄人已經著手進行，我國學者亦有人留意於此者。及至二十世紀之初，日本人繼起，成績尤為可觀。⑨惟以近年以來，各種史料相繼公開，滿文史料大量應用，兼以地下材料出土，故對東北史的研究亦展露一副新的面貌。茲特就其重要者略作介紹：

㈠「奴兒干都司」之研究：奴兒干位於黑龍江口，或名弩兒哥。以其地位重要，永樂七年（1409）特於其地設置都指揮使司，以統女眞各衛。直至正統之初（1437），方才撤至開原之三萬衛。對於這方面的研究諸如奴兒干位置之考訂、永寧寺碑文之校釋、亦失哈招撫女眞之經過等皆有論文發表。至於討論明代在其地之政治者亦有兩篇：一為鄭天挺（遺著）「明代在東北黑龍江的地方行政組織——奴兒干都司」：（史學集刊十三期，1982）；一為李健才：「明代奴兒干都司及其衛所研究」（中洲書畫社，1982）。

㈡「建州衛」之研究：建州衛為明代在東北所設的女眞三衛（建州、梅西、野人）之一，始置於永樂元年（1403）。其後又分為建州左衛及建州右衛，合稱為「建州三衛」，以後的愛新覺羅即出於建州左衛。不過建州衛女眞時有遷移，居地不一，故學者為之考訂者頗不乏人。如孟森、徐中舒、李學智、郭毅生、徐建竹等，均有論文發表。至於研究建州女眞之遷徙及其發展者則有薛虹、莫東寅等人。

㈢明代對於東北經營之研究，有關明代對於遼東地區的經營，亦有不少學者從事探討或考證。其中有論文，亦有專書。早

期學人有孟森、李晉華及郭廷以諸先生。他們對於明人在遼東所設的衛所都司之沿革，以及其經營的過程均有查考。近人陳文石及張勝男等亦曾作有此類之研究藉爲補充。另李成梁（1526－1618）爲明遼東鎮總兵，官封寧遠伯，坐鎮遼東數十年，威名遠播，與縣守大同的麻貴號稱爲「西麻東李」，亦曾引起學者的注意。除以往和田清及園田一龜對之有所著述以外，近人孫文良亦有文論其歷史作用。不過，以上所述者大多爲單篇論文。至於有系統的論著，則有李健才近年所刊的《明代遼東》一書（遼東人民出版社，1986，瀋陽，292頁）。該書自明初接管遼東開始，至皇太極統一東北爲止，對於明初招撫女眞之經過，建立遼東地方之機構，發展遼東之屯田、奴兒干都司及建州衛之設立、女眞各部之朝貢和貢道、兀良哈三衛和女眞各部的南遷、馬市貿易和遼易邊牆，以及明在東北統治的危機和後金汗國的拓展，乃至後金汗國從奴隸制向封建制的轉化等都有系的叙述與討論，頗能使人對於清代前期史獲一清晰的印象。

㈣關於滿人入關前之社會經濟問題研究：近數十年來頗爲發達，而且涵蓋面相當地廣泛，舉凡經濟生活、社會禮俗、社會形態、土地制度、馬市貿易、工商貨幣、婚姻親族、宗敎信仰等皆有涉及。關於社會制度方面，馬奉琛先生等別注重其奴隸制度。他認爲滿族初起之時，壯丁全數充兵，其餘老弱從事耕牧，人力不足，故八旗生計不得不靠大量的奴隸以爲輔助，（見氏著「滿族未入關前的經濟生活」，《食貨月刊》，一卷六期，1925）。鄭天挺先生以爲滿人未入關以前的社會，史家雖然意見不同，但其發展亦與其他民族相同，經過原始氏族社會、奴隸社會、和封建社會。（見氏著「清入關前滿洲族的社會性質」《歷史研究》6期

1962)。朱誠如先生在其「明代女眞和漢族間的交往滲透與滿洲共同體的形成」（《歷史評論》第五輯，1985），則採用日本的「共同體」理論，從滿漢民族融合方面著跟，指出滿族社會另一特徵。滿洲在未入關前，由於漢人之不斷流落女眞地區、有的私投、有的寄籍、當差，經過二百餘年的融合，已形成一個以女眞人爲主體的新民族共同體（見結論）。李學智先生於分析女眞民族社會組織形態之演變與經過時，深慨明人無知，未能一仍金元之制，將女眞地區納入中原之路府州縣的行政組織，而使女眞成爲編氓，視同中原人民，續予開發。反而以化外之民待之，實施衛所之制，實爲一大錯誤。（見氏著「女眞（滿洲）民族社會組織的研究㈠」，《政大邊政所年報》，第十三期，1982.9；「女眞（滿）民族社會組織的研究㈡」，《政大邊政所年報》，第十四期，1983）。此外，陶希聖先生則注意於降人與俘虜的關係，由東華錄以窺清代八旗之生活（「滿族未入關前的俘虜與降人」，《食貨》，二卷十二期，1947）。林瑞翰先生則有「女眞初起時之寨居生活」（《大陸雜誌》，十二卷十一期，1956）。陳捷先生與李學智先生均對滿人之婚姻作過研究，李學智除注意於滿人之婚姻習俗，並對滿人之親族稱亦作察考；馮爾康先生則注意於滿族的婚姻制度及其婦女的社會地位；鄭天梃先生亦曾爲文論及滿洲早期的禮俗問題；陳文石先生對於清太祖及清太宗時代的農業以及入關前的手工業等經濟生活都有論著發表。

　　以上所介紹者爲論文，在專書方面，其有關女眞社會經濟的著作則有莫東寅先生的《滿洲史論叢》。該書刊於1958年，其中包括明代女眞族的社會形態，女眞經濟的發展，以及女眞人的宗敎信仰學多篇，皆有相當之價值。鄭天挺生爲研究淸代初期史的

前驅，在抗戰前即有論文發表，抗戰期間依然著述不輟，其《清史探微》一書，（1945年刊於昆明，1983年臺北大立出版社影印），即是他自1936年以至1943年間的論文集。周遠廉先生的《清朝開國史研究》一書出版較晚，而於1981年刊於瀋陽（298頁）。該書由社會經濟發展史的觀點，將滿族前期歷史分爲「原始社會末期」、「奴隸社會」以及「封建社會」三大階段，其論點頗受唯物史觀之影響。此外，凌純聲先生的《松花江下游赫哲族》一書亦值得一提。該書爲凌氏與商章孫先生於民國十九年春夏之間在松花江下游依蘭至撫遠一帶調查赫哲族生活之記錄，而於民國二十三年（1934）發表於南京，並列入中央研究院歷史語言研究所專刊甲種之十四。分爲上下二冊，以民族學之記錄而成爲民族誌（ethnolography）。對於比較民族學（ethnology）的研究頗有助益。

(五)滿人宗教的研究：薩滿教（Shamanism）是滿族早期的宗教信仰，亦譯作「蠻珊」「沙曼」。薩滿者女巫也，善能降神附體、託神之言以卜休咎。女眞人吉凶禍福均信之。此一信仰甚爲普遍，自太平洋至斯堪的那維亞半島以及北美的印第安人諸族之間皆有信徒，實爲一世界性的宗教。自1925年已有墊明、岳靑、滿都爾圖、莫東寅、扎奇斯欽、張錫綸等先後爲文介紹。1971年何傳信又將 R. Textor 所著的一篇泰國田野工作的個案報告，譯成中文於「食貨」復刊號的第一卷第十期發表，證明薩滿教在中南半島亦其流行。1977年，莊吉發先生復將伊利阿第博士（Dr. Micea Eliade）所撰的（新）滿文本《尼山薩蠻傳》（Nisan Saman I Bithe）譯成爲中文（1977臺北文史哲出版社刊）並加註釋，因而使吾人對於薩滿教獲得更多之瞭解。此外莊氏尚有「薩滿社會

的社會功能」論文一篇，發表於 1985 年 4 月出版之《國際中國邊疆學術會議論文集》（政大，臺北），亦可作爲薩滿敎研究的一個補充。

四、清代開國史之研究（1616－1643）

滿洲的歷史發展，到努爾哈赤時期發生一個極大的轉變。由女眞民族的統一到封建國家的建立，諸如軍國體制的八旗組織、滿洲文字的創制與朝鮮與蒙古的征服，對明戰爭的展開等等，無不有諸多學者加以討論。

㈠清帝的世系問題：關於淸代皇室的世系問題，在過去曾經有不少中日學者加以探討。但自經孟心史先生加以考證後，始將清人所謂「三仙女」的神話完全打破，而認淸其原來面貌。孟氏《明元清系通紀》一書，計有四冊，先稱《淸朝前記》，後又作《滿洲開國史》，1934刊於北京，1966年臺北學生書局重刊。孟氏根據《明實錄》、《淸實錄》及《朝鮮李朝實錄》等原始史料，深入探討，迭經整理補充，方將清代先世，自明初之肇祖以至明末之景祖、顯祖等一一考出。其後蕭一山之《淸史》、吳宗慈之「清開國前記」（史學專刊一卷四期，1936，廣州），鄭天挺之「滿淸皇室之氏族與血系」（1943年於昆明，後收入於《淸史探微》，至彭國棟之《淸史開國前記》（臺北商務印書館，1970）以及大陸學者有關之研究，大體多以此書爲根據，其學術價值不言可喻。

㈡清初二帝傳記：以往於研究清代前期史者不多，對於淸初之開國二帝清太祖愛新覺羅努兒哈赤（1559－1626）及皇太極（1592－1643）僅有零星片斷的簡介而無系統的全面研究。⑩直

至最近數年方有三冊有關的傳記出版。一爲閻崇年的《努爾哈赤傳》（北京出版社刊，1983年，北京，339頁），全書計分十章四十二節，外附努爾哈赤年譜及明朝、後金、朝鮮歷史紀年對照表。自努爾哈赤之出生至其起兵統一各部、征撫蒙古、創造八旗制度及滿洲文字、建立後金政權，出兵攻明，以及實行計丁授田、遷都瀋陽、改革政體等，最後並以「滿族傑出的政治家和軍事家」作爲其一生的總結。二爲周遠廉的《清朝興起史》（遼寧人民出版社，1986，長春，439頁）該書名爲《清朝興起史》，實則亦可謂爲另一「努爾哈赤傳」，全書分爲兩篇，第一篇自1583年努爾哈赤起兵開始至1621年薩爾滸之役結束。第二篇自1621開始至1626努爾哈赤去世爲止，後書亦附有「大事年表」以便檢閱。周書與閻書不同之處，於後者偏於軍事史及政治史，而前者除社會經濟史之外，對於滿族統治階級之內部鬥爭如「國初四大疑案」。⑪以及「入遼以後的五大案」。⑫均提供更多的分析。三爲孫文良與李治亭合著的《清太宗全傳》（吉林人民出版社刊，1983，長春，445頁）。該書共分六章二十八節，後附年表，將清太宗的事業分爲「創業時期」、「天命時期」、「天聰時期」、「崇德時期」各個階段。最後兩章則爲其「思想作風」、「愛好生活」，書中並附有圖片及地圖數幀。上述三書之共同特點，即所根據史料絕大部分均爲《明實錄》、《清實錄》以及《朝鮮李朝實錄》，再輔以明末的有關著述與清初的檔案等原始史料。至於近代中外人士的研究，雖然亦曾引用參考，但其數量卻頗爲有限。至所採之觀點，爲唯物史觀的立場。

㈢有關滿人的族號與國號以及早期的皇位繼承問題：上述問題過去已有不少中日學者論及，近數十年來，仍有學者具有濃厚

的興趣。寧思承先生由字義方面考證「滿州」一詞的含義!，馮家昇先生綜合前人之研究，對於「滿洲」一詞提出其個人的解釋；陳捷先先生根據《朝鮮實錄》大膽地表示「滿洲」與「婆豬」這兩個稱號實際上就是同一個稱號。黃彰健先生則從歷史的觀點指出滿洲之國號曾有五變、初稱女直、後改女眞，明神宗萬曆末年又改爲建州，後又稱金汗及大淸（滿洲國號考、史語所集刊三十七本下，1967）至於滿人之以「大淸」爲國號原因，淸代時乾隆皇帝雖曾有所說明，謂「大淸」有「大東」之意，東方爲靑，轉音爲淸。但日本學者稻葉君山及市村瓚次郎卻另有解釋。前者以金國擬少昊金天氏。因金天氏曾胙土於淸，故採淸字以爲國號；後者以淸由金而來。蕭一山先生則以淸有「廓淸天下之義」。⑬可是李樹桐師卻不滿於以上諸說而有新解，以爲滿人之以淸爲國號，有取「淸明」一詞，而含「克服前朝」之義。（見其所著「淸代國號考」。臺北《華國學報》第八期，1974）。關於淸代皇室姓氏愛新覺羅問題，學者提出考證者亦爲不少。朱希祖有「金汗國汗姓氏考」（《史語所集刊》外編第 1 種上冊，頁 19－64，1933）；李學智有「淸朝姓名考」（《大陸雜誌》1955，10.12）；陳捷先有「淸國姓愛新覺羅考」（《滿洲叢考》，1963）等。不過，學者之中仍以愛新覺羅爲金姓者爲多。

關於淸初之皇位繼承問題：日人內藤虎次郎早已爲文論及（見「淸朝初期之繼嗣問題」，《國學叢編》一卷六期，二卷一期，1932.5）後人之續作研究者則有趙光賢「淸初諸王爭國記」《輔仁學志》十二卷一、二期，1943.12），李光濤：「淸太宗奪位考」（《大陸雜誌》，六卷五期，1953）；⑭陳捷先「淸初繼嗣探微」（《滿洲叢考》，1963）；李學智「淸太祖時期建儲問題的分析」

(《思與言》，八卷二期，1970)；李鴻彬：「皇太極嗣位的幾個問題」（《歷史檔案》第三期，1981.8)；金承藝「皇太極的繼承汗位」（《滿族文化》，第二期，1982，臺北）。

㈣清代的八旗制度：八旗制度以往嘗爲人誤解，以爲是一種單純的兵制，實則不然。從《清代文獻通考》「兵志」中所言「以旗統人，即以旗統兵。」即知此一制度匪僅爲一軍事制度，且亦爲一政治制度及社會制度。在此一制度之下軍政不分，兵民合一，實爲滿人開國之初努爾哈赤因應滿族的環境所創的一種特殊軍國主義式的封建組織。其初只有黃紅藍白四旗、(1910)，後又擴充鑲紅、鑲黃、鑲藍、鑲白四旗，合爲八旗，是爲滿八旗(1614)。天聰年間、皇太極又增設漢八旗（1633）及蒙八旗(1635)合約二十餘萬人，成爲日後滿族賴以建國及征服中原的憑藉。關於此一制度，近六十年內研究者頗多，其中特別注重其制度者計有：孟森之「八旗制度考實」（《明清史論著集刊》，1965）陳福霖：「八旗兵制考略」（《港大史學年刊》1971），安部健夫：「八旗滿洲にゐの研究」（《清代史の研究》1960），細谷良夫：「清代八旗制度之演變」（《故宮文獻》，三卷三期，1972），駕淵一「清初八旗制度考」，（《東洋史研究》，5：1），其中尤以孟心史先生之「八旗制度考實」一文，長達四萬餘言，對於八旗成立之經過，組織之演變以及領旗之貝勒均有精詳之考證，實可見其功力。

其他注意於八旗之社會結構者，則有莫東寅之「八旗制度——清初之社會結構」（《滿族史論叢》1958）；關於八旗之戶口名色者，則有陳文石之「滿洲八旗的戶口名色」（《史語所集刊》四十三本第二分冊，1973）。關於八旗貝勒者，則有陳捷先之

「後金領旗貝勒考略」，（原載於《故宮文獻》一卷一期，後收入其《清史雜筆》，1977），鴛淵一：「清朝八固山額與研究」（山下先生還曆紀念論文集》），中山久次郎：「明末女眞與八旗統制之關係」。神田信夫：「關於國初的貝勒」（《東洋學報》第十四期。關於漢軍八旗之研究者，則有劉家駒之「清初漢軍八旗的肇建」，（原刊於（《大陸雜誌》，三十四卷十一、十二期，1967後收入其《清初政治發展史論集》1978，臺北商務印書館刊），陳雙鳳之「清朝的包衣與漢軍」（《今日中國》，第一一九期，1981）；關於八旗牛彔之研究者，則有陳文石之「滿洲八旗牛彔的構成」（《大陸雜誌》，三十一卷、十期，1959.9）；旗田巍：「滿洲八旗の成立之過程に關する考察——特江牛彔「成立についき」（《東亞論叢》第二期，1929）。關於蒙古八旗之研究者，則有王鍾翰之「清初八旗蒙古考」（《清史雜考》，1957.9）。關於清初八旗之圈地者，則有劉家駒之（《清朝初期的八旗圈地》一書（1964）。關於清初東北八旗之駐防者，則有趙綺娜之「清初東北之駐防八旗（1972）。關於「八旗通志」之研究者，則有陳捷先之「論八旗通志」（《清史雜筆》，第二輯1977。）由上所述，可知學者對於八旗制度研究之成績，不過上述研究大多以早期居多，至於八旗入關以後之演變者尙爲罕見。惟近十數年來，大陸出版二書頗值參考：一爲章伯鋒所編之《清代各地都統大臣年表》（1965），由此可知八旗人事之異動概況。二爲楊學琛及周遠廉二氏合著之《清代八旗王公貴族興衰史》，（1986年遼寧人民出版社刊），該書共分三篇十章，自清初八旗的形成，至民初王公貴族的沒落、依次探討，外加附錄圖表，殊有價值。

　　㈤清代初期的政治法律文字及對外關係之研究：

　　1.政治制度：滿人雖於1616年建國（後金汗國），由氏族社會分解而成為封建國家，但其政治組織卻甚為簡單。八旗組織之上，僅於大汗（努爾哈赤）之下設立五位總管大臣（理政大臣）及十個扎爾固齊（管政大臣）以為佐理。且上述各官亦多由各旗長官兼任，幾乎缺乏體制之可言。至皇太極繼承汗後，情形始為改觀。天聰三年（1629）四月，首設文館，命儒臣分直。五年（1631）七月，又倣明制設立「六部」。雖各部名由貝勒主之，但一切事務卻由皇太極所任命的承政、參政、啓心郎等官所處理，貝勒反而沒有多大的權力。十年（崇德元年，1636）三月，又改「文館」為「內三院」（內祕書、國史、弘文），各設大學士一人，分掌史冊、誥命及進講之職。同時並設立「都察院」，負責政府官的監察與彈劾職務。三年（1638）更設「理藩院」，掌管蒙古等朝貢事務，兩院官制與六部略同，合稱為「八衙門」，由此可知清初的政治已由八旗共治的分權制度逐漸地走上中央集權之路。關於此一問題，從事於研究者計有吳衛平之「清入關前的政治組織」（《學人》第八十二期，1958），「八旗統治下的人民——八旗與民政」（《學人》，第九十一期，1958），「八旗統治下的軍事活動——八旗與軍政」（《學人》，第九十四期，1958）等篇，作一初步的探討。陳文石之「清太宗時代的重要政治措施」（《史語所集刊》，四十本上冊，1959），由皇太極時代的政治措施以觀其與其他貝勒之間的權力鬥爭。王廷元與魏鑒勛二人則論及清太宗之利用漢人以擴張自己的權力，「試論皇太極重用漢官的政策」（《遼寧大學學報》，No4.1979）。金成基對於清太宗在開國史上的地位也非常重視，曾作有「論皇太極」一文，加以討論，（見《中國史研究》，第四期，1979.12）。

2.法律制度：對於努爾哈赤的政刑以及其死後所形成的政局問題，學者亦曾予以留意。駕淵一有「清太祖時代政刑考」（《東洋史論叢——羽田博士頌壽紀念號》1950）。傅宗懋有「清初統治形態之演化」（《政大學報》，第九期，1964）；及「清初議政體制之研究」（《政大學報》，第十一期，1965）。周遠廉有：「後金八和碩貝勒共治國政論」（《清史論叢》，第二期，1980）。都曾詳加探討、李玄伯師亦曾指出，清代開國之後的政治演變，自清初的「會議制度」到雍正設立軍機處，逐步邁向中央集權發展之途（見「清代中央集權形態的演變」（《史語所集刊》，三十七本上，1967）

　關於清代建國前後的法律制度，由於其原始簡陋，以往多爲學者所忽視，迄今所見者僅有兩篇論文：一爲日人駕淵一之「清太宗時代政刑考」。一爲劉景輝之滿洲法律及其制度之演變，（臺北，1968）。後者爲劉氏臺大的碩士論文，計將滿洲的法律演變分爲三個時期：一爲努爾哈赤時代的草創時期、二爲皇太極時代的建立時期、三爲順治時代的蛻變時期。由北亞遊牧民族之「習慣法」過渡到建國後之「盛京定例」，而達到入關後「大清律」之成文法。可見滿洲漢化之一斑。⑮

3.滿洲文字：滿洲初無文字，所用者多爲漢文或蒙文。至努爾哈赤起兵後，方於1599年3月命文臣額爾德尼及噶蓋等假蒙古十二字頭合以滿語、造成滿洲文字，頒行國中，號爲「國書」。惟因字彙不足，且同音異義之文字甚多，難以辨識，用之頗感不便。至皇太極時又命達海重加整理，對於難以分別的文字施以圈點，而成爲「新滿文」。至以前用之無圈點的滿文則稱爲「老滿文」。滿文屬於阿爾泰語系，與漢文迥然不同，其一，滿文爲拼

音文字，一字多音，漢文則爲單字單音。其二，滿文書寫自左而右、自後而前；漢字書寫則自右而左（直書），自前而後。其他在文法方面也有很多的差別。由於清初時期，滿人的諸多大政多用滿文記載。入關後方才滿漢兼用，故有很高的史料價值，而爲研究清史的學者所重視。⑯粟振復對於「滿文的創製與運用」作一研究。（見《故宮博物院院刊》，第三期，1980.8），李德啓則由歷史的觀點指出「滿洲文字之來源及其演變」（見《北平圖書館館刊》，五卷六期，1943）趙志輝特將翻譯達海對滿文的貢獻作一介紹（見《學習與探索》，第三期，1980），李學智與烏拉熙春則於滿人的親族稱謂加以研究（見李著「談滿文的親族稱謂」《政大邊政研究所年報》，第十七期，1986）；烏拉著「滿人的稱呼」《學習與探索》，第三期1980.5）。富麗特將「滿文及其文獻」作一介紹（見《中國史研究動態》，第二期1981.2）。陳捷先除將「滿文流傳國外」之小史作一有系統的研究，使吾人得悉滿文在歐洲及日韓等國的研究近況外（見《新時代》，八卷九期，1968臺北），且對「滿文與清初歷史研究」之價值（《清史雜筆》，第一輯1977）以及「滿洲舊檔」、「滿文起居注」等均加介紹。在滿文著作的譯著方面，也有很好的成績，廣祿師與李學智先生曾經將「老滿文原檔」與「滿文老檔」作一比較研究（《東亞學會年報》，第四期，1965），同時並將「清太祖朝老滿文原檔」加以譯注（《史語所專刊》，第五十八種，1970）。莊吉發曾將滿文之清語《老乞大》（1976）、《尼山薩滿傳》，（1977）、以及《滿漢異域錄》，（1983）、《雍正朝滿漢合解奏摺》（1984），分別予以譯注或校注。黃彰健曾對滿文中之「Nikan」之含義作一探討（《史語所集刊》三十七本下，1967）。凡此均能窺知今人研究滿文之概況。

　　再者，滿文之研究在日韓等國亦有相當之成績，韓國有閔泳桂、成吉仁、白時億、瞿鶴根；日本有薩國勝工、今西春秋、神田秀夫、岡山英弘、松村潤。或者注重於語文，或者注重於翻譯，對於清代早期史的研究都有相當的貢獻。⑰尤其特別值得一提的是日本的東洋文庫的一批學者，他們除將滿文老檔加以翻譯之外，並由田村實造、今西春秋、佐藤長等合力將《五體清文鑑》作成解釋（1966，京都），分為上下兩巨冊予以出版，不但可見其功力與氣魄，亦可見其踏實與細密的治學風格。

　　4.對外關係：滿人在未入關前的對外關係，可以分為：（甲）對日本方面：當努爾哈赤建國之時，正值日本之德川幕府鎖國時代，滿洲僅由朝鮮方面略知日本之名，故二者實無任何的接觸。至於努爾哈赤曾有征討日本之說，則純係傳言而毫無根據。（乙）對俄國方面：十七世紀之初，當中國的滿洲興起於東北之時，恰巧亦正值俄國新興的羅曼諾夫（Romanov）王朝向黑龍江北岸擴張的開始，因此造成中俄兩國向外發展運動的衝突。而衝突的焦點則集中於雅克薩城（Albazin）一帶⑱。同時又因俄人之入侵黑龍江與滿人之入關恰同一年（1644），故其正式的衝突已是清朝的順治年間。關於此點，從歷史的觀而言，實具有重大的意義。蓋以是時明代國力已極衰微，設無滿人崛起於東北適時地遏阻俄人南下之勢，則東北形勢可能與今日有所不同。⑲（丙）與朝鮮方面：滿韓關係由於毗鄰而居，發生很早，亦時有衝突，但以滿人勢力尚未形成、衝突並不嚴重。及1616年努爾哈赤建國之後，一則因為朝鮮出兵助明作戰，並允毛文龍假道擾金邊境。再則對明作戰之後，東北馬市關閉，與明貿易停頓，所需物質日感缺乏，不能不轉向朝鮮取給。於是乃有皇太極時期的二次派兵入

韓，而發生韓人所謂的「丁卯虜亂」（1627）及「丙子虜亂」
（1636）。至此朝鮮逐徹底爲滿人所征服，而成爲其藩屬，由「對
等關係」一變爲「宗藩關係」。（丁）與蒙古方面：當滿洲興起之
時，蒙古也因與明朝經過兩個多世紀的長期對立而趨於式微。此
時內外蒙古各部林立、勢力渙散，故大部爲滿人所征服。僅有察
哈爾的林丹汗尙能獨樹一幟，而與後金汗國分庭抗禮。天聰六年
（1632）四月，皇太極親率大軍往討，大敗林丹汗。八年
（1634），林丹汗病歿，其子額哲歸附於淸，至此蒙古逐全爲滿人
所有。（戊）滿人對外關係除上述者外，最主要的仍爲明朝。滿
人原爲明之「降胡」，其後叛明獨立，連年侵犯遼東，因而引起
長期的爭奪戰。崇禎年間，淸人利用明代的流寇之亂，發動山海
關外的戰爭，且不斷毀關入塞，使明窮於應付。終於1644年「甲
申之變」使明淸關係發生劃時代的轉變。

　　論及淸人未入關前的滿鮮關係，中、日、韓三國的學者均有
人研究。中國方面，吳晗曾就《朝鮮李朝實錄》中有關李滿住史
料加以分析，以見二者早期之關係（見「關於東北史上一位怪傑
的新史料」，《燕京學報》，1934。按該文後又易名爲「朝鮮李朝
實錄中之李滿住」，收於氏著之讀史劄記，1981）。李光濤曾以滿
人對朝鮮二次用兵（1627，1636），使其屈服的史事從事探討，
著有「記明末朝鮮之丁卯虜亂與丙子虜禍」，（《史語所專刊》，
1972，臺北）。張存武亦有類似的論文，題爲「天聰時代後金汗
國與朝鮮的關係」（臺大碩士論文未刊稿，國立政治大學社會科
學資料中心藏，後以「淸韓關係（1631－1636）」發表於《韓國
學報》，第一期，1981.）莊吉發則對滿鮮通市問題作一考察，有
「朝鮮通市考」，（《食貨月刊復刊號》五卷六期1975）。陳捷先亦

曾對清太祖及清太宗兩個時期的滿鮮關係，作有論文發表、見
《清史雜筆》，第六輯，1985。吳緝華則有「16 世東北亞大戰前
中日韓三國的情勢及衝突——朝鮮壬辰之亂的時代背景及戰爭的
醞釀」一文，說明導致日後戰爭的必然發展。發表於《政大歷史
學報》，第二期，1984，劉家駒對於此一時期的歷史用力尤勤，
對於天聰及崇德年間二次伐韓，以及滿鮮之建交開市，朝鮮世子
入質，乃至雙方婚媾之締結、皮島之爭執、徵兵、徵糧，還有朝
鮮潛通明朝始末等問題，都曾根據翔實的史料加以深入地分析與
與探討，見其著《清朝初期的中韓關係》，1986，臺北文史哲出
版社刊。另中國大陸國立歷史博物館刊之《滿清入關前與高麗交
涉史料》，第一本，1986，北京；吳晗所輯之「朝鮮李朝實錄中
的中國史料》，1972，以及臺灣中研院近史所編刊之《清季中日
韓關係史料》，均於滿鮮史之研究有很大的幫助。

　　韓國及日本方面：林容正有「丙子亂後擄人制還考」《史
叢》，第九期，高麗大學史學會刊1964漢城。稻葉君山有《光海
君時代的滿鮮關係別錄》，1923；「朝鮮孝宗朝にねける兩次の滿
洲出兵に就いこ」（上卡）「靑丘學叢」，第十五期，（1934.2），
第十六期，（1934.5）。江嶋壽雄「天聰年間にねける朝鮮巖幣
に」《史淵》，第一〇一期，1958。池內宏對於滿洲與朝鮮之關係
史尤有研究。曾著有《滿鮮史研究》數冊，分為（上古篇）及
（中世篇）等，每篇一冊，功力頗為深厚。

　　滿洲與蒙古的關係，則至為密切，而且從歷史上看，二者恆
為勢不兩立。蒙古起必併吞滿洲；滿洲起必統一蒙古。此種問
題，早為日本的學者所留意，如稻葉君山（見氏著之《滿洲發達
史》及《清朝全史》中之內蒙古之合併篇）。和田清亦有類似的

見解，(見氏著《東亞史論藪》之「滿蒙篇」。) 中國方面，研究蒙古史 (或元史) 者雖然很多，但對明末滿蒙關係史研究者卻甚寥寥。僅李學智曾為文以「探討明代對蒙古滿洲 (女眞) 民族政策的得失」，《中國邊政》，第十八期，1987臺北；大陸學者趙雲田則有「試論清太祖太宗時期對漠南蒙古的關係」，《北京師院學報》，第二期，1980；楊實則於抗戰以前即曾對於「明季滿人蠶食蒙古之方略」為之紀要，《大公報史地周刊》，No6.3 1935.12.6。

　　明金在遼東二十餘年 (1619-1644) 的對抗是東亞歷史發展中的一個重要環節。明亡清興不僅為中國史上的大事，亦屬東亞史上的一件大事，因之對於此一階段的歷史研究者頗為踴躍，重要的史事與人物都逃不掉史家的注意。其中尤以中央研究院歷史語言所研究員李光濤先生用力最勤。其論著牽涉的問題頗為廣泛。㉑不擬於此一一介紹。其他有不少大陸與臺灣的學者對於這一方的研究作出貢獻。茲謹依歷史之專題性，將其簡述於後：

　　以史事的發展次第而論、研究努爾哈赤以七大恨叛明之背景者計有孟森、黃彰健、李光濤、張開乾、蔣武雄等；研究薩爾滸戰役及分析其勝負之原因者計有王崇武、孫文良、李光濤、張玉興、隋覺、李鴻彬、姜和順、謝國良、鴻賓、李廣廉、李世愉、陳洸等；研究遼東諸役者計有孫文良、孫祖繩、趙光賢等；研究己巳虜變 (1929) 及壬午之役 (1642) 者計有李濤及鄭克箴等；研究遼瀋之戰者計有孫文良等；研究松錦戰役者計有李光濤等；研究山海關之戰者計有王崇武、李光濤等；研究流寇與遼東之關係者計有李光濤、朱慶永等；研究明清和戰者計有任長正、滕紹箴、李光璧等。

以人物而論，研究熊廷弼與遼東之關係者計有陳同、韓道誠等；研究袁崇煥者計有李光濤、曾容、孟森、羊弓、商鴻逵等；研究毛文龍與東江關係者計有方豪、李光濤等；研究孔（有德）耿（仲明）之背明降清及其後果者有李學智等；研究洪承疇與松錦戰役者有李光濤、陳作鑒等，研究吳三與山海關之戰兼論吳三桂之階級性等問題者計有王崇武、史蘇苑、敬寬、姚定九、沈星棣、馮鳳珠、張大廈、顧城、陳生璽等；研究多爾袞與山海關戰役之眞象者計有李濤等。㉑從上述各文所發表的時間而言，最早者爲1934年，最近者爲1981，計約有近百篇左右。然此一時期的論文雖多，但遺憾的是，綜合各類研究而能作一整體性的著作，迄今尙付諸闕如。

五、滿人之入關及其統一 (1644－1683)

崇禎十七年，明北京爲流寇李自成所陷。後吳三桂又引清兵入關，擊敗李自成。遂開滿人統治中國二六八年之局。不過，滿人於入關之初，仍有許多問題未能解決、流寇、義民、南明、浙東、閩南、臺灣等地之抗清活動，歷經 40 年（1644－1683）之鬥爭，方使中國趨於一統。關於此一方面的研究，前賢所作者甚多，茲分爲以下幾個方面略作介紹：

㈠有關多爾袞之研究：多爾袞爲清初的攝政王，入關之後，諸多大政設施均由他所主持，關係於清之政策者至鉅。對於其個人之研究者計有：李光濤：「多爾袞徵女朝鮮史事」，《中研究史語所刊》，1970，臺北；「多爾袞入關始末」《史語所集刊》，第二十五本，頁 31－57. 1954.6；「多爾袞山海關戰役的眞相」《大陸雜誌》，七卷五期，1－13. 1953.9，「多爾袞擁立幼帝始末」《中

研院院刊》,第一期,41-52;1954.6;「太后下嫁傳說與多爾袞」《東方雜誌》,三卷二期,頁36-69.1970.6;陳捷先:「多爾袞稱皇父攝政王之研究」《清史雜筆》第一輯,頁35-80.1977.8;「下后下嫁多爾袞考」《故宮文獻》一卷二期。孟森:「太后下嫁考實」,《清代史》,頁449-454.1960.11.臺北。吳宗慈:「太后下嫁考實駁議」《史學專刊》,二卷一期,頁331-342.1961。鄭天梃:「多爾袞稱皇父之臆測」《北大國學季刊》,六卷一期。李鴻彬:「多爾袞與山海關大戰——兼論清初社會矛盾的變化」,《清史研究集》,第五輯,頁66-86.中國人民大學清史研究所編,1986.12.北京,等多篇,其中大多為多爾袞軼事者居多;關於多爾袞與滿人開國大政者反而較少。直至前年周遠廉、趙世瑜所合著之《皇父攝政王多爾袞全傳》問世,方才有一多爾袞之全面研究。該書計有487頁,1986.7、由吉林文史出版社(長春)出版,對於多爾袞的生平、事業、立國行政、領導才能、生活思想,以及死後榮辱,作一詳細探討。書後並附有多爾袞年譜,使吾人對於清初之政治,黨爭增加不少瞭解。

　　㈢有關流寇之研究:流寇與滿人同為明代之大患。一為內憂,一為外患。至於二者之間的關係如何?彼此有無直接或間接的聯繫?實為史家所欲瞭解的真象。李光濤先生「論建州與流賊相因亡明」一文,即揭穿此一歷史之秘密。認為滿清曾經致書「賊帥」與之勾通,且言:「欲與諸公協謀出力,併取中原。倘混一區宇,富貴共之。」(見《史語所集刊》第十二本,1948)。基於此一微妙的關係,故滿人與流寇乃彼此互相利用。滿人於崇禎七年(天聰八年,1634)至崇禎十五年(崇德七年,1643)利用中國內亂先後五次毀關入塞,造成明人的極大震撼;而流寇亦因

清兵入關死恢復燃，屢仆屢起。李光濤先生所謂「建州與流賊相因亡明」，實爲一針見血之論。不過，滿人勾結流寇僅可說是一種戰略的運用，而並非眞欲之聯盟。至清兵入關時，雙方的關係即已明顯的破裂，而因利害不同立於敵對的地位。滿人利用漢奸吳三桂以加強自身的兵力，於山海關之戰一舉而將李自成的大軍擊潰。不過，山海關之戰的眞相如何，卻引起史家的爭論。根據清初所修的《明史》「流賊傳」擊敗流寇乃係清兵之功。但李光濤先生卻據內閣大庫檔案，認爲清兵未到之時，吳三桂兵已與李自成之兵，激戰終日，大獲奇捷。其後清兵雖至，亦僅爲收拾殘局坐享漁人之利。(參見氏著「多爾袞入關始末」，《史語所集刊》第二十五，1954)，王崇武先生對於此事亦持同樣意見（參考氏著「吳三桂與山海關之戰」《燕京學報》，第三十三期，1947）。但若干大陸學者則從階級的觀點以論吳三桂之降清問題，認爲吳氏之所以引清兵入關，乃是明代的封建統治階級在農民革命的壓力之下對於外族的一種妥協或投降（參看商鴻逵「明清之際山海關戰役的眞相考察」，《歷史研究》，第五期1978；陳笙璽「清兵入關與吳三桂降清問題」，《中華文史論叢》，第二期，1981）。相反地，流寇將領卻因滿族的入關，而於李自成及張獻忠死後轉變態度向南明投誠，因而使明代國內的階級鬥爭一變而爲漢族一致對外的民族戰爭，（分見李文治「晚明統治階級的投降清朝及農民起義軍的反清鬥爭」，《明清史論叢》，1954.8；李光璧「農民起義軍在川鄂地區的聯明抗清鬥爭」；林鐵鈞「清初的抗清鬥爭和農民軍的聯明抗清策略」，「歷史研究」，第十二期1978；顧城「論清初社會矛盾——兼論農民的聯明抗清」，《清史論叢》，二輯，1980.8。其他尚有甚多類似之作，於此不擬多介紹。

(三)有關南明之研究：甲申之變後，明人迅即於南京組成新的弘光政府。其後隆武及永曆二帝繼之，先後據有福州及肇慶成立領導中心，以與清軍對抗，是即爲歷史上的南明。清人對於南京的弘光政府本擬以和平的方式解決戰爭，由多爾袞致書於史可法（1602－1645），勸其投誠，史可法覆書婉拒。不意，卻有人認爲史可法是個投降主義者（見黃啓岑「民族投降主義的供狀——評史可法的復多爾袞書」，《揚州師範學報，1966）。實則由近年所發現的「史可法家書」（見民國七十二年五月四日「中央日報」所載舊金山——梁姓僑領所收藏之「史可法親筆絕命書」），即知史氏早有以身殉國之打算，故上述之文應無損於史氏之忠貞形象及其歷史地位。與史可法有關的另一件大事是「揚州十日」。此一史事曾經於清末排滿革命時盛傳一時，咸認爲是清兵對漢人的一次大屠殺，死者約有三四十萬人。但究其實際情形如何？頗爲史家所關懷（見張德芬：「楊州十日記辨談」，《中華文化論叢》，第五期，1964.6）。繼揚州慘殺之後，又有江陰及嘉定之屠城，先後引起黃華（《越風》，六、七卷，1936），楊寬（《歷史教學》，第八期，1951；《明清史論叢》，1957.3 以及朱新：（《歷史教學》，第四期，1953），陸剛（《明清史論叢》，1957.3），屈起（《浙江圖書館館刊》，四卷二期，1935.4）之相繼研究。其他有關江南各地之抗清活動及若干特殊人物的英勇事蹟，亦有不少人論及，如大陸學者朱永嘉即認爲此類江南抗清活動皆爲地主士大夫階級所領導（參看朱著：「論南明抗清運動中各個階級的動向」（《新建設》，第十期，1962），其他尚有多篇此類之作。實則明末的知識份子所組織的復社，亦扮演一個重要的角色，見胡秋原先生「復社與南明王朝之抗清活動」（《中華雜誌》，第五、六期，

1967.10，1968.1）。尤其令人注意的是江南士大夫的抗清運動，常與薙髮問題相關。本來多爾袞於建都北京之後即曾下令軍民人等薙髮，以示上下一體。嗣以漢人反對，而又自動取消。及至江南既下，更是雷厲風行，下令薙髮，當時有「留髮不留頭，留頭不留髮」之謠。而漢人卻依然無視於此項法令，寧死不從，以致被殺者累累。關於此一問題，鮑光豹、白兵衛、謝正光等人皆曾加以探討，吳相湘先生則由文化的觀點作一解釋（見氏著「八旗制薙髮令與滿洲文化」，《邊疆文化論集》，1953）。他認爲中原與邊民族髮式不同，代表華夷之辨。㉓蓋以中華傳統的民族主義乃是一種文化的民族主義，而與近代西方以血統爲中心的民族主義有所不同。根據此一論點出發，則漢人之成千上萬爲抗拒薙髮而死，當可獲一合理的詮釋。

　　清人之擊敗南明與所謂「開清第一功臣」洪承疇甚有關係。洪承疇（1953－1665）曾經二次奉命出征南明；第一次在順治二年（1645）閏六月至五年（1648）四月，其任務是招撫江南。第二次在順治十年（1653），其任務是經略西南五省，由此可知自江南湖廣以逮滇黔皆所勘定，其功至偉。尤其是江南的奪據，使清人因而得以兵多餉足，征調自如，對於明亡清興影響甚鉅，（見李光濤：「論洪承疇之招撫江南」，《明清史論集》，下冊，1971，臺北商務），至於世傳清初大政皆由洪氏成之，孟心史先生則深不以爲然。謂：「國初諸大政皆定自太祖太宗朝；世謂承疇實成之，誣矣」。㉔有關南明抗清的人物，也是史家所研究的主要對象，史可法之外，如張名振、張煌言、瞿式耜、李定國等均有不少的文章，並且獲得高度的讚揚。如謝國楨在其「試論李定國在歷史上的地位」（《江海學刊》，第七期，1962）一文中，

即對李定國之歷史地位予以肯定。郭秋影、方福仁等則稱李定國
爲愛國的民族英雄；謝浩對於李定國與鄭成功的聯軍及聯婚曾加
研究（《臺北文獻》，第三十三期，1975.9），金成前則爲文分析
鄭成功與李定國會師未成之原因（《臺灣文獻》，十六卷一期，
1965.3）。李振華及李學智二人對於二張（張名振與張煌言）海
師三征長江之事蹟及時間加以考證（《大陸雜誌》，六卷九期，七
卷十一期）。尤其是鄭成功之抗清活動更爲一熱門話題。黃玉齋、
金成前、鄭喜夫等，均曾於臺灣鄭氏父子的抗清事蹟爲文探討
（《臺灣文獻》，16.17）而陳捷先及毛一波等則於鄭清的議和問題
加以分析（分見陳捷先「略論順治年間的鄭清和議」，《清史雜
筆》，六輯，1985，臺北；毛一波：「鄭波和議之經緯」，《南明史
談》，1970）。鄭清議和失敗、和平解決臺灣問題無望、清兵以不
習水戰又無力對臺用兵、惟有對之封鎖，並於臺灣對面之江浙閩
粵大陸沿海實施堅壁清野以防其反攻。順治十三年（1656）六
月、首頒「海禁令」，不許片板入海，以絕鄭氏接濟。康熙十八
年（1679）又在漳州開設「修來館」招徠海上文武兵民。㉖關於
清初之遷海及所造成的不良影響，研究者頗多。謝國楨、麥袞甫
等都有論著。麥應榮則於「廣州五縣遷海事略」，考證特詳（見
《廣東文物》，冊二），至於南明之向海外乞師問題，迄今仍以日
人石原道博之《日本乞師の研究》，（1945，東京），一書較爲完
備。他如朱舜水之乞師日本及對日本水戶學派之影響，以及永曆
皇太后之向敎廷請援，亦有不少人作過研究，前者如黃玉齋、李
嘉等；後者如伯希和、石原道博、黃玉齋、高勞、陳翔等。然因
史料的限制，對於此類問題的研究，似乎已難再有何等突破性的
發展。值得注意的是清初的「三藩之亂」迄今尚僅有數篇的論

文，如朱希祖的「吳三桂周王紀元釋疑」，《史語所集刊》，第二本，1935；李學智「孔有德、耿仲明、降清始末及明史黃龍傳考」，《幼獅學報》，一卷一期，1958.10；金成前：「鄭耿交惡之前因後果」，《臺灣文獻》，一七卷一期，1962；以及神田信夫之「清初三藩的橫征暴歛──以平南王為中心」，《文史會刊》，第二輯，1960.12，等篇，可是一部有關三藩之亂的完整研究，至今卻未曾出現。綜述南明一朝者，英文方面，有司徒琳（Lynn A. Struve）之《南明史》The Southern Ming 1644-1662，而中文方面則就功力而言，尚無一書可與之相抗者。

　㈣有關內政之研究：滿人於進關之後，雖然曾經宣布許多的安民措施、廢除明末的三餉、頒布賦役全書、實行科舉考試、倡導尊儒重孔、招撫明廷的官吏。但其秕政亦爲不少，其中最爲人詬病的便是繼承太祖於遼東所實行的計口授田之法、利用奴隸生產制度，於入關後將近畿一帶明朝皇親、駙馬、公侯伯大臣等的莊田，分配與八旗官兵。其有不足者，則圈點民間的土地加以補償，以致造成民間很大的騷擾與損害。關於此一問題，以往雖有日本學者周藤吉之，有高巖等作過研究，但仍以劉家駒先生之《清朝初期的八旗圈地》，（1964，臺北）一書較有系統。對於滿人入關前的旗地發展過程，入關後的圈地經過，旗地的奴隸生產制度，以及旗地日後之典賣與官贖，八旗圈地與關外開墾的關係等，都有全面性的探究，實可說相當的完整。因爲圈地又衍生出逃人問題，由於在旗人家役使或從事於農業生產的奴隸所受的非人待遇，生殺悉憑主命，而且尚有以奴僕殉葬的陋習，故常迫使大量漢族奴隸難於忍受，而時有逃亡。可是在追捕遣回之後，其命運則更悲慘，以致造成許多的人間悲劇。劉家駒對於此一問題

亦曾有專文發表，見其所著之「順治年間的逃人問題」（《清初政治發展史論集》，1978，臺北商務）。對於江南的地主及知識份子，清人於入關之初常懷疑與不信任的態度，時爲藉機加以壓制，如江南闈獄、逋賦案、通海案、哭廟案等，皆其著者。此等問題同樣也曾引起史家之關懷與研究。不過，近年以來，明清轉接時期史的研究卻轉入另一新的方向。以往的研究多側重在士人抗清的行動方面。但近來學者卻將眼光擴大，除將反清而忠貞於明的遺民分類以外，並進而研究他們對清的不同態度，以及其新生一代的反應與心態。對於當時文人之於滿清的征服與統治，則從文化主義的觀點加以解釋。此外對於降清之類的人物如錢謙益、吳梅村，及洪承疇等所謂的「貳臣」，他們也探討其降清的眞正動機，究竟是爲貪生怕死，抑是迷戀權位，或是仍有一番政治的抱負。在這些學者之中，在美國則有牟復禮（Frederic W. Mote）、麥考牟倫（Lan Mcmorran）、彼德遜（William G. Peterson）、蘭格羅斯（John D. Langlois）、威克曼（Frederic Wakeman）等；中國學者則有張春樹、駱雪倫等。在臺灣作此研究則有邵紅、李學智、唐啓華、王成勉等人。此一研究倒不失爲一個新的嘗試。

六、清代的盛世及其建置（1683–1795）

㈠康、雍、乾三帝之研究：清人與南明的對立經過四十年的時間終於落幕。1681年冬，三藩之亂平定，次年閏六月，臺灣又告內附，清人統一中國的大業至是遂告完成。其後在康熙、雍正與乾隆三位偉大的帝王相繼統治之下，政權穩固，社會安定、文教發達、軍備強大，歷經一個世紀多的富庶與繁榮，國力不斷向

周邊擴張，終於達到一個理想的「自然邊疆」（natural forntier），故史家恆稱此一時期爲「康、雍、乾之盛世」。

　　清聖祖康熙皇帝（1662－1772），可謂歷史上偉大帝王之一。在他統治的半個多世紀之內，不僅完成國家的統一，提昇國家的威望，且在政教設施上，亦有相當的表現。至於個人的好學不倦精神，平淡儉樸的生活態度，以及其務實而不尙虛文的作風，也常爲史家所津津樂道。有關聖祖的第一部傳記即爲法人白晉神甫（Joachin Bouvet）所作的《康熙大帝傳》（Portrait historique de Iempereur de le China, Paria 1769），昭和十六年（1941）八月，後藤末雄將之譯成日文，刊於東京之生活社，引起廣大學界的興趣。㉗同年十一月，西本白川之《康熙大帝》一書出版（1941，東京大東出版社），對於康熙之初政及修養，三藩及臺灣的戡定，外蒙及西藏的征服，當時之國際關係及對俄外交，乃至一些政治措施等，都有廣泛的討論。日本學者之對清初三帝的讚揚，時間均在滿洲國建立（1932.3.9）之後，其政治目的恐怕大於學術。但亦不失爲吾人研究康熙大帝之一助。其後有意於康熙新傳者頗不乏人，尤其是大陸學者商鴻逵先生。商氏在文化大革命以前，曾經爲吳晗主編「中國歷史小叢書」寫過一本《康熙皇帝》，長達數萬言。不料受到文化大革命的波及而未曾付印。十年動亂結束後，商氏對於又擬之擴充爲八章三十萬字的大書，結果書未成而賫志以歿，殊爲可惜。商氏康熙評價很高，論其爲「清朝歷史發展中一個十分重要的人物」。㉘惟近年卻有孟昭信之《康熙大帝全傳》一書的出版（1987，吉林），稍可彌補商氏的遺憾。

　　在美國也有不少的學者對於康熙加以研究。自 1966 年以來，竟有四本有關的英文著作先後出版：⑴Johnathan D Spence,

Ts'ao Yin and the K'ang = hsi Emperor: Bondservant and Master. 1966. 1973 Taipei)，顧名思義，當知其與《紅樓夢》有關，但亦由此可知曹家之與皇室的關係；曹家所負的祕密任務，以及康熙帝六次江南行程的經過。(2)Jonathan Spence,Emperor of China, Self - protrait of K'ang - hsi, 1975,New York。本書分爲六個部份，以康熙皇帝自己的語言描述其個人的一生，一爲「遊」，二爲「治」，三爲「思」，四爲「壽」，五爲「阿哥」，六爲「諭」(Valedictory)。筆調活潑輕鬆，風格特殊，唯稍欠嚴謹的學術態度。(3)Lawerence D.Kessler,K'ang - hsi and The Consolidation of Ch'ing Rule, 1661 - 1684, The University of Chicago Press, 1976。本書深受 Franz Michael, The Origin of Manchu Rule in China (1942) 之影響。認爲滿人自1644 - 1661年間雖以軍事爲優先，征服各省，但到1661年以後，卻面臨更大的挑戰。即繼武力的征服之後，如何加以安撫及有效的統治。依照作者看來，直到康熙時代，方才改變政府的方向，而完成此一偉大的統一工作，故康熙實爲一鞏固清代政權的關鍵人物。(4)Silas H.L. Wu. (吳秀良) Passage to Power: K'ang - hsiand His Heir Apparent, 1661 - 1722, 1979 Harvard University Press。該書以心理與倫理的觀點，分析康熙帝與廢太子（允礽）父子之間的矛盾與衝突，因而導致其四子胤禛的合法入繼大統。此一論點，其後曾在美國與臺灣引起學術界一連串的爭辯。雖然贊成者與反對者都振振有辭，但仍難有共同的定論。雍正得位本即是個衆說紛云的老問題，至此再度地又掀起一個高潮。

清世宗雍正皇帝（1722 - 1735）是一位清代史上最能幹也最獨裁的君主，在位雖僅十三年，但清代眞正的高度中央集權，卻

完成於其人之手。關於雍正帝的研究，日人宮崎市定在三十年前，即曾寫過一本《雍正帝，中國の獨裁君主》（1950，東京）對於其一生的事蹟作一綜合的探討。臺灣的黃培先生除於臺大撰成其碩士論文「雍正時代中央統治體系改變」之外，其後又於美國哈佛大學完成其博士論文「中國歷史上的專制政治——雍正朝的研究」Autocrcay at Work：A Study of the Yung - Cheng Period，1723 - 1735，（Indianna University Press，1974）。本書雖然一如宮崎市定之以專制主義為其中心論據，但以現代的史學方法處理問題，並大量使用原始史料，卻為前者所不及。在論及雍正的政績時，雖然作者特別強調清代的中央集權完成於雍正之手，可是卻認為雍正帝仍不失為一位中國仁德的統治者。蓋以其時王公大臣受到貶抑，地方士紳嚴予制制，而平民的物質生活卻得到較大的滿足。近年來，大陸馮爾康先生所出版的《雍正傳》（1985，北京人民出版社），以六一〇頁的篇幅的將雍正帝的一生由儲位鬥爭至登上帝位，以及其內政、外交、軍事、學術諸多大政措施，乃至其歷史上的功過，作一全面性的探討，亦具有相當的學術價值。不過，儘管雍正帝的一生有許多重大事件值得去研究，可是史家最饒興趣的卻是他的繼承問題，因之在此方面的論文層出不窮。大體而言，自孟森到黃培、金承藝、楊珍等先生皆對雍正得位之合法性，採取懷疑的態度。參看孟森：「世宗入承大統考實」，《明清史論著集刊》，1959.11.。黃培：「清代雍正時期的皇位繼承」，《食貨月刊復刊號》五卷九期，1975.12。金承藝：「從胤禵問題看清世宗奪位」，《近史研究所集刊》，第五期，1976.6；「胤禛———一個帝位成空的皇子」，《近代中研所集刊》，第六期，1977.6。楊珍：「關於康熙朝儲位之爭及雍正繼位的幾個問

題」，《清史論叢》，第六輯1985.6。而吳秀良與莊吉發、馮爾康
等先生卻持相反的看法，認為雍正帝之奪嫡之說未免過於戲劇
化，依照清代的禮法制度實為不可能之舉。參見吳秀良：Fas-
sage to Power：Kang－hsi and His Heir Apperent，pp. 179－184；
莊吉發：「清世宗扣禁十四阿哥胤禵始末」，《大陸雜誌》，四十九
卷二期，1974.8；馮爾康：「雍正傳」，pp.1－57；王鍾翰：「清
世宗奪嫡考實」，《歷史雜考》1957.9；許曾重：「清世宗胤禛繼
承問題新探」，《康雍乾三帝評議》，（1968.6，北京）。由於雙方
皆有其說辭及充份的證據。至今仍是一個揭不開的謎團。

　　高宗乾隆皇帝（1736－1795）是清代盛世時期的最後一位皇
帝，在他御宇的六十年間，清代的國勢固然登上了高峰，但從此
也逐漸走向下坡。因之歷史家對於他很難有一個固定的評價。關
於乾隆帝的研究，以往多著重於軼聞遺事，如「海寧陳家」、「香
妃問題」等。近年以來，有關乾隆年間重大史事的嚴肅論著，諸
如十全武功、治新方略、文化政策等，方才日多，而引起學者的
重視。第一部對於乾隆作一全面研究的著作是日本學者杉村勇造
的《乾隆皇帝》　（277頁，東京，1961頁）。惟其書既無腳註
（footnotes），又未附有參考書目，並不能稱為學術論著。以嚴格
的史料學入手，用抽絲剝繭的方法，分析歷史記載中所見到乾隆
皇帝的各不同面貌，應推美國凱因（Karold L. Kahn）的《皇帝
眼中的君主政體》一書（1971出版，1972臺北虹橋書局影印）。
該書由乾隆對自己地位的自覺，進而考察乾隆所受的訓練，以及
其登位後如何行使職權等，藉以了解歷史記載與歷史事實之間的
複雜性與綜合性。寫法頗為別緻。

　　《康雍乾三帝評議》一書（1986，北京）為左步青所選編

（444頁），該書共選入近年以來報刊上所發表的有康熙、雍正、乾隆三帝的評議性文章二十一篇。內容包括政治、經濟、軍事、文化、宗教、民族政策和對外關係等方面的問題，藉期有助於學者對三帝有更多的瞭解，亦值得吾人參考。

　　㈡清代之統治形態及統治機構：關於此一問題，日人內藤虎次郎早已於其《清朝史通論》（1944，東京）一書中有所論及。後之繼續研究者頗多，傅宗懋曾經對清初之議政體制及清統治型態之演化進行探討（分見《政大學報》第九期及第十一期，1964.5，1965.5。）李宗侗師以為清代中央政權型態的演變可以分為太祖、太宗及雍正三個階段。太祖時為共治階段，太宗時為共治到集權之轉變段階，雍正時為中央高度集權之完成階段（見《史語所集刊》，三十七上，1967.3），魏鏞曾對有清一代政治領袖之背景作一研究，並論人才引用與政治危機，提出八主要發現以供學者參考（見《東方雜誌》，復刊 3：12），楊樹藩、李鵬年及 Hsieh Pao - Chao 等對於清代的中央國家機關都有專書出版，雖然詳略不同，但均足使吾人對於清代中央政府的組織有所瞭解。㉔陳文石、楢木野宣對於清代職官之變動從事量化研究，並比較滿（滿洲、漢軍、蒙古）漢之政治參與。胡健國曾經出版《清代滿漢政治勢力之消長》（1981，臺北）一書，探討有清一代滿漢政治勢力之消長，演變之軌跡，以及其因果關係。並由權力結構方面將滿漢之中央與地方力量作一對比，以見其時勢之推移。Kessler Lowrence D. 則對滿清初期的中國知識分子加以探究，以見其政府中的地位及其重要性。　（Chinese Scholars and Early Manchu State, Harvard Journal of Asiatic Studies 31. 1971），何炳棣先生則從清代統治的全程著眼，擺脫以往革命排滿的陳舊觀

點，對於滿人的功過作一新的評估，指出其對中國領土、文化等方面的諸多貢獻，頗能予人耳目一新之感（參見 Ping－ti Ho, The Significance of he the Ch'ing Period in Chinese History, The Journal of Asian Studies 26：2 1967），劉廣京先生也大體與何炳棣具有同樣的看法，對於清代的歷史地位予以高度的評價（C. K. Liu, New Views of Ch'ing History; A Symposium Introduction, The Journal of Asian Studies, 26：2. 1967.）。

　　有關清初中央機構的研究，有日人神田信夫的文館研究「清初の文館について」，（《東洋史研究》，十九卷三期，1960.12）。Corradini Piero，則對天聰年間（1631）所設之（六部）加以註釋（Oriens Extremus9：2. 1962.12），陳文石有「清代的筆帖式」《食貨月刊》，復刊號四卷三期，1974。對於清代內閣之研究者則有鄧之誠、任長正、薩師烔、李士家、凌林煌等人，其中以凌林煌所著之《清代內閣制度》，（1977，臺北）一書較為具體而有系統，凡屬起源組織職權與閣權之消長都有分析。吳秀良對於康熙時代「南書房」的建置嘗為文討論，指出南書房為清初極具重要性的內廷機構，與康熙朝政治之發展及雍正朝軍機處之建置均有密切關係（見《思與言》，五卷六期，1968）。軍機處為繼內閣之後的一個中央權力最高機構，自雍正初年設立至清末新內閣成立始為之廢除。近人對於軍機研究頗多，如服部宇之吉、張德澤、杜聯喆、王鍾翰、單士魁、李宗侗、錢實甫、莊吉發諸先生，皆有論文發表。不過卻以政大教授傅宗懋之《清代軍機處組織及職掌之研究》一書。用力獨多。該書為著者的政大博士論文，計共694頁。首論軍機處之起源，溯及清人關外時期之四大貝勒會議政體，及入關後之議政王大臣之議政體制，次論軍機處設置之背

景及時間與定名定制，繼而分析軍機大臣之員額、任用、組織、職掌、與皇帝之關係。最後論及軍機處之作用與價值。另外且附有參考書目與軍機大臣年表等，堪稱相當完備，爲後之研究者所必參考。另何國良（Alfred Kuo-liang Ho）對於清代的軍機處亦曾作過探討（The Grand Gouncil in the Ch'iong Dynasty, Far Eastern Quarterly ll: 2. 167-182. Feb. 1952），不過較諸傳著自不免失之簡略。其他尚有 Preston M. Torbert《清代內務府之組織及功能的研究》（The Ch'ing Imperial Housh old Department: A Study of Its Organization and Principle Function, 16621796. Harvard University Press 1977）；㉚劉振卿之「清內廷十三衙門考」，《北平晨報》，1931.9；余明賢之「清代都察院之研究」，（1978.6，政大碩士論文）；呂士朋之「清代的理藩院」（《東海大學歷史學報》，No11977.4，臺中），以及張五常的「俄羅斯館始末」（《北平故宮博物館文獻專刊》，1944），孟思明（Meng Ssu-ming）之「清代的俄羅斯館」（The Elossu Kuan: Russian Hostel in Peking, Harvard Journal of Asiatic Studies Vol. 23. 1960）等，雖然有詳有略，學術水準不一，但亦可提供後人繼續研究之參考。

　　地方機構方面，清代仍沿襲明代的督撫，並使之制度化。朱沛蓮之《清代之總督與巡撫》（1967，臺北），及傅宗懋之《清代督撫制度》（1963，臺北），皆爲此一方面之研究。魏秀梅女士則對清代督撫、布政使、按察使及學政等人事之遞嬗，分別進行量化的分析（分見《中研院近史所集刊》，第二至五期）；李國祁、周天生等則以量化的方法，分析清代基層地方人事之遞嬗現象（《師大歷史學報》，第二期，1974，臺北），瞿同祖（T'ung-tsu Ch'u）則對清代地方政府作一全面的研究，特別著於州縣政府之

組織及職權（Local Government in China under the Ch'ing, Cambridge, Harvard University Press, 1962）；至於州縣政府之研究，則有徐炳憲之《清代知縣職掌之研究》（1974，臺北），除由歷史之發展論其名稱品位及職掌以外，且就其法律地位、出身途徑，以及其吏政、戶政、禮政、兵政、刑政工政等之權利分別探討、證明知縣地位之重要。

奏摺爲行政運作的管道，亦爲君主控制大臣的工具之一。學者對於此一問曾作研究者，早期計有單士魁、鄭天梃、鄧傳熙等。近人則有陳捷先、黃培、莊吉發等人。此外，尚有吳秀良之《通訊與中國皇家統治──宮廷編年史制度之發展》（Communication & Imperial Control in China Evolution of the Palace Memorial System. 1693－1735, 1972, 臺北虹橋），楊啓樵之《雍正帝及其密摺制度研究》（1983，臺北），亦屬於此類之作。

對於清代法制史之研究者，迄今人數尚不多見，繼早期日人織田萬之（清國行政法汎論）（1953，東京）一書之外，近人張偉仁又以現存清代內閣大康檔中之三法司檔，選輯二千二百餘件加以附註，並附以相關之論述，合爲《清代法制研究》一書（計三冊159頁，1983臺北中研院史語所刊），該輯（第一輯）主要內容爲盜案初步處理及疏防文武之參劾，包括題本、揭帖、奏摺、軍機大臣字寄等所涉及之參劾、擬罪、勾決、正法、追贓、赦免等問題，此可使吾人瞭解清代法制運作之程序。陶希聖先生則以清代地方政府之刑事審判作一研究，藉期由此以窺清代法制之梗概（《清代州縣衙門刑事審判制度及程序》，1972，臺北），馬起華之《清高宗朝之彈刻案》一書，則從行政法的觀點討論乾隆年間的吏治與司法，亦值參考。

㈢財經制度之研究：清代的財經仍以土地及田賦為主，對於土地制度有研究者計有傅衣凌、楊儀、李文治等；研究皇莊者有周遠廉、楊學琛、左雲鵬等；研究清初之圈地或旗地者有楊德泉、王鍾翰、劉家駒等；研究錢糧地丁者有唐棣、莫東寅等；研究銀錢虧空及養廉金者有安部健夫．佐伯富、莊吉發等；研究田賦者有王毓銓、彭雨新、王業鍵等。而王業鍵（Yen－chien Wang）之清代的田賦（Land Taxation in Imperial China. 1750－1911, Harvard University Press, Cambridge, Mass 1973.）一書，尤為精心之作。對於清代之財經制度、田賦國政、田賦徵收過程以及田賦浮征對地方財政之影響、田賦與地區之差異、物價變動與田賦負擔之關係等，均以制度的和計量的研究方法，予以分析，藉以檢驗「苛徵重歛」的理論，而對以往學者有所批駁。㉛劉翠溶則有《順康年間財政平衡問題》（1969，臺北）及「清初順治康熙年間減免賦稅的過程」，《史語所集刊》，三十七下（1967，臺北），莊吉發有《清世宗與賦役制度的改革》（1985.11，臺北學生書局）。他如許大齡之《清代捐納制度》（1950），梁嘉彬之《廣東十三行考》（1950，臺中），陳國棟之「清初粵海關的研究」（分見食貨月刊，11：4－10,12：1），佐伯富之《清代鹽政の研究》（京都大學刊），徐泓之《清代兩淮鹽場的研究》，（1972，臺北），張哲郎之《清代的漕運》，（1969，臺北），莫東寅之「地丁錢糧考」（《中和月刊》史料選集，1970.12 臺北）等，亦曾引起學者的重視，而為後之研究者所宜參考。

㈣清初之學術、科舉與文字獄的研究：滿人入關以後，依然尊孔重儒，對於宋學與漢學均加提倡。梁啓超先生的《近三百年學術史》，（1935.9，上海），錢穆先生的《近三百年學術史》，

(1937，上海)，侯外廬先生的《近代中國思想學說史》，（1944，重慶），余英時先生的《歷史與思想》（1976，臺北），陸寶千先生的《清代思想史》等，均曾對清初的學術思想有精闢的探討。周予同與湯志鈞二位先生則於清代的今文學作有長期的研究。艾爾曼（Benjamin H Elman）先生的《從哲學到語言學》（From Philosophy to Philology，1984）為一有系統的研究考證學之作，除討論考證學的成就，並對江南的學術背景詳作分析。在科舉方面，王德昭師的《清代科學制度研究》，（1982，香港），對於明清制度的遞嬗、科舉制度下的教育，以及清代的科舉入仕與政府等方面，均曾細加分析與討論。有關文字獄的問題，學者對之研究者頗為不少，但多偏重於個別事件的探討，如孟森與柳詒徵、莊吉發諸先生之於王錫侯的字貫案；謝國楨與夏廷棫等先生之於莊氏史獄；嚴鈞善及袁建祿之於呂留良案；孟森先生之於閑閑錄案，Lawrence D.Kesster 之論江南文士與滿清之衝突 Chinese Schoolars And the Early Manchu State（Harvard Journal of Asiatic Stuides，Vol. 31，1971）等，皆為此類之作。清初康熙與乾隆二帝時期以「稽古右文」之名敕撰之書甚多，於學術之提倡不無貢獻。但亦隱含有思想統治之意味，尤以「四庫全書」之修撰為然。見劉家駒：「四書全書修書秘辛」《故宮文物》37 期（民 75，臺北）。

　　㈤禮樂制度之研究：禮制與樂制向為中國傳統王朝所重視，以之為治世的大法，政教的根本。由於清聖祖雅好音樂，獨創「十四律」新制，推行復古主義，故一切樂律名物度數皆追溯於黃帝時代，而刪除漢後非經藉所有的樂器。又納四夷音樂於宴享之中，因之清代的樂制頗能融合東西新舊於一爐。陳萬鼐的《清

史樂志之研究》（1978，臺北）一書，推究清制十四律之由來，對於清制黃鍾之理論與實際、清制圜丘太祀之樂章及樂舞等均作考證，使吾人對於有清一代的樂制獲一清晰的印象。惜在清代的禮制方面，迄今尚未有人問津，不無令人遺憾。

㈥清初之軍事及武功：清代的經制之兵八旗之外，尚有綠營。八旗之研究已如前述，對於綠營之研究者，迄今仍推羅爾綱先生之《綠營兵制》（1945，重慶，326頁）一書為獨步。該書於綠營之由來、編制、餉糈、軍械、訓練、戰功、鎮守大體都有論述。賴福順先生的《清代綠營兵制》為其文化大學研究所之碩士論文，惟迄今尚未發表。許雪姬的《清代臺灣的綠營》（1987.5，臺北）是研究臺灣武備與兵制的力作，可補羅氏之不足。

清代的武功：康雍乾時代可謂盛極一時，以往學者個別的探討頗多，茲以篇幅所限，不及一一細述。近人莊吉發之《清高宗十全武功研究》（1982，臺北，646頁）較有系統。著者因服務於故宮博物院，得以充分利用該院所藏之軍機處檔及宮中檔為外人所不易見之珍貴史料。對於準部、回部、大小金川、林爽文、緬甸、安南、廓爾喀諸役，皆有全面之研究，功力頗為深厚。賴福順先生之《清高宗十全武功需之研究》（1981），可以說是清高宗十全武功軍研究的姊妹篇，參考引用史料百有餘種，全文三十七萬餘言，外加插表七十餘幀，使學者於十全武功之真相獲有更多的解。羅運治先生的《清高宗統治新疆政策的探討》（1983，臺北，502頁）一書，是近人所撰有關乾隆武功及治新政策的另一佳作。對於清代治新的措施，諸如軍府制度、民事、經濟、民族等政策，以及軍臺、卡倫之設立均有詳細而深入的分析，殊有參考價值。翟玉樹先生的《清代駐防兵制的研究》，（1976，臺北）

與賴永寶先生的《清朝乾嘉道三朝治理回疆西域之研究》
(1981)，是有關清代治理新疆的另兩部著作，亦爲治清代邊疆史
者所注意。林恩顯先生研究邊疆史較早，所著《清代新疆研究論
文集》及其他有關之論文多篇，甚爲研究清代邊疆史者所重視。
對於清代之治蒙政策有研究者，計有烏尼吾爾塔先生所譯的「清
朝對蒙政策之研究」（《中國邊政》，第二十四期，1968.12），李
毓澍先生的「清代對待黃敎與其治蒙策略」（《政大邊政研究所年
報》，第十三期，1982.9.）以及札奇斯欽先生的「滿洲統治下蒙
古神權封建制度的建立」（《故宮文獻》，二卷一期，1970.12），
何耀彰先生的《滿清治蒙政策之研究》，（1975，臺北）等。對於
清代治理西藏有研究者，則有丁實存的《駐藏大臣考》（蒙藏委
員會刊），黃奮生的「清代設置駐藏大臣考」（《邊政公論》，一卷
二期），陳天鷗的「喇嘛敎簡述」（《邊疆文化論集》，冊3，1954
.7)，牙含章的《達賴喇嘛傳》，（1984.9，北京），以及柳升祺、
鄧鏡令的「清代在西藏實行金瓶掣簽的經過」（《民族研究》，
NO.41982），陳叔明的《清代經營西藏之研究》（1978.6，臺北）
等。而謝國楨先生的《清初流人開發東北史》，蕭一山先生的
「清代東北之屯墾與移民」（《學術季刊》，六卷三期，），則對清初
的東北封禁與開發加以研究。近年以來，對於清代治臺政策之研
究者頗多，如張菼「清代初期治臺政策的檢討」（《臺灣文獻》，
二十一卷一期，1970），張明雄的「康熙年間清廷治臺政策及其
檢討」（《臺北文獻》，1985），陳捷先的「清雍正朝臺灣之理番政
策及撫番諸役」（《清史雜筆》四、1984)、莊金德的「清初嚴禁
沿海人民偷渡來臺始末」（《臺灣文獻》，1964)、李汝和「清代駐
臺班兵之研究」（《臺灣文獻》，21：2-3.1970），惟有系統有理

論之專著尚未多見。

㈦清初之驛站及邊政政策：關於清初的驛站制度、前人雖有研究，然多失之簡略，近日香港珠海書院馬楚堅新近完成之博士論文「清代邊防臺站制度的研究」，差可彌補此憾。該論文爲香港中文大學王爾敏教授所指導，計約四十餘萬言。全文分爲八章，分就清初的邊防制度，舉其目的、析其統屬，尋其臺、塘、站、塘舖等的分佈，藉以探求清代邊防傳遞營建與國防發展的關係。參考及引用的論文在千種以上，附加臺站圖表一二三幅，功力於此可見一斑。

㈧清代的邊政制度：清代的理藩院是全國最高的籌邊機構，除派員駐紮於滿漢回蒙藏各地之外，並於同時以恩德、羈縻、封爵、通婚、俸祿、宗敎、分化與隔離等政策，以與其鎮戍制度相配合。關於此一問題，凌純聲及周崑田先生均曾作過研究（分見凌著「中國邊政改革芻議」，《邊政公論》，六卷一期；周著「清代的邊疆政策」，《東方復刊》，十三卷一期，楊正則有《清代理藩院之研究》（1974，臺北），呂士朋亦曾發表「清代的理藩院」一文，《東海大學歷史學報》第一期，1975.4.。至於清初的邊政制度，則由陳炳光先生之《清代邊政通論》，可以知其涯略，該書於1934年刊於南京，長達416頁，對於清代的理藩院組織、疆域的遠近、封爵的劃分、戶丁的編審、以及婚姻、繼嗣、耕地、賦稅、兵制、刑制、會盟、朝覲、貢獻、俸祿、捐輸、燕賚、優恤、儀制等，都有詳細的叙述與分析，值得留心邊政者之參閱。

㈨清代盛世時期對外關係之研究：清初的對外關係，可由兩個方面加以觀察：

一爲東方傳統的朝貢關係，其中包括朝鮮、琉球、安南、緬

旬、暹羅以及不丹、尼泊爾、哲孟雄、阿富汗（愛烏罕）等國
（日本因鎖國與中國不通）。關於清韓關係者，計有張存武先生之
「清韓封貢關係之制度性分析」（《食貨雜誌》，復刊號一卷四期，
1971.7）；《清代中韓關係論文集》，（商務印書館刊，1987.11）；
雷海宗先生之「清代韓中朝貢關係考」（陳明崇譯，《食貨復刊》，
6：5，1976.8.9）等；關於中琉關係之研究者，則有吳藹華女士
之「明清兩代對琉球的冊封」（《中華文化復興月刊》，八卷五期，
1975.5）及「明清時代琉球入貢中國之研究」（《東方雜誌》，復
刊九卷三期，1975.9）；對中越關係之研究，則有李光濤先生之
《記乾隆年間平定安南之役》（中央研究院《歷史語言研究所專
刊》，1969），以及莊吉發先生之「清高宗冊封安南阮光平始末」
（《故宮文獻季刊》，二卷三期，1971.6）；研究中緬關係者，則有
黃養志先生之《乾隆征緬考實》（香港新亞書院，1963）；莊吉發
先生之「清高宗時代的中緬關係」（《大陸雜誌》，四十五卷二期，
1971.8）；研究中暹關係者，則有李光濤先生之「記清代的暹羅
國表文」（史語所集刊），三十下，1959.10）、盧濟芳之「清高宗
時代的中暹關係」（《師大歷史學報》，第二期，1974.2），以及許
雲樵、許鈺、莊吉發、徐玉藤、陳荊和等對於鄭昭之研究等。至
於研究清代朝貢制度者，則有鄧嗣禹之「論清代朝貢制度」（On
Ch'ing Tributory System,《滿清政府三講》，（Ch'ing Administra-
tion Three Studies 107 - 1291. 1974.5. 臺北虹橋書店）。

　　二為非朝貢國家，亦即清與歐美及俄國之關係：前者偏重於
通商傳敎及文化交流；後者之主要關係為貿易與劃界，茲僅就所
知者略述如下：清初對於西方國家之通商關係，約始於1684年
（康熙二十二年），計開粵海、閩海、浙海及江海四關，實際上則

以粵海爲主，且不能直接貿易，而必需透過洋行。關於粵海關及廣東十三洋行之研究，前已提及，茲不贅述。以西方國家與清代之關係而論，可謂荷蘭爲最早，賴永祥之「康熙二年荷蘭來華艦隊之任務」（《臺灣風物》，1955.6）及朱勤傑所譯之「乾隆時代荷蘭使節來華記」（《南海洋學報》，三卷一期，1946.9）可資參考。但以通商貿易額而論，則仍以英美爲最，關於此類史事，中外著述甚多，如同 Earl H. Pritchard Anglo－Chinese Relation During the Seventeenth and Eighteenth Century（1929初版，1970再版，1973.12臺北虹橋）；The Crucial Years of Early Anglo－Chinese Relations 1750－1800（1936初版，1970再版，1973.12虹橋），而劉復所譯之《乾隆英使覲見記》亦爲研究清初中英關係之良好資料。至於洪任輝事件，則有 Edward L. Farmer, James Fliut Versus The Canton Interest（1755－1760），　（Papers on China, Vol.17, pp.35－66）。

　　清初與天主教的關，頗稱密切，至康熙末年始以禮儀問題而決裂。關於此一問題，馮作民所譯 Joachim Bouvet 之《清康乾兩帝與天主教史》（The Emperors K'ANG HsiCh'ien Lung and the Catholic Missionaries, 1969.4., 初版，1970再版，臺北）可供參。關於清初曆法之爭者，則有王裴烈之「湯若望與中國」（《中德學志》，5: 1－2. 1943.5），瞿文智之「清初改曆與新舊曆法之爭」（文史學報，第一期，1964）；關於康熙帝利用耶穌會士測繪地圖者，則有顧華所譯 Walter Fuchs 之「康熙時代耶穌會教士之初次測繪之中國地圖」（《中德學志》，3: 3，翁文灝之「清初測繪地圖」（《地學雜誌》，第二期1929，傅吾康），W. Franke）之「評皇輿全覽圖研究」（《中德學志》，一卷一期，1944）等，

另關於禮儀之爭者則有：白維翰之「關於儀禮問題諸記載的補訂」（《史學專刊》，1：3.1936）；羅光之「多羅樞機主教出使中國」（《新鐸聲》，53,6-31.1960，臺北），「嘉樂主教出使中國」（《新鐸聲》，第五期）等，又陳垣所譯之《康熙帝與教廷關係文書》，亦為有價值之史料。

　　清初與俄國的關係頗為密切而複雜，民國25年（1936）北平故宮博物院將故宮俄文史出版，予研究者以極大之方便。該書為清康乾間（1670-1760）之俄國來文原檔，共收入俄文文件二十三件，凡關中俄早期交涉，中俄邊界糾紛、中俄互市、俄國商隊以及唐努烏梁海等問題均有涉及，史料價值之高可以概見。其他關於雅克薩戰役之研究者，則有閻崇年、馮堅、李士良、吳文衙等；關於尼布楚條約之研究者，則有德人福克（張星烺譯《中德學志》第一期，李學智（《政大邊政所年報》，1977.5），以及周祉文、余繩武、李士良、于志耿等；關於中俄交問題，康熙朝則有莊吉發之《滿漢異域錄校注》，（1983.8，臺北）；雍正朝則有李齊芳先生之「清雍正皇帝兩次遣使赴俄之謎──十八世紀中葉中俄關係之一幕」（《中研院近史所集刊》，第十三期，1984.6）。

　　在清代早期中俄關係的西文論著之中，以往多以 Baddeley（John F.）所著之 RussiaMongolia China（2 Vols. London, 1919）為主要參考，但自從1972年 Mancall（Mark）的《中俄關係史》（Russia and China：Their Diplomatic Relations to 1728, 1972, 臺北虹橋），出版以來，頗引起美國學者的注意，咸認為是一部研究中俄初期外交史方面的精心之作。該書共分八章，從中俄另一次衝突到恰克圖條約的締結（1725），對於其間所發生的黑龍江

下游戰爭，尼布楚條約的訂定，以及其後的一連串遣使通商之交涉等，都有深入的探討與分析。1969年莫斯科所出版的「十七世紀的俄檔案」（Russko Kitaiskic Olnosheniia VXVII Veke（Vol，1，Moscow．1969），是目前研究十七世紀中俄關係史者難得一見的史料，計共五百多頁，皆爲中俄官方文書（1609－1683），並由編者 N.F.Demidowa 及 V.S. Miasnibov 等附加注釋與介紹，彌足珍貴。㉜

　㈩征服王朝與漢化研究，「征服王朝」（Dynasties of Conquest）一詞爲尉福澤（Karl A. Wittfogel）在其《中國遼代社史》（History of Chinese Society（Liao）1948）一書所創用，實際上在此書出版之前兩年，他即已在加大 Berkeley 編輯一本《中國社會與征服王朝》（Chinese Society and the Dynasties of Conquest in China，1946）問世。依尉福澤看來，中國自遼朝開始的一連串征服，已爲清朝日後發生在中亞和中國本土的征服，提供一個模式。㉝此一名詞復經日本學者所引申與發揮（考田村實造之「中國征服之研究」1960，（京都）；鄭欽仁譯：村上正二「征服王朝」、（《食貨復》，10：8－9 1980），因之流傳日廣。滿人於征服中國後，戰爭狀態雖然結束，但征服者與被征服者之間的對立卻使政治上的緊張氣氛難以化除。爲了保障其政權的安全，自必須保持高度的警覺，處處加以防範。除以種族劃分參與政治活動的身分之外，復將國家統治機構之官職缺位分爲宗室缺、滿洲缺、蒙古缺、漢軍缺、內務府包衣缺，以及漢缺等六個範疇，藉以控制政權。關於此一方面之問題，已有陳文石、胡健國、魏鏞、魏秀梅等分由統治機構職位名額之分配，滿漢政治勢力之消長，政治領袖人才之任用，督撫大員之量化等加以研究。足可證

明清初滿人之政治措施，充滿征服王朝之性質。

　　不過，由於滿族入關之初，人口尚不及百萬，且文化較中原漢族爲落後，不能不運用中國傳統的官僚組織及科舉制度以進行其統治。因之在滿漢雙方互動的關係之下，時日既久滿人亦於不知不覺之中逐漸漢化。滿人自開國以至覆亡，對於漢化的態度始終陷於回歸與認可的矛盾困局之中，此亦歷史發展的必然結果。近年以來，關於滿人漢化的研究，以管東貴先生所發表的論文爲最多，計有：「滿族入關前的文化發展對他們後來漢化的影響」、（《中研院史語所集刊》，第四十本上，1969）；「關於滿族漢化問題的意見的討論」（《大陸雜誌》，四十卷三期，1970）；「滿族的入關與漢化」（《中研院史語所集刊》，第四十三本第三分，1972）。其他尚有陳捷先先生之「清室姓名漢化考」（《政大邊疆所年報》，第一期，1970.7），李霖燦先生之「由題詞看乾隆皇帝漢化的程度」（四屆《阿爾泰學會論文集》，1971.12），呂士朋先生之「滿人的漢化」（《第一次國際漢學會議論文》，1980.9）；李學智先生之「試釋滿洲民族初興時期文化演進的大勢」（《政大邊政所年報》，第一期，1970），以及蔡淵絜之「清太宗時代的本土運動」（《師大史學會刊》，第十二期，1974.7），程玉鳳之「早期滿洲社會中的漢人集團」（《師大史學會刊》，第十四期，1975.6）、李宇平之「清入關前的漢化──太祖太宗時期」（《師大史學會刊》，第二十三期，1979.12）等，足示學術界人士對於此一問題的興趣。

七、結　論

　　清代的傾覆迄今已有七十餘年，回顧近六十年來，對於此一

王朝的歷史研究，雖在抗戰以前缺少良好的成績，但在最近三、四十年間卻因風氣日開，較前大為拓展。以清代的前期史而論，非僅政治、軍事、社會、經濟、邊防、外交、教育、學術、宗等問題都有人提出來研究討論，而且在取材與方法方面也較以往廣泛謹嚴，這實在是一個令人鼓舞的現象。

　　從本文以上之所述，可知在清代前期史的研究方面，已有下面數點的成就：㈠滿人在關外時期的社會組織與經濟結構已因研究者日多而揭開了神秘的面紗。㈡滿人八旗制度的研究已糾正了以往人們的誤解。㈢清初諸帝如清太祖努爾哈赤、清太宗皇太極、清聖祖康熙皇帝、清世宗雍正皇帝，清高宗乾隆皇帝的個人傳記，均於最近陸續出版，使吾人更能認識這些開國英雄與創業帝王的真正面目。其中唯一所缺的是清代入關後的一位皇帝——順治的傳記，可是史家卻以此時真正掌握大權的攝政王多爾袞作為研究對象。較之順治皇帝，似更能把握歷史發展的線索。㈣對於清代武功史的研究也較以前有所突破。吾人試由清初諸帝的對外用兵、補給措施、驛站制度以及邊政制度，當可知其氣魄雄偉，目光宏遠、思慮周密，以及其對於國家民族的貢獻。當然由於此一時期所包括的史事甚為繁複，依然有許多方面為史家所忽略。尤其是盛清時期的政治、財政、經濟、社會與宗教與學術等問題，仍有待學者繼續發掘，以便尋找出一條從傳統到現代歷史發展的線索。㉞

【註　釋】

①關於此類史料為數甚多，無法於此介紹。以政府檔案而論，如同臺灣故宮博物院所藏的「宮中檔」、「軍機處檔」、「起居注冊」……；中央

研究院史語所所藏的「內閣大庫檔」、「老滿文檔」、近代史所所藏的
「總理衙門清檔」、「教案檔」、「海防檔」、「四國新檔」等；大陸北京
第一檔案館及遼寧清史檔案館所藏之各類檔案等，幾於汗牛充棟，詳
見臺灣故宮博物院刊「清代文獻檔案總目」（1982臺北）；馮爾康，
「清史史料學初稿」(1986天津，南開大學)

②如臺灣中央研究院近史所刊之「近代史研究所集刊」，故宮博物院所
刊之「故宮文獻」，北京中國人民大學清史研究所所刊之「清史研究
集」，北京社會科學院歷史研究所清史研究室所刊之「清史論叢」；日
本東洋文庫之滿文老檔研究會之「會刊」；美國耶魯大學所刊之「清
史問題」(Ch'ing-shih Wen-t'i) 等。

③關於清史稿之缺點及學者之批評可參考，朱師轍，《清史述聞》
(1971，臺北，樂天出版社)。

④參見馮爾康，《清史史料學初稿》(1986，天津) 頁 50－51。

⑤參考清史稿校註，第一冊（臺北，1986）國史館館長朱匯森。按該書
迄今似乎按照計劃全部出版。

⑥按心史先生有關歷史之論應尚有《明清史論叢》（臺北，1965）及大
陸所刊之《續編》等多種。

⑦參看拙文「蕭一山先生對於清史研究之貢獻」，原刊於 68 年 7 月 4 日
「中央副刊」，後收入「蕭一山先生文集」下冊（臺北，1979）。

⑧參見謝國楨「清開國史料考」(1968，臺北，藝文印書館頁 18，所引
陳寅恪先生語。

⑨參見馮家昇，「東北史地研究已有成績」，《禹貢半月刊》2 卷 10 期，
頁 2－5，1946，上海。

⑩如孟森之「清太祖由明封龍虎將軍考」，（國學季刊，六卷一期，
1947)，「清太祖殺弟考實」(同上)，「清太祖起兵為父祖復讎事詳考」

(同上)；陳捷先：「清太祖推刃胞弟考」「滿洲叢考」，（1963，臺大文史叢刊）；黃彰健：「努爾哈赤所建國號考」、「論張儒紳齎夷文至明年月並論努爾哈赤的七大恨及滿文老檔諱稱建州國」、「太祖建元天命考」、「論清太祖於稱汗後稱帝，清太宗即位時亦稱帝」，（以上各文均見氏春明清史研究叢稿）（1979.9臺北，商務）以及閻崇年「論努爾哈赤」，（民族學院學報 No.4 1977），滕紹箴，「評努爾哈赤」，（社會科學輯刊第六期，1980），其餘尚有日文方面之文，從略。

⑪所謂「四大疑案」乃指努爾哈赤與其弟舒爾哈赤之衝突及舒爾哈齊之被殺等問題。

⑫所謂「五大案」，乃指「蝦阿哥案」、「阿敦案」、「額爾德民案」、「烏爾古岱案」以及「訓斥四貝勒案」，參見該書頁355－391。

⑬以上各說統見所引李樹桐師文。

⑭據李光濤文，知日人前島文次郎尚有「清初之嗣位問題」一文，並為桐齡譯成中文，擬在《國立編譯館刊》發表。另三田村泰助亦有「清太宗即位與君主權確立」一文，亦曾涉及此一問題，文見《東洋史研究》；1：2。

⑮參見劉書結論頁 73。

⑯按臺灣滿文之教學實由廣繼高（祿）師於臺灣大學歷史所開其端，（蒙文教學則由哈楚倫先生於師範大學歷史系開創），現在臺灣精於滿文之學者計有李學智、陳捷先及莊吉發等皆受廣師之所賜。

⑰參見陳捷先，「滿文流傳國外小史」、（新時代 8：9，1968，臺北，頁26。）

⑱參見稻葉君山，「清朝全史」，（中華書局，1914上海），但燾譯，（1960，臺北版），頁35－37。

⑲參見蔣廷黻，「最近三百年來東北外患史」，（中央日報社刊，1953，

臺北，頁 2–7)。

⑳按李光濤先生對於清史之際所作之論文頗多，大部皆收入《明清史論集》之內，書分上下二冊，(1975，臺北，商務)。

㉑以上論文無法一一列舉，可參見余秉權，《中國史學論文之引得》，(1971臺北，泰順書局，原1952，香港中文大學刊)，余秉權《中國史學論文引得續編》，(1970，哈佛大學，哈佛燕京圖書館刊)；國立中央圖書館出版，「中國近二十年文史哲論文索引」(1970，臺北)；中國社會科學院歷史研究所清史研究室及中國人民大學清史研究所合編，「清史論文索引」(1981，北京中華書局)；中央圖書館漢學研究中心資料及服務中心編之「臺灣地區漢學論著選目彙編」，(1987，臺北) 等。

㉒參見「清史論文索引」頁 26–27。

㉓參見凌純聲等著《邊疆文化論集》上冊 (1953，臺北)，頁135。

㉔參見孟森《洪承疇章奏文冊彙輯跋》，(1937，上海，商務)。

㉕分見《十二朝東華錄》，順治朝，卷六，頁 10，13 年 11 月壬子條，及江日昇，臺灣外紀卷八，頁 25。

㉖參見王成勉，「明末士人之抉擇——論近年明清轉接期之研究」，(食貨，15：9.10，1896.4)。

㉗馮作民曾於民國 50–53 年之間，根據日人得藤末雄所譯之法文原始文獻《耶穌會士書簡集》中所編著的《康熙帝傳》與《乾隆帝傳》為藍本，譯成《清康乾兩帝與天主教傳教史》，而於民國 55 年 (1966) 於臺中光啓出版社出版，旋以教會人士反對被禁，同年 7 月作者個人再版。

㉘郭松義、何齡修：「悼念商鴻逵師」，(《清史論叢》，中國社會科學院歷史研究所清史研究室編，1985，北京)，按1960年代至1970年代，